대기업, 공기업, 언론사 등
대비 상식 문제집

KB093716

인사이드

요점상식 1000제

2023
인사이드
요점상식1000제

인쇄일 2023년 3월 1일 초판 1쇄 인쇄   **발행처** 시스컴 출판사
발행일 2023년 3월 5일 초판 1쇄 발행   **발행인** 송인식
등   록 제17-269호   **지은이** 시사상식연구회
판   권 시스컴2023

ISBN 979-11-6941-097-7 13300
정   가 17,000원

주소 서울시 금천구 가산디지털1로 225, 514호(가산포휴) | **홈페이지** www.siscom.co.kr
E-mail siscombooks@naver.com | **전화** 02)866-9311 | **Fax** 02)866-9312

'상식(常識)'이란, 글자대로 풀이하면 항상 알고 있어야 하는 것, 국어사전에 의하면 '사람들이 보통 알고 있거나 알아야 하는 지식'입니다. 그렇다면 상식은 어떻게 쌓이는 걸까요? 주변에서, 나아가 세계에서 벌어지는 일에 대해 충분한 관심을 갖고 주의를 기울일 때 차곡차곡 상식이 쌓이게 됩니다. 하지만 급변하는 사회에 적응하기도 벅찬 요즘, 하나하나 관심을 기울이기에는 현대인들의 일상이 너무 바쁘게 흘러갑니다. 책, 신문, TV, 인터넷 등 수많은 매체들을 통해 쏟아져 나오는 정보들 가운데 우리는 어떤 정보를 얼마나 제대로 알고 있는 걸까요? 정보화 사회에서는 정보를 많이 아는 것도 중요하지만 정보를 정확히, 제대로 아는 것이 더욱 중요합니다. 정확하고 풍부한 상식 지식은 사회를 살아가는 데 큰 힘이 되어 줍니다.

특히 취업을 준비하는 취업준비생들에게 상식은, 취업이라는 관문을 넘어서는 필수 역량이라고 할 수 있습니다. 일반상식에 관한 필기시험을 통과해야 하는 것은 물론이거니와 면접에서도 상식에 대한 지식이 자연스럽게 드러나기 때문입니다. 하지만 학점 관리, 어학 시험 준비만으로도 벅찬 취업준비생들이 평소에 상식까지 차곡차곡 쌓아 두기란 버거운 일일 것입니다. 한편 시중에서 판매되고 있는 상식 책들은 어마어마한 페이지와 두께를 자랑하며 위용을 떨치고 있는지라 미처 상식을 정복하기도 전에 진이 빠지게 되지요.

'인사이드 요점상식 1000제'는 실전 문제 형식으로 문제를 풀면서 단기간에 상식을 쌓을 수 있도록 구성하였습니다. 이 책의 특징을 정리하면 다음과 같습니다.

첫째, 최근까지 국영 기업체, 언론사, 공사·공단 등에서 출제된 기출문제를 분석하여 각 분야별로 필요한 내용을 정리할 수 있도록 하였습니다.

둘째, 시사상식을 총 열세 개의 카테고리로 분류하였으며, 함께 정리해 두면 도움이 될 만한 내용들도 꼼꼼히 정리해 두었습니다.

셋째, 공부한 내용을 실전에 적용하고 확인할 수 있도록 최종확인문제를 수록하였습니다.

'인사이드 요점상식 1000제'가 여러분들의 성공적인 취업에 보탬이 되길 바랍니다.

채용 내용

※ 본서에 수록된 채용 내용은 추후 변경 가능성이 있으므로 반드시 응시 기관의 채용 홈페이지를 참고하시기 바랍니다.

LG

구 분	내 용
인재상	• LG Way에 대한 신념과 실행력을 겸비한 사람 • 꿈과 열정을 가지고 세계 최고에 도전하는 사람 • 팀웍을 이루며 자율적이고 창의적으로 일하는 사람 • 고객을 최우선으로 생각하고 끊임없이 혁신하는 사람
전형절차	지원서 접수 → 서류전형 → 인·적성검사 → 면접전형 → 인턴십 → 건강검진 → 최종합격
서류전형	• 직무에 관계없이 지원자 모두에게 인턴, 봉사활동, 자격증, 공모전, 어학성적 등을 요청하지 않음 • 자기소개서 항목을 통해 지원자들의 회사와 직무에 대한 관심 또는 역량을 자세히 파악하고자 함
인·적성검사	• 인성 : LG Way에 맞는 개인별 역량 또는 직업 성격적인 적합도 확인 총 183문항으로 20분간 진행 • 적성 : 신입사원의 직무수행 기본 역량을 검증하기 위한 평가 언어이해 / 언어추리 / 자료해석 / 창의수리 4가지 영역으로 구성, 총 60문항 40분간 진행

롯데

구 분	내 용
인재상	• 실패를 두려워하지 않는 인재 • 실력을 키우기 위해 끊임없이 노력하는 인재 • 협력과 상생을 아는 인재
전형절차	지원서 접수 → 서류전형 → 인·적성검사(L-TAB) → 면접전형 → 건강검진 → 최종합격
서류전형	• 롯데그룹의 미션과 비전에 공감하고 핵심가치에 부합하는 지원자를 선별하는 전형 • 지원자의 기본적 자질 및 가치관을 심사하고 입사지원서 기재사항에 대한 사실 여부 확인
인·적성검사	• 조직적합진단 : 지원자의 성격과 가치관이 롯데의 문화와 얼마나 부합하는지 판단 • 직무적합진단 : 지원자가 직무 수행을 위한 기초역량을 갖추었는지 종합적으로 판단

국민연금공단

구 분	내 용
인재상	• 새로운 생각으로 혁신하는 창의人(New) • 계속 성장하고 성과를 창출하는 전문人(Professional) • 배려하고 공감하는 소통人(Sharing)
핵심가치 (START)	• 공유(Sharing) • 신뢰(Trust) • 열정(Arder) • 책임(Responsibility) • 공정(Think of fairness)
전형절차	지원서 접수 → 서류전형 → 면접전형 → 합격자 발표 → 임용
채용원칙	• 성별제한 폐지 • 학력제한 폐지 • 연령제한 폐지 • 전공제한 폐지 • 능력중심 • 역량중심
필기시험	• "종합직무수행능력평가" 실시 • 시험출제 방법은 객관식을 원칙으로 하되, 주관식을 가미할 수 있음
종합직무수행 능력평가	• 대국민 서비스 기관의 직원으로서 필요한 종합적인 직무능력을 검증하기 위함 • 직무수행을 위해 필요한 기초역량 및 종합적인 지식 능력 측정을 내용으로 함

대한항공

구 분	내 용
인재상	• 진취적 성격의 소유자 • 국제적 감각의 소유자 • 서비스 정신과 올바른 예절의 소유자 • 성실한 조직인 • Team Player
전형절차	서류전형 → 1차 면접 → 2차 면접 → 3차 면접 → 건강검진 → 최종합격
지원자격	• 모집 대상 전공자(졸업예정자 포함) • 병역필 또는 면제자로 학업성적이 우수하고 해외여행에 결격사유가 없는 사람 • TOEIC 750점 또는 TEPS 630점 또는 OPIc LVL LM 또는 TOEIC Speaking LVL6 이상 취득자
우대사항	• 국가보훈 대상자는 관계 법령에 의거하여 우대 • 전공 관련 자격 보유자, 외국어 능통자 및 장교 출신 지원자 우대

KBS

구 분	내 용
인재상	• 창의적인 KBS인 • 신뢰받는 KBS인 • 미래를 여는 KBS인
전형절차	서류전형 → 종합면접 → 신체검사 및 신원조회
지원 자격	• 「고령자고용촉진법 제2조 제1호의 고령자」로서 공사퇴직자 또는 임용예정일 기준 공사 퇴직 예정자 • 성별, 학력 : 제한 없음. • 병역 : 남자의 경우 병역필 또는 면제자 • 국적 : 제한 없음(외국인의 경우 체류 · 취업에 제한이 없는 비자 취득자에 한함)

MBC

구 분	내 용
전형절차	서류전형 → 실무 면접 → 최종 면접 → 최종합격 ※ 필요에 따라 실무면접 시 실기시험 또는 추가 과제가 있을 수 있음
지원자격	• 학력, 연령, 국적 제한 없음 • 해외여행에 결격사유가 없는 자 • 남자의 경우 군필자 또는 면제자 • 공인영어 성적이 없어도 지원 가능
기타사항	• 각 전형별 시행 시 안내사항 및 준비사항은 당사 홈페이지를 통해 별도 공지 예정 • 입사지원서 제출 이후에는 수정 불가 • 최종합격자는 소정의 수습기간을 거쳐 임용되며, 수습기간 중 소정근무평가 및 당사 사규의 결격사유에 해당될 경우 채용이 취소될 수 있음 • 최종 합격하더라도 신체검사에서 불합격하면 합격이 취소될 수 있음

SBS

구 분	내 용
인재상	• 가치에 부합하는 인재 • 우수한 역량을 보유한 인재 • 실무 능력이 우수한 인재
전형절차	지원서 접수+Essay 평가 → SBS SJT+실무평가 → 역량면접 → 임원면접 → 인턴십 → 입사
SBS SJT · 실무평가	• SBS SJT : 조직에 대한 지원자의 가치 적합도를 평가 • 실무평가 : 해당 분야에서 필요로 하는 기본실무능력을 평가
면접	• 역량 면접 : 해당 분야에서 필요로 하는 필수역량과 성장가능성을 평가 • 임원 면접 : 인성과 역량, 잠재력 등을 고려하여 인턴십 대상자 선정
인턴십	해당 부서에 배치하여, 모든 측정영역에 대하여 평가

조선일보

구 분	내 용
인재상	• 열정을 가지고 도전하는 사람 • 자기 분야에서 최고의 전문지식을 지닌 사람 • 건전한 가치관과 직업윤리를 바탕으로 언론인의 사명을 실천하는 사람 • 새로운 시각으로 변화를 주도하는 창의적인 사람
전형절차	서류전형 → 필기시험 → 현장실무평가 → 채용검진 → 임원 · 국장단 면접
필기시험	• 종합교양(공통) • 작문평가(기자)
현장실무평가	• 면접평가(공통) • 현장취재(기자) • 과제평가(경영) 등
임원 · 국장단 면접	인성 및 종합평가로 이루어짐
기타	• 신입사원 채용 계획이 확정되면 조선일보 사고와 채용 홈페이지를 통해 지원 자격 및 일정을 공지 • 전형 단계별 합격자 및 구체적인 일정은 공지사항과 메일 등으로 별도 안내
조선일보의 부서	• 기사의 취재/편집 등을 담당하는 '생산'부문 외에도, '영업'과 그 외 부문을 담당하는 다양한 부서가 존재함 • '영업'부문으로는 크게 신문판매분야와 신문광고 분야가 있으며, 그 외 부문으로 총무, 인사, 자산, 회계, 자금, 구매, 사업, 기획, 디지털, 인쇄관리 등의 분야가 존재함

우리은행

구 분	내 용
인재상	우리의 핵심가치를 이행하는 최고의 전문가
전형절차	채용공고 및 지원서 접수 → 서류전형 → 필기전형 → 1차면접 → 2차면접 → 합격자 발표 → 건강검진
지원 자격	성별, 연령, 학력 등 지원 자격 요건 없이 평등한 채용 지원 기회부여

신한은행

구 분	내 용
인재상	• 따뜻한 가슴을 지닌 창의적인 열정가 • 완성형 인재는 아니지만 신한의 문화 속에서 프로금융인으로 성장할 가능성이 무궁무진한 인재
전형절차	필기시험 → 직무적합도 면접(AI 역량평가, 직무역량평가 온라인 실시) → 최종면접 → 채용검진
필기시험 출제 과목	NCS직업기초능력평가(의사소통능력, 수리능력, 문제해결능력)
우대사항	• 「국가유공자 등 예우 지원에 관한 법률」에 의한 취업지원대상자(국가보훈 대상자) • 「장애인 고용촉진 및 직업 재활법」에 의거 장애인복지법에 의한 등록 장애인 또는 상이등급이 기재된 국가유공자증명서를 소지한 지원자 • 공인 어학성적 우수자(영어 : TOEIC, TOEIC-S, TEPS, TEPS-S, OPIc/ 일본어 : JPT, OPIc/ 중국어 : HSK, BCT, OPIc) • 직무관련 전공자 • 직무관련 자격증 보유자 - 변호사, 공인회계사, AICPA, 세무사, 변리사, 공인노무사, 감정평가사, 보험계리사, CFA Level 3, CFA Level 2, CFA, 여신심사역, FRM, 국제신용장전문가, AFRK, 투자자산운용사, 신용분석사, 외환전문역 1종, 외환전문역 2종 • 2020년 금융권 공동채용 박람회 신한은행 비대면 면접 우수자(지원서 작성 완료자에 한함) • 신한해커톤 입상자(지원자 작성 완료자에 한함)

한국전력공사

구 분	내 용
인재상	• 기업가형 인재 : 회사에 대한 무한 책임과 주인의식을 가지고 개인의 이익 보다는 회사를 먼저 생각하는 인재 • 통섭형 인재 : 융합적 사고를 바탕으로 Multi-specialist를 넘어 오케스트라 지휘자와 같이 조직 역량의 시너지를 극대화하는 인재 • 도전적 인재 : 뜨거운 열정과 창의적 사고를 바탕으로 실패와 좌절을 두려워하지 않고 지속적으로 새로운 도전과 모험을 감행하는 역동적 인재 • 가치 창조형 인재 : 현재 가치에 안주하지 않고 글로벌 마인드에 기반한 날카로운 통찰력과 혁신적인 아이디어로 새로운 미래가치를 충족해 내는 인재
모집시기	대졸수준 공채 : 상반기(5~8월) 하반기(9~12월)
전형절차	서류전형 → 직무능력검사·인성검사 → 직무면접 → 종합면접 → 신체 및 신원검사 → 합격자 발표
직무능력검사, 인성검사	• 직무능력검사 : 의사소통능력, 문제해결능력, 수리능력, 정보능력, 자원관리능력 • 인성검사 : 한전 인재상 및 핵심가치 등 적합도 검사
종합면접	인성, 조직적합도, 업무추진력 등 평가
기타	• 채용분야, 인원, 시기는 변경될 수 있음 • 채용예정인원 및 선발분야는 별도 공지 예정

한국토지주택공사(공채)

구 분			내 용
인재상			소통과 창의, 융합과 통찰로 미래를 개척하는 LH Path-Finder
전형절차			서류전형 → 필기전형 → 종합심층면접(직무+인성 융합) → 최종합격
지원 자격	공통 사항	학력 (전공)	• 고교졸업예정자 및 최종학력이 고졸인 자(고교 검정고시 합격자 및 대학 중퇴자, 대학 재학 · 휴학자 포함 • 공고일 기준 대학(전문대학 포함) 졸업자 및 졸업학년 2학기 재학 이상인 자는 지원할 수 없으며, 별도 수업 없이 대학 졸업이 가능한 경우도 졸업한 것으로 간주하여 고졸자에서 제외
		내신등급, 연령, 성별	제한없음
		병역	• 병역을 기피한 사실이 없는 자 • 병역 미필자도 지원 가능하며, 현재 군 복무 중인 자는 전역예정자로서 전형절차에 응시 가능한 경우에 지원 가능
		기타	• 공사 직원채용 결격사유에 해당되지 않는 자 • 인턴기간 중 1개월 내외 합숙교육이 가능한 자
	사회 형평	보훈전형	「국가유공자 등 예우 및 지원에 관한 법률」에 따른 취업지원 대상자
		장애인 전형	「장애인고용촉진 및 직업 재활법」에 따른 장애인

이 책의 **구성**과 특징

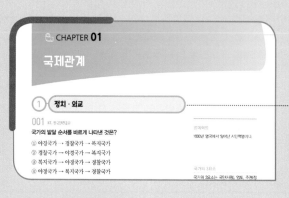

요점문제

최근 상식시험에 자주 출제되는 분야를 파트별로 구분·정리하였습니다.

관련상식

보조단에 기본적으로 알고 있어야 하는 기본 지식들을 충분히 제공하였습니다.

해설

문제를 푸는 데 필요한 배경지식을 더하여 상세히 해설하였습니다.

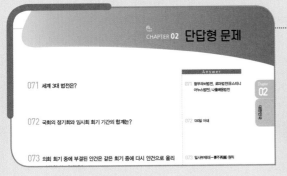

단답형 문제

보기를 통해 정답을 유추하지 않고 해당 문제를 풀어봄으로써 각 장의 주제에 대한 이해도를 최종적으로 확인할 수 있도록 하였습니다.

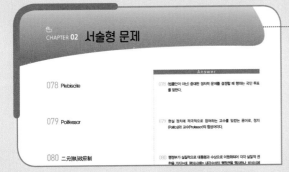

서술형 문제

언론사 등의 다양한 논술, 서술형 시험에 대비하기 위해 중요한 상식들에 대한 서술형 문제들을 출제하였습니다.

최종확인문제

앞부분에서 공부한 내용을 실전처럼 풀어볼 수 있도록 최종확인문제를 수록하였습니다.

목차

7DAYS STUDY PLAN

최신 요점상식

● 챗GPT

챗지피티(ChatGPT)는 OpenAI가 개발한 대화형 인공지능 챗봇으로, 사용자와 주고받는 대화에서 질문에 답하도록 설계된 언어 모델이다. ChatGPT는 대형 언어 모델 GPT-3의 개선판인 GPT-3.5를 기반으로 만들어졌으며, 지도학습과 강화학습을 모두 사용해 파인 튜닝되었다. ChatGPT는 Generative Pre-trained Transformer(GPT)와 Chat의 합성어이다. ChatGPT는 2022년 11월 프로토타입으로 시작되었으며, 다양한 지식 분야에서 상세한 응답과 정교한 답변으로 인해 집중 받았다.

● 엔데믹 블루(Endemic Blue)

'엔데믹(Endemic, 한정된 지역에서 주기적으로 발생하는 감염병)'과 '우울감(Blue)'을 합친 신조어로, 코로나19에 따른 우울감을 뜻하는 '코로나 블루'에 반대되는 개념이라 할 수 있다. 이는 코로나19 확산 이후 늘어난 개인적인 시간을 중시해 왔던 사람들이 코로나19 이전의 일상으로 돌아가면서 오히려 우울감과 불안을 느끼는 현상을 말한다.

● 중대범죄수사청

검찰이 담당하는 6대 범죄 등 중대범죄에 대한 수사를 전담하는 별도의 기관을 말한다. 더불어민주당 황운하 의원이 2021년 2월 9일 대표발의한 '중대범죄수사청법 제정안'에 따르면 검찰의 직접수사 기능을 전면 폐지하고 검찰이 담당하는 직접수사 범죄를 중대범죄수사청으로 이관하는 내용을 골자로 한다.

> *6대 범죄
> 부패범죄, 경제범죄, 공직자범죄, 선거범죄, 방위사업범죄, 대형참사 등 대통령령으로 정하는 중대범죄를 말한다.

● 가상자산

컴퓨터 등에 정보 형태로 남아 실물 없이 사이버상으로만 거래되는 자산의 일종으로, 각국 정부나 중앙은행이 발행하는 일반 화폐와 달리 처음 고안한 사람이 정한 규칙에 따라 가치가 매겨진다. 처음 등장했을 때는 암호화폐 또는 가상화폐 등으로 불렸으나 점차 각국 정부나 국제기구에서는 화폐 대신 자산(asset)이라는 용어로 통일하고 있다. 우리 정부도 2021년 3월부터 개정된 특정금융정보법에서 암호화폐를 '가상자산'이라고 규정하며, 그 뜻을 '경제적 가치를 지닌 것으로서 전자적으로 거래 또는 이전될 수 있는 전자적 증표'라고 명시한 바 있다.

> *블록체인(Blockchain)
> 가상자산의 핵심 기술인 블록체인은 다보스포럼에서 제4차 산업혁명을 이끌 기반기술 중 하나로 선정
> 되면서 전 세계적으로 주목받은 기술이다. 블록체인 기술은 비트코인 등 디지털 통화 거래 내역을 기록
> 하기 위해 개발된 분산형 장부 기록 데이터베이스 기술로, 금융거래에서 장부 책임자가 없는 거래 시스
> 템이다. 새로운 거래가 발생할 때마다 그 정보를 별도의 블록으로 만들고, 이 블록을 기존 장부에 연결
> 하는 방식이다. 거래가 일어날 때마다 분산된 장부들을 서로 대조하기 때문에 장부 조작이 극히 어려워
> 강력한 보안을 유지할 수 있다. 그러나 블록체인으로 성사된 거래는 취소하기 어렵고, 중앙기관이라는
> 개념이 없어 문제 발생 시 책임 소재가 모호하다는 단점이 있다.

● 인페션(Infession)

'인플레이션(Inflation)'과 '경기침체(Recession)'의 합성어로, 미국 예일대 교수였던 유명 경제학자 로버트
트리핀(Robert Triffin, 1911~1993)이 처음 사용한 말이다. 인플레이션(Inflation)과 경기침체(Recession)
의 합성어로, 인플레이션이 먼저 나타난 뒤 경기침체가 일어난 상황을 가리킨다.

> *스테그플레이션(Stagflation)
> 침체를 의미하는 '스태그네이션(Stagnation)'과 '인플레이션(Inflation)'을 합성한 말로, 경제활동이 침체
> 되고 있음에도 불구하고 지속적으로 물가가 상승되는 상태가 유지되는 저성장 · 고물가 상태를 뜻한다.

● 레드라인

대북 정책에서 포용 정책을 봉쇄 정책으로 바꾸는 기준선을 말한다. 제네바 합의를 위반하는 핵 개발 혐의
가 있을 경우, 남한에 대한 대규모 무력 도발을 반복적으로 실시할 경우 등을 포함하여 북한의 행동에 대
한 리스트를 마련하였다.

● CES

세계가전전시회(CES; Consumer Electronics Show)는 미국소비자기술협회(CTA; Consumer
Technology)가 주관해 매년 열리는 세계 최대 규모의 가전제품 박람회이다. TV, 오디오, 비디오 등 일상
생활과 밀접한 전자제품을 주로 소개한다. 1967년 미국 뉴욕에서 제1회 대회가 열린 이후 지금까지 이어
지면서 세계 가전업계의 흐름을 한눈에 볼 수 있는 권위 있는 행사로 자리매김했다. 1995년부터는 매년 1
월 미국 라스베이거스에서 개최하고 있다.

● 로지

싸이더스 스튜디오 엑스에서 탄생시킨 국내 최초의 가상 인플루언서이다. 본명은 '오로지'이며 신한 라이
프 광고 등에 다수 출현했고, 10만 명 이상의 SNS 팔로워를 보유하고 있다. 로지 외에 이솔(네이버), 김래
아(LG전자), 루시(롯데홈쇼핑), 리아(네오엔터디엑스), 한유아(스마일게이트) 등이 국내에서 가상 인플루
언서로 활동하고 있다.

● 국민제안

윤석열 정부가 개설한 대국민 온라인 소통창구로, 문재인 정부가 운영해온 청와대 국민청원을 폐지하고

신설한 것이다. 이는 대통령실 홈페이지를 통해 접속할 수 있으며, 2022년 6월 23일 오후 2시부터 서비스가 시작됐다.

● 명령휴가제

금융사고 발생 우려가 높은 업무를 수행하는 임직원에게 사측이 불시에 휴가를 가도록 명령하는 제도이다. 임직원이 휴가를 간 기간 동안 회사는 해당 직원의 금융거래 내역, 취급 서류, 업무용 전산기기 등을 조사해 부실이나 비리 등의 문제가 있는지를 확인한다. 명령휴가제 적용 대상은 출납, 트레이딩, 파생상품 거래 등을 담당하는 직원으로, 은행 전체 직원의 15% 정도가 해당되는 것으로 알려져 있다.

● 비트코인 도미넌스

전 세계 가상자산 가운데 비트코인 시가총액이 차지하는 비율을 이르는 말로, 비트코인 등장 이후 새로운 알트코인들이 연이어 등장하면서 하락하기 시작했다. 즉, 비트코인의 대체재가 되는 알트코인에 대한 투자가 늘면서 비트코인의 거래 비율이 자연스레 줄어든 것이다.

> *비트코인 & 알트코인
> 비트코인은 정부나 중앙은행, 금융회사의 개입 없이 온라인상에서 개인과 개인이 직접 돈을 주고받을 수 있도록 암호화된 가상자산으로, 2009년 개발되었다. 이는 컴퓨터 프로그램으로 수학문제를 풀어 직접 채굴하거나, 채굴된 비트코인을 거래하는 시장에서 구입할 수 있다. 그리고 알트코인(Altcoin) 은 비트코인을 제외한 모든 가상화폐를 일컫는 용어로 이더리움, 리플, 라이트코인 등이 이에 속한다.

● 이더리움(Ethereum)

러시아 이민자 출신 캐나다인 비탈리크 부테린(Vitalik Buterin)이 2014년 개발한 가상자산이다. 거래 명세가 담긴 블록이 사슬처럼 이어져 있는 블록체인(blockchain) 기술을 기반으로 하며 인터넷만 연결되어 있으면 어디서든 전송이 가능하다. 가상자산거래소에서 비트코인으로 구입하거나 비트코인처럼 컴퓨터 프로그램으로 채굴해 얻을 수 있다.

● UNCTAD

선진국과 후진국 사이의 무역 불균형을 시정하고 남북문제를 해결하기 위해 설치된 국제연합(UN) 직속 기구의 하나이다. 2022년 6월 기준 UNCTAD는 설립 헌장에 따라 공식적으로 그룹 A(아시아, 아프리카), B(선진국), C(남미), D(러시아, 동구)로 분류하고 있다. 한국은 그간 그룹 A에 포함되어 있었으나, 제68차 유엔무역개별회의 무역개발이사회 폐막 세션에서 선진국 그룹(그룹 B)로 지위를 변경하는 안건이 만장일치로 가결되면서 세계 최초로 개도국에서 선진국으로의 지위 인정을 받게 됐다.

● 스타라이너(Starliner)

미국의 항공기 전문업체인 보잉이 우주인 수송용으로 개발한 우주선으로, 최대 7명까지 탑승할 수 있다. 스타라이너는 2019년 12월 첫 비행 시험을 했으나 소프트웨어 문제로 목표 궤도에 오르지 못해 실패했고, 2021년 8월에는 우주선 밸브 문제로 발사 계획이 취소된 바 있다. 이어 2022년 5월 국제우주정거장(ISS)과의 도킹에 성공, 우주 택시 서비스 투입에 한발 다가서게 됐다. 스타라이너는 2022년 말 우주인 2명이 탑승하는 시험을 하게 되는데, 이 시험에 성공하면 보잉은 스페이스X에 이어 두 번째로 유인 우주선을 운용하는 민간업체가 된다.

● 킹 달러(King Dollar)

달러의 강세 현상을 이르는 말로, 특히 2022년 들어 미 연방준비제도(Fed·연준)의 가파른 정책금리 인상과 글로벌 경기침체 위협으로 인한 달러 가치의 급등을 가리키는 말로 자주 사용되고 있다. 이러한 달러 가치 급등은 2022년 글로벌 인플레이션 국면에서 미국 Fed가 금리 인상을 지속적으로 단행하면서, 세계의 자금이 대표적인 안전자산인 달러로 몰려들고 있기 때문이다. 실제로 2022년 달러 가치는 20년 만에 최고로 뛰었는데, 이러한 달러 강세를 가리켜 기축통화를 넘어 '슈퍼 달러', '강 달러', '킹 달러'의 시대가 도래했다는 일각의 평가까지 나오고 있다.

● 하이퍼튜브(Hyper Tube)

공기의 저항이 거의 없는 아진공(0.001~0.01기압) 튜브 내에서 자기력으로 차량을 추진·부상해 시속 1000km 이상으로 주행하는 교통 시스템이다. 항공기의 속도로 달리면서 열차처럼 도심 접근성을 충족시킬 수 있어 차세대 운송 시스템으로 주목받고 있다. 하이퍼튜브를 실현하기 위해서는 아진공 튜브(아진공 환경 제공, 주행통로가 되는 인프라), 추진·부상 궤도(자기력으로 차량을 추진·부상하는 궤도), 차량(아진공으로부터 객실의 기밀을 유지하며 주행) 등 3가지 구성 요소가 필요하다.

● 메기 효과

메기 한 마리를 미꾸라지 어항에 집어넣으면 미꾸라지들이 메기를 피해 다니느라 생기를 얻고, 미꾸라지를 장거리 운송할 때 수족관에 메기를 넣으면 죽지 않는다. 메기로 미꾸라지를 생존시키는 현상을 기업경영에 접목한 것이 메기효과다. 메기 효과를 아는 조직은 무서운 제도(다면평가제도와 진급제도, 직무심사와 성과급제도, 신진세력 투입)를 적용하여 조직의 정체 현상을 극복하고, 동기를 부여하여 생산성을 높인다.

● IPEF

IPEF(Indo-Pacific Economic Framework)는 인도·태평양 경제 프레임워크로, 인도태평양 지역에서 중국의 경제적 영향력 확대를 억제하기 위해 미국이 주도하는 다자 경제협력체이다. IPEF는 조 바이든 미국 대통령이 2021년 10월 처음 제안하였고 2022년 5월 23일 공식 출범하였다. 상품·서비스 시장 개방 및 관세 인하를 목표로 하는 기존의 무역협정과 달리 디지털, 공급망, 청정에너지 등 새로운 통상 의제에 공동 대응하기 위한 목표를 갖고 있다.

● 스텔스 오미크론

'스텔스 오미크론'은 코로나19 오미크론 변이 바이러스의 하위 변이로, 계통 분류 체계는 BA.2이다. 이는 2021년 말 처음으로 등장한 이후 한동안 PCR(유전자증폭) 검사에서 다른 변이와 잘 구분이 되지 않아 '스텔스 오미크론'이라는 명칭이 붙었다. 그러나 당시에는 델타 변이가 지배종이었던 시기여서 PCR 검사에서 해당 변이의 검출이 어려웠으나, 현재는 델타 변이가 희귀종이 되면서 PCR 검사를 통한 스텔스 오미크론의 명확한 검출이 가능하다. 아울러 국내 PCR검사의 경우 애초에 'BA.2'를 검출할 수 있도록 설계됐기 때문에 우리 질병관리청은 2022년 3월 22일 '스텔스 오미크론'이라는 명칭을 쓰지 않겠다고 밝힌 바 있다.

● BBI보험

인공지능(AI) 딥러닝 영상 분석 기술로 운전 습관을 분석해 보험료를 산출하는 3세대 자동차 보험이다. BBI 보험은 운전자의 습관을 AI 기기를 통해 분석해 점수가 높은 가입자에게는 할인해주고, 점수가 낮은 가입자에게는 할증하는 식으로 보험료를 책정한다. 즉, 차량에 거치한 카메라, 라이다(LiDar), 레이더 등을 통해 안전거리 확보, 신호 위반, 차선 급변경, 차선 유지, 중앙선 침범, 건널목 위반, 급가속 및 급감속 등을 감지하고 이를 기반으로 운전 습관을 분석해 점수를 매겨 보험료를 부과한다. 대표적으로 미국 전기차 회사인 테슬라가 BBI 보험을 통해 보험료를 20~60% 할인해 주고 있다.

● 코픽스

코픽스(cost of fund index)는 은행 대출금리의 기준이 되는 자금조달비용지수로 국민, 신한, 우리, KEB 하나, 농협, 기업, SC제일, 씨티 등 8개 은행이 시장에서 조달하는 정기 예·적금, 상호부금, 주택부금, 금융채, 양도성예금증서(CD) 등 8개 수신상품 자금의 평균 비용을 가중 평균해 산출한다.

● AI세대

AI를 일상으로 맞이하는 2010년 이후에 태어난 세대로, AI 네이티브 세대 또는 GEN AI라고도 한다. 이들은 AI를 사회 구성원 일부로 인식하며 생산 및 소비에 AI가 중요한 역할을 한다. 소비자로서 그리고 근로자로서 활동을 할 때에도 AI와 접촉을 하며, AI를 삶의 한 부분으로 간주한다.

● 요소수

디젤 차량에서 발생하는 질소산화물을 정화시키기 위해 선택적 촉매 감소기술에 사용되는 물질이다. 디젤 엔진에서 선택적 촉매 환원(SCR)을 통해 질소 산화물을 질소로 환원시켜 대기오염 물질 배출의 양을 절감하기 위해 쓰이는 표준화된 농도의 요소의 수용액으로, 암모니아수와 비슷한 성분을 갖고 있다.

● 디지털 폐지줍기

보상형 모바일 애플리케이션(앱)을 통해서 포인트를 모아 현금화하거나 기프티콘으로 교환하는 것을 일컫는 신조어로, 스마트폰을 이용한 재테크라고 해 '앱테크'라고도 불린다. '디지털 폐지 줍기'라는 명칭은 길거리에 버려진 박스나 종이 등을 주워 이를 고물상에 판 뒤 소액의 생활비를 버는 폐지 줍기에서 비롯된 것이다. 즉, 디지털 환경에서 꾸준히 이벤트에 참여한 뒤 지급되는 포인트나 쿠폰을 챙겨 쏠쏠하게 생활비를 번다고 해서 붙은 명칭이다.

● 생계형 적합업종

영세 소상공인을 보호하기 위해 기존 중소기업 적합업종 지정이 만료되는 업종과 품목에 대기업과 중견기업이 진출하는 것을 제한하는 제도이다. 중소기업 적합업종의 경우 대기업과 중소기업 간 자율 규제인 반면 생계형 적합업종은 법으로 규제된다. 첫 번째 업종으로는 2019년 10월 서적·신문 및 잡지류 소매업이 지정됐으며, 11월에 '자동판매기 운영업'과 'LPG연료 소매업'이, 12월에는 두부 제조업과 장류(된장·간장·고추장·청국장) 제조업이 지정됐다. 2021년 9월 기준 총 11개 업종이 생계형 적합업종으로 지정돼 있다.

● 닉스고

한국마사회의 경주마로, 한국마사회의 유전체 기반 개량·선발 기술인 케이닉스(K-Nicks) 프로그램을 통해 선발됐다. 닉스고는 2021년 11월 세계 최고의 경마경주로 꼽히는 브리드스컵 클래식에서 우승하며 큰 화제를 모았다.

● 어스아워(Earth Hour)

세계자연기금이 주최하는 환경운동 캠페인으로, 2007년 제1회 행사가 호주 시드니에서 시작된 이래 매년 3월 마지막 주 토요일에 실시되고 있다. 해당 일에 1시간 전등을 소등함으로써 기후변화의 의미를 되새기는 상징적 자연보전 캠페인으로, 전 세계 유명 랜드마크가 참여하는 것으로도 널리 알려져 있다.

● 칩4(Chip4)

미국 주도로 한국, 일본, 대만 4개국이 중국을 배제하고 안정적인 반도체 생산·공급망 형성을 목표로 추진 중인 동맹이다. 미국은 팹리스, 대만과 한국은 파운드리 분야에서 시장을 주도하고 있으며 일본은 소재 분야에서 큰 비중을 차지하고 있다.

● 부커상

'부커상'은 노벨문학상, 프랑스 공쿠르 문학상과 함께 세계 3대 문학상 중 하나로, 1969년 영국의 부커사(Booker)가 제정한 문학상이다. 해마다 영연방 국가에서 출판된 영어 소설 중에서 수상작을 선정하는 부커상과, 영어로 번역된 영국 출간 작품에 수여하는 부커상 인터내셔널 부문으로 나뉜다.

● 돈바스 내전

러시아와 국경을 맞대고 있는 우크라이나 최동부 루간스크주와 도네츠크주 일대에서 2014년부터 현재까지 이어지고 있는 내전을 말한다. '우크라이나 내전'으로도 불리는데, 이곳에서는 우크라이나 정부군과 러시아로의 병합을 원하는 반군들의 교전이 지속되고 있다.

● 미포머족(Meformer族)

미포머족은 나(Me)라는 단어와 알리다(informer)가 합쳐진 말로, 개인의 블로그나 인스타그램, 트위터 등 각종 SNS 등을 통해 '나(me)'를 '알리는(inform)'는 데 적극적인 사람들을 뜻한다. 이는 미국 러트거스대 연구진이 트위터 유저 350명을 대상으로 조사한 결과를 발표하면서 내놓은 용어로, 당시 연구진들은 이용자의 80%가량이 '미포머'에 해당되었다고 밝힌 바 있다. 미포머족들은 해당 SNS를 이용해 자신의 생각이나 느낌, 개인적인 감정, 사생활 등 지극히 개인적인 게시물을 올리고 타인과 공유한다.

● 사전지정운용제

가입자가 직접 운용할 수 있는 퇴직연금이 운용 지시 없이 방치되고 있으면 회사와 근로자가 사전에 지정한 방법으로 운용되도록 하는 제도로, '디폴트 옵션'이란 이름으로도 널리 알려져 있다. 사전지정운용제는 미국, 영국, 호주 등 영미권 국가가 선제 도입해 퇴직연금의 장기 운용성과 개선에 기여하고 있다. 한국도 자산운용 활성화를 통해 퇴직연금자산의 고질적인 문제인 낮은 수익률을 끌어올리고자 도입을 결정했다.

● 디깅소비(Digging Consumption)

'파다'를 뜻하는 영어단어 'dig'에서 파생된 것으로, 디깅을 소비패턴에 접목시켜 소비자가 선호하는 특정 품목이나 영역에 파고드는 행위가 소비로 이어지면서 그들의 취향을 잘 반영한 제품들에 나타나는 특별 수요 현상을 설명한 신조어다. 특히 디깅소비는 MZ세대에서 두각을 나타내는 소비 트렌드인데, 이들 세대는 자신들이 가치가 있다고 생각하는 부분에는 비용 지불을 망설이지 않는 소비 성향을 지니고 있다. 대표적인 예로 신발 수집을 취미로 하는 일부 마니아들이 한정판 운동화 추첨에 당첨되기 위해 시간과 비용에도 불구하고 줄을 서서 기다리는 현상을 들 수 있다.

● 오징어 게임

황동혁 감독이 제작한 넷플릭스 오리지널 한국 드라마로, 2021년 9월 17일에 공개되었다. 456명의 사람들이 456억의 상금이 걸린 미스터리한 데스 게임에 초대되면서 벌어지는 이야기를 그린 서바이벌, 데스 게임 장르의 드라마이며 제목은 골목 놀이인 오징어에서 따 왔다.

● 볼로냐 라가치상

세계 최대 규모인 이탈리아 볼로냐국제아동도서전(Bologna Children's Book Fair)에서 한 해 동안 전 세계에서 출간된 어린이 도서 가운데 각 분야의 최고 아동서를 대상으로 수여하는 상이다. 1966년 제정돼 현재에 이르고 있다.

● 커탄지 브라운 잭슨

커탄지 브라운 잭슨(Ketanji Brown Jackson)은 미국 최초의 흑인 여성 연방 대법관이다. 2022년 2월 25일 조 바이든 대통령의 지명으로 연방 대법관 후보자가 되었으며 6월 30일 임명되었다.

● 미라클 작전

우리나라가 아프가니스탄 조력자 안정이송을 위해 2021년 8월 시행한 작전으로, 총 390명의 아프간인들의 대한민국으로의 무사 입국이 이뤄지면서 성공적으로 완료되었다. 우리 정부가 국내로 입국시킨 아프간인들은 현지 우리 대사관과 코이카(KOICA) 사무소, 2011~2014년 우리 정부가 운영한 아프간 지방재건팀(RPT) 및 현지 한국병원 등에서 함께 일했거나 관련 업무를 도왔던 직원과 그 가족들이다.

● 핏포 55

유럽연합(EU)이 2021년 7월 내놓은 기후변화 대응을 위한 12개 항목을 담은 입법 패키지로, 2030년까지 EU의 평균 탄소 배출량을 1990년의 55% 수준까지 줄인다는 목표를 실현하기 위한 방안을 담고 있다. 이 가운데 핵심은 탄소국경세로 불리는 '탄소국경조정제도(CBAM)'로, CBAM은 EU 역내로 수입되는 제품 가운데 역내 제품보다 탄소배출이 많은 제품에 세금을 부과하는 조치를 말한다.

● 플로깅

스웨덴어의 '플로카 업(plocka upp; 줍다)'과 '조가(jogga; 조깅하다)'를 합성하여 만든 '플로가(plogga)'라는 용어의 명사형으로, '쓰레기를 주우며 조깅하기'라는 의미이다. 한국에서는 '줍다'와 '조깅'을 결합한 '줍깅'이라는 용어를 사용하기도 한다. 조깅을 하는 동안 눈에 띄는 쓰레기를 줍는 일로, 운동으로 건강을 챙기는 동시에 환경을 지키기 위한 작은 실천에 동참하자는 취지로 행하는 환경보호운동이라 할 수 있다.

● ITER

ITER(International Thermonuclear Experimental Reactor)은 상용화 가능 최소 핵융합 효율의 확실한 달성을 목표로 하는 국제공동 핵융합 실험으로서, 우리나라를 비롯한 미국, 러시아, 유럽연합(29개국), 중국, 인도, 일본 등 총 35개국이 참여하며 캐나다, 카자흐스탄, 태국, 호주와는 비회원 협력 관계에 있는 역사상 가장 큰 규모의 국제연구개발사업이다.

● 그리드플레이션

탐욕(greed)과 물가 상승(inflation)의 합성어로, 대기업들이 탐욕으로 상품·서비스 가격을 과도하게 올려 물가 상승을 가중시킨다는 의미이다. 2022년 미국의 물가가 40여 년 만에 최악의 수준으로 치솟자 집권 여당인 민주당 일각에서 대기업의 탐욕이 인플레이션에 큰 영향을 미쳤다고 지적하며 해당 용어가 거론되고 있다.

● CF100(Carbon Free 100%)

사용 전력의 100%를 풍력, 태양광, 수력, 지열, 원자력발전 등의 무탄소 에너지원으로 공급받는 캠페인으로, 전력의 탈탄소화를 목표로 한다. 공식 명칭에 들어가는 '24/7'은 24시간 일주일(7일) 내내 무탄소 전력을 이용한다는 의미이다. RE100으로는 탄소중립 달성이 어렵다는 지적에 따라 구글(Google)과 유엔 에너지(UN Energy), 지속가능에너지 기구(SE4ALL: Sustainable Energy For All) 등이 발족했다.

> *RE100
> RE100은 '재생에너지(Renewable Electricity) 100%'의 약자로, 기업이 사용하는 전력량의 100%를 2050년까지 풍력·태양광 등 재생에너지 전력으로 충당하겠다는 목표의 국제 캠페인이다. 2014년 영국 런던의 다국적 비영리기구인 '더 클라이밋 그룹'에서 발족된 것으로, 여기서 재생에너지는 석유화석 연료를 대체하는 태양열, 태양광, 바이오, 풍력, 수력, 지열 등에서 발생하는 에너지를 말한다.

● 트래블 룰

자금세탁을 방지하기 위해 기존 금융권에 구축돼 있는 '자금 이동 추적 시스템'으로, 은행들이 해외 송금 시에 국제은행간통신협회(SWIFT)가 요구하는 형식에 따라 송금자의 정보 등을 기록하는 것을 뜻한다. 2019년에는 국제자금세탁방지기구(FATF)가 트래블 룰 대상에 가상자산을 추가해 가상자산 전송 시 수신자 정보를 수집해야 하는 의무를 가상자산사업자(VASP)에 부과하고 있다.

● 핑크타이드

'분홍 물결'이라는 뜻으로 여러 남미 국가에서 온건한 사회주의를 표방하는 좌파 정당들이 연달아 집권한 기조를 말한다. 1990년 베네수엘라의 우고 차베스 정권의 출범부터 시작된 흐름이다. 핑크타이드는 2015년까지 약 20년 가까이 이어졌으나, 좌파 정권의 경제정책 실패로 극심한 경제불황이 닥치면서 2015년 12월 아르헨티나의 우파 정권 집권을 시작으로 퇴조하기 시작했다. 그러다 2019년 아르헨티나, 2020년 볼리비아, 2021년 온두라스·페루·칠레, 2022년 콜롬비아 등에서 다시 좌파 정부의 집권이 시작되면서 부활 중에 있다.

● 오커스

미국, 영국, 호주 등 3개국이 2021년 9월 15일 공식 출범시킨 외교안보 3자 협의체이다. 오커스라는 명칭은 호주(Australia), 영국(UK), 미국(US)의 국호 첫 글자 및 이니셜을 따 지은 것인데, 이들 3개국은 오커스를 통해 정기적인 고위급 협의를 가지면서 국방과 외교정책 등의 교류는 물론 첨단기술과 정보 공유를 하게 되는데, 무엇보다 미영 양국이 호주의 핵추진잠수함 개발을 공동 지원하는 것이 핵심이다.

국제관계

CHAPTER 01

국제관계

① 정치 · 외교

001 KT, 한국전력공사

국가의 발달 순서를 바르게 나타낸 것은?

① 야경국가 → 경찰국가 → 복지국가
② 경찰국가 → 야경국가 → 복지국가
③ 복지국가 → 야경국가 → 경찰국가
④ 야경국가 → 복지국가 → 경찰국가

🖍 초기 자본주의 정부는 국방 · 치안에 한정된 야경국가 형태였지만, 빈부 격차 · 환경오염 · 경제 공황 등 여러 가지 사회 문제가 대두되면서 복지국가의 실현을 위한 노력의 필요성이 증대되었다.

명예혁명
1688년 영국에서 일어난 시민혁명이다.

국가의 3요소
국가의 3요소는 국민(사람), 영토, 주권(정부)으로 어느 하나가 빠져도 국가라 할 수 없다. 이 3가지 요소를 갖추고 있으며, 스스로 국가로 선포한 경우에 국가로 보는 것이 일반적이다.

002

사회계약설을 주장하지 않은 사람은?

① 홉스
② 로크
③ 루소
④ 보댕

🖍 홉스는 개인의 안전과 평화를 유지하기 위해 모든 권리를 국가에 양도하여 보호받아야 된다고 보고, 절대 군주제를 지지했다. 로크는 개인의 권리를 양도하고 국가의 보호아래서 보장받고자 했으며, 국가에 저항할 권리를 가진다고 했다. 루소는 인간의 욕망과 자유의 파괴를 방지하기 위해 국가를 창설하게 된다고 보았다.

사회 계약설
국가는 자유롭고 평등한 사회구성원들의 자유스런 합의를 통하여 국가를 형성했다는 이론으로, 17~18세기 홉스(T.Hobbes), 로크(J.Locke), 루소(J.J.Rousseau) 등에 의하여 주장된 것이다.

프랑스혁명
1789년 7월 14일부터 1794년 7월 28일에 걸쳐 일어난 프랑스의 시민혁명이다.

003

복지국가에 대한 설명으로 옳지 않은 것은?

① 사회구성원의 복지가 국가에 의해서 제공되는 것을 목표로 한다.
② 자유방임주의를 지지한다.
③ 국민의 생존권을 실질적으로 보장한다.
④ 적극적으로 사회의 경제 질서에 개입한다.

🖍 현대의 복지국가는 무제한적인 자유방임주의를 버리고, 적극적으로 사회의 경제 질서에 개입함과 동시에 경제적 이해관계의 대립을 조정하여, 국민의 생존권을 실질적으로 보장하도록 노력한다.

마그나카르타
1215년 영국 왕 존이 귀족들의 강압에 의해 승인한 칙허장(勅許狀)이다. '대헌장'으로 번역된다.

004 한국전력공사

『사회계약론』을 저술하였으며, 모든 사람의 정치참여이론을 더욱 발전시킨 사람은?

① 로크
② 루소
③ 칸트
④ 스미스

圖 **사회계약론** : 프랑스 사상가 J. J. 루소의 저서이다. 그는 이 저서에서, 자연 상태에서 원래 자유롭고 평등하던 인간이 사회계약을 통하여 사회 또는 국가를 형성하지만, 인간의 자유와 평등은 상실되는 것이 아니고 최고의 의사인 일반의사 속에 구현된다고 주장하였다.

005 서울메트로

'최소한의 정부가 최선의 정부'라는 말은 어떤 국가관을 바탕으로 하는가?

① 공산주의 국가관
② 전체주의 국가관
③ 다원주의 국가관
④ 권위주의 국가관

圖 **다원주의** : 사회는 여러 독립적인 이익집단이나 결사체로 이루어져 있으므로 권력 엘리트에 의하여 지배되기보다는 그 집단의 경쟁·갈등·협력 등에 의하여 민주주의적으로 운영된다고 보는 사상이다.
전체주의 : 개인은 전체 속에서 비로소 존재가치를 갖는다는 주장을 근거로 강력한 국가권력이 국민생활을 간섭·통제하는 사상 및 그 체제를 말한다.
권위주의 : 어떤 일에 대하여 권위를 내세우거나 권위에 순종하는 사고방식 또는 행동양식을 말한다.

006 한국수자원공사

다음 중 바르게 설명한 것은?

① 게리맨더링(Gerrymandering)이란 자연적인 지역 조선에 따라 합리적으로 선거구를 설정하는 것을 말한다.
② 캐스팅 보트(Casting Vote) 제도는 제6공화국 헌법에서 채택하고 있는 제도이다.
③ 패스트트랙(Fast Track)이란 국회 안건의 신속처리를 위한 제도이다.
④ 필리버스터(Filibuster)는 국회에서 다수파 의원들이 소수파의 독재를 막고 합법적인 수단으로 의사진행을 방해하는 행위이다.

圖 **패스트트랙** : Fast Track, 사전적으로는 목표를 달성하기 위한 지름길을 의미하며 정치에서는 법안이나 정책의 신속한 처리와 관련한 용어로 한국에서는 국회법 제85조의2에 따른 '신속처리안건 지정'을 부른다.

미국 독립전쟁

영국의 북아메리카 식민지 중에서 동부 해안 13개 주가 영국의 조세정책 등에 반발하여 식민지 독립을 위해 일으킨 전쟁이다. 미국은 1776년에 13주가 있는 상태에서 건국되었으며, 이 전쟁은 프랑스 혁명에 간접적인 영향을 주었다고 본다.

"대표 없이는 과세 없다"

미국 독립전쟁의 원인으로 가장 대표적인 것은 영국의 미국 식민지에 대한 과도한 조세 정책이다. 1763년 7년 전쟁의 결과를 논의하는 파리강화회담에서 영국은 식민지에 대해 조세 정책을 실시하기로 결정하였다. 그 후 설탕법, 당밀법 등으로 당밀, 설탕, 철, 소금 등의 수입품에 대해서 관세를 부과하였으나 간접세인 탓에 큰 반발이 따르지는 않았다. 문제가 된 것은 인지세법인데, 이는 신문, 일간지, 트럼프 카드 등 미국 식민지에서 출판되는 모든 출판물에 세금을 부과하는 것이다. 이는 간접세지만 관세가 아니라 내부세라는 점에서 식민지인들의 커다란 반발을 불러왔다. 이에 식민지인들은 "No taxation without representation(대표 없이는 과세 없다)"라는 구호를 내걸고 영국의 과도한 조세 정책에 반발하였다.

마키아벨리즘

이탈리아 정치 철학자 마키아벨리가 그의 저서 『군주론』에서 "군주가 정치 권력을 획득·유지·확대하기 위해서는 수단을 가릴 필요가 없다"고 주장한 것으로, 권모술수에 의한 정치 방법을 말한다.

007 인천교통공사

쇼비니즘(Chauvinism)이란 무엇인가?

① 자국의 이익만을 주장하는 극단의 국가주의, 국수주의의 입장을 말한다.
② 호전적, 배타적 애국주의 또는 강경외교정책을 뜻한다.
③ 어느 외국과도 항구적인 동맹을 체결하지 않는다는 뜻이다.
④ 쿠바 수상 카스트로의 이른바 반미 사회주의 노선을 말한다.

해 국가의 이익과 영광을 위해서는 방법과 수단을 가리지 않으며 국제정의도 고려치 않는 비합리적인 배외주의를 말한다.

008

밀레니얼 소셜리즘(Milennial Socialism)과 관계없는 것은?

① 사회주의의 한 분파이다.
② 지지층들이 높은 고용율과 좋은 노동 환경 속에서 성장했다.
③ 소득 재분배와 공공 서비스 확대를 주장한다.
④ 경제, 사회 지배층이 대중을 위해 일하지 않는다고 믿고 있다.

해 밀레니얼 소셜리즘 : Milennial Socialism. 주요 지지층이 밀레니얼 세대인 사회주의를 뜻하는 말로 밀레니얼 세대는 IT기술에 능하고 대학진학률이 높지만 높은 실업률과 노동 환경의 질 저하를 경험했다. 이들은 현 사회의 불평등이 통제 불가능 수준이고 경제가 기득권에 이익이 되도록 조작되고 있기 때문에 소득 재분배와 공공 서비스 확대를 주장하며 사회, 경제 지배층인 관료와 기업이 대중의 이익을 위해 일하도록 경제가 민주화되어야 한다고 믿는다.

009 중앙일보

제2차 세계대전 이후 등장한 제3세계에 대해 잘못 설명한 것은?

① 반식민주의, 비동맹 중립주의의 노선을 채택했다.
② 평화 5원칙에 입각해 공산주의 세력의 침투를 저지했다.
③ 각국의 경제적 이익 우선 추구 경향에 의해 최근 결속력이 약화되었다.
④ 콜롬보회의, 반둥회의를 통해 결속을 강화했다.
⑤ 미국 – 러시아 양 진영의 어느 쪽에도 속하지 않는 중립주의적 국가를 말한다.

해 제3세계 : 일반적으로 제2차 세계대전 이후 미·소 어느 진영에도 가담하지 않고 비동맹노선을 취했던 개발도상국들에 대한 총칭이다.

010

마차나 수레의 바퀴를 고정시키기 위해 사용하는 물건의 뜻을 빌려 안보, 외교적으로 구심적 역할을 하는 핵심 국가를 일컫는 말은?

① 코너스톤 ② 린치핀
③ 패스파인더 ④ 센트럴 액시스

해 린치핀 : Linchpin. 본래 마차나 수레, 자동차의 바퀴가 빠지는 것을 막기 위해 축에 꽂는 핀을 가리키나, 비유적으로 핵심축이라는 뜻으로 사용되며 외교적으로는 '공동의 국가이익을 달성하기 위해 꼭 필요한 동반자'라는 의미도 가진다.

011

영국정부가 아무런 합의에도 도달 못한 채 유럽연합(EU)를 탈퇴하는 것을 뜻하는 말은?

① 하드 브렉시트 ② 소프트 브렉시트
③ 리그렉시트 ④ 노딜 브렉시트

해 노딜 브렉시트는 영국이 유럽연합(EU)과 아무런 합의를 도출하지 못한 채 EU를 탈퇴하는 것을 말하며 영국이 아무런 협정을 맺지 못하고 2019년 10월 31일을 기해 유럽연합(EU)에서 탈퇴하는 것이다. 노딜 브렉시트가 성립되면 영국은 EU 규정을 따르지 않아도 되며, 통상에서는 세계무역기구(WTO) 체제를 적용받게 된다. 또한 노딜 브렉시트가 단행되면 영국과 EU와 합의한 전환기간이 적용되지 않으므로, 10월 31일 그 즉시 EU 회원국으로 적용되던 모든 혜택이 사라진다.

012 NH농협, 경향신문

레임덕(Lame Duck)현상이란?

① 군소정당의 이합집산 현상
② 선진국과 후진국 사이에 나타나는 경제적 갈등 현상
③ 집권자의 임기 후반에 나타나는 정치력 약화 현상
④ 과다 채무로 외채상환이 어렵게 된 후진국의 일시적 지불유예 선언

해 ① 합종연횡(合從連橫)에 대한 설명이다.
② 남북문제에 대한 설명이다.
④ Moratorium에 대한 설명이다.

징고이즘
Jingoism, 어느 집단사회에서 발생하는 타집단에 대한 심리상태를 표현하는 용어로, 맹목적으로 나타나는 경우를 말한다.

EU
European Union. 유럽공동체가 1993년 11월 1일 발효된 유럽통합조약(마스트리히트조약)에 따라 재탄생한 연합기구로 본부는 벨기에 브뤼셀에 있다. EU 관련 기구는 다음과 같다.

• 정상회의 : 연 2회 개최되며 집행위원회, 각료이사회에서 해결하지 못하는 문제 등을 협의한다.
• 유럽의회(European Parliament) : 소재지 스트라스부르(프랑스), 사무국 룩셈부르크. 유럽연합 회원국의 유권자들을 대표하는 의회이다.
• 사법재판소 : 소재지 룩셈부르크. EU창설의 기초가 된 로마조약, 마스트리히트조약의 해석과 적용에서 발생하는 법적 문제를 판단한다.
• 각료이사회 : 회원국의 대표(각료)로 구성되는 최고결정기구이다.
• 유럽중앙은행(ECB) : 유럽중앙은행은 각국의 주권사항에 속하는 금리결정 등 통화정책권한을 넘겨받아 단일통화 참가국에 일률적으로 적용되는 통화정책을 결정·집행하는 유럽경제의 핵심기관이다.

레임덕
Lame Duck, 대통령 임기 말기의 권력누수현상을 일컫는 말이다.

합종연횡(合從連橫)
중국 전국시대 진(秦)과 그밖의 6국 사이에서 전개된 외교전술이다. 강국인 진에 대항하기 위해 주변의 6국이 동맹을 맺은 합종(合從)과, 합종을 깨뜨리기 위해 진이 각각의 6국과 개별적으로 동맹을 맺은 연횡(連橫)을 합쳐 이르는 말이다.

013 포스코

다음 중 미국 대통령 선거절차를 옳게 배열한 것은?

① 예비신거 → 전당대회 → 일반선거 → 선거인단의 투표
② 예비선거 → 일반선거 → 전당대회 → 선거인단의 투표
③ 예비선거 → 선거인단의 투표 → 일반선거 → 전당대회
④ 일반선거 → 예비선거 → 전당대회 → 선거인단의 투표

해 **미국의 대통령선거** : 2~6월에 실시되는 각 주의 예비선거에서 각 당의 후보를 지명할 당원 대상 선거인단을 선출한다. 이후 각 당의 전당대회에서 후보를 확정하며 9월 첫 일요일부터 11월 첫 화요일까지 선거운동을 펼쳐 11월 첫째 월요일이 속한 주의 화요일에 본선거(선거인단 선출)를 실시한다.

014 동아일보

New Frontier 정책은 누구의 주창인가?

① 닉슨　　　　　　　② 아이젠하워
③ 루스벨트　　　　　④ J. F. 케네디

해 미국의 제35대 대통령 J. F. 케네디가 1960년 대통령선거전에서 내세운 정치표어로 대통령 취임 후에도 내외정책의 기본 정신으로 삼았다.

015 한국석유공사

러시아, 우크라이나, 벨로루시 등 슬라브계 3개 공화국 정상들이 모여 민스크를 수도로 하는 독립국가연합을 창설키로 합의한 회담은?

① 브레스트 회의　　　② 알마아타 정상회의
③ 민스크 정상회담　　④ 몰타 정상회담

해 1991년 12월 8일 집권 이전부터 정권을 주도한 옐친 대통령이 우크라이나 공화국 크라프츠크 대통령과 벨로루시 공화국 슈시케비치 대통령 간의 브레스트 회의에서 소련을 해체하고 '외교, 국방, 핵, 통제권'을 공동 관장하는 '독립국가연합(CIS)' 창설을 선언했다.

New Frontier 정책

J. F. 케네디 대통령의 뉴프런티어 정책은 개척자 정신의 상징인 프런티어에 새로운 의미를 부여하자는 것으로, 국내 문제의 개선과 해외의 후진지역에 대한 민주주의 추진을 목표로 하는 것이었다.

Hot Potato

뜨거운 감자. 다루기 어려운 문제에 대한 총칭이다.

Hegemony

'정치적 지배권'을 뜻하는 용어이다.

Scape Goat

국민의 지지를 받지 못하는 정부가 흔히 가상의 적을 설정하여 그쪽으로 국민의 모든 불만을 집중시켜 정치에 동원하는 경우를 일컫는 정치 용어이다.

CIS

Commonwealth of Independent States. 1991년 소비에트 연방의 해체로 독립한 10개 공화국의 연합체. 혹은 동맹을 말한다.

016

노란조끼시위가 일어났던 국가는?

① 독일　　　　② 프랑스
④ 이탈리아　　④ 스페인

團 **노란조끼시위** : Yellow Vest, 2018년 11월 에마뉘엘 마크롱 프랑스 대통령의 유류세 인상 발표에 반대하면서 시작돼, 점차 반정부 시위로 확산된 시위를 말한다. 노란 조끼는 운전자가 사고를 대비해 차에 의무적으로 비치하는 형광 노란 조끼를 집회 참가자들이 입고 나온 것에서 붙여진 명칭이다. 노란 조끼 시위가 정부의 통제에도 계속적으로 확산되자, 프랑스 정부는 2018년 12월 4일 논란이 된 유류세 추가 인상 계획을 중단한다고 발표했다.

017 KBS

남사군도(南沙群島) 분쟁과 관련이 없는 국가는?

① 필리핀　　　② 대만
③ 태국　　　　④ 중국

團 **남사군도의 영유권 주장 당사국** : 중국, 베트남, 필리핀, 말레이시아, 부르나이, 대만 등 6개국
서사군도 : 중국 남해도와 베트남 동쪽에 자리잡고 있는 40여 개의 작은 섬. 파라셀 제도(Paracel Islands)라고도 한다. 중국 하이난성(海南省)에 딸린 수많은 섬 가운데 4대 군도에 속한다.

세계 도서 영유권 분쟁 지역
- 이어도 : 한국 – 중국
- 센카쿠열도 : 중국 – 일본
- 북방영토 : 러시아 – 일본

018

홍콩의 범죄인인도법에 대한 내용 중 틀린 것은?

① 해당 법안을 체결하지 않은 국가나 지역에서 범죄인을 인도할 수 있다.
② 중국, 대만, 마카오 등과 이 조약을 체결하고 있다.
③ 홍콩 시민들이 중국의 부당한 정치적 수단으로 악용될 수 있다 판단하여 반대하고 있다.
④ 시민들의 반발과 시위로 인해 완전 철폐되었다.

團 홍콩은 영국, 미국 등 20개국과 인도조약을 맺었지만 중국을 포함한 중화권 국가들과는 이 조약을 체결하지 않았다.

019 동아일보, 국가정보원

다음 중 Persona non Grata를 설명하고 있는 것은?

① 해외 공사관으로 파견되는 인물
② 기피 인물이라는 외교 용어
③ 상대국의 동의가 필요한 인물
④ 종합패널 사회자

해 Persona non Grata : 외교사절로 받아들이기 힘든 인물을 말한다.

020

다음 외교 용어 중 설명이 바르게 된 것은?

① 의정서 : 국가 간의 조약형식의 하나로 의사록과 반대되는 의미로 쓰인다.
② 공동선언 : 한 국가의 수뇌가 타국의 수뇌와 공식회담을 할 경우에 그 내용을 기록한 외교문서의 일종이다.
③ 양해각서 : 외교상 상대국과 행한 토의를 기록한 외교문서이다.
④ 아그레망 : 국제관례상 외교사절을 파견하기 전 상대국의 동의를 구하는 절차이다.

해 ① : 의사록과 같은 의미로도 쓰인다.
② : 공동성명에 관한 것으로 공동선언은 국가 간의 합의에 의한 의사표시이다.
③ : 구상서에 관한 것으로 양해각서는 정식계약 체결에 앞서 당사국 사이의 외교교섭 결과 서로 양해된 내용을 기록한 합의서이다.

외교사절 파견절차

아그레망 → 임명 → 신임장 부여 → 파견

신임장

특정인을 외교 사절로 파견하는 취지와 그 사람의 신분을 상대국에 통고하는 문서이다. 파견국의 원수나 외무 담당 장관이 접수국에 보내는 것이다.

외교특권

외교사절이 주재국에서 누릴 수 있는 불가침권과 치외법권의 특권이다.

VISA

입국사증의 영문명

대사

나라를 대표하여 다른 나라에 파견되어 외교를 맡아보는 최고 직급의 외무 공무원이다. 주재국에 대하여 국가의 의사를 전달하는 임무를 가지며 국가의 원수와 그 권위를 대표한다. 국제연합(UN) 등의 국제기관으로도 파견되고 있다.

공사

국가를 대표하여 파견되는 외교사절이다. 대사 다음가는 제2계급의 외교사절로 정식 명칭은 특명전권공사이다.

특사

특별한 임무를 띠고 파견하는 사절을 말한다.

영사

접수국에서 자국 및 자국민의 통상·경제상의 이익보호를 임무로 하는 파견국의 공무원으로서, 아그레망도 불요하며 영사임무수행 중의 사건에 대해서만 재판권이 면제된다.

② 국제기구 · UN · NGO

021

ASEAN에 대한 설명으로 틀린 것은?

① 동남아 10개국이 3년마다 정상회담을 하며 자카르타에 사무국이 있다.
② 마닐라에서 4개국이 설립 목적을 명시한 출범선언을 했다.
③ 문재인 정부가 신(新)남방정책을 통한 관심을 기울이고 있다.
④ 1994년부터 아세안지역안보포럼(ARE)을 매년 개최하고 있다.

해 아세안의 출범선언은 방콕에서 하였고 5개국이 서명했다.

022 중앙일보

APEC은 어떤 기관인가?

① 아 · 태지역 경제협력체　　② 아 · 태지역 안보협력체
③ 아 · 태지역 환경협력체　　④ 아 · 태지역 정보통신망

해 APEC : 아시아 · 태평양 지역의 경제협력 증대를 위한 역내 각료들의 협의기구이다.

023 한겨레신문

다음 중 성격이 다른 하나는?

① EFTA　　② NAFTA
③ Mercosur　　④ ASEM

해 ASEM은 지역 간 협의체, 나머지는 경제 공동체이다.

024 한겨레신문

다음 기구 중 성격이 다른 하나는?

① 세계무역기구(WTO)　　② 국제통화기금(IMF)
③ 국제노동기구(ILO)　　④ 경제개발협력기구(OECD)

해 ①, ②, ③은 UN 산하 전문기구이다.

APEC

Asia – Pacific Economic Cooperation. 아시아 태평양 경제협력체

ASEM

Asia – Europe Meeting. 세계 경제의 대축인 아시아 – 북미 – 유럽연합 간의 균형적 경제발전 모색을 위해 창설된 지역 간 협의체이다.

OECD

경제개발협력기구. 제2차 세계대전 직후 유럽의 경제부흥을 위한 미국의 마셜플랜에 따라 1948년에 결성된 유럽경제협력기구(OEEC)를 모태로 개발도상국 문제 등 새로운 세계 정세에 적응하기 위해 1961년 9월 30일 발족했다. 본부는 파리에 있으며, 우리나라는 29번째 가입국이다(전체 34개 회원국).

GCC

Gulf Cooperation Council. 페르시아만안협력회의. 1981년 5월에 페르시아만안의 6개 아랍산유국이 역내(域內) 협력을 강화하기 위해 결성한 지역협력기구이다. 2008년 1월 1일에는 공동시장을 출범시켰다.

025 KT&G

유엔헌장의 초안을 채택한 국제회의는?

① 얄타 회담
② 샌프란시스코 회담
③ 모스코바 3상 회담
④ 덤버턴 오크스 회의

> 웹 덤버턴 오크스 회의 : Dumbarton Oaks Conference. 국제연합의 창설을 위하여 1944년 개최된 국제예비회의이다.

026 KBS, 동아일보

유엔 정기총회는 언제 개최되는가?

① 매년 9월 1일
② 매년 9월 셋째 화요일
③ 매년 10월 첫째 화요일
④ 매년 10월 1일

> 웹 연 1회로 9월 셋째 화요일에 열리나, 특별한 안건이 있을 경우에는 특별총회 또는 긴급총회가 소집된다. 유엔총회는 국제연합을 구성하는 6개 주요 기관의 하나이며, 국제연합의 모든 업무를 결정하는 최고 의사결정기관이다. 국제연합 전 가입국의 대표로 구성되며, 1945년 국제연합의 창립과 함께 기능을 시작했다. 표결은 중요 안건에 대해서는 출석투표국 2/3의 다수결로, 그 밖의 일반 안건은 출석투표국 과반수로 의결한다.

027 동아일보, 한국마사회

유엔의 주요 기구에 대한 설명이다. 옳지 않은 것은?

① 유엔의 최고 기구는 총회이다.
② 국제사법재판소 본부는 헤이그에 소재한다.
③ 사무총장은 안전보장이사회의 건의로 총회에서 임명한다.
④ 안전보장이사회는 미국, 영국, 프랑스, 러시아, 중국의 5개국으로 구성되어 있다.

> 웹 안전보장이사회는 5개 상임이사국과 10개 비상임이사국 등 15개국이다.

국제연합(UN) 관련 기구 약어

약어	명칭
ILO	국제노동기구
FAO	국제연합식량농업기구
UNESCO	국제연합교육과학문화기구
WHO	세계보건기구
IMF	국제통화기금
IBRD	국제부흥개발은행(세계은행)
IFC	국제금융공사
IDA	국제개발협회
ICAO	국제민간항공기구
UPU	만국우편연합
IMO	국제해사기구
WMO	세계기상기구
ITU	국제전기통신연합
WIPO	세계지적소유권기구
IFAD	국제농업개발기금
UNIDO	국제연합공업개발기구

유엔 독립기구

IAEA와 WTO는 전문기구가 아닌 독립기구이지만 실질적으로 전문기구로서의 역할을 담당하고 있다.

유엔 보조기구

국제연합개발계획, 국제연합환경계획, 국제연합난민고등판무관, 국제연합인권고등판무관, PKO(평화유지기구) 등

UNICEF

United Nations Children's Fund. 국제연합 아동기금. 전쟁 등의 이유로 가난한 국가의 굶주리는 어린이를 돕기 위해 활동하는 유엔기구이다.

UNCTAD

유엔무역개발회의. UN Conference on Trade and Development. 선진국과 후진국 간의 무역불균형 문제를 해결하기 위해 설치된 기구이다.

028 CBS, 한국일보, 경향신문

G7에 속하지 않는 나라는?

① 이탈리아　　　　　　② 일본
③ 영국　　　　　　　　④ 호주

해 G7은 G5에 이탈리아와 캐나다를 포함한 것이다.

세계 주요 국가 모임

• G5 : 미국, 영국, 독일, 일본, 프랑스
• G7 : G5 + 이탈리아, 캐나다(주요 선진 7개국)
• G8 : G7 + 러시아
• G20 : G8 + 한국, 중국, 인도, 인도네시아, 호주, 브라질, 멕시코, 터키, 아르헨티나, 사우디아라비아, 남아프리카공화국, 유럽연합(EU) 의장국

029 대웅제약

유엔의 FAO가 하는 일은?

① 질병추방　　　　　　② 도덕재무장
③ 기아해방　　　　　　④ 노동조건 개선

해 FAO : 유엔식량농업기구. 모든 사람의 영양기준 및 생활향상, 식량과 농산물의 생산 및 분배 능률증진, 개발도상국 농민의 생활상태 개선, 이를 통한 세계 경제발전에 기여하는 것을 목적으로 한다.

NGO

Non - Governmental Organization. 비정부기구

Green Peace

1971년 설립된 국제환경보호단체로서 핵실험 반대와 자연보호운동 등을 통하여 지구의 환경을 보존하고 평화를 증진시키기 위한 활동을 펼치고 있다.

030 한진, 한국전력공사

UNESCO는 어떤 기구인가?

① 국제노동기구　　　　② 국제민간항공기구
③ 국제식량농업기구　　④ 국제연합교육과학문화기구

해 UNESCO : United Nations Educational, Scientific and Cultural Organization

국제사면위원회

Amnesty International. 국가권력에 의해 처벌 당하고 억압받는 각국 정치범들을 구제하기 위하여 설치된 국제기구이다. 1977년 노벨평화상을 수상하였다.

로마클럽

Club of Rome. 기업가 · 경제학자 · 과학자의 국제적인 연구 · 제안 그룹이다.

031 MBC, 동아일보, 일동제약

Green Peace란?

① 반핵정당　　　　　　② 비핵보유국단체
③ 국제환경보호단체　　④ 국제테러단체

해 Green Peace : 1971년 설립된 국제환경보호단체이다. 41개국에 지부를 두고 있으며, 본부는 네덜란드 암스테르담에 있다.

국경없는 의사회

Medecins Sans Frontieres. (영어로는 Doctors Without Borders.) '중립 · 공평 · 자원'의 3대 원칙과 '정치 · 종교 · 경제적 권력으로부터의 자유'라는 기치 아래 전쟁 · 기아 · 질병 · 자연재해 등으로 고통받는 세계 각지 주민들을 구호하기 위해 설립한 국제민간의료구호단체이다.

---

025 ④　026 ②　027 ④　028 ④　029 ③　030 ④　031 ③　답

③ 전쟁 · 안보

032 한국전력공사, KBS

다음 중 대륙 간 탄도 미사일과 방어용 미사일이 옳게 짝지어진 것은?

① IRBM – 퍼싱
② IADB – MX
③ ICBM – ABM
④ BMEWS – SS20

해 ICBM : 정식 명칭은 Inter – Continental Ballistic Missile. 대륙 간 탄도 미사일. 한 대륙에서 다른 대륙까지 대기권 밖을 비행하며 적의 전략목표를 공격한다. 대부분의 핵무기가 이 탄도 미사일에 의해 목표까지 운반되고 있다. 북한의 대포동 2호와 광명성 2호는 탄도 미사일(ICBM)에 해당한다. 한편 사정거리 1,000~5,000km 내외인 중거리 탄도 미사일은 IRBM(Intermediate – Range Ballistic Missile)이라고 한다.

ABM : Anti – Ballistic Missile. 탄도탄 요격(彈道彈邀擊) 미사일. 탄도 미사일을 요격하는 대공 미사일을 말한다.

Jamming

전파교란. 적의 전파와 주파수를 탐지해 통신체제를 혼란시키거나 방해하는 행위를 총칭하는 군사 용어이다.

033

GSOMIA란 무엇을 말하는가?

① 군사정보호협정
② 전략무기제한협정
③ 상호방위원조협정
④ 전시지원협정

해 GSOMIA : General Security of Military Agreement. 협정을 맺은 국가 간에 군사 기밀을 서로 공유할 수 있도록 맺는 협정으로, 국가 간 정보 제공 방법, 정보의 보호와 이용 방법은 물론 제공 경로와 제공된 정보의 용도, 보호의무와 파기 등의 내용을 규정하고 있다.

034

우리 기술로 설계하고 건조한 한국 최초의 이지스함은?

① 율곡이이함
② 서애류성룡함
③ 세종대왕함
④ 광개토대왕함

해 한국형 이지스함 명칭(건조순)
① 세종대왕함
② 율곡이이함
③ 서애류성룡함

K – 9	세계 정상급 국산 자주포
K – 10	우리의 독자적 기술로 개발된 탄약 운반 장갑차
K2	흑표. 우리 손으로 개발된 세계 정상급 전차
현무	독자 개발한 지대지 미사일
신궁	휴대용 대공 유도 무기
광개토대왕함	한국형 구축함 1호
독도함	한국형 대형 상륙함
해성	함대함 미사일
국산 어뢰	백상어, 청상어, 홍상어
T – 50	골든이글, 초음속고등훈련기
웅비	순수 국내기술로 개발된 공군의 기본 훈련기
수리온	첫 국산헬기 KUH의 별칭. '수리온'은 독수리의 '수리'와 1000이라는 뜻의 순우리말

035

다음 중 공식적인 핵보유국가로 묶인 것은?

① 미국, 러시아, 프랑스, 독일, 중국
② 미국, 러시아, 인도, 독일, 이라크
③ 미국, 영국, 프랑스, 러시아, 중국
④ 미국, 영국, 프랑스, 파키스탄, 이란

> 閻 미국, 영국, 프랑스, 러시아, 중국의 5개국은 핵무기 보유의 기득권을 공인받아 핵무기 보유국으로 공식 인정받은 나라로, 모두 유엔안보리 상임이사국이다.

036 일동제약

1947년 핵물리학자들에 의해 창안된 '운명의 시계'란 무엇인가?

① 인구폭발시계   ② 스타워즈계획
③ 앨빈 토플러의 저서   ④ 핵전쟁 발발 예고시계

> 閻 운명의 시계 : 핵전쟁 위기를 상징적으로 알려주는 시계로, 지구종말시계로도 불린다. 핵과학지 『불리틴』의 표지에 게재되고 있는 일러스트 시계이다.

037 한국전력공사

베트남 전쟁이나 한국 전쟁과 같은 성격의 전쟁을 무엇이라 하는가?

① 심리전쟁   ② 대리전쟁
③ 우발전쟁   ④ 보복전쟁

> 閻 대리전쟁 : 자기 나라가 직접 전쟁을 하는 것이 아니라 동맹국이나 다른 나라로 하여금 대신 치르게 하는 전쟁을 말한다. 냉전시대 한국의 6 · 25 전쟁, 인도차이나 전쟁, 이스라엘과 아랍 제국(諸國) 사이의 전쟁, 아프리카 각지의 국지적 분쟁을 가리켜 미 · 소의 대리전쟁이라 한다.

038

미국에서 개발된 장거리 고(高)고도 무인정찰기의 이름은?

① Patriot   ② Watcher
③ Predator   ④ Global Hawk

> 閻 Global Hawk : 미국 노스로그루먼사가 개발한 현존 최고 성능의 공군 장거리 고고도 무인정찰기로 날씨 제약과 적의 요격위협에서 벗어난 20km 상공에서 35~40시간 비행이 가능하며 기체 무게의 60%에 달하는 6.8t 무게의 연료를 적재하고 시속 약 640km로 비행한다.

Terrorism

프랑스 혁명기인 1789년~1799년 중 가장 난폭했던 시기를 일컫는 '공포시대(The Region of Terror)'에서 나온 것으로, 당시 공화파 혁명정부가 왕권복귀를 꿈꾸던 왕당파를 반혁명분자로 처형하고 명분이 약할 땐 암살하기도 했던 공포정치때부터 시작됐다. 당시 혁명파의 테러를 '적색테러'(Red - terrorism), 반혁명파의 보복을 '백색테러'(White - terrorism)라 불렀다.

- New - terrorism : 테러의 대상이 무차별적이며, 테러의 목적 또한 불분명한 새로운 개념의 테러리즘이다. 학자에 따라서는 포스트모던 테러리즘이라고도 한다.
  > 閻 9.11 테러
- Super - terrorism : 뉴 테러리즘 형태의 하나로 불특정 다수의 인물들을 살해하거나 별다른 의미없이 대량 살상도 서슴지 않고 실행하는 테러행위를 말한다.
  > 閻 일본 지하철 사린 독가스 살포사건

저강도 분쟁

Low Intensity Conflict. 테러, 폭동 등의 형태로 발생하는 군사분쟁을 말한다. 대분히 정치적 요인에 의해 발생하지만 그 발생지역에 커다란 정치적, 경제적 영향을 준다.

AWACS

Airborne Warning and Control System. 조기경보기. 미 공군에 의해 개발된 장거리 레이더 감시망과 방공(防空)관제의 중심 장비이다.

---

039 동아일보, 한국무역협회

ABC병기란?

① 화생방 무기
② 특수전 개인병기
③ 특수전 공군병기
④ 핵을 기본으로 한 병기

레 ABC병기 : Atom, Bacteria, Chemical의 머리 글자로 대량살상무기의 통칭으로 쓰인다.

040 한겨레신문

MTCR은 다음에서 어느 것을 말하는가?

① Mutual Trust & Cooperation Round(상호신뢰협력라운드)
② Meteorology Technology Cooperation Regime(기상기술협력체제)
③ Missile Technology Control Regime(미사일기술통제체제)
④ Metropolitan Transportation Control Regime(수도권교통통제체제)

레 MTCR : Missile Technology Control Regime. 미사일기술통제체제. 미사일 관련기술과 제조용 부품의 외부 확산 방지를 위해 1987년 설립됐다. 미사일·무인비행체 및 이와 관련된 기술의 확산 방지와 대량파괴무기를 발사할 수 있는 장치의 수출 억제를 목적으로 한다.

041

중거리핵전력조약이란?

① 미국의 케네디 대통령과 소련의 흐루쇼프 서기장 시절 체결되었다.
② 핵탄두 장착용 중, 단거리 미사일의 폐기에 관한 조약이다.
③ 중, 단거리 미사일만의 전면 생산 금지를 다루고 있다.
④ 현재까지도 해당 조약이 지켜지고 있다.

레 중거리핵전력조약 : Intermediate-Range Nuclear Forces Tready(INF). 1987년 미국의 레이건 대통령과 소련의 고르바초프 서기장이 체결한 조약으로 핵탄두 장착용 중, 단거리 미사일의 폐기와 탄도 및 순항미사일의 생산과 배치를 전면 금지함으로써 냉전 해체의 첫걸음을 디뎠으나 2019년 양국 모두 해당 조약을 탈퇴하고 미사일 개발을 다시 시작함에 따라 핵 군비 경쟁이 본격화될 것이라는 전망이 일고 있다.

042 흑묘백묘 – 도이모이 – 페레스트로이카라는 용어의 공통점은?

042. 개혁

043 OECD 회원국 수는?

043. 36개국

044 전쟁 등의 이유로 가난한 국가의 굶주리는 어린이를 돕기 위해 활동하는 유엔기구는?

044. UNICEF

045 유럽통합을 이끈 조약의 명칭은?

045. 마스트리히트 조약

046 세계의 정치·경제 대국인 미국과 중국, 두 나라를 일컫는 표현은?

046. G2

047 Euro Zone

047. 국가 통화로 유로를 도입해 사용하는 국가나 지역을 통틀어 부르는 말이다. 유럽중앙은행이 이 구역 내의 통화정책에 책임을 맡고 있다.

048 G20

048. Group of 20은 산업화된 국가들의 기구이다.

049 NPT

049. Nonproliferation Treaty. 정식 이름은 '핵무기 확산 방지조약'이다. 핵보유국이 핵무기, 기폭장치의 관리를 제3국에 이양하는 것과 비핵보유국이 핵보유국으로부터 핵무기를 수령하거나 자체 개발하는 것을 막기 위한 조약이다.

050 북방영토

050. 러시아와 일본이 서로 영유권을 주장하고 있는 쿠릴열도의 4개 섬을 가리킨다.

051 소3통

051. 통상, 통항, 통우를 의미하는 3통의 실현 이전에 진먼섬·마추섬·펑후제도 등 3개 섬과 중국 푸젠성 연해도시들의 선박 및 항공기 직항 등을 시험적으로 실시하자는 교류 진흥정책이다.

052 제5열

052. 수단과 방법을 가리지 않고 국가의 연결을 깨뜨리려는 비밀집단 또는 국가권력 내부 위장간첩이다.

CHAPTER 02

대한민국

CHAPTER 02

대한민국

① 헌법

001 한국환경공단

다음 중 국가적 공권이 아닌 것은?

① 생존권 ② 징세권
③ 형벌권 ④ 징병권

해 **국가적 공권** : 국가 또는 공공단체나 그로부터 수권을 받은 자가 우월한 행정권의 주체로서 국민에 대하여 가지는 공법상의 권리를 말한다.
개인적 공권 : 국민이 국가에 대하여 가지는 공법상의 권리로서, 평등권 · 자유권 · 수익권 · 생활권(생존권 · 사회권) · 참정권 등을 말한다.

002 SBS

다음 연령과 관련된 우리나라 법률 규정 중 연결이 바른 것은?

① 만 14세 – 형법상 성년
② 만 15세 – 주민등록증 발급
③ 만 16세 – 남 · 녀 모두 부모 동의 없이 혼인 가능
④ 만 18세 – 민법상 성년

해 주민등록증 발급은 만 17세 이상이고, 부모 동의 없이 혼인 가능한 연령은 남 · 녀 만 18세 이상이고, 민법상 성년은 만 19세이다.

003 한국전력공사

역사적으로 기본권이 발전하는 과정이 바르게 표시된 것은?

① 참정권 → 자유권 → 사회권(생존권)
② 자유권 → 사회권(생존권) → 참정권
③ 참정권 → 사회권(생존권) → 자유권
④ 자유권 → 참정권 → 사회권(생존권)

해 역사적으로 노예 해방(자유권 획득), 시민의 투표권 행사(참정권), 생존권적 기본권 보장의 순으로 발전했다.

세계 3대 법전

함무라비법전, 로마법전(유스티니아누스 법전), 나폴레옹법전

바이마르헌법

생존권을 기본권에 포함시킨 최초의 헌법이다. 19세기적인 자유민주주의를 기본으로 하면서 20세기적 사회국가의 이념을 취하여 근대 헌법상 처음으로 소유권의 의무성(사회성)과 재산권 행사의 공공복리 적합성을 규정하고, 인간다운 생존(생존권)을 보장하면서 경제조항을 규정함으로써 20세기 현대 헌법의 전형이 되었다.

평등권

모든 국민은 법 앞에서 차별받지 아니한다는 권리, 기회 균등의 원칙

자유권

국민이 일정한 범위에서 권력의 간섭을 받지 않고 자신의 의사에 따라 행동할 수 있는 권리

생존권적 기본권

인간다운 생활을 위하여 국가에 대해 적극적인 배려를 요구할 수 있는 권리

참정권

국민이 국가 정치에 참여할 수 있는 능동적 권리

청구권

국민이 국가에 대하여 일정한 청구를 할 수 있는 권리

004 중앙일보

저항권의 행사 요건이라고 볼 수 없는 것은?

① 예비적 수단성 ② 보충성

③ 합법성 ④ 최후 수단성

☞ 저항권 : 법치 국가에서, 기본 질서를 침해하는 국가의 공권력 행사에 대하여 주권자인 국민이 행할 수 있는 최후의 비상수단적 권리이다.

005 포스코

다음 헌법상의 기본권 중 현대 복지국가 이념을 배경으로 발전한 것은?

① 재산권 ② 국민투표권

③ 근로의 권리 ④ 신체의 자유

☞ 현대 복지국가의 기본 이념은 국민복지 증진 및 생존권적 기본권 보장이다.

006 KBS, 포스코

다음 중 생존권적 기본권은?

① 청원권 ② 재산권

③ 손실보상청구권 ④ 균등하게 교육받을 권리

☞ 생존권적 기본권의 종류 : 교육을 받을 권리, 인간다운 생활을 할 권리, 가족·혼인과 보건에 관한 권리, 쾌적한 환경에서 생활할 권리, 근로자의 단결권·단체교섭권, 행복추구권 등

007 포스코, 동아일보

헌법에 보장된 자유권에 대하여 가장 잘 표현한 말은?

① 최대 다수의 최대 행복

② 요람에서 무덤까지

③ 신문 없는 정부보다 정부 없는 신문 선택

④ 국민의, 국민에 의한, 국민을 위한 정책

☞ 미국의 제퍼슨 대통령이 남긴 말이다. 그는 신앙의 자유와 언론의 자유에 대해 각별한 업적을 남겼다.

저항권의 근거 규정

우리나라의 경우는 헌법에 저항권에 대한 규정이 없다. 다만 헌법전문에 '불의에 항거한 4·19 민주이념을 계승하고'라는 문구를 명시함으로써 저항권의 근거 규정으로 삼고 있다.

소유권

물건을 전면적·일반적으로 지배하는 권리이다. 물건이 가지는 사용 가치나 교환 가치의 전부를 지배할 수 있는 완전 물권이다.

수익권

국민이 자신의 이익을 위하여 일정한 행위나 급부(給付) 및 기타 공공시설의 이용을 국가에 대해 요구할 수 있는 권리이다.

혐연권

嫌煙權. 담배를 피우지 아니하는 사람이 공공장소에서 담배 연기를 거부할 권리이다. 술 냄새를 혐오하는 혐음권은 인정하고 있지 않다.

묵비권

默秘權. 피고인 또는 피의자가 공판절차 또는 수사절차에서 법원 또는 수사기관의 신문에 대해 진술을 거부할 수 있는 권리이다.

008 MBC

다음 기본권 중 외국인에게도 우리 국민과 동등하게 보장되고 있는 것은?

① 재산권
② 재판 청구권
③ 거주 이전의 자유
④ 직업 선택의 자유

해 외국인에게는 재산 형성과 거주 이전, 직업 선택에는 일정한 제한을 가하고 있다.

009 매일경제

대한민국 헌법과 관련한 설명 중 틀린 것은?

① 주권은 국민에게 있고 권력은 국민으로부터 나온다.
② 조약과 일반적으로 승인된 국제법은 국내법과 같은 효력을 지닌다.
③ 대통령 후보 최고득표자가 2인 이상 시 국회에서 다수표로 뽑는다.
④ 6월 민주항쟁의 정신을 계승한다는 내용이 헌법 전문에 나온다.

해 현행헌법 전문 제10호에는 6.10 민주항쟁이 언급되지 않는다.

대한민국 헌법의 기본 정신

• 국민주권주의
• 자유민주주의
• 복지국가지향
• 국제평화주의
• 평화통일주의
• 시장경제주의

010 한국전력공사

다음 중 헌법개정 논의의 실익이 없는 불문헌법 · 연성헌법의 국가는?

① 미국
② 독일
③ 영국
④ 일본

해 영국은 불문법 국가이다.

불문헌법

성문헌법에는 없지만 국민의 기본권이나 국가기구의 구성 등과 같이 헌법적 가치와 규정력을 가지는 헌법이다.

성문헌법

문장으로서 표현한 성문법으로서 정립한 헌법을 말한다.

011 한화생명

우리나라 헌법의 성격을 나타낸 것 중 맞는 것은?

① 성문헌법 – 민정헌법 – 경성헌법
② 불문헌법 – 민정헌법 – 연성헌법
③ 성문헌법 – 국약헌법 – 경성헌법
④ 불문헌법 – 협약헌법 – 경성헌법

해 우리나라 헌법은 문장으로 구성되어 있으며, 국민의 합의에 의해 개정할 수 있다.

민정헌법

국민의 의사에 의하여 제정된 헌법이다.

경성헌법

헌법의 개정절차가 법률보다 어렵게 되어 있는 헌법을 말한다.

012 안양시

우리나라 헌법상 국민의 의무인 동시에 권리인 것은?

① 교육, 국방, 근로

② 납세, 교육, 근로

③ 국토방위, 근로, 재산권

④ 교육, 근로, 환경권, 재산권

해 생존권적 기본권은 권리이자 의무에 해당한다.

국민의 의무

납세의 의무, 국방의 의무, 교육의 의무, 근로의 의무, 재산권 행사의 의무, 환경보전의 의무 등

013 한국전력공사

헌법이나 법률안에 대한 승인 또는 거부를 확정하는 국민투표를 무엇이라 하는가?

① 크레덴다

② 레퍼렌덤

③ 플레비사이트

④ 게리멘더링

해 레퍼렌덤과 플레비사이트의 차이 : 레퍼렌덤은 법안에 대한 국민투표이고, 플레비사이트는 비법률적인 문제에 대한 국민투표이다.
게리멘더링 : 특정 정당이나 특정 후보자에게 유리하도록 자의적으로 선거구를 획정하는 것이다.

크레덴다

인간의 이성에 호소하는 합리화의 상징으로 권력의 정당성과 합리성에 대하여 신념을 갖게 만드는 이념과 논리적 설득의 장치를 말한다.

레퍼렌덤

Referendom. 헌법이나 법률안 등 법안에 대한 승인 또는 거부를 국민투표로 확정하는 것을 말한다.

플레비사이트

Plebiscite. (법률안이 아닌) 중대한 정치적 문제를 결정할 때 행하는 국민 투표이다.

014 한국석유공사

우리나라의 국회의장과 대법원장의 임기를 합한 숫자는?

① 7

② 8

③ 10

④ 12

해 국회의장의 임기는 2년이고 대법원장의 임기는 6년이다.

015 한국장애인고용공단

다음 중 임기가 같은 것끼리 묶인 것은?

① 대통령 – 국회의장

② 국회의원 – 감사위원

③ 감사위원 – 검찰총장

④ 일반 법관 – 한국은행 총재

해 한국은행 총재의 임기는 4년이다.

주요 공직자의 임기

2년	국회의장 · 부의장 검찰총장 경찰청장
4년	감사원장 · 감사위원 국회의원 지방자치단체의 장
5년	대통령
6년	헌법재판소 재판관 중앙선거관리위원회 위원 대법원장 대법관
10년	일반 법관

016 KB국민은행

우리 헌법은 '대한민국의 영토는 한반도와 부속 도서로 한다'고 규정되어 있으나 현실적으로 휴전선 이북에는 대한민국의 통치권이 미치지 못하고 있다. 그 이유는?

① 헌법의 규범적 성격이 없기 때문이다.
② 헌법의 타당성은 있으나 그 실효성이 없기 때문이다.
③ 헌법의 실효성은 있으나 그 규범성이 없기 때문이다.
④ 헌법의 규범성은 있으나 그 타당성이 없기 때문이다.

해 법은 타당성과 실효성이라는 요건을 갖추고 있어야 한다.

영토고권

영토에 미치는 국가의 최고권력을 말한다. 영토 안의 모든 사람과 물건에 대한 지배권을 뜻하며, 영토에만 미치는 협의의 것이 아니라 영해·영공을 포함하는 모든 국가 영역에 걸치는 것이므로 영역고권(領域高權)이라고도 한다.

017 신한은행

다음 중 헌법상의 기관이 아닌 것은?

① 감사원
② 경찰
③ 국무회의
④ 지방자치단체의 장

해 검찰은 헌법기관이지만 경찰은 정부조직법상의 기관이다.

헌법기관

국회(국회의원), 정부(대통령, 행정부), 법원(대법원과 각급 법원), 감사원, 헌법재판소, 중앙선거관리위원회 등이 있다. 이들 기관은 헌법에 규정을 해놓았기 때문에 임의로 폐지할 수 없다.

018 중앙일보

헌법 개정 발의에 대한 설명 중 옳은 것은?

① 대통령만 발의를 할 수 있다.
② 대통령 또는 국회 재적의원 과반수의 찬성이 있어야 한다.
③ 대통령 또는 국회 재적의원 3분의 1 이상의 찬성이 있어야 한다.
④ 대통령 또는 국회 재적의원 4분의 1 이상의 찬성이 있어야 한다.

해 개헌은 대통령 또는 국회의원 과반수의 찬성으로 발의할 수 있다.

헌법개정 절차

㉠ **제안(발의)** : 국회(재적의원 과반수 동의) 또는 국무회의의 심의를 거쳐 대통령이 제안
㉡ **공고** : 대통령이 20일 이상 공고
㉢ **국회의결** : 헌법개정안이 공고된 날로부터 60일 이내(국회 재적의원 3분의 2의 찬성 필요)
㉣ **국민투표** : 국회의결 후 30일 이내에 국민투표에 붙여 국회의원 선거권자 과반수의 투표와 투표자 과반수의 찬성을 얻으면 통과
㉤ **공포** : 대통령이 즉시 공포

② 국회

019 목표MBC

국회 사법개혁특별위원회와 정치개혁특별위원회가 지정한 패스트트랙이 아닌 것은?

① 사회적 참사 특별법
② 공직선거법 개정안
③ 공수처 설치법
④ 검경 수사권 조정안

해 4월 29일 패스트트랙으로 지정된 법안은 공직선거법 개정안, 공수처 설치법, 검경 수사권 조성과 관련된 형사소송법과 검찰청법 개정안 등 4건이다.

020 중앙일보

국정 조사 · 감사의 대상이 되는 것은?

① 조사 중인 범죄에 대한 기소 여부
② 국정에 관계없는 사적인 사건
③ 법원의 인사행정에 관한 사항
④ 대통령의 일반 사면권 행사

해 국회의 국정 조사와 감사는 국정 전반에 대한 것이며, 대통령의 일반 사면은 사전에 국회의 동의를 받아야 한다.

021

다음 중 국정 감사에 대한 설명으로 옳지 않은 것은?

① 국정 감사는 특정 범위에 한한다.
② 공개가 원칙이다.
③ 국회법에 규정되어 있다.
④ 국정 감사 시작일부터 30일 이내의 기간을 정하여 행해진다.

해 국정 감사에 대한 내용은 헌법에 명시되어 있다.

일사부재의의 원칙

의회 회기 중에 부결된 안건은 같은 회기 중에 다시 안건으로 올리지 못한다는 원칙이다. 이 원칙은 각 나라의 국회법이나 헌법 등에 반영되어 있다.

회기불계속의 원칙

국회 또는 지방 의회의 회기 중에 의안이 의결되지 않을 경우 그 의안은 폐기되며, 다음 회기에 인계되지 않는다는 원칙이다.

교섭단체

국회에서 20석 이상의 의석을 가진 정당을 말하며, 교섭단체로 등록된 정당은 원내대표를 통하여 국회의 운영 일정이나 의제 등에 대해 교섭할 수 있다.

022 한겨레신문

다음 중 탄핵소추 대상이 아닌 직책은?

① 국무총리　　　　　② 대통령
③ 국회의장　　　　　④ 대법원장

해 탄핵소추의 1차적 대상은 헌법기관이다.

헌법상 탄핵소추의 대상

국회는 대통령을 비롯하여 국무총리 · 국무위원 · 행정 각 부(部)의 장 · 헌법재판소 재판관 · 법관 · 중앙선거관리위원회 위원 · 감사원장 · 감사위원 · 기타 법률이 정한 공무원이 직무를 집행함에 있어서 헌법이나 법률에 위배된 때에는 탄핵의 소추를 의결할 수 있다.

023

다음 설명 중 옳은 것은?

① 국회는 재적의원 3분의 1 이상의 발의와 재적의원 과반수의 찬성으로 국무총리와 국무위원을 해임할 수 있다.
② 대통령의 임기가 만료된 때에는 임기만료 60일 내지 40일 전에 후임자를 선거한다.
③ 공수처는 고위공직자 및 그 가족의 비리를 중점 수사하는 독립기관이다.
④ 공수처의 설립 목적은 검찰의 고위공직자 수사권을 조력하는 데 있다.

해 고위공직자범죄수사처(공수처)는 고위공직자 및 그 가족의 비리를 중점적으로 수사 · 기소하는 독립기관으로, '공수처'라고도 한다. 검찰이 독점하고 있는 고위공직자에 대한 수사권, 기소권, 공소유지권을 이양해 검찰의 정치 권력화를 막고 독립성을 제고하고자 하는 취지로 도입이 추진되고 있다.

의결정족수

재적의원 2/3 이상의 찬성	• 대통령 탄핵소추 의결 • 개헌안 의결 • 국회의원 제명 의결 • 국회의원 자격심사 의결
재석의원 과반수 찬성	• 개헌안 발의 • 국무총리 · 국무위원 해임 건의 • 대통령 탄핵소추 발의 • 일반 탄핵소추 의결 • 계엄해제 요구 • 국회의장 선출
재적의원 과반수 출석과 출석의원 2/3 이상 찬성	법률안 재의결
재적의원 1/3 이상 찬성	• 국무총리 · 국무위원 해임 건의안 발의 • 일반 탄핵소추 발의
재적의원 1/4 이상 찬성	• 임시국회 소집요구 • 전원위원회 개회 요구 • 국정조사 요구 • 휴회 중의 본회의 재개 요구

024 한겨레신문

국회의 권한이 아닌 것은?

① 입법권　　　　　② 예산편성권
③ 국정조사권　　　④ 결산승인권

해 국회는 정부가 제출한 예산을 심의, 승인한다.

국회의 권한

• 헌법 개정 제안 및 의결
• 법률 제정 및 개정
• 조약 체결 · 비준 동의
• 예산안 심의 · 확정
• 결산심사
• 국정 감사 및 조사
• 탄핵소추
• 기타(긴급 명령, 긴급 재정 경제 처분, 명령 승인권, 계엄 해제 요구권, 국무총리, 대법원장, 감사원장 임명 동의권)

025 한국환경공단

국회의 회의에 대한 설명으로 잘못된 것은?

① 회의에는 정기회와 임시회가 있다.

② 정기회는 연 1회, 9월 1일 소집되고 회기는 100일 이내이다.

③ 임시회는 대통령 또는 국회재적의원 4분의 1 이상의 요구에 의하여 집회한다.

④ 회기는 일 단위로 위원회 활동을 한다.

해 국회 회기는 주 단위로 운영된다.

정기국회

정기적으로 소집되는 국회를 말하며, 우리나라의 경우 국회법에 따라 매년 한 번씩 100일간의 회기로 소집된다.

임시국회

• 대통령 또는 국회 재적 의원 1/4 이상의 요구에 의하여 집회한다.
• 임시회의 회기는 30일을 초과할 수 없다.
• 임시회의 집회 요구가 있을 때에는 의장이 3일 전에 공고해야 한다.
• 대통령이 임시회의 집회를 요구할 때에는 기간과 집회 요구의 이유를 명시하여야 한다.

026

다음 중 국회법과 관련된 설명 중 틀린 것은?

① 국회 회의를 방해할 목적의 폭행 등을 금지하고 있다.

② 위반 시 벌금형을 확정 받더라도 피선거권은 유지된다.

③ 재적의원 5분의 1 이상이 출석해야 본회의 개의가 가능하다.

④ 재적의원 3분의 1 이상 요구가 있는 경우 필리버스터를 할 수 있다.

해 국회법을 위반하면 벌금 500만 원 이상의 형을 확정 받을 경우 피선거권이 박탈된다.

국회의 회기

국회를 개회하여 폐회할 때까지의 기간. 정기국회에서는 100일을, 임시국회에서는 30일을 초과할 수 없다.

027 중앙일보

다음은 국회의 기관과 그 권한에 관한 설명이다. 틀린 것은?

① 국회의장은 상임위원회에 출석해 발언할 수 있으나 표결에는 참가할 수 없다.

② 국회의장과 부의장은 국회의 동의를 얻어 그 직을 사임할 수 있다.

③ 국회의원 총선 후 첫 임시회 집회 공고는 사무총장이 의장 직무를 대행한다.

④ 국회의장과 부의장 선거는 거수의 방법도 가능하며 재적의원 과반수 득표로 당선된다.

해 국회의장과 부의장은 국회에서 무기명 투표로 선출한다.

국회와 정부의 관계

• 동의가 필요한 경우
  - 국무총리, 헌법재판소장, 대법관, 감사원장의 임명 동의
  - 외국에 대한 선전포고
  - 국군의 해외파병
  - 조약의 체결, 비준
  - 선전포고 및 강화
  - 일반사면
  - 국채모집
  - 예비비 설치
  - 외국 군대의 국내주둔
• 승인이 필요한 경우 : 예비비 지출
• 통고를 요하는 경우 : 계엄선포
• 탄핵소추권 : 국정감사 - 조사권

028 한국토지주택공사

우리나라 국회의 의사정족수는?

① 3분의 1   ② 4분의 1
③ 5분의 1   ④ 6분의 1

해 **의사정족수** : 구성원의 합의에 따라 의사를 결정하는 조직체에서 회의가 성립하는 데 필요한 최소한의 구성원수를 말한다. 의사정족수는 합의체의 성격과 의사진행 내용에 따라 달라지는데, 한국에서는 국회의 경우 재적의원의 5분의 1 이상이다. 단, 사안을 의결할 때는 재적의원 과반수의 출석을 필요로 한다.

029 충주MBC

국회 인사청문회와 관련한 다음 설명 중 틀린 것은?

① 현행법상 대법원장, 헌법재판소장, 국무총리, 감사원장 등은 모두 청문회 대상이다.
② 검찰총장, 국가정보원장은 인사청문회 대상에 포함된다.
③ 인사청문회 대상인 후보자가 특별한 이유로 청문회의 비공개를 요구하면 공개하지 않을 수 있다.
④ 국회는 임명동의안이 제출된 날로부터 10일 이내에 인사청문회를 마친다.

해 ④ 10일 → 20일

국회 인사청문회

대통령이 행정부의 고위 공직자를 임명할 때 국회의 검증 절차를 거치게 함으로써 국회가 대통령을 견제하는 장치이다. 헌법에 의하여 그 임명에 국회의 동의를 요하거나 국회에서 선출하는 직 중 대법원장, 헌법재판소장, 국무총리, 감사원장, 대법관 및 국회에서 선출하는 헌법재판소 재판관과 중앙선거관리위원회 위원 등이다. 국정원장, 경찰청장, 검찰총장, 국세청장 등은 소관 상임위원회에서 인사청문을 실시한다.

030 한국전력공사

다음 국회와 의회에 관한 설명 중 틀린 것은?

① 임시회는 대통령 또는 국회 재적의원 4분의 1 이상의 요구로 집회하며, 대통령이 임시회를 요구하는 경우에는 기간과 이유를 명시하지 않아도 된다.
② 국회의원 제명에 필요한 의결정족수는 재적의원 3분의 2 이상의 찬성이다.
③ 정기회는 매년 1회 집회하며, 회기는 100일 이내이다.
④ 캐스팅보트(Casting Vote)는 우리나라에서는 인정되지 않는다.

해 어떠한 경우에도 임시회 소집에 관한 이유와 기간을 명시해야 하며, 임시회 소집기간은 30일 이내로서 헌법에 정해져 있다.

Casting Vote

표결에서 가부동수인 경우에 의장이 행하는 결정투표로, 우리나라 헌법은 가부동수인 경우 부결된 것으로 인정한다.

③ 사법부

031 롯데, 동아일보, 연합뉴스

우리나라 헌법재판소와 권한에 관한 설명 중 잘못된 것은?

① 탄핵사건심판권   ② 9인의 위원

③ 위헌법령심사권   ④ 정당해산결정권

웹 위헌명령심사권은 (대)법원의 권한이다.

032 롯데, 동아일보, 연합뉴스

다음 중 헌법재판소의 권한에 해당되지 않는 것은?

① 위헌법률심판권   ② 탄핵심판권

③ 정당해산심판권   ④ 국회해산권

웹 1987년에 개정된 현행 헌법에서는 행정부와 입법부 간의 권력 불균형의 상징으로 인식되어 온 국회해산권이 전면 삭제되었다.

033 한겨레신문

다음 중 헌법재판소의 심판대상에 해당하지 않는 사항은?

① 검사가 내린 불기소처분

② 법률이 헌법에 위반되는지의 여부

③ 대통령에 대한 탄핵 여부

④ 대법원 판결이 헌법에 위반되는지의 여부

웹 대법원 판결은 법률심, 즉 소송사건에 관하여 사실심에서 행한 재판이 법령에 제대로 적용되었는지를 심사하고 재판하는 것이므로 대법원의 판결은 헌법재판소의 심판대상이 될 수 없다.

034 부산교통공사

다음 중 헌법재판소의 소관사항으로 볼 수 없는 것은?

① 정당해산심판   ② 법관탄핵심판

③ 선거소송심판   ④ 지방자치단체 간 권한쟁의심판

웹 선거소송심판은 법원 소관이다.

헌법재판소

법령의 합헌성 여부를 판정하기 위하여 설치된 특별재판소를 말한다. 법원의 제청에 의한 법률의 위헌 여부 심판, 탄핵(彈劾)심판, 정당해산심판, 국가기구 상호 간, 국가기관과 지방자치단체 간 및 지방자치단체 상호 간의 권한 쟁의에 관한 심판, 헌법소원에 대한 심판 등을 관장하며 9명의 재판관으로 구성된다. 재판관은 대통령이 임명하는데 3명은 국회에서 선출하는 자를, 3명은 대법원장이 지명하는 자를 임명한다.

대법원과 대법관

대법원은 우리나라의 최고 법원이다. 명령·규칙의 위헌심사, 상고 사건, 항고 법원이나 고등 법원 및 항소 법원의 결정·명령에 대한 재항고 사건 따위를 종심(終審)으로 재판한다. 대법관은 대법원장의 제청으로 대통령이 국회의 동의를 얻어 임명하며 임기는 6년이다.

중앙선거관리위원회

선거와 국민투표의 공정한 관할 및 정당에 관한 사무를 처리하기 위해 두는 헌법 기관이다. 대통령이 임명하는 3인, 국회에서 선출하는 3인, 대법원장이 지명하는 3인 등 총 9인으로 구성되는 합의제 기관이며, 위원의 임기는 6년이다.

④ 대통령 · 정부

035 국민연금공단

정부형태에서 의원내각제와 대통령제에 대한 설명으로 틀린 것은?

① 대통령제는 대통령의 임기 동안 정국이 비교적 안정된다.
② 의원내각제는 책임정치를 구현할 수 있다.
③ 의원내각제는 의회와 내각의 대립을 신속히 해결할 수 있다.
④ 우리 헌법에는 대통령은 법률안 제출권이 없다.

해 대한민국 헌법 제52조에 따라 국회의원뿐만 아니라 대통령도 법률안 제출권을 가진다고 규정하고 있다. 대통령은 국무회의의 심의를 거쳐 국회에 법률안을 제출할 수 있다. 현행 헌법은 기본적으로 대통령제를 규정하고 있으면서도 정부에 대하여 법률안 제출권을 인정하고 있다.

036

연립내각의 특징이 아닌 것은?

① 둘 이상의 정당에 의해 구성된다.
② 소수의 주요 각료가 최고정책을 심의, 결정한다.
③ 의회에서 다수파를 형성하고 정권을 맡는다.
④ 정책방향이 분명하지 못하다는 단점이 있다.

해 ②는 전시나 비상 시 신속한 결정을 필요로 하는 각개내각에 대한 설명이다.

037 한겨레신문, 한국전력공사

다음 중 대통령의 권한에 속하지 않는 것은?

① 국가의 원수로서 외국에 대하여 국가를 대표한다.
② 국가의 독립, 영토의 보전, 국가의 계속성과 헌법을 수호할 책무를 진다.
③ 조국의 평화적 통일을 위한 성실한 의무를 진다.
④ 행정각부를 직접 통할한다.

해 행정각부의 통할은 국무총리의 권한이다.

대통령제

권력분립의 원리에 기초를 두고 입법부 · 행정부 · 사법부, 특히 입법부와 행정부 상호 간에 견제(牽制)와 균형(均衡)을 통해서 권력의 집중을 방지하고 국민의 자유와 권리를 최대한 보장하는 현대 민주국가의 정부형태이다.

의원내각제

정부의 성립과 존립에 회의 신임을 필수조건으로 하는 정부형태로, 정부불신임권과 의회해산권에 의해 입법부와 행정부 간에 권력적 균형이 유지된다.

이원(집)정부제

二元(執)政府制. 행정부가 실질적으로 대통령과 수상으로 이원화되어 각각 실질적 권한을 가지는데, 평상시에는 내각수상이 행정권을 행사하나, 비상시에는 대통령이 행정권을 전적으로 행사하는 정부형태를 말한다.

연립내각

의원내각제에서 정치적 성격이 가까운 둘 이상의 정당에 의하여 구성되는 내각을 말한다.

Lame Duck

미국 대통령 선거에서 현직 대통령이 패배하는 경우 새 대통령이 취임할 때까지 약 3개월 동안의 국정(國政) 정체상태를 기우뚱거리며 걷는 오리에 비유해 이르는 말이다.

Technocrat

기술관료(技術官僚). 과학적 지식이나 전문적 기술을 소유함으로써 사회 또는 조직의 의사결정에 중요한 영향력을 행사하는 사람을 말한다.

038 서울메트로

대통령의 권한 중 행정수반의 권한에 해당하는 것은?

① 계엄선포권   ② 위헌정당해산 제소권
③ 법률안거부권   ④ 국군통수권

해 ①은 대권적 권한, ②는 사법에 관한 권한, ③은 입법에 관한 권한에 해당한다.

039 중앙일보

다음 중 대통령이 국회의 동의를 받아야만 임명할 수 있는 사람은?

① 중앙선거관리위원장   ② 경찰청장
③ 감사원장   ④ 일반 법관

해 중앙선거관리위원회 위원장과 상임위원은 위원들 중에서 선출하며, 대법관이 아닌 일반 법관은 국회의 동의나 인사청문회와는 관계없이 대통령이 임명한다.

040 경향신문, 중앙일보

다음 중 국회의 동의를 받지 않아도 임명할 수 있는 직책은?

① 국무총리   ② 헌법재판소 재판관
③ 감사원장   ④ 검찰총장

해 검찰총장, 국정원장, 국세청장, 경찰청장 등은 국회의 동의가 아니라 소관 상임위원회의 인사청문회를 거친다.

041 국민건강보험공단

다음 중 임기가 같은 공직자로 묶인 것은?

① 국회의원, 감사원장
② 대통령, 일반법관
③ 헌법재판소재판관, 국회의장
④ 검찰총장, 국회의원

해 국회의원과 감사원장은 모두 4년의 임기를 가진다.

Chapter
02

문화·연예

대통령의 권한

현행헌법에 있어서 한국의 대통령은 국가원수로서의 지위와 행정부 수반으로서의 지위를 겸하고 있다.

- 법률집행권
- 국군통수권
- 긴급명령권
- 계엄선포권
- 공무원임면권
- 명령제정권
- 외국에 대하여 국가를 대표하고 조약을 체결하는 권한과 외국의 외교 사절을 받고 우리나라의 외교 사절을 파견하는 권한
- 법률안제출 및 거부권
- 사면권(일반사면, 특별사면)
- 법관임명권(국회의 동의를 얻어 대법원장, 헌법재판소장, 재판관 임명)
- 행정에 관한 최종 의사결정권과 지휘권, 정부구성권, 재정에 관한 권한, 영전수여권 등

Inner Circle

권력 중추부의 측근 그룹을 말한다.

kitchen Cabinet

대통령의 식사에 초청받아 담소를 나눌 수 있을 정도의 주변 지인들을 일컫는 표현이다.

Shadow Cabinet

야당이 정권 획득에 대비해 총리 이하 각료로 예정된 멤버를 말한다.

Inner Cabinet

각내 내각 또는 소수 내각. 전시나 비상사태 발생 시 신속하고 통일된 조치를 위해 구성된 소수 핵심 각료를 말한다.

Adhocracy

앨빈 토플러가 『미래 쇼크(Future Shock)』에서 논한 것으로 유기적, 기능적, 임시적 조직이라는 뜻이다. 이는 위원회 중심의 국정 운영을 일컫는다.

---

042 수도권매립지관리공사

우리나라 국무회의의 성격은?

① 정책심의기관　　　　② 의사결정기관
③ 집행기구　　　　　　④ 합의제기구

해 국무회의는 헌법에 정책심의기관으로 규정되어 있다.

043 한국전력공사

국무총리의 권한으로 맞는 것은?

① 국무위원 임명권　　　② 명령 제정권
③ 행정부 지휘감독권　　④ 국무회의 구성권

해 국무총리가 국무위원을 제청하면 대통령이 임명한다. 국무회의 구성은 헌법에 명시되어 있다.
명령 제정권은 대통령의 권한이다.

044 한국환경공단

우리나라 국가인권위원회에 대한 설명으로 적절치 못한 것은?

① 독립된 국가기관이다.
② 국제인권조약에 가입하고 이행하기 위한 방안을 연구하여 제시한다.
③ 인권침해를 받은 당사자만이 진정을 할 수 있다.
④ 우리나라의 인권상황 전반에 대한 조사를 한다.

해 개인이나 단체의 진정에 의한 심의를 우선으로 하지만 진정이 없는 경우에도 인권침해가 있
다고 믿을 만한 상당한 근거가 있고 그 내용이 중대하다고 인정될 때는 이를 직권으로 조사할
수 있다.

045 매일경제

우리나라 행정 각부의 수장인 '장관'에 대한 설명으로 틀린 것은?

① 국무총리가 제청한다.
② 국회의 인사청문회를 거친다.
③ 반드시 국무위원일 필요는 없다.
④ 반드시 국회 동의를 거칠 필요는 없다.

해 국무위원은 국무총리의 제청으로 대통령이 임명하므로 장관은 국무위원일 수밖에 없다.

국무회의

정부의 권한에 속하는 주요 정책을 심의하는 최고 정책심의기관이다. 대통령 및 국무총리와 15명 이상 30명 이하의 국무위원으로 구성되고, 대통령은 국무회의의 의장이 되며 국무총리는 부의장이 된다.

국무총리의 권한

- 대통령 보좌
- 행정 각부의 통할과 감독
- 국무회의에서의 심의 · 의결권(부의장)
- 대통령의 국무행위에 부서할 권한
- (소관사무에 관한) 총리령 발포권
- 국무위원 해임 건의
- 국무회의 안건 제출권
- 국무위원 제청권
- 국회 출석 발언권

국가인권위원회

입법부 · 행정부 · 사법부에서 독립된 인권기구이다. 불가침의 기본적 인권을 보호하고 그 수준을 향상시킴으로써 인간으로서의 존엄과 가치를 구현하고 민주적 기본 질서의 확립에 이바지함을 목적으로 2001년 11월 26일 출범했다. 개인이나 단체의 진정에 의한 심의를 우선으로 하지만 진정이 없는 경우에도 인권침해가 있다고 믿을 만한 상당한 근거가 있고 그 내용이 중대하다고 인정될 때 인권위는 이를 직권으로 조사할 수 있다. 인권위는 위원장 1인과 3인의 상임위원을 포함한 11인의 인권위원으로 구성된다. 위원은 인권 문제에 관하여 전문적인 지식과 경험이 있고 인권의 보장과 향상을 위한 업무를 공정하고 독립적으로 수행할 수 있다고 인정되는 자 중에서 국회가 선출하는 4인, 대통령이 지명하는 4인, 대법원장이 지명하는 3인을 대통령이 임명하되 특히 위원 중 4인 이상은 여성을 임명하도록 되어 있다. 위원장 및 위원의 임기는 3년이며, 1차에 한하여 연임할 수 있다.

⑤ 지방자치 · 행정구제

046
정부의 독주를 막기 위한 행정 감찰관제도는?

① 오스트라시즘　　　　　② 옴부즈맨
③ 란츠게마인데　　　　　④ 그레이존

해 **옴부즈맨** : 정부나 의회에 의해 임명된 관리로서, 시민들에 의해 제기된 각종 민원을 수사하고 해결해주는 사람을 말한다.

오스트라시즘
Ostracism. 도편추방제(陶片追放制). 고대 그리스 민주정(民主政) 시대에 위험 인물을 전 시민에 의한 비밀투표로 10년간 국외(國外)로 추방한 제도를 말한다.

그레이존
Grey Zone. 어느 영역에 속하는지 불분명한 부분(집단 · 지역)을 지칭하는 용어이다.

047 동아일보
란츠게마인데(Landsgemeinde)란?

① 프랑스의 하원　　　　　② 독일의 연방의회
③ 그리스 도시국가의 민회　　④ 스위스 일부 주의 주민자치회

해 **란츠게마인데** : Landsgemeinde. 직접 민주주의 형태의 하나로, 세계에서 국민 투표제가 가장 발달한 스위스의 몇몇 주에서 1년에 한 번씩 성인 남녀가 광장에 모여 주의 중요한 일들을 직접 결정하는 것을 말한다.

네포티즘
Nepotism. 조카(Nephew)와 편견(Favo-ritism)의 합성어로 족벌정치로 번역된다. 이는 지방정부에서 볼 수 있는 현상으로, 자기 친척에게 관직이나 지위 · 명예 등을 부여하는 친족 중용주의를 뜻한다.

주민투표제
현행 지방자치법 14조 1항에는 "지방자치단체의 장은 주민에게 과도한 부담을 주거나 중대한 영향을 미치는 지방자치단체의 주요 결정사항 등에 대하여 주민투표에 부칠 수 있다"고 되어 있다. 2004년 7월부터 주민투표법이 시행되고 있다.

048
주민소환제의 대상이 아닌 자는?

① 광역시장　　　　　② 국회의원
③ 도지사　　　　　　④ 군수

해 주민소환제의 대상으로는 특별시장 · 광역시장 · 도지사, 시장 · 군수 · 자치구의 구청장, 지역선거구시 · 도의회의원 및 지역선거구자치구 · 시 · 군의회의원이 있다.

주민소환제
주민들이 법령에 따라 지방의원 및 지방자치단체장을 소환할 수 있도록 하는 제도이다. 임기 중인 선출직 공직자를 유권자들의 투표에 의해 해임할 수 있는 제도로, 지방자치단체의 인사권을 주민이 가지는 제도이다.

049 한국환경공단

청원권에 대한 설명으로 적절치 못한 것은?

① 국민이 국가기관이나 지방자치단체에 대해 희망을 진술할 수 있다.
② 공무원의 비위 시정에 대한 징계나 처벌을 요구할 수 있다.
③ 청원을 접수한 기관은 그 결과를 회답해줄 의무가 있다.
④ 기관은 반드시 청원의 내용대로 실현시켜줄 의무가 있다.
⑤ 법률, 명령 또는 규칙의 제정, 개정, 폐지를 청원할 수 있다.

해 반드시 청원대로 해줄 수는 없다.

050 서울메트로

법의 절차에 따라 행해진 도시계획사업에 의해 개인의 사유재산에 손해를 입었을 경우, 그 손해의 전보에 대해서 구제해주는 행정구제제도는?

① 손해배상제도   ② 행정심판제도
③ 행정소송제도   ④ 손실보상제도

해 **손실보상제도** : 적법한 행정작용에 대해 구제해주는 제도이다.
손해배상제도 : 위법한 행정 작용에 대해 구제해주는 제도이다.
행정심판제도 : 행정청의 위법 · 부당한 처분 그밖에 공권력의 행사 · 불행사 등으로 인한 국민의 권리 또는 이익을 침해받은 국민이 행정기관에 시정을 구하는 제도이다.
행정소송제도 : 행정법규의 적용에 관련된 분쟁이 있는 경우에 당사자의 불복제기에 의거하여 정식의 소송절차에 따라 판정하는 소송제도이다.

051 쌍용건설

서울 시내를 지나던 행인이 부러진 가로수에 다쳤을 경우 누구를 피고로 하여 손해배상을 청구할 수 있는가?

① 국가   ② 서울특별시장
③ 관할 구청장   ④ 서울특별시

해 가로수 관리 기관에 청구할 수 있다.

행정행위

행정기관이 행정권에 의하여 행정법규를 구체적으로 적용 · 집행하는 행위를 말한다.

- **명령적(命令的)인 법률적 행정행위**
  - 하명(下命) : 명령이나 금지
  - 허가(許可) : 제한이나 금지된 것을 특정인에게 해제함
  - 면제(免除) : 의무를 특정인에게 해제하는 것
- **형성적(形成的)인 법률적 행정행위**
  - 특허(特許) : 특정인에게 새로운 법률상의 힘을 인정하는 것
  - 인가(認可) : 당사자의 법률행위를 보충하여 그 법률상의 효력을 완성시키는 감독관청의 행정행위
  - 대리(代理) : 제3자에 갈음해 정하는 것
- **준법률적(準法律的) 행정행위**
  - 확인(確認) : 시험 합격 · 선거권 · 당선인 결정 등 공권적인 확정
  - 공증(公證) : 등기 · 등록 · 증명서 교부 등과 같이 특정 사실이나 법률관계의 증명
  - 수리(受理) : 신고서 · 원서 등의 수리
  - 통지(通知) : 납세의 독촉 등

이의신청

법원이나 행정관청 등 국가기관의 행위의 위법 또는 부당성에 대해 그 취소나 변경을 신청하는 것을 말한다.

행정 사건 심급제도

〈3심〉 대법원
↑ 상고
〈2심〉 고등법원
↑ 항소
〈1심〉 행정법원

⑥ 선거

052

다음 중 선거의 4원칙이 아닌 것은?

① 직접선거　　　　② 비밀선거
③ 자유선거　　　　④ 보통선거

해 선거의 4원칙 : 보통선거 · 평등선거 · 직접선거 · 비밀선거의 4대 원칙을 말한다. 선거의 5원칙
은 선거의 4원칙 + 자유선거의 원칙이다.

밴드왜건 효과
우세해 보이는 사람이나 팀을 지지하는
현상으로, 선거에서 승리할 수 있는 후보
나 가망이 있는 후보에게 표를 던지는 것
을 말한다.

053　MBC, 한국환경공단

엽관주의(Spoils System)의 단점이라고 할 수 없는 것은?

① 유능한 인물의 배제로 행정능률이 저하된다.
② 행정의 능률성과 전문성이 향상되기 어렵다.
③ 신분보장이 되지 않아 부정부패의 원인을 제공한다.
④ 국민의 요구에 관료적 대응을 향상시킨다.

해 ④는 엽관주의의 장점에 대한 설명이다.
　엽관주의 : Spoils System, 선거에서 승리한 정당이 선거운동원과 적극적인 지지자에게 승리에
대한 대가로 관직에 임명하거나 다른 혜택을 주는 관행을 말한다.

054　서울시농수산물식품공사

다음 중 선거와 관련이 없는 것은?

① Exit Pool　　　　② People Meter
③ DK그룹　　　　④ Manifesto

해 Exit Pool : 투표소 출구조사(出口調査)를 말한다.
　DK그룹 : 여론조사 때 '잘 모르겠다'(don't know)고 답하는 사람들을 의미한다.
　Manifesto : 유권자에게 목표와 이행 가능성, 예산 확보의 근거 등을 구체적으로 제시한 공약을
말한다.

055 국민연금공단

선거구 법정주의는 다음 중 무엇을 방지하기 위한 것인가?

① Filibuster

② Casting vote

③ Lame duck

④ Gerrymandering

해 Gerrymandering : 당리 당략이나 특정 후보에게 유리하도록 선거구를 획정하는 것을 의미한다.
Filibuster : 의사진행방해를 뜻한다.
Lame Duck : 대통령제에서 임기 말에 나타나는 권력 누수현상을 의미한다.

056

정당의 득표율에 따라 의석을 배분하는 제도로 총 의석수는 정당득표율로 정해지고 지역구에서 몇 명이 당선됐느냐에 따라 비례대표 의석수를 조절하는 방식은?

① 권역별 비례대표제

② 구속명부식 비례대표제

③ 연동형 비례대표제

④ 1인2표 정당명부식 비례대표제

해 권역별 비례대표제 : 전국을 몇 개의 권역으로 나눠 인구 비례에 따라 권역별 의석수를 먼저 배정한 뒤, 그 의석을 정당투표 득표율에 따라 배분하는 방식이다.
구속명부식 비례대표제 : 정당의 총득표수에 비례하여 의석수를 부여하는 비례대표제의 방식이다.
1인2표 정당명부식 비례대표제 : 유권자가 지역구와 비례대표에 따로 투표하여 이를 각각의 결과에 반영한 방식이다.

057 한국전력공사

보궐선거는 다음 중 어떤 경우에 하게 되는가?

① 당선인이 임기 중 사직 · 사망하는 경우

② 당선인이 선거 무효의 판결이 있는 경우

③ 당선인이 피선거권을 상실한 경우

④ 당선인이 없는 경우

해 ②, ③, ④는 재선거의 사유에 해당한다.

058

지역구에서 가장 아깝게 떨어진 후보를 구제해주는 제도는?

① 석패율제

② 직능대표제

③ 소선거구제

④ 지역대표제

해 석패율이란 선거에서 낙선한 후보의 득표율을 당선된 후보자의 득표수로 나눈 백분율로 이 비율이 높을수록 '아깝게 떨어졌다'는 것을 의미한다.

선거구 법정주의

선거를 진행할 때, 그 선거구를 법률로 확정하여야 한다는 원칙이다.

인구등가의 원칙

人口等價原則. 선거구당 인구수를 동일하게 함으로써 유권자가 국회의원 당선에 미치는 영향을 동일하게 하자는 선거원칙이다.

총선거

의회를 처음으로 구성하거나 의원 전원을 경신(更新)하기 위하여 실시하는 선거이다.

보궐선거

선거에 의해 선출된 대통령이나 국회의원 등이 그 임기 중 사직 · 사망 등으로 궐석(闕席)이 생긴 경우에 하는 선거로, 선거를 다시 하는 재선거와는 다르다.

재선거

정식 선거에서 당선된 후 당선인이 임기 개시 전 사망하였거나 불법선거 행위 등으로 당선 무효 처분을 받게 된 경우에 치러진다. 재선거는 사유가 발생하거나 확정된 이후 90일 이내에 실시한다.

059 한겨레신문

다음 중 국회의원 선거에서 당선인이 당선 무효가 되는 경우가 아닌 것은 어느 것인가?

① 당선인 본인이 선거법 위반으로 100만 원 이상의 벌금형 또는 징역형을 받은 경우
② 선거사무장 및 회계책임자가 선거법 위반으로 징역형을 받은 경우
③ 직계 존·비속이 선거법 위반으로 징역형을 받은 경우
④ 배우자가 선거법 위반으로 200만 원 이상의 벌금형 또는 징역형을 받은 경우

해 **당선무효가 되는 경우** : 당선인이 100만 원 이상의 벌금형을 선고 받았을 때, 선거사무장·회계책임자·직계존비속·배우자 등이 300만 원 이상의 벌금형을 받았을 때

060 KBS, NH농협

선거공영제를 실시하는 두 가지 원칙은?

① 기회균등과 비용의 후보자 부담원칙
② 부정선거 방지와 비용의 국가부담 원칙
③ 기회균등과 비용의 국가부담원칙
④ 부정선거 방지와 비용의 정당부담 원칙

해 **선거공영제** : 선거운동의 무분별함으로 인한 폐단을 방지하고 선거의 공정성을 견지하기 위한 제도이다. 보통선거에 있어서 선거 벽보의 작성 및 배부, 선거공보의 발행 및 그 발송, 연설회 개최 및 그 연설장 무료 대여 등을 실시하는 것을 말한다.

061 포항시설관리공단

의회의 표결에서 가부동수(可否同數)일 때, 의장이 던지는 결정권 투표를 무엇이라 하는가?

① 필리버스터   ② 캐스팅 보트
③ 크로스보팅   ④ 게리맨더링

해 **캐스팅 보트**(casting vote)는 의회의 의결에서 가부동수인 때에 의장이 가지는 결정권을 지칭한다. 가부동수인 경우 부결된 것으로 보는 제도와 의장이 캐스팅보트를 가지는 제도가 있는데, 우리 국회는 부결된 것으로 보고, 캐스팅보트를 인정하지 않는다(헌법 49조).

발롱데세

원래는 기상상태를 관측하기 위하여 띄우는 시험기구(試驗氣球, trial balloon) 또는 관측기구라는 뜻이며, 상대방의 의견을 타진하기 위하여 흘려 보내는 의견이나 정보, 즉 '떠보기 위해 흘려 보내는 정보'라는 의미로 사용하고 있다.

국민참여경선제

정당의 공직 후보 선출 과정에서 당원이 아닌 일반 유권자들의 의사를 반영하는 제도이다. 대표적인 국민경선제로는 미국의 예비선거(Primary)를 들 수 있다.

후보 선출방식

• Primary : 예비선거. 미국의 대통령 선거에서 정당별 후보를 선출하는 예비 경선의 한 방식이다. 등록된 당원만 참여할 수 있는 코커스와는 달리 당원이 아니더라도 참여할 수 있다.
• Open Primary : 공개예비선거라고도 하며 투표자가 자기의 소속 정당을 밝히지 아니하고 투표할 수 있는 예비선거를 말한다. 인기 있는 명망가를 후보로 영입하는 것이 목적이다.

7 남북한 관계

062 서울메트로

한반도 비핵화의 5원칙은?

① 핵무기의 제조, 판매, 저장, 배비(配備), 사용금지
② 핵무기의 제조, 보유, 저장, 배비(配備), 사용금지
③ 핵무기의 제조, 연구, 저장, 배비(配備), 사용금지
④ 핵무기의 제조, 실험, 저장, 배비(配備), 사용금지

해 배비(配備) : 배치하여 설비함

063 한국전력공사

북한에 대한 경수로 지원사업을 담당하기 위해 구성된 국제 컨소시엄을 일컫는 용어는?

① KEDO
② IAEA
③ NPT
④ KEPRA

해 KEDO : Korean Peninsula Energy Development Organization. 한반도에너지개발기구
IAEA : International Atomic Energy Agency. 국제원자력기구. 원자력의 평화적 이용을 위한 연구와 국제적인 공동관리를 위하여 설립된 국제연합기구
NPT : Nonproliferation Treaty. 핵확산금지조약

064

북한의 식량난을 해결하기 위해 2019년 우리나라 정부의 대북 식량 원조를 지원한 유엔 산하 식량지원 기구의 이름은?

① ACAP
② KAMA
③ WTF
④ WFP

해 유엔세계식량계획 : WFP(World Food Programme). 전 세계에서 기아로 고통받는 사람들에게 식량을 지원하는 유엔 산하의 세계 최대 식량지원기구로 긴급지원, 개발원조, 특별사업, 장기 구호사업 등을 펼치고 있다.

한반도 비핵화 5원칙

- 남과 북은 핵무기의 시험, 제조, 생산, 접수, 보유, 저장, 배비(配備), 사용을 하지 아니한다.
- 남과 북은 핵에너지를 오직 평화적 목적으로만 이용한다.
- 남과 북은 한반도의 비핵화를 검증하기 위하여 상대측이 선정하고 쌍방이 합의하는 대상들에 대하여 남북핵통제공동위원회가 규정하는 절차와 방법으로 사찰을 실시한다.
- 남과 북은 이 공동선언의 이행을 위하여 공동선언이 발표된 후 1개월 안에 남북핵통제공동위원회를 구성·운영한다. (1992년 1월 남북고위급회담에서 합의)

4자 회담-6자 회담

한반도에 항구적인 평화의 틀을 확립하기 위한 목적으로 진행되는 남한·북한·미국·중국의 4개국 회담 + 일본, 러시아(6자 회담)

065 한겨레신문

남한과 북한의 통일 정책이 올바르게 배열되지 않은 항목은?

① 한민족공동체통일방안(남한) – 고려민주연방제통일방안(북한)

② 기능주의적 통합 방식(남한) – 연방주의적 통합 방식(북한)

③ 정치 군사문제 우선(남한) – 교류 및 신뢰구축 문제 우선(북한)

④ 1민족 1국가 1체제(남한) – 1민족 1국가 2체제(북한)

해 남한은 신뢰구축을 우선시하고 있지만 북한은 군사문제를 우선협상 의제로 하고 있다.

066 확인문제

다음의 각 사건들을 연대순으로 바르게 나열한 것은?

> **보기**
>
> ㉠ 6 · 15 남북공동선언 ㉡ 7 · 4 남북공동성명 발표
> ㉢ 남북한 유엔 동시 가입 ㉣ 7 · 7 선언
> ㉤ 10 · 4 선언(남북관계 발전과 평화번영을 위한 선언)

① ㉡ – ㉢ – ㉠ – ㉣ – ㉤
② ㉡ – ㉣ – ㉢ – ㉠ – ㉤
③ ㉡ – ㉣ – ㉠ – ㉤ – ㉢
④ ㉠ – ㉡ – ㉢ – ㉤ – ㉣

해 ㉡ 7 · 4 남북공동성명 발표(1972년) – ㉣ 7 · 7 선언(1988년) – ㉢ 남북한 유엔 동시 가입(1991년) – ㉠ 6 · 15 남북공동선언(2000년) – ㉤ 10 · 4 선언(2007년)

067 한겨레신문

다음 중 그 핵심 내용이 잘못 서술된 것은?

① 6 · 23 선언 – 남북 교차승인과 유엔 동시 가입

② 7 · 4 남북공동성명 – 자주 · 평화 · 민족대단결의 통일원칙

③ 남북 기본합의서 – 남북 간 화해 · 협력 · 불가침에 대한 합의

④ 10 · 21 북미합의 – 북한의 유엔 가입, 북미관계 개선, 북한 핵무기개
발동결

해 남북한 유엔 가입 : 1991년(동시 가입)

한반도 통일정책

- 한민족 공동체 통일 방안
  자주, 평화, 민주
- 3단계 3기조 통일 정책
  – 3단계 : 화해, 협력 → 남북·연합 →
  통일 국가
  – 3기조 : 민주적 합의, 공존 번영, 민족
  복리
- 조국통일 3대 원칙(7 · 4 공동성명)
  – '자주적' 통일
  – 통일의 '평화적' 방법으로 실현
  – '민족적' 대단결 도모

남북한 관계 약사

- 북한의 남북 연방제 제의 : 1960년
- 7 · 4 남북공동성명 : 1972년
- 민족 자존과 통일 번영을 위한 특별 선언
  (7 · 7 선언) : 1988년
- 남북 유엔 동시 가입 : 1991년
- 남북정상회담과 6 · 15 남북공동선언 :
  2000년
- 남북관계 발전과 평화번영을 위한 선언
  (10 · 4 선언) : 2007년

---

068 연합뉴스

지뢰를 직접 밟지 않아도 철선에 닿으면 자동으로 폭발한다는 군대 용어에서 나온 표현으로, 주한 미군이 이 역할을 담당한다고 하여 논란이 되었던 용어는?

① 인계철선(Trip Wire) ② 워치콘

③ 데프콘 ④ 제로킬드론

해 **인계철선** : 북한이 공격할 경우 전방에 있는 미군이 자동적으로 개입하게 된다는 의미이다.

069 한국토지주택공사

유사시 미군이 한국에 증파될 때 이들 병력이 효율적으로 투입 · 배치될 수 있도록 한국이 군수병참 지원을 제공하는 것을 골자로 한 협정은?

① 한 · 미행정협정 ② 전시접수국지원협정

③ 팀 스피리트훈련 ④ 한 · 미상호방위조약

해 **전시접수국지원협정** : 유사시 미국은 한 · 미상호방위조약과 연합사 작전계획에 따라 한국에 증원군을 파견하며 한국은 미 증원군에 대해 접수국으로서 군수병참 등 필요한 지원 제공을 포괄적으로 규정한 일종의 조약이다.

070

대한민국 국방부가 주도하는 최고위급 연례 다자안보대화체의 이름은?

① NASD ② ARF

③ SDD ④ CSCAP

해 **서울안보대화** : SDD(Seoul Defence Dialogue). 대한민국 국방부가 주도 하에 이루어지는 최고위급 연례 다자안보대화체로 '안보와 평화를 위한 협력(Cooperation for Security & Peace)을 슬로건으로 한반도를 포함한 아시아, 태평양 지역 내 안보환경 개선과 다자간 군사적 신뢰 구축을 위해 각국 국방차관이 참여하여 2012년 11월 14일 처음 개최되었다.

한미 간 협의 · 협정

- SOFA(한미행정협정)
- SCM(한미안보협의회의)
- **전시작전통제권** : 작통권이라고도 한다. 한반도에서 전쟁이 일어났을 경우 한국군의 작전을 통제할 수 있는 권한을 말한다.
- **예** 우리나라는 6 · 25전쟁 발발 직후인 1950년 7월 17일 대통령 이승만(李承晩)이 맥아더(Douglas Mac Arthur) 국제연합 사령관에게 작전지휘권(Ope-rational Commands)을 위임하면서 이양되었다. 평시작전통제권은 1994년 환수했으나, 전시작전통제권은 확정된 시기가 아니라 2014년 10월 제46차 한미안보협의회의에서 합의된 조건에 따라, 조건이 충족될 시 환수할 예정이다.

워치콘

Watch Condition의 준말. 대북 정보감시태세. 한미연합사가 발령한다.

데프콘

Defense Readiness Condition. 정규전에 대비해 발령하는 전투준비태세를 뜻한다.

071 세계 3대 법전은?

071. 함무라비법전, 로마법전(유스티니아누스법전), 나폴레옹법전

072 국회의 정기회와 임시회 회기 기간의 합계는?

072. 130일 이내

073 의회 회기 중에 부결된 안건은 같은 회기 중에 다시 안건으로 올리지 못한다는 원칙은?

073. 일사부재의(一事不再議) 원칙

074 소속 정당의 당론과는 상관없이 유권자의 태도나 자신의 소신에 따라 투표하는 것을 뜻하는 것은?

074. Cross Voting

075 국무회의의 인원 구성은?

075. 대통령 및 국무총리와 15명 이상 30명 이하의 국무위원

076 우세해 보이는 사람이나 팀을 지지하는 현상으로, 선거에서 승리할 수 있는 후보나 가망이 있는 후보에게 표를 던지는 현상은?

076. 밴드왜건 효과

077 유권자에게 목표와 이행 가능성, 예산 확보의 근거 등을 구체적으로 제시한 공약을 뜻하는 것은?

077. Manifesto

078 Plebiscite

078. (법률안이 아닌) 중대한 정치적 문제를 결정할 때 행하는 국민 투표를 말한다.

079 Polifessor

079. 현실 정치에 적극적으로 참여하는 교수를 일컫는 용어로, 정치(Politics)와 교수(Professor)의 합성어이다.

080 二元(執)政府制

080. 행정부가 실질적으로 대통령과 수상으로 이원화되어 각각 실질적 권한을 가지는데, 평상시에는 내각수상이 행정권을 행사하나, 비상시에는 대통령이 행정권을 전적으로 행사하는 정부형태를 말한다.

081 Technocrat

081. 기술관료(技術官僚). 과학적 지식이나 전문적 기술을 소유함으로써 사회 또는 조직의 의사결정에 중요한 영향력을 행사하는 사람을 뜻한다.

082 Adhocracy

082. 앨빈 토플러가 『미래 쇼크(Future Shock)』에서 논한 것이며, 유기적, 기능적, 임시적 조직이라는 뜻으로 위원회 중심의 국정 운영을 의미한다.

083 Nepotism

083. 조카(Nephew)와 편견(Favoritism)의 합성어로, 족벌정치로 번역된다. 지방 정부에서 볼 수 있는 현상으로, 자기 친척에게 관직이나 지위·명예 등을 부여하는 친족 중용주의를 말한다.

084 인구등가의 원칙

084. 선거구당 인구수를 동일하게 함으로써 유권자가 국회의원 당선에 미치는 영향을 같게 하자는 선거원칙이다.

085 Open Primary

085. 공개예비선거라고 하며, 투표자가 자기의 소속 정당을 밝히지 아니하고 투표할 수 있는 예비선거를 말한다. 인기 있는 명망가를 후보로 영입하려는 데에 목적이 있다.

CHAPTER **03**

법률행위

법률행위

1 법의 효력

001 한국전력공사

다음 법규 중 효력이 가장 낮은 것은?

① 조약
② 명령
③ 긴급명령
④ 법률

해 법 적용의 단계 : 법 적용이 이루어지는 단계는 '헌법 → 법률(국제조약) → (긴급)명령 → 자치법규(조례 · 규칙)'의 순이다.

002 한국전력공사

법의 효력에 관한 원칙이 아닌 것은?

① 상위법은 하위법에 우선
② 국내법은 국제법에 우선
③ 신법은 구법에 우선
④ 특별법은 보통법에 우선

해 법 적용의 원칙
- **상위법 우선의 원칙** : 하위의 법규보다 상위의 법규를 우선 적용한다.
- **특별법 우선의 원칙** : 일반법보다 특별법을 우선 적용한다는 원칙이다.
- **신법 우선의 원칙** : 신법이 기존의 법과 충돌할 때에는 새로 제정된 법을 우선 적용한다.
- **법률 불소급의 원칙** : 새로 제정 또는 개정된 법률은 그 법률이 효력을 가지기 전에 발생한 사실까지 소급하여 적용할 수 없다는 원칙이다.

003 한국전력공사

우리 헌법에 있어서 '일반적으로 승인된 국제법규'는 어떤 효력을 갖는가?

① 헌법과 같은 효력을 가진다.
② 국내법과 같은 효력을 가진다.
③ 명령과 같은 효력을 가진다.
④ 국회의 승인을 얻어 국내법과 같은 효력을 가진다.

해 헌법에 의하여 체결 · 공포된 조약과 일반적으로 승인된 국제법규는 국내법과 같은 효력을 가진다(헌법에 명시).

조례

지방자치단체가 법령의 범위 안에서 지방의회의 의결을 거쳐 그 지방의 사무에 관하여 제정하는 법이다.

조리

법률 또는 계약의 내용을 결정함에 있어 그 표준이 되며 또한 재판의 기준이 되는 사물의 본질적인 법칙 또는 도리를 말한다.

규칙

헌법이나 법률에 근거하여 정립되는 성문법의 한 형식이다.

법의 분류

설정법	국내법	공법	실체법	헌법 / 형법 / 행정법
			절차법	민사소송법 / 형사소송법
		사법		민법, 상법 등
		사회법		노동법 / 경제법 / 사회보장법 등
	국제법			일반적으로 국내법과 같은 효력을 가짐

6법

6법이란 중요한 6개의 법전, 즉 헌법 · 민법 · 형법 · 상법 · 민사소송법 · 형사소송법 등 6대 법전을 말한다.

004 한국전력공사

법의 효력에 관한 설명 중 틀린 것은?

① 신법 우선의 원칙은 시간적 효력의 예이다.
② 영토고권은 장소적 효력의 예이다.
③ 법률 불소급의 원칙은 대인적 효력의 예이다.
④ 외교관에 대한 치외법권 인정은 속지주의의 예외이다.

해 ③ 대인적 효력 → 시간적 효력

법의 이념

• **정의** : 법이 추구하는 궁극적 이념으로, 평등을 본질로 한다.
• **합목적성** : 사회가 추구하는 궁극적인 목적에 부합하는 범위 내에서 법을 제정하고 집행한다.
• **법적 안정성** : 법에 대한 신뢰의 문제. 적은 변동성. 내용의 명확성. 실현 가능성. 사회구성원의 법의식의 합치 등을 들 수 있다.

005

다음 중 보기와 같은 내용을 갖는 원칙은?

> 2018년 1월 1일 제정된 법률은 2018년 1월 1일 이전에 행한 행위에 대하여 적용할 수 없다.

① 상위법 우선의 원칙
② 일사부재리의 원칙
③ 법률 불소급의 원칙
④ 죄형법정주의

일사부재리 원칙

한 번 판결이 난 사건에 대해서는 다시 공소를 제기할 수 없다는 원칙이다.

죄형법정주의

어떠한 행위가 범죄가 되고 또 그 범죄에 대해 어떠한 형벌을 가하느냐를 미리 성문의 법률로서 규정해두어야 한다는 형사법의 대원칙이다.

006 NH농협, 한국전력공사, SBS

"법률이 없으면 범죄도 없고 형벌도 없다"는 근대 형법의 기본 원리는?

① 기소법정주의
② 기소편의주의
③ 직권주의
④ 죄형법정주의

해 **기소편의주의** : 검사에게 기소 · 불기소의 재량(裁量)의 여지를 인정하는 제도이다.

007 중앙일보

법률에 시행일에 관한 규정을 두지 않을 경우 효력발생일은?

① 제정된 날로부터 14일
② 제정된 날로부터 20일
③ 공포된 날로부터 14일
④ 공포된 날로부터 20일

해 특별한 규정이 없는 한 공포된 날에서 20일이 지난 시점부터 효력이 발생한다.

---

001 ② 002 ② 003 ② 004 ③ 005 ③ 006 ④ 007 ④ 답

008 한겨레신문

주한 미국대사는 다음 중 어느 것의 적용을 받는가?

① 자기 본국인 미국의 법이 적용된다.

② 거주하고 있는 곳인 대한민국의 법이 적용된다.

③ 대한민국의 법도, 미국의 법도 적용되지 않는다.

④ 미국의 법과 대한민국의 법 중 본인이 원하는 나라의 법이 적용된다.

해 치외법권 : 외국인이 현재 체재하고 있는 국가의 권력작용. 특히 재판권에 복종하지 않을 수 있는 자격 또는 권리이다. 외국 주재 외교관은 주재국이 아닌 본국의 법령에 따른다.

009 한국전력공사

다음 중 국제법상 치외법권을 가지지 않는 자는?

① 대사   ② 외국 원수

③ 국제연합의 대표자   ④ 영사

해 영사는 영사업무 수행 중의 사건에 대해서만 재판권이 면제된다.
③ 국제연합을 대표하는 사무총장은 국제사회의 최고위 외교관으로서 국가원수와 대등한 지위를 갖는다.

010 한국전력공사

현행 형법에서는 동법의 효력이 '대한민국 영역 외에 있는 대한민국의 선박·항공기 내에서 죄를 범한 내·외국인에게 적용된다'고 명시하고 있다. 이는 형법의 적용 범위에 관한 기준 중 어느 것에 해당하는가?

① 속지주의   ② 속인주의

③ 보호주의   ④ 법률주의

해 속지주의 : 형법의 적용범위에 관한 사고방식으로, 국적을 기준으로 법을 적용하는 주의와 영역을 기준으로 법을 적용하는 것이다.
속인주의 : 출생 시의 부모의 국적에 따라서 국적을 결정하는 원칙이다.

외교사절의 종류

대사	大使. 나라를 대표하여 다른 나라에 파견되어 외교를 맡아보는 최고 직급의 외무 공무원이다. 주재국(駐在國)에 대하여 국가의 의사를 전달하는 임무를 가지며 국가의 원수와 그 권위를 대표한다. 국제연합(UN) 등의 국제기관으로도 파견된다.
공사	公使. 국가를 대표하여 파견되는 외교 사절이다. 대사 다음가는 제2계급의 외교사절로, 정식 명칭은 특명전권공사이다.
영사	領事. 접수국에서 자국 및 자국민의 통상·경제상의 이익보호를 임무로 하는 파견국의 공무원으로서 아그레망도 불요하며 영사임무수행 중의 사건에 대해서만 재판권이 면제된다.
특사	特使. 특별한 임무를 띠고 파견하는 사절이다.
순회대사	일정한 나라에 주재하지 않고 특별한 사명을 띠고 여러 나라를 순회하는 외교관이다.

기국주의

旗國主義. 공해상의 선박이나 항공기는 국적(國籍)을 가진 국가의 배타적 관할권에 속한다는 국제법상의 원칙이다. 선박이나 항공기는 국적을 가진 국가의 국기를 게양하도록 하고, 그 기국법(旗國法)에 따라 선박이나 항공기에 대한 관할권을 결정하는 원칙을 말한다. 기국주의는 법의 효력에 대한 속지주의(屬地主義)의 특수한 경우라고 할 수 있다.

011 한국전력공사

다음 중 실종선고의 취소 요건이 아닌 것은?

① 법원의 공시최고
② 실종기간 만료 시와 다른 시기에 사망
③ 실종자의 생존 사실 확인
④ 본인의 청구

해 ②, ③, ④는 생사 여부가 확인된 경우이다. 법원의 공시최고 기간 안에 생사 여부가 확인되면 실종선고는 취소된다.

012 서울시농수산식품공사

재해나 대형 참사와 같이 사망의 확률이 높은 사고에 대해서 사체의 확인은 없으나 사망한 것이 거의 확실한 경우 법원의 재판을 거치지 않고 이를 조사한 행정관공서의 보고에 따라 사망을 확인하는 제도는?

① 추정사망
② 인정사망
③ 동시사망으로 추정
④ 실종선고

해 인정사망 : 수해, 화재 등의 재난으로 인하여 사망한 자가 있는 경우에 이를 조사한 관공서의 사망보고에 의하여 죽은 것을 인정하는 일이다.

013

다음 중 성년후견제에서 피후견인의 대상이 아닌 사람은?

① 치매어르신
② 발달장애인(지적, 자폐)
③ 지체장애인
④ 정신장애인

해 성년후견제에서 피후견인의 대상은 질병, 노령 등으로 정신적 제약이 있어 의사결정의 지원이 필요한 만 19세 이상의 발달장애인(지적,자폐), 정신장애인 또는 치매어르신 등이다. 우리나라의 성년후견제에서 신체적 제약이 있는 지체장애인은 피후견인의 대상이 되지 않는다.

실종선고

종래의 주소 또는 거소를 떠나 쉽사리 돌아올 가망이 없는 부재자(不在者)가 생사불명의 상태에 있는 경우를 말한다.

종류\n구분	보통실종	특별실종
원인	부재자의 생존불명	전쟁 선박 · 항공사고 등
경과 시간	5년	1년

인정사망과 실종선고의 차이

인정사망과 실종선고의 가장 큰 차이점은, 인정사망은 추정되는 것이고 실종선고는 의제된다는 것이다. 따라서 인정사망은 생존이 입증된다면 그 추정이 번복될 수 있지만 실종선고의 경우는 의제규정이기 때문에 살아 있음이 입증되어도 법원의 실종선고의 취소결정이 있기 전까지는 사망한 것으로 간주하게 된다.

제한능력자

단독으로는 완전한 법률행위를 할 수 없는 자로서, 미성년자(만 19세 미만 자), 피한정후견인, 피성년후견인 등이 있다.

대리

代理. 대리인이 본인 이름으로 법률행위를 하고 그 효과가 본인에게 직접 생기는 제도이다.

위임

委任. 당사자의 한편(위임인)이 상대방에 대해 사무의 처리를 위탁하고, 상대방(수임인)이 이를 승낙함으로써 성립하는 계약이다.

014 한국전력공사

무효인 법률행위가 아닌 것은?

① 반사회질서 행위　　　② 불공정한 행위
③ 강행법규 위반행위　　④ 강박에 의한 행위

해 강박에 의한 행위는 취소할 수 있는 법률행위이다.

015 한국환경공단

다음 중 유효한 법률행위는?

① 현저하게 공정을 잃은 계약
② 이미 소실된 건물의 매매계약
③ 배임행위가 적극 가담된 부동산의 이중매매
④ 무허가 음식점의 음식물 판매행위

해 무허가 음식점의 음식물 판매행위는 행정위반이다.

016 한국전력공사

허가를 받아야 할 행위에 대해 허가를 받지 않고 한 행위의 원칙적 효력은?

① 무효　　　　　　② 부당
③ 유효　　　　　　④ 부존재

해 허가를 요하는 행위에 대해 허가를 받지 않고 행한 경우는 형사고발과 강제처분 등의 대상이 된다.

017 서울메트로, 한국전력공사

법률상 소송에서 국가를 상대로 했을 때 국가를 대표하는 피고는?

① 대통령　　　　　② 국무총리
③ 법무부장관　　　④ 행정자치부장관

해 국가를 상대로 하는 소송에 관한 법률에는 '국가소송에 있어서는 법무부장관이 국가를 대표한다'고 규정되어 있다.

무효와 취소

무효는 애초부터 법률행위의 성립이 없었던 경우이고, 취소는 최초 법률행위 시부터 유효하게 성립되었지만 확인 결과 무효한 것으로 밝혀져 취소시점에서 최초 법률행위 시점으로 소급해서 무효와 같은 효과가 발생하는 것을 말한다.

무효	취소
• 의사무능력자의 법률행위 • 원시적 불능의 법률행위 • 강행법규를 위반하는 법률행위 • 반사회질서의 법률행위 • 상대방이 확인한 非眞意 표시 • 허위표시 등	• 제한능력자의 법률행위 • 착오에 의한 의사표시 • 사기 또는 강박에 의한 의사표시

② 법의 해석

018 한국전력공사

법의 1차적 해석 방법은?

① 문리해석   ② 논리해석

③ 유추해석   ④ 물론해석

해 법 문구 해석이 1차적 해석 방법이다.

019 KT

어떤 사실에 관한 규정이 없을 때 그와 비슷한 속성의 다른 사항에 대한 법규의 취지에 따라 법률적 판단을 하는 해석 방법은?

① 문리해석   ② 확대해석

③ 유추해석   ④ 유권해석

해 유추해석 : 비슷한 규정을 적용할 수 있도록 유사규정을 적용하여 법을 해석하는 것을 말한다.

020 근로복지공단

다음 유권해석 중에서 최종적인 효력을 나타내는 것은?

① 입법해석   ② 행정해석

③ 사법해석   ④ 유추해석

해 사법부의 판단이 최종 판단이 된다.

021 국민건강보험공단

미성년자 입장불가의 경우에 성년자는 입장할 수 있다는 해석은?

① 확대해석   ② 유추해석

③ 물론해석   ④ 반대해석

해 반대해석 : 법문이 규정하는 요건과 반대의 요건이 존재하는 경우에 그 반대의 요건에 대하여 법문과 반대의 법적 판단을 하는 해석을 말한다.

법의 해석

문리해석	법의 1차적 해석 방법. 법조문을 문장 그대로 해석하는 방법
유권해석	有權解釋. 국가의 권위 있는 기관의 법규 해석
학리해석	법이론에 의한 해석
물론해석	입법 취지로 보아 유사한 사항에 대한 해석(자동차 통행금지 → 자전거는 통행가능)
유추해석	법조문에 포함되어 있지 않은 사항에 대해 유사규정을 적용하는 것. 형법에서는 엄격히 금지
확장 - 축소 해석	법조문의 의미를 넓게 해석하면 확장해석, 한정하여 해석하면 축소해석

유권해석의 종류

- **입법해석** : 입법기관이 하는 해석. 법조문의 정의
- **사법해석** : 법원의 판결에 의한 해석. 유권해석 중 최종 효력을 나타낸다.
- **행정해석** : 행정기관이 내리는 해석

간주

看做. 상태, 모양, 성질 따위가 그와 같다고 보거나 그렇다고 여기는 것을 말한다.

추정

推定. 명확하지 않은 사실을 일단 있는 것으로 정하여 법률효과를 발생시키는 것이다.

의제

擬制. 본질은 같지 않지만 법률에서 다룰 때는 동일한 것으로 처리하여 동일한 효과를 주는 것으로, 민법에서 실종선고를 받은 사람을 사망한 것으로 보는 것을 예로 들 수 있다.

---

014 ④   015 ④   016 ③   017 ③   018 ①   019 ③   020 ③   021 ④   **답**

③ 형법

022 동원산업

형벌의 주체는?

① 정부   ② 법원

③ 국가   ④ 사회

해 형벌 : 범죄에 대한 법효과(法效果)이며 범죄자에게 과하는 법익의 박탈(제재)로서, 현대사회에서는 형벌권이 국가에 독점되어 있다. 구체적으로는 검사에 의해 형사상 소추를 당한 피고인이 형사법원으로부터 유죄의 확정판결을 받은 경우에 부과되는 법익의 박탈을 말한다.
형벌권 : 범죄를 이유로 범죄인에 대하여 형벌을 부과하는 국가의 기능이다.

023 한국전력공사

범죄와 형벌에 관한 법(형법)에 대한 설명으로 올바르지 못한 것은?

① 범죄의 성립과 이에 부과되는 형벌의 내용은 법률로써 정하여야 하는 '죄형법정주의'는 이 법의 기본 원칙이다.

② 어떤 행위가 범죄로서 성립하기 위해서는 반도덕성, 구성요건의 해당성, 위법성, 책임성 등의 4가지 요건을 갖추어야 한다.

③ 이 법의 목적은 범죄예방이나 범죄자의 처벌을 통하여 사회의 안정과 질서를 유지하는 것이다.

④ 형벌의 종류는 일반적으로 생명형, 자유형, 재산형, 명예형으로 구분된다.

해 ②에서 반도덕성은 범죄 성립요건에 해당하지 않는다. 범죄의 성립요건은 구성요건의 해당성, 위법성, 책임성 등 세 가지이다.

024 쌍용건설

달려오는 자동차를 피하려다가 길가의 소녀를 넘어트려 부상을 입혔다면 이는 형법상 무엇이라 하는가?

① 정당방위   ② 정당행위

③ 긴급피난   ④ 자구행위

해 위급을 피하려다 부득이하게 소녀를 다치게 한 경우 위법성 조각사유에 해당한다.

강행법

强行法. 당사자의 자유의사와는 상관없이 적용되는 법규이다. 헌법이나 형법 따위의 공법(公法)이 이에 속한다.

연좌제

범죄인과 특정한 관계에 있는 사람에게 연대책임을 지게 하고 처벌하는 제도이다. 대한민국헌법 제13조 3항에서 "모든 국민은 자기의 행위가 아닌 친족의 행위로 인하여 불이익한 처우를 받지 아니한다"고 규정함으로써 연좌제를 금지하고 있다.

범죄 성립의 3요소

㉠ **구성요건 해당성** : 구체적인 사실이 추상적인 범죄구성요건에 해당하는 경우를 말한다. 구성요건 해당성은 행위주체, 행위객체, 사용수단, 보호법익 등 다양한 기준으로 평가한다.

㉡ **위법성** : ㉠의 행위가 법률상 허용되지 않는 것을 말한다.

㉢ **책임성** : ㉠, ㉡에 해당하는 행위를 한 자에 대한 비난 가능성을 말한다. 형법상 책임능력은 만 14세가 넘어야 한다고 규정하고 있다.

위법성 조각사유

범죄의 구성요건에 해당하는 행위의 위법성을 배제하는 특별한 사유

정당방위	正當防衛. 형사법상 자신을 보호하기 위한 수단으로 행해졌다는 이유로 타인에게 해악을 가하는 것을 정당화시키는 것
긴급피난	급박한 위난(危難)을 피하기 위하여 부득이 취한 행위
자구행위	법정 절차에 의하여 청구권을 보전할 수 없을 경우에 그 청구권의 실행 불능 또는 현저한 실행 곤란을 피하기 위한 행위
피해자의 승낙	처분할 수 있는 자의 승낙에 의하여 그 법익을 훼손한 행위는 법률에 특별한 규정이 없는 한 처벌하지 아니한다는 법 원칙

025 부산교통공사

다음 중 자유형이 아닌 것은?

① 징역
② 벌금
③ 구류
④ 무기징역

해 벌금은 재산형에 속한다.

026 한국식품연구원, 한겨레신문

형벌의 종류와 그 예의 연결이 잘못된 것은?

① 생명형 – 사형
② 자유형 – 금고
③ 명예형 – 자격상실
④ 재산형 – 과태료

해 과태료는 벌금이나 과료(科料)와 달리 형벌의 성질을 가지지 않는 법령위반에 대하여 과해지는 금전벌(金錢罰)이다.

027 한국전력공사, 국민연금공단

형법상 형벌의 종류가 아닌 것은?

① 벌금
② 과태료
③ 자격정지
④ 몰수

해 우리나라 형벌은 생명형인 사형, 자유형인 징역·금고·구류, 재산형인 벌금·과료·몰수, 명예형인 자격상실·자격정지의 9가지를 인정하고 있다. 그중 몰수 이외의 형은 독립하여 선고할 수 있는 주형(主刑)이며, 몰수는 다른 형벌에 부가하여서만 선고할 수 있는 부가형이다.

028 안양시교육청

우리나라 형법에서 정하고 있는 형벌에 해당하지 않는 것은?

① 태형
② 벌금형
③ 금고형
④ 징역형

해 태형 : 작은 곤장으로 볼기를 치는 벌이다.
　장형 : 큰 곤장으로 볼기를 치는 벌로, 태형(笞刑)보다 한 단계 무거운 형벌이다.

형벌의 종류

생명형	사형	사람의 생명을 박탈하는 최고 형벌
자유형	징역	교도소 내에 30일 이상 가두고 노역을 시키는 형벌
	금고	교도소 내에 30일 이상 가두지만 노역은 시키지 않는 형벌
	구류	형무소 내에 30일 미만의 짧은 기간 동안 구금하는 형벌
명예형	자격상실	공적인 자격(공무원이 되는 자격, 선거권, 피선거권 등)을 상실시키는 형벌
	자격정지	자격을 일시적으로 정지시키는 형벌
재산형	벌금	상당히 무거운 금액의 재산을 징수하는 형벌
	과료	벌금과 비슷하나 그 액수가 적은 형벌
	몰수	범죄자가 범죄행위에 사용한 물건 등을 몰수하는 형벌

형벌의 경중

몰수＜과료＜구류＜벌금＜자격정지＜자격상실＜금고＜징역＜사형 순이다.

과료와 과태료

• 과료(科料) : 재산형(財産刑)의 하나로, 가벼운 죄에 물리며 벌금보다 가볍다.
• 과태료(過怠料) : 형벌의 성질을 가지지 않는 법령위반에 대하여 과해지는 금전벌(金錢罰)이다.

029

다음 중 우리나라의 형법과 관계가 없는 것은?

① 죄형법정주의　　　　　② 불고불리의 원칙
③ 일사부재리의 원칙　　　④ 일사부재의의 원칙

해 **일사부재의의 원칙** : 의회에서 한 번 부결된 안건은 같은 회기 내에 다시 제출할 수 없다는 원칙이다.
죄형법정주의 : 범죄와 형벌을 미리 법률로써 규정하여야 한다는 근대 형법상의 기본 원칙이다.
불고불리의 원칙 : 형사 소송법에서 법원은 원고가 심판을 청구한 때만 심리를 개시할 수 있고, 청구한 사실에 대해서만 심리 · 판결할 수 있다는 원칙이다.
일사부재리의 원칙 : 어떤 사건에 대하여 일단 판결을 내리고 그것이 확정되면 그 사건을 다시 소송으로 심리 · 재판하지 않는다는 원칙이다.

플리바게닝
Plea Bargaining. 사전 형량 조정제도로 Plea Guilty라고도 한다.

030

자신의 행위로 인해 발생할 어떤 범죄의 결과를 인식하면서도 그렇게 되어도 상관없다고 생각하고 한 행위를 일컫는 말은?

① 미필적 고의　　　　　② 미수
③ 무과실 책임　　　　　④ 간접정범

해 **미필적 고의** : 未畢的 故意. 어떤 행위로 범죄 결과가 발생할 가능성이 있음을 알면서도 그 행위를 행하는 심리 상태를 말한다. 통행인을 칠 수 있다는 것을 알면서도 골목길을 차로 질주하는 경우 등이 미필적 고의에 해당한다.

고의
범죄 또는 불법행위의 성립요소인 사실에 대한 인식으로, 범의(犯意)라고도 한다.

과실
어떤 사실(결과)의 발생을 예견(豫見)할 수 있었음에도 불구하고 부주의로 그것을 인식하지 못한 심리상태로, 고의(故意)와 함께 법률상 비난 가능한 책임조건을 말한다.

031 한국마사회, 서울산업대

형사재판에서 원고는 누구인가?

① 경찰　　　　　② 검사
③ 고발자　　　　④ 피해자

해 민사재판에서는 소송을 청구한 자가 원고가 되지만 형사재판에서는 검사가 원고가 된다.

032

다음 중 정당행위라고 할 수 없는 것은?

① 학생에 대한 교사의 징계행위
② 정신병자에 대한 감호행위
③ 소년원 수감자에 대한 구속행위
④ 쟁의행위를 위한 노동조합의 폭력, 파괴행위

해 헌법에서는 근로자의 단체행동권, 즉 쟁의권을 보장하고 있으므로(헌법 제33조 1항), 정당행위로써 민사, 형사상의 면책이 인정되지만 오로지 사용자를 괴롭히기 위하여 행한 쟁의행위나 단순히 정치적 목적의 달성을 위한 쟁의행위라든지, 무분별한 폭력행사나 파괴적인 쟁의행위(노동조합 및 노동관계조정법 제42조 1항)는 정당행위가 아니다.
정당행위 : 법령에 의한 행위 또는 업무로 인한 행위, 기타 사회 상규에 위배되지 아니하는 행위를 말한다.

033 한겨레신문

다음의 범죄행위 중 현행법상 공소시효의 혜택을 누릴 수 없는 것을 고른다면?

① 살인죄
② 내란죄
③ 간첩죄
④ 마약밀수죄

해 **공소시효가 적용되지 않는 범죄** : 형법상 내란의 죄와 외환의 죄, 군형법상 반란의 죄와 이적의 죄, 집단 학살죄 등

034 한겨레신문

다음 중 형법상 죄가 되지 않는 것은?

① 남의 자살을 돕는 행위
② 수사기관에 참고인으로 나가 진술을 하지 않는 행위
③ 남편이 아내에게 온 편지를 몰래 뜯어보는 행위
④ 사람들 앞에서 '나쁜 놈(년)'이라고 욕설하는 행위

해 진술거부권은 형사책임에 관하여 자기에게 불리한 진술을 강요당하지 않는 권리를 말한다. 헌법 제12조 제2항은 "형사상 자기에게 불리한 진술을 강요당하지 아니한다"라고 하여, 자신에게 불리한 진술이나 증언을 거부할 수 있는 형사상의 불리한 진술거부권(묵비권)을 보장하고 있다.
①은 방조죄, ③은 비밀침해죄, ④는 모욕죄에 해당한다.

범죄의 형태

작위범	作爲犯. 신체의 적극적인 동작에 의하여 성립하는 범죄를 말한다.
정범	正犯. 자기의 의사에 따라 범죄를 실제로 저지른 사람을 말한다.
공범	공동정범의 약칭으로 단독으로 규정되어 있는 구성요건을 여러 사람이 가공(加功)하는 범죄를 말한다.
종범	從犯. 종범이란 정범을 방조한 자(방조범)를 말한다. 공범의 일종으로써, 타인의 범죄 실행 전이나 그 이후에 고의 또는 임의로 이를 방조(幇助)함으로써 그 범죄에 대해 동일한 책임을 지게 되는 자를 말한다.

공소시효

어떤 범죄사건이 일정한 기간의 경과로 형벌권이 소멸하는 제도이다.

25년	사형에 해당하는 범죄
15년	무기징역 또는 무기금고에 해당하는 범죄
10년	장기 10년 이상의 징역 또는 금고에 해당하는 범죄
7년	장기 10년 미만의 징역 또는 금고에 해당하는 범죄
5년	장기 5년 미만의 징역 또는 금고, 장기 10년 이상의 자격정지 또는 벌금에 해당하는 범죄
3년	장기 5년 이상의 자격정지에 해당하는 범죄
1년	장기 5년 미만의 자격정지, 구류·과료 또는 몰수에 해당하는 범죄

친고죄

親告罪. 검사의 공소제기를 위하여 피해자나 기타 일정한 자의 고소를 필요로 하는 범죄로 명예훼손죄, 모욕죄, 비밀침해죄, 간통죄, 저작권침해죄 등이 있다. 친고죄에 대하여는 범인을 알게 된 날부터 6개월을 경과하면 고소하지 못한다.

---

035 경향신문

다음 중 법정 형량이 가장 무거운 것은?

① 내란목적 살인죄　　　　② 상관살해 음모죄
③ 군사반란 수괴죄　　　　④ 내란수괴죄

해 **내란죄** : 국토를 참절하거나 국헌(國憲)을 문란시킬 목적으로 폭동을 일으킨 죄를 말한다. 수괴(首魁)는 사형 · 무기징역 또는 무기금고에 처한다.
　반란죄 : 군인 또는 준군인(準軍人)이 작당하여 무기를 휴대하고 반란을 일으키는 죄를 말한다. 수괴(首魁)는 사형에 처한다.

036 중앙일보

다음 형법상 수뢰죄의 적용 대상이 아닌 사람은?

① 시중은행 임원　　　　② 국회의원
③ 지방의회 의원　　　　④ 법관

해 **수뢰죄** : 收賂罪. 공무원 또는 중재인이 그 직무에 관하여 뇌물을 수수 · 요구 또는 약속하는 범죄를 말한다.
　뇌물죄 : 뇌물을 주고받거나 알선하고 전달함으로써 성립하는 범죄이다.

037 MBC

갑과 을은 상호 협의 없이 각자 살의(殺意)를 가지고 각기 다른 총으로 동시에 병에 대해 발포를 했는데, 그 결과 병이 사망했으나 누가 쏜 총탄에 의해 사망했는지 알 수 없는 경우 갑과 을의 형사 책임은?

① 살인죄
② 살인미수죄
③ 상해치사죄의 공동정범
④ 누가 쏜 총탄에 의해 사망했는지 알 수 없으므로 모두 무죄

해 살인의 의도를 가지고 있으면서 실제 살의를 목적으로 발포했으나 그 원인의 행위 결과를 알 수 없으므로 미수범으로 처벌한다.

부작위범
마땅히 하여야 할 일을 일부러 하지 아니하여서 성립하는 범죄 또는 그런 죄를 지은 사람으로, 불해산죄나 불퇴거죄 등이다.

간접정범
책임 능력이 없는 사람이나 범죄 의사가 없는 다른 사람의 행위를 이용하여 행하는 범죄 또는 그 범인으로, 정신이상자를 꾀어 방화하게 하거나 어린아이를 꾀어 물건을 훔치게 하는 짓 등이다.

방조범
형법에서, 남의 범죄 행위를 도움으로써 성립하는 범죄를 말한다.

확신범
도덕적 · 종교적 · 정치적 의무 등의 확신이 결정적인 동기가 되어 행해진 범죄 또는 그 범인을 말한다.

④ 형사소송법

038 한겨레신문

현행 형사제도에 관한 설명 중 올바른 것은?

① 경찰이나 검찰의 수사가 진행되는 동안에는 공소시효가 정지된다.

② 뇌물혐의 공직자에 대한 검사의 불기소 처분은 재정신청으로 다툴 수 없다.

③ 법원의 구속적부심 결정에 대해 검찰은 항고로 다툴 수 있다.

④ 임의동행을 승낙한 사람도 6시간을 초과해서 경찰관서에 머물게 하면 위법이다.

🔐 법원의 구속적부심 결정에 대해서는 검사가 항고를 할 수 없다.

039 KBS, 한화그룹, 삼양사, 아모레퍼시픽

검찰 · 경찰 · 기타 범죄수사에 관한 직무를 행하는 자 또는 이를 감독하거나 보조하는 자가 수사과정에서 알게 된 피의사실을 기소 전에 공표한 경우 성립하는 죄는?

① 배임죄

② 반의사불벌죄

③ 피의사실 공표죄

④ 범인은닉죄

🔐 피의사실 공표죄는 헌법상 '무죄추정의 원칙'을 실현하기 위한 규정으로, 아직 입증되지 않은 피의사실 공표로 부당한 인권 피해를 입는 것을 방지하기 위한 것이다.

040 한겨레신문

다음 중 본인의 의사에 반하여 강제로 할 수 있는 처분만으로 구성된 항목은?

① 체포 – 압수 – 수색 – 긴급체포 – 불심검문 – 구속

② 체포 – 압수 – 임의동행 – 수색 – 긴급체포 – 구속

③ 체포 – 압수 – 현행범체포 – 수색 – 긴급체포 – 구속

④ 체포 – 임의동행 – 소지품검사 – 수색 – 긴급체포 – 구속

🔐 임의동행과 소지품검사, 불심검문은 상대방의 동의가 있어야 한다.

약식기소

벌금 · 과료 또는 몰수 등의 재산형 재판에 해당하는 사건의 경우, 검사가 피의자에 대하여 정식 재판 대신 약식명령을 청구하는 것이다. 피고인은 법정에 출석하지 않아도 되고, 구속된 피의자에 대하여 검사가 약식기소를 할 경우에는 피의자를 석방해야 한다. 즉, 판사는 공판절차를 거치지 않고 피고인을 법정에 출석시키지 않은 채 수사기록 서류만으로 재판을 하게 된다. 그러나 이 같은 검사의 결정에 대해 승복할 수 없다면 그 결과를 안 날로부터 7일 안에 법원에 가서 정식 재판을 청구할 수 있다(즉결심판이나 약식기소 때의 벌금보다 더 많은 벌금을 선고할 수 없도록 형사소송법은 규정하고 있다).

041 서울메트로, 경남행정직

다음은 어떤 원칙을 말하는가?

피의자는 체포 · 구속의 이유 및 변호인의 조력을 받을 권리가 있음을 고지받지 않고서는 체포 · 구속되지 않는다.

① 죄형법정주의   ② 불고불리의 원칙

③ 일사부재리의 원칙   ④ 미란다 원칙

해 **미란다 원칙** : Miranda Rule. 피의자(용의자)는 변호사 선임의 권리와 묵비권 행사의 권리가 있으며 모든 발언이 법정에서 불리하게 작용할 수 있다는 것을 충분히 고지받아야 한다. 이것이 고지되지 않은 상태에서 이루어진 자백은 배제되며, 변호인을 선임할 수 있다는 것으로, 수사기관에서 피의자를 구속하는 때에 일정한 사항을 알려 주어야 한다는 원칙이다.

체포적부심

체포적부심 청구를 받은 법원은 지체 없이 심문 기일을 정하고 심문 뒤 24시간 안에 석방 여부를 결정해야 한다.

피의사실 통지

경찰이든 검사든 체포 후 24시간 이내에 피의자의 변호인이나 지명인에게 체포 일시와 장소, 피의 사실의 요지 등을 알려 주어야 한다.

042 경향신문

다음은 형사사건 처리과정에 관한 설명이다. 틀린 것은?

① 범죄 용의자를 구속한 경우 판사의 영장이 발부되지 않으면 72시간 이내에 석방해야 한다.

② 사법경찰관은 피의자를 구속한지 10일 이내에 검찰에 송치해야 한다.

③ 구속적부심은 기소된 뒤에는 청구할 수 없다.

④ 모든 형사사건은 검사만이 수사를 종료할 수 있다.

해 체포 뒤 48시간 안에 법원의 영장을 발부받지 못하면 용의자를 석방해야 한다.

043 목포MBC

다음 중 반의사불벌죄에 해당하지 않는 것을 고르면?

① 폭행죄   ② 모욕죄

③ 협박죄   ④ 과실상해죄

해 모욕죄는 친고죄에 해당한다.

반의사불벌죄

피해자가 명시한 의사에 반해서는 처벌할 수 없는 범죄를 말한다. 즉, 공소의 제기는 피해자의 의사와 관계없이 할 수 있으나 피해자가 범인의 처벌을 원하지 않는다는 명시적인 의사표시를 하거나 처벌의 의사표시를 철회한 경우에는 범인을 처벌할 수 없다.

⑤ 형사재판

044 EBS, 한국토지주택공사

구속적부심이란?

① 범죄가 성립하고 소송조건이 완비된 경우에도 검사가 반드시 기소를 강제당하지 않고 기소·불기소에 관한 재량권이 인정되는 제도

② 피의자에 대한 구속이 적법한지의 여부를 법원이 심사하는 제도

③ 민사 또는 형사소송에 있어서 제1심 판결이 법령에 위반된 것을 이유로 하여 고등법원에 항소하지 않고 직접 대법원에 항소하는 제도

④ 확정판결 전에 시간의 경과에 의하여 형벌권이 소멸하는 제도

해 구속적부심 : 구속되면 안 되는 사유를 밝혔음에도 구속되는 경우 법원에 다시 구속을 풀어달라고 요청하는 것이다. 구속적부심에 대해서는 판사가 단독으로 신속하게 결정한다(구속적부심의 결과에 대해서는 검사는 물론이고 형사피의자도 항고를 할 수 없다).
①은 기소편의주의, ③은 비약상고, ④는 공소시효에 대한 설명이다.

045 한국환경공단

집행유예에 대한 다음 설명 중 틀린 것은?

① 집행유예기간은 1년 이상 5년 이하의 기간으로 한다.

② 3년 이하의 징역과 금고 또는 500만 원 이하의 벌금형을 선고할 경우에 집행유예를 선고할 수 있다.

③ 집행유예기간을 무사히 경과하면 형의 선고는 효력이 상실된다.

④ 집행유예기간 중 벌금 이상의 형을 선고받으면 집행유예의 선고는 효력을 잃는다.

해 집행유예 : 일단 유죄를 인정하여 형을 선고하되, 정상을 참작해 일정한 요건하에 일정한 기간 동안 그 형의 집행을 유예한 후, 특별한 사고 없이 그 기간을 경과하면 형의 선고의 효력을 상실하게 하는 제도이다. 3년 이하의 징역 또는 금고의 형이 선고된 범죄자에게만 적용한다.
집행유예 요건 : 3년 이하의 징역 또는 금고의 형을 선고할 경우이어야 하고, 그 정상에 참작할 만한 사유가 있어야 한다.
집행유예의 기간 : 1년 이상 5년 이하의 범위 내에서 법원이 재량으로 정한다.
효력의 상실 : 집행유예의 선고를 받은 자가 유예기간 중 금고 이상의 형의 선고를 받아 그 판결이 확정된 때에는 집행유예의 선고는 효력을 상실한다.

구속영장 실질심사

검찰이 법원으로부터 구속영장을 발부 받아 구속한 경우 구속되어서는 안 되는 사유를 법원에 밝히는 것이 구속영장 실질심사이다. 구속되면 가족이 굶는다거나, 늙은 노모를 돌볼 사람이 없다거나 하는 등의 사유를 들어 불구속을 청원할 수 있다. 그래도 구속이 된 경우에는 법원에 다시 한 번 구속을 풀어달라고(구속집행 정지) 요청할 수 있다. 이른바 구속적부심 제도이다.

즉결심판

20만 원 이하의 벌금, 구류, 과료에 처할 경미한 범죄(경범죄) 따위에 대하여 지방법원 판사가 경찰서장의 청구에 의하여 공판 절차에 의하지 아니하고 간단한 절차로 행하는 재판을 말한다. 즉결심판은 형사입건이 아니기 때문에 수사기록(자료)에 남지 않는다.

약식재판

가벼운 범법 사건을 간략하게 처리하는 재판이다.

선고유예

범정(犯情)을 참작해 경미한 범행을 한 자에게 일정한 형의 선고를 유예하고 그 기간을 특정한 사고 없이 경과하면 형의 선고를 면하게 하는 제도이다.

헌법소원

공권력의 행사 또는 불행사로 인해 기본권을 침해받은 자가 헌법재판소에 그 권리를 구제해 주도록 청구하는 제도이다.

⑥ 채권·채무관계

046 한국전력공사, 한국지역난방공사

근대 민법의 3대 원칙이 아닌 것은?

① 신의성실의 원칙   ② 소유권 절대의 원칙

③ 계약 자유의 원칙   ④ 과실책임의 원칙

해 **신의성실의 원칙** : 권리의 행사와 의무의 이행은 신의를 좇아 성실히 하여야 한다는 원칙
근대 민법의 3대 원칙 : 사유 재산권 존중의 원칙(소유권 절대의 원칙), 사적 자치의 원칙(계약 자유의 원칙), 과실책임의 원칙

047 한국전력공사

다음 중 법률행위로 발생하는 채권은?

① 사무관리   ② 부당이득

③ 계약   ④ 불법행위

해 사무관리는 법률상의 의무 없이 타인을 위한 행위이다.

048 동아일보

다음 중 편무계약은?

① 도급   ② 사용대차

③ 임대차   ④ 고용

해 **쌍무계약과 편무계약** : 계약의 당사자가 상호 간에 대가적(對價的)인 의의를 갖는 채무를 부담하는 계약이 쌍무계약(雙務契約)이며 그렇지 않은 계약이 편무계약(片務契約)이다. 편무계약에는 증여, 사용대차, 현상광고 등이 있다.
사용대차 : 使用貸借. 당사자 일방이 상대방에게 무상으로 사용·수익(收益)하게 하기 위하여 목적물을 인도할 것을 약정하고 상대방은 이를 사용·수익한 후 그 물건을 반환할 것을 약정하는 계약이다.
도급 : 당사자의 일방(수급인)이 어떤 일을 완성할 것을 약정하고, 상대방(도급인)이 그 일의 결과에 대하여 보수를 지급할 것을 약정함으로써 성립하는 계약이다.
임대차 : 당사자의 일방(임대인)이 상대방(임차인)에게 목적물을 사용·수익(收益)할 수 있게 하고, 상대방이 그 대가로서 차임을 지급할 것을 약정함으로써 성립하는 계약이다.

근대 민법의 기본원칙 수정(현대 민법의 3대 원칙)

소유권 공공의 원칙, 계약 공정의 원칙, 무과실 책임의 원칙

채권의 발생원인

계약	개인·집단·국가들 사이의 관계에서 광범위하게 영향을 미치는 구속력 있는 약속
단독 행위	유언, 재단법인 설립 행위 등
사무 관리	타인의 위임을 받거나 기타 법률상의 의무 없이 타인을 위해 그의 사무를 처리하는 행위
부당 이득	법률상 원인 없이 타인의 재산 또는 노무(勞務)로 인하여 이익을 얻고 이로 인하여 타인에게 손해를 가하는 것
불법 행위	고의 또는 과실로 타인에게 손해를 끼치는 위법 행위

유상계약

계약의 당사자가 상호 간에 대가적(對價的) 의의를 갖는 出捐(경제적 손실)을 하는 계약을 말한다. 쌍무계약은 전부가 유상계약이지만 편무계약은 모두가 무상계약이라고 할 수가 없다.

낙성계약

諾成契約. 당사자의 의사표시(意思表示)의 합치만으로 성립하는 계약이다.

049 한국토지주택공사

다음 물권에 관한 기술 중 맞는 것은?

① 물권은 법률 또는 사적 자치의 원칙에 따라서 창설할 수 있다.

② 부동산의 경우 법률의 규정에 의한 물권의 취득은 등기를 하여야 그 효력이 발생한다.

③ 우리나라는 등기에 공신력을 인정하고 있다.

④ 동산 중에서 등기등록을 공시방법으로 하는 것이 있다.

酮 **등기를 요하는 동산** : 선박, 자동차 등

물권법정주의 : 물권의 종류와 내용은 법률이 정하는 것에 한하여 인정되고, 당사자가 그 밖의 물권을 자유롭게 창설하는 것을 금하는 근대 사법(私法)의 원칙이다. 반면 채권은 계약자유의 원칙이 적용되므로 이를 자유로이 창설할 수 있다.

공시의 원칙 : 물권 변동관계를 외부에서 알 수 있게 공시방법을 갖춰야 한다는 원칙이다. 부동산의 공시방법은 등기(민법 제186조)이고, 동산의 공시방법은 점유(민법 제188조)이다.

부동산 등기 : 민법은 '부동산에 관한 법률행위로 인한 득실변경은 등기하여야 그 효력이 생긴다'고 규정하고 있다. 그러나 부동산의 공시방법인 등기에는 공신력을 인정하지는 않는다.

부동산 등기를 요하지 않는 경우 : 상속(회사의 합병 포함), 공용징수, 판결, 경매, 신축건물의 소유권 취득 등 기타 법률이 정하는 경우

050 한국전력공사

법이 인정하고 있는 담보물권에 관한 기술 중 공통의 성질이 아닌 것은?

① 물상대위성 ② 불가분성

③ 부종성 ④ 타물권

酮 **타물권** : 다른 사람의 소유물 위에 성립하는 물권으로 지상권, 지역권, 전세권 등이 있다.

물상대위 : 담보물권의 특성으로 담보물이 멸실, 훼손, 공용징수 등으로 담보물의 가치가 금전 기타 물건으로 변경된 경우, 예를 들어 건물이 소실된 경우 화재보험에 가입한 경우 보험계약자(집주인)가 보험회사로 부터 지급받을 보험금에도 담보적 효력이 미친다는 것이다.

불가분성 : 담보물권의 효력을 강화하기 위하여 인정되는 것으로, 피담보채권의 일부가 변제, 상계, 혼동, 경개, 면제 등을 이유로 소멸되더라도 잔약이 있는 한 담보물의 전부에 담보물권의 효력이 미치는 성질이다.

부종성 : 담보물권의 공통되는 성질 중 하나로써, 담보물권은 피담보채권의 존재를 선행조건으로 하여서만 존재할 수 있게 되는 성질이다.

유체동산

동산 중에서 채권과 기타 재산권을 제외한 물건 및 유가증권을 지칭하던 구 민법상의 용어이다. 냉장고·텔레비전·가구 등의 가재도구와 사무실의 집기·비품 등이 대표적인 유체동산이다.

채권의 소멸원인

辨濟 (변제)	채무의 내용인 급부를 실현하는 채무자 또는 기타 제삼자의 행위로써, 이행과 같은 뜻이다.
相計 (상계)	채권자와 채무자가 서로 같은 종류의 채권과 채무를 가지는 경우에 일방 당사자의 의사표시로 쌍방의 채권과 채무를 대등액에서 소멸시키는 것이다.
更改 (경개)	채무의 중요한 부분을 변경하여 신채무를 성립시킴과 동시에 구채무를 소멸케 하는 유상계약이다.
混同 (혼동)	병존시켜둘 필요가 없는 2개의 법률상의 지위가 동일인에게 귀속하는 것으로 물권·채권·채무의 소멸원인이 된다.
免除 (면제)	채무자에 대한 채권자의 일방적 의사표시에 의해 채권을 무상으로 소멸시키는 것이다.
解止 (해지)	계속적 계약관계의 효력을 장래에 향하여 소멸시키는 계약 당사자의 일방적 의사표시이다.

051 충청일보

용익물권이 아닌 것은?

① 지역권   ② 전세권

③ 유치권   ④ 지상권

해 용익물권에는 지상권, 지역권, 전세권이 있으며 유치권은 담보물권에 해당한다.

052 한국토지주택공사

다음 중 부동산 등기사항이 아닌 것은?

① 부동산 점유권   ② 부동산 환매권

③ 저당권   ④ 전세권

⑤ 지상권

해 점유관계는 등기부에 표시되지 않는다.

점유권 : 물건을 사실상 지배하는 사람에게 주어지는 물권(物權)이다. 점유권은 권원의 유무와는 관계없이 오직 점유라는 사실에 의해서만 인정된다.

부동산 환매권 : 매도인이 매매계약과 동시에 환매할 권리를 보류한 경우에 그 영수한 대금 및 매수인 부담의 매매비용을 반환하고 그 부동산을 환매할 수 있는 권리이다.

053 경향신문

주택임대차보호법에서 보장하고 있는 최소한의 기간은?

① 6개월   ② 1년

③ 2년   ④ 3년

해 **주택임대차보호법** : 국민 주거생활의 안정보장을 목적으로 주거용 건물의 임대차에 관하여 민법에 대한 특례를 규정한 법률이다.

054 경향신문

법원이 빚을 갚을 능력이 없는 사람에게 빚을 면제시켜 주는 제도는?

① 자율부도제   ② 금치산제

③ 소비자파산제   ④ 화의제

해 **개인파산(소비자파산)** : 능력에 비해 지나친 빚을 진 개인 채무자로 하여금 빚을 청산·탕감해 빠른 재기를 도와주는 회생제도이다. 이 절차는 법원의 파산 선고로 이루어진다.

개인회생제도 : 채무를 변제할 의지와 능력이 있는 채무자를 위해 법원이 강제로 채무를 조정해 파산을 면할 수 있도록 도와주는 제도이다.

물권의 종류

구분			내용
점유권			소유권과 관계없이 물건을 사실상 지배하는 경우
소유권			법의 범위 내에서 해당 물건을 소유, 수익, 처분할 수 있는 권리
용익물권	지상권		타인의 토지에서 건물 및 기타 공작물이나 수목을 소유하기 위하여 그 토지를 사용할 수 있는 권리
	지역권		설정행위에서 정한 특정 목적을 위하여 타인의 토지를 자신의 편익에 이용할 수 있는 권리
	전세권		일정 금액을 지급하고 타인의 부동산을 특정 용도에 따라 사용 또는 수익할 수 있는 권리
담보물권	저당권		채무자 또는 보증인이 채무의 담보로 제공한 부동산이나 기타의 목적물을 인도받지 않고 관념상으로만 지배하여, 채무자의 변제가 없는 경우 그 목적물로부터 우선변제를 받을 수 있는 권리
	유치권		타인의 물건을 점유한 자가 그 물건에 관하여 생긴 채권을 가지는 경우, 변제를 받을 때까지 그 물건을 유치할 수 있는 권리
	질권		채무자의 물건을 담보로 취득하지 않을 경우 그 물건이 형성해 있거나 약정된 목적물에서 우선변제 받을 수 있는 권리

보존등기

소유권을 보존하기 위한 등기이다. 미등기된 부동산 물권 따위를 처음으로 등기부에 올리는 단계이다.

말소등기

등기와 실제관계가 전면적으로 일치하지 않을 때에 그 부적법한 등기를 소멸시키기 위한 등기이다.

055 한국자산관리공사

공탁이 행해지는 경우가 아닌 것은?

① 변제자가 사망하였을 때
② 채권자가 변제를 받지 않을 때
③ 누가 채권자인지 알 수 없을 때
④ 채권자가 변제를 받을 수가 없을 때

圝 **공탁** : 경과규정에 의하여 금전 유가증권 또는 그밖의 물품을 공탁소나 일정한 자에게 임치하는 것이다. 따라서 사망의 경우는 이해관계가 소멸되었으므로 공탁은 불가능하다.

056

다음 중 질권에 대한 설명으로 옳은 것은?

① 채권자가 채권의 담보로서 채무자로부터 받은 담보물건을 뜻한다.
② 채무의 변제를 강제할 수 있는 제도는 아니다.
③ 변제가 없을 때는 변제가 이루어질 때까지 담보물건을 유치하고 있어야 한다.
④ 질권을 설정할 수 없는 대상은 부동산에 한한다.

圝 **질권** : 채권자가 채권의 담보로써 채무자 또는 제3자(물상보증인)로부터 받은 담보물권을 말한다. 담보물권을 채무의 변제가 있을 때까지 유치함으로써 채무의 변제를 간접적으로 강제하는 동시에, 변제가 없는 때에는 그 질물로부터 우선적으로 변제를 받는다. 질권은 저당권과 함께 약정담보물권으로써 금융을 얻는 수단으로 이용된다. 질권을 설정할 수 있는 것은 동산과 양도할 수 있는 권리(채권·주식·특허권 등)이다.

057

소송이 진행 중이어서 정확한 액수가 정해지지 않은 빚으로, 판결 후 갚아야 할 돈을 뜻하는 표현은?

① 자연채무
② 미확정채무
③ 보증채무
④ 연대채무

圝 **미확정채무** : 소송이 진행 중이어서 정확한 액수가 정해지지 않은 빚으로, 판결 후 갚아야 할 돈이다.
자연채무 : 빌려 준 사람이 빌려 쓴 사람에게 소송으로써 요구하지 못하는 채무를 말한다. 그러나 우리나라 법률에는 이에 대한 정의는 없다.
보증채무 : 채무자가 채무를 이행하지 않을 경우 본인이 아닌 제삼자가 부담하는 채무이다.
연대채무 : 여러 명의 채무자가 동일 내용의 급부에 관하여 각각 독립해서 전부의 급부를 해야 할 채무를 부담하고 그중 1명의 채무자가 전부의 급부를 하면 모든 채무자의 채무가 소멸하는 채무관계를 말한다.

소멸시효

권리자가 권리를 행사할 수 있음에도 불구하고 권리를 행사하지 않는 사실상태가 일정기간 계속된 경우에 그 권리의 소멸을 인정하는 제도이다. 소멸시효에 걸리는 권리는 채권(債權)과 소유권(所有權) 이외의 재산권이다.

1년	여관·음식점·대석(貸席)·오락장의 숙박료·음식료·대석료(貸席料)·입장료·소비물의 대가 및 체당금의 채권, 의복·침구 등 동산의 사용료의 채권, 노역인·연예인의 임금 및 그에 공급한 물건의 대금채권, 학생 및 수업자의 교육·의식 및 유숙에 관한 교주(校主)·숙주(塾主)·교사의 채권
3년	1년 이내의 기간으로 정한 금전 또는 물건의 지급을 목적으로 한 정기급부 채권, 의사·조산사·간호원 및 약사의 치료·근로 및 조제에 관한 채권, 도급받은 자·기사 기타 공사의 설계 또는 감독에 종사하는 자의 공사에 관한 채권, 변호사·변리사·공증인·공인회계사 및 법무사에 대한 직무상 보관한 서류의 반환을 청구하는 채권과 직무에 관한 채권, 생산자 및 상인이 판매한 생산물 및 상품의 대가, 수공업자 및 제조자의 업무에 관한 채권
5년	상사채권(商事債權)과 공법상의 채권
10년	일반채권과 판결(判決) 등에 의하여 확정된 채권
20년	기타 재산권

과실상계

채무 불이행이나 불법 행위에 대해 채권자나 피해자에게도 과실이 있는 경우 법원이 이를 고려하여 배상액을 정하는 제도로, 교통사고가 대표적이다.

대위변제

채무자가 아닌 다른 사람(제삼자 또는 공동채무자 등)이 채무자 대신 변제를 해주고, 변제를 해 준 사람은 구상권을 취득함으로써 채권자의 범위 내에서 그 권리를 행사하는 것

⑦ 혼인 · 친족 · 상속

058 KBS

다음 중 혼인의 무효나 취소 사유에 해당하지 않는 것은?

① 8촌 이내의 혈족 간의 혼인
② 재혼금지기간을 위반한 혼인
③ 민법상 혼인 연령에 미달된 자
④ 사기나 강박으로 인한 혼인

해 2005년 민법 개정으로 재혼금지기간에 대한 조항이 삭제되었다.
혼인 무효 또는 취소 사유
- 혼인 적령(18세 이상), 근친혼(8촌 이내의 혈족, 배우자의 6촌 이내의 혈족, 배우자의 4촌 이내의 혈족의 배우자의 인척) 등 금지의 규정을 위반했을 때
- 부부생활을 할 수 없는 중대한 사유가 발생했을 때
- 사기나 강박에 의해 혼인의 의사표시를 한 경우
※ 법률혼주의에서는 혼인신고를 하지 않으면 무효나 취소의 사유가 될 수 없다.

대한민국 국적의 취득
속인주의를 원칙으로 하되, 예외적으로 속지주의를 인정한다.

대한민국 국적 취득 방법
출생, 혼인, 인지, 귀화에 의하여 국적을 취득할 수 있다.

이혼숙려제
법원이 협의이혼을 결심한 사람들에게 한 번 더 깊이 생각해 보도록 기간을 부여하는 제도이다. 기간은 양육하여야 할 자포태 중인 자를 포함)가 있는 경우에는 3개월, 그 이외에는 1개월이다.

059 SBS

다음 중 혼인에 따르는 일반적 효과가 아닌 것은?

① 동거 · 부양 · 협조의 의무   ② 배우자의 재산 공유
③ 정조의 의무   ④ 일상 가사채무의 연대책임

해 **혼인의 일반적 효과** : 친족관계의 발생, 동거의무, 부양 · 협조의무, 정조의무, 부부 간의 계약취소권, 법정재산제, 생활비용의 부담 등이다. 그러나 혼인 전에 형성된 재산은 법정재산권에 포함되지 않는다는 것이 통설이다.

060 NH농협

민법상 친족의 범위에 속하지 않는 것은?

① 배우자   ② 4촌 이내의 인척
③ 8촌 이내의 혈족   ④ 4촌 이내의 모(母)의 부계혈족

해 민법상 친족은 8촌 이내의 혈족, 4촌 이내의 인척, 배우자이다.

친족의 범위
친족은 촌수가 가까운 일가로, 법률상으로는 8촌 이내의 혈족(부계), 4촌 이내의 인척(모계), 배우자로 정한다(민법 제777조). 또한 아들의 아랫대는 물론이고 딸의 자녀인 외손도 법률상의 친족이며, 그 아랫대의 자손도 촌수로 8촌 이내이면 친족으로 본다. 아울러 법률상 친족끼리는 혼인이 금지되어 있다. 친척은 넓은 의미의 친족이다.

061 NH농협

다음 중 법률상의 혼인관계로부터 발생한 자녀를 말하는 것은?

① 제한능력자   ② 미성년자

③ 피성년후견인   ④ 적출자

해 **적출자** : 혼인 관계에 있는 남녀 사이에 출생한 자녀를 말한다.
서얼 : 양반의 자손 가운데 첩의 소생을 이르는 말이다.
서자 : 양인 첩의 자손이다.
얼자 : 천인(賤人) 첩의 자손을 말한다.

062 중앙일보

사업자 A씨가 사망했다. 상속재산에 대해 가장 많은 권리를 가진 사람은?

① 배우자   ② 장남

③ 장녀   ④ 분가하지 않은 아들

해 **법정상속 배분** : 배우자(1. 5), 직계비속(1)
상속의 순위 : 피상속인의 직계비속(사망자의 아들, 딸, 손자, 증손)과 배우자 → 피상속인의 직계존속(사망자의 부모, 조부모)과 배우자 → 피상속인의 형제자매 → 피상속인의 4촌 이내의 방계혈족 순이다(피상속인의 배우자에 대하여는 직계비속이나 직계존속의 상속분의 5할을 가산하며, 태아는 출생한 것으로 본다).

순위	상속인	법정 상속분
1순위	직계비속과 배우자	배우자 : 1.5, 직계비속 : 1
2순위	직계존속과 배우자	배우자 : 1.5, 직계존속 : 1
3순위	형제자매	균등분할
4순위	4촌 이내의 방계혈족	균등분할

혈족과 인척

혈족은 부계 혈연으로 이어지는 관계이고, 인척은 인아척당(姻 戚黨)의 줄임 말로, 혼인으로 이어지는 친척관계이다.

직계비속과 존속

직계비속은 자기로부터 직계로 이어져 내려가는 혈족, 즉 아들, 딸, 손자, 증손 등을 이른다. 직계존속은 조상으로부터 직계로 내려와 자기에 이르는 사이의 혈족으로 부모, 조부모 등을 이른다.

조정전치주의

분쟁에 관하여 조정을 먼저 청구하고, 조정이 이루어지지 않은 경우에 비로소 심판을 청구할 수 있다는 원칙이다. 우리나라에서는 가사 조정에서 채택하고 있다.

063 다음 각 항목의 ( )에 알맞은 숫자는?

① 미성년자는 민법상으로는 ( )세 미만을, 형법상으로는 ( )세 미만인 자를 말한다.

② 소액심판제도는 ( )만 원 이하의 사건에 대하여 재판을 받을 수 있도록 한 제도이다.

③ 대통령으로 선출될 수 있는 자는 국회의원 피선거권이 있고 선거일 현재 ( )세에 달해야 한다.

④ 국회의 대통령에 대한 탄핵소추 의결은 국회 재적의원 과반수의 발의와 재적의원 ( ) 이상의 찬성이 있어야 한다.

063. ① 19, 14
② 2,000
③ 40
④ 2/3

064 다음 각 항목의 설명이 맞으면 ○, 틀리면 ×로 표시하시오.

① 기소는 검사가 특정한 형사사건에 관하여 법원에 심판을 청구하는 의사표시이다. ……………………………………………… ( )

② 묵비권은 형사상 자기에게 불리한 진술을 거부할 수 있는 권리를 말한다. ……………………………………………………… ( )

③ 선서한 후의 위증은 위증죄로 형법상 처벌을 받는다. ………… ( )

④ 선의취득은 도난품과 유실물에 대해서도 인정된다. ………… ( )

해 위증죄 : 법률에 의하여 선서한 증인이 허위의 진술을 하는 죄이므로 선서를 하지 않은 경우에는 위증죄가 성립되지 아니한다.

064. ① ○
② ○
③ ○
④ ×
선의취득 : 제3자가 권리의 외관을 신뢰하고 거래한 때에는 비록 전주가 무권리자이더라도 권리의 취득을 인정하는 제도이다. 그러나 거래행위에 의하지 않은 경우에는 선의취득이 인정되지 않는다. 즉, 도난품과 유실물은 거래행위가 아니므로 인정되지 않는다(예 장물).

065 다음 각 항목의 ( )에 들어갈 법률용어는?

① 범죄의 피해자 또는 그와 일정한 관계가 있는 고소권자가 수사기관에 범죄사실을 신고하여 범인을 처벌할 것을 구하는 의사표시를 ( )라 하고, 고소권자와 범인 이외의 사람이 수사기관에 대하여 범죄사실을 신고하여 그 소추(訴追)를 요구하는 의사표시는 ( )이라고 한다.

② 사정을 하소연하여 도와주기를 간절히 바라는 것을 ( ), 국가 또는 지방공공단체에 사정을 진술하고 어떤 조치를 희망하는 일은 ( )이라고 한다.

065. ① 고소, 고발
② 탄원, 진정

Answer

066 인정사망

066. 수해, 화재 등의 재난으로 인하여 사망한 자가 있는 경우에 이를 조사한 관공서의 사망보고에 의하여 죽은 것을 인정하는 일을 뜻한다.

067 유권해석

067. 국가의 권위 있는 기관의 법규 해석을 말한다.

068 확신범

068. 도덕적 · 종교적 · 정치적 의무 등의 확신이 결정적인 동기가 되어 행해진 범죄 또는 그 범인을 말한다.

069 친고죄

069. 검사의 공소제기를 위하여 피해자나 기타 일정한 자의 고소를 필요로 하는 범죄이다.

070 Profiler

070. 범죄심리 분석관

071 약식기소

071. 벌금 · 과료 또는 몰수 등의 재산형 재판에 해당하는 사건의 경우, 검사가 피의자에 대하여 정식 재판 대신 약식명령을 청구하는 것이다.

072 Plea Bargaining

072. 사전 형량 조정제도로 Plea Guilty라고도 한다.

073 별건구속

073. 별개의 범죄 수사를 위해서 이와는 관계가 없는 다른 죄목으로 피의자를 구속하는 것이다.

경제

CHAPTER 04

경제

1 경제문제 · 재화

001 목포MBC

다음 중 거시경제지표가 아닌 것은?

① 종합수지
② 이자율
③ 매출액
④ 환율

해 거시경제지표로는 국민소득, 물가상승률, 종합수지, 실업률, 환율, 통화증가율, 이자율 등이 있고 미시경제지표로는 기업의 매출액이나 순이익, 가계의 소득 저축 등이 있다.

002 국민연금공단

경제행위를 수행하는 경제 주체에 대한 내용으로 틀린 것은?

① 정부 = 국가 경제
② 가계 + 기업 = 민간 경제
③ 가계 + 기업 + 정부 = 국민 경제
④ 가계 + 기업 + 정부 + 외국 = 국제 경제

해 경제 주체란 경제행위를 독자적으로 수행하는 대상으로 가계, 기업, 정부, 외국 등이 있다. 정부 자체를 국가 경제라 하지 않는다.

003 국민연금공단

경제원칙이란 무엇인가?

① 최소의 비용을 들인다.
② 최대 다수의 최대 행복을 얻는다.
③ 최소의 비용으로 최대의 효과를 얻는다.
④ 합리적으로 수지의 균형을 이룬다.

해 경제원칙 : 최소한의 비용과 노력으로 최대한의 효과를 얻는다는 원칙이다. 자원의 양은 제한되어 있고 인간의 욕망은 무한하다는 현실 인식에 기반을 두고 합리적인 경제행위에 의해 선택과 배분이 이루어져야 한다는 점을 강조한다(최대 효과의 원칙, 최소 비용의 원칙, 최대 잉여의 원칙).

경제

생산 · 분배 · 소비의 순환으로 이루어지는 부(富)의 사회적 재생산 과정으로, 궁극적인 목적은 물질생활의 향상에 있다.

재화와 용역

인간의 다양한 욕망을 충족시키는 데 필요한 사용가치를 지닌 물자 또는 활동을 말한다.

경제의 주체와 객체

경제 주체는 경제 활동을 하는 단위로, 가계(家計), 기업, 정부 등이 있다. 그리고 경제의 객체로는 재화와 용역이 있다.
• 가계 + 기업 = 민간경제
• 가계 + 기업 + 정부 = 국민경제
• 가계 + 기업 + 정부 + 외국 = 국제경제

경제문제

• 무엇을 얼마나 생산할 것인가
 → 생산물 선택의 문제
• 어떻게 생산할 것인가
 → 생산 방법의 문제
• 누구를 위하여 생산할 것인가
 → 생산물 분배의 문제

004 한겨레신문

지대란 토지의 임대료를 일컫는데, 이 개념을 확대한 것으로 경제적 지대라는 개념이 있다. 다음 중 경제적 지대추구행위(Rent – Seeking Activity)와 가장 관련이 적은 것은?

① 상수도 공급을 국가가 독점하는 경우
② 의사협회가 의대 정원의 확대에 반대하는 경우
③ 독과점 기업들이 담합해서 생산량을 제한하는 행위
④ 수입제한 품목의 수입권을 얻기 위해 로비하는 행위

해 지대(Rent)란 일반적으로 토지에 대한 임대료를 말한다. 그러나 경제학에서 말하는 경제적 지대는 '토지처럼 공급이 제한되거나 비탄력적이어서 공급자가 기회비용 이상으로 얻는 몫'을 의미하는데, 지대추구행위는 타인의 진입을 방해하는 장벽을 구축하고 진입규제를 통해 자신의 몫을 늘리려는 행위라고 말할 수 있다. 예를 들어, 의사나 변호사 등은 면허제이기 때문에 늘어나는 수요에 공급량(인원)을 신축적으로 대응하기가 어렵다. 특히 국가에서 배출인원을 정해놓고 있어 인원을 임의적으로 늘리기도 어렵다. 즉, 공급곡선이 매우 비탄력적(배출 인원을 조금만 늘릴 경우 진입 희망자는 엄청나게 늘어난다)이기 때문에 기존 종사자들은 자신들의 직종에 대한 진입장벽을 더욱 높이려 들게 되는데, 그 이유는 공급을 더 비탄력적으로 만들어 지대(그들만의 이익)를 추구하기 때문이다.

지대추구행위

경제 주체들이 자신의 이익을 위해 비생산적인 활동에 경쟁적으로 자원을 낭비하는 현상. 즉 로비·약탈·방어 등 경제력 낭비 현상을 지칭하는 말로, 털럭(Gordon Tullock)의 논문(1967년)에서 비롯되었다. 예를 들어 특정 경제 주체가 면허 취득 등을 통해 독과점적 지위를 얻게 되면 별다른 노력 없이 차액지대와 같은 초과 소득을 얻을 수 있다. 각 경제 주체들이 이와 같은 지대를 얻기 위해 정부를 상대로 경쟁을 벌이는 행위를 지대추구행위라 한다.

005 한국환경공단

'홍길동'씨는 5년 전에 총 4억 원을 주고 산 땅 1,000평을 지역의 학교재단에 무상기증하기로 했다. 현재 이 땅의 시가가 6억 원이라고 한다면 홍길동씨가 행한 증여의 기회비용은 얼마인가?

① 1억 원　　　　　② 2억 원
③ 4억 원　　　　　④ 6억 원

해 기회비용은 과거 시점이 아닌 현재 시점에서의 선택비용이다.

기회비용

Opportunity Cost. 하나의 재화를 선택했을 때, 그로 인해 포기한 다른 재화의 가치이다. 즉 포기된 재화의 대체(代替)기회 평가량을 의미한다. 어떤 생산물의 비용을, 그 생산으로 단념한 다른 생산기회의 희생으로 보는 개념이다. 즉, 택일함으로써 포기하게 되는 다른 것의 가치를 뜻한다. 세 가지 이상의 경우에서 한 가지만 선택하여 두 가지 이상을 포기했다면 포기한 것 중에서 제일 많은 이익을 기대할 수 있는 것 하나만을 기회비용으로 본다.

006

아르바이트를 하면 한 시간당 4,000원을 벌 수 있는 어느 학생이 대신 두 시간 짜리 영화를 보기로 했다면 이 학생의 영화 관람에 대한 기회비용은?

① 4,000원　　　　　② 6,000원
③ 8,000원　　　　　④ 10,000원

해 시간당 4,000원을 벌 수 있는데 이를 포기하고 두 시간 짜리 영화를 봤으므로 기회비용은 2시간 × 4,000원 = 8,000원이다.

007 포스코, 한국토지주택공사, 신한은행

사용가치는 크지만 존재량이 무한하여 경제행위의 대상이 되지 않는 재화는?

① 보완재
② 자유재
③ 독립재
④ 대체재

해 자유재 : 공기와 같이 필수적이면서도 무한한 것을 말한다.

008 한국식품연구원

한 재화의 가격인상이 다른 재화의 수요증가를 초래하는 경우 두 재화의 관계는?

① 대체재
② 열등재
③ 보완재
④ 독립재

해 쌀값이 폭등하면 쌀 대신 주식거리로 사용할 보리에 대한 수요가 증가하게 되는데, 이때 보리는 쌀의 대체재라고 할 수 있다.

009 삼성SSAT

같이 소비할 때 소비자에게 더 큰 만족감을 주는 두 재화는 어떤 관계에 있는가?

① 독립관계
② 보완관계
③ 대체관계
④ 우등재관계

해 우등재와 열등재 : 우등재와 열등재를 나누는 기준은 가격이 아니라 소득이 변하였을 때 그 재화에 대한 수요가 어떻게 변화하는가를 보는 것이다. 우등재는 가격이 내리거나 소득이 증가하면 수요는 늘어나는 반면 열등재는 가격이 내리면 소비가 증가하고 소득이 올라가면 소비가 감소하는 재화를 말한다.

010 한국마사회

다음 중 기펜재는?

① 쇠고기와 돼지고기
② 가격이 상승해 있는 주식
③ 쌀과 보리
④ 펜과 잉크

해 ①과 ③은 대체재, ④는 보완재이다.

재화의 종류

자유재	Free Goods. 경제학에서 희소성이 없기 때문에 대가 없이 획득 가능한 재화이다.
경제재	경제적 가치를 가지며 점유나 매매 같은 경제 행위의 대상이 되는 재화이다. 재화는 일반적으로 경제재를 의미한다.
대체재	어느 한 재화가 다른 재화와 비슷한 유용성을 가지고 있어 한 재화의 수요가 늘면 다른 재화의 수요가 줄어드는 경우로, 쌀과 밀가루, 만년필과 연필, 버터와 마가린 등이 이에 해당된다.
보완재	상호 보완의 관계에 있는 재화로, 커피와 설탕, 잉크와 펜, 버터와 빵 등과 같이 어느 한쪽의 수요가 증가하면 다른 한쪽의 수요도 같이 증가하는 재화를 말한다.
독립재	소비 측면에서 서로 관련이 없이 독자적인 목적으로 사용되는 재화이다. 예를 들면 차와 소금과 같은 관계에 있는 물건으로, 효용의 크기에 전혀 변화를 주지 못하는 재화를 독립재라고 한다.
결합재	서로 나눌 수가 없는, 불가분의 관계에 있는 재화이다. 소고기와 소가죽 등이 이에 해당한다.
기펜재	Giffen Goods. 가격이 하락할 때 오히려 수요량이 감소하는 재화를 말한다. 즉, 열등재 중에서 대체효과보다 소득효과가 더 큰 재화가 바로 기펜재이며, 수요의 법칙이 지켜지지 않게 된다(기펜의 역설).

② 가격·물가

011 한국환경공단

가격안정에 따른 소비자보호 효과가 있는 반면에 암시장 등장이라는 문제점이 발생할 수 있는 정책은?

① 패리티가격제   ② 특별소비세

③ 이중가격제   ④ 최고가격제

해 **최고가격제** : 공급 부족에 의한 가격 상승에 대비하는 제도이다.
패리티가격 : 정부가 다른 물가와 균형을 이루게 결정하는 농산물의 가격을 말한다.
이중가격제 : 동일 상품 또는 서비스 가격이 거래자나 장소에 따라 2가지 가격을 유지하는 제도다.

012 KBS

협상가격차란?

① 도매물가와 수매물가의 차
② 노동자임금과 소비자물가의 차
③ 공산품가격과 농산품가격의 차
④ 독점가격과 경쟁가격의 차

해 **협상가격차** : 농산물가격지수와 공산품가격지수 간의 간격이 마치 가위의 양날을 벌린 듯한 형태로 나타난다고 해서 붙여진 이름으로 일반적으로 공업생산물은 독점도와 탄력성이 크고, 농업생산물은 독점도와 탄력성이 작아서 생기는 문제이다.

013 알리안츠생명

일물일가(一物一價)의 법칙이 성립되는 경우에 해당되는 것은?

① 완전경쟁 아래서만   ② 독립상태 아래서만

③ 과점상태 아래서만   ④ 불완전경쟁 아래서만

해 **일물일가의 법칙** : 완전경쟁이 이루어지고 있는 시장에서는 같은 상품에는 오직 하나의 가격만이 있다는 원칙이다.
완전경쟁 : 생산자와 소비자가 시장의 가격 결정에 아무런 영향을 미칠 수 없는 시장을 말한다. 현실적으로는 존재할 수 없는 이론적인 모형이다.

가격

어떤 재화를 획득하기 위해 지불해야 하는 화폐의 양으로, 물건이 지니고 있는 가치를 돈으로 나타낸 것을 말한다.

Chapter
04

경제

가격효과

가격이나 소득의 변화가 경제에 미치는 영향을 말한다. 상품에 대한 수요는 그 가격이 싸면 늘고 비싸면 준다. 이와 같이 상품의 가격 변동이 가져오는 그 상품의 수요량 변동을 협의의 가격효과라고 한다.

과점

Oligopoly. 소수의 생산자가 시장을 장악하고 수요의 대부분을 공급하는 시장의 형태를 말한다. 특히 시장의 생산자가 둘인 경우 복점(Duopoly)이라고 한다.

014 한국방송광고진흥공사

패리티가격(Parity Price)을 실시하는 목적은?

① 생산자 보호
② 소비자 보호
③ 근로자 보호
④ 독점의 제한

해 패리티가격과 패리티지수 : 정부가 다른 물가와 균형을 이루게 결정하는 농산물의 가격이다. 농산물 생산자의 소득을 다른 생산자의 소득과 균등하게 보장하여 주기 위하여(생산자 보호) 책정한다. 패리티지수(Parity Index)는 농산물가격을 물가 상승과 연계해 산출한 지수이다.

물가

개개의 재화를 화폐로 측정한 가격의 평균. 여러 가지 상품이나 서비스의 가치를 종합적이고 평균적으로 본 개념이다.

015 KBS

일반 도시 가계가 소비생활을 영위하기 위하여 구입하는 소비재와 서비스의 가격변동을 나타내는 자료로 통계청에서 매월 조사, 발표하는 지수는?

① 소비자물가지수
② 경기동향지수
③ 생활물가지수
④ 경기종합지수

해 ② 경기진동의 변화나 방향을 파악하는 것으로 경기의 국면 및 전환점을 판단할 때 이용한다.
③ 소비자가 자주 이용하는 품목만을 골라 해당 상품의 판매가격을 종합한 값을 말한다.
④ 경기 흐름을 파악하고 예측할 때 쓰이는 지표로 통계청에서 작성하고 발표한다.

물가지수

가격의 상대적 변동을 측정하는 지표로, 물가의 변동을 종합적으로 나타내는 지수이다. 일정한 장소나 일정한 시기의 일정한 상품의 가격을 100으로 집고 다른 시기의 그 상품의 가격 변동 상태를 100에 대한 비례 수(比例數)로 나타낸다.

한국은행 조사발표	PPI(Producer Price In – dexes), 생산자물가지수
	Export and Import Price Indexes, 수출입물가지수
통계청 조사발표	CPI(Consumer price in – dex), 소비자물가지수

016 한국환경공단

디플레이션에 대한 내용으로 틀린 것은?

① 전반적으로 상품과 서비스의 가격이 지속적으로 하락하는 현상이다.
② 물가수준이 하락하는 상황으로 인플레이션율이 0% 이하이다.
③ 자산시장 불안 등의 충격으로 총수요가 위축되어 경제에 악영향을 끼친다.
④ 채무자에게 유리하고 소비자에게 불리하다.

해 디플레이션에서는 채무액 실질가치가 증가하므로 채무자들에게 불리하고 상품 가격이 하락하기 때문에 소비자들에게 유리하다.

③ 수입 · 지출

017 국민연금공단

소득을 Y, 소비를 C, 저축을 S라 할 때 Y=C+S이다. 여기서 소비성향은?

① $\dfrac{Y}{C}$

② $\dfrac{C}{Y}$

③ $\dfrac{\triangle C}{\triangle Y}$

④ $\dfrac{\triangle Y}{\triangle C}$

해 소비성향은 소득분에서 차지하는 소비분을 말한다.

018 한국전력공사

무차별곡선과 가격선이 접하는 점은 무엇을 의미하는가?

① 이윤의 극대화

② 생산의 균형

③ 생산량 극대

④ 효용의 극대화

해 무차별곡선 : 개인의 동일한 만족이나 효용을 나타내는 곡선으로, 소비자가 자기 소득을 여러 재화 및 서비스의 구입에 어떻게 배분하는가를 설명하며 소비자선택이론의 기본이 된다.

019 한국환경공단

어떤 주부가 개당 효용이 10, 8, 6, 4, 2에 해당하는 사과 5개를 10,000원에 구입하였는데, 이들 사과를 먹어 본 결과 만족도(효용)는 개당 1,000원에 달한다고 했을 때 이 주부의 소비자 잉여는 얼마인가?

① 10,000

② 20,000

③ 30,000

④ 40,000

해 소비자 잉여는 어떤 상품에 대해 소비자가 최대한 지불해도 좋다고 생각하는 가격(수요가격)에서 실제로 지불하는 가격(시장가격)을 뺀 차액을 말한다. 개당 효용은 1,000원에 달한다고 했으므로 효용의 합계는 30 × 1,000=30,000으로, 이는 이 주부가 지불해도 좋다고 생각하는 가격이 된다. 그러나 실제는 10,000원을 지불했으므로 이 주부의 소비자 잉여는 20,000이다.

소비성향 · 저축성향 공식

- 소득(Y) = 소비(C) + 저축(S)
- 소비성향 = $\dfrac{소비(C)}{소득(Y)}$
  = 1 − 저축성향
- 저축성향 = $\dfrac{저축(S)}{소득(Y)}$
  = 1 − 소비성향
- → 소비성향 + 저축성향 = 1

한계소비성향 · 한계저축성향 공식

- 한계소비성향 = $\dfrac{소비의 증가분(\triangle C)}{소득의 증가분(\triangle Y)}$
  = 1 − 한계저축성향
- 한계저축성향 = $\dfrac{저축의 증가분(\triangle S)}{소득의 증가분(\triangle Y)}$
  = 1 − 한계소비성향
- → 한계소비성향 + 한계저축성향 = 1

효용 · 총효용 · 한계효용

- 효용 : 소비자가 재화나 용역의 소비로부터 느끼는 만족 또는 즐거움의 크기를 말한다.
- 총효용 : 일정 기간에 어떤 소비로부터 얻게 되는 효용의 총량이다.
- 한계효용 : 재화 1단위를 더 소비함으로써 얻어지는 총효용의 증가분을 의미한다.

고센의 법칙

- 1법칙 : 한계효용 체감의 법칙
- 2법칙 : 한계효용 균등의 법칙

020 부산환경공단

소비지출에서 주거비가 차지하는 비율을 무엇이라 하는가?

① 엥겔지수   ② 지니지수

③ 에인절지수   ④ 슈바베지수

해 가계 소득비 가운데 주거비용이 차지하는 비율을 말한다. 슈바베지수는 빈곤의 척도로 사용되는데, 슈바베지수가 높을수록 주거비용 비중이 큰 것이므로 가구의 주택 부담 능력은 떨어진다고 볼 수 있다.

수요공급의 법칙

수요와 공급의 변화에 따른 가격의 결정과 변화를 설명한 법칙이다. 가격은 수요와 공급이 균형을 이룰 때 정해지며, 수요가 공급보다 많으면 가격이 오르고 공급이 수요보다 많으면 가격이 내려가게 된다. 애덤 스미스 이래 경제학에서 시장가격과 거래량의 결정을 설명하는 가장 유력한 근본원리로 다루어져 왔다.

021 코레일

엥겔의 계수는 (   )으로 나타낼 수 있다.

① 음식물비의 가격탄력성   ② 수요의 소득탄력성

③ 음식물비의 소득탄력성   ④ 수요의 가격탄력성

해 엥겔계수는 총지출에서 식료품비 지출이 차지하는 비율을 말하는데, 소득이 증가함에 따라 식료품비 지출이 낮아진다는 것이다. 이것은 바로 음식물비의 소득탄력성이 1보다 작다는 것을 의미한다.

거미집이론

동학적(動學的) 가격분석 이론으로 가격 변동에 대해 수요와 공급이 시간차를 가지고 대응하는 과정을 규명한 이론이다.

022 광주은행

어느 가계의 수입이 200만 원, 저축 40만 원, 음식물비 80만 원일 때 엥겔계수는?

① 40%   ② 45%

③ 50%   ④ 60%

해 지출 = 200만 원 − 40만 원 = 160만 원
엥겔계수 = 80만 원/160만 원 = 50%

023 한국지역난방공사

가계지출 중에서 음식물비가 차지하는 비율을 엥겔계수라고 한다. 그렇다면 가계 총지출에서 자녀의 교육비가 차지하는 비율은?

① 엔젤계수   ② 슈바베지수

③ 텔레콤지수   ④ 에듀지수

해 엔젤계수 : 가계 총지출에서 취학 전후의 어린이들을 위해 지출한 비용의 비율을 말한다. 과외교습비를 포함한 교육비, 장난감 구입비, 옷값, 용돈 등이 모두 엔젤 비용에 들어간다.

슈바베의 법칙

소득이 많아질수록 주택비, 특히 집세의 지불액이 많아지지만 가계 지출액 전체에서 차지하는 그 비율은 점차 작아진다고 하는 내용이다.

텔레콤계수

가계지출에서 정보통신비가 차지하는 비율을 나타낸다.

④ 수요 · 소비

024 한국전력공사
자유경제의 경쟁하에서 일반적인 생산 과잉은 있을 수 없고 공급은 그것만큼의 자기 자신의 수요를 창조한다고 주장한 사람은?

① 그레셤　　　　　　　② 베블렌
③ 세이　　　　　　　　④ 엥겔

해 세이의 법칙 : 공급은 스스로 수요를 창조한다.

025
소비재에 대한 소비자의 수요가 소비자 자신의 자주적 욕망에 의존하는 것이 아니라 생산자의 광고와 선전 등에 의존하여 이루어진다는 현상을 이르는 말은?

① 관성효과　　　　　　② 대체효과
③ 가격효과　　　　　　④ 의존효과

해 의존효과(Dependence Effect)는 제품을 구매하는 소비자의 수요가 소비의 자주적인 욕구에 의한 것이 아니라 생산자의 광고와 선전에 의해 이루어지는 현상을 나타내는 것으로, 생산자의 제품 광고활동으로 인해 소비자의 소비가 늘어나게 되는 경향을 말한다.

026
소득이 늘지 않아도 그 소득과 균형 잡힌 상태로 소비가 곧 줄지 않는 현상은?

① 래칫효과　　　　　　② 대체효과
③ 가격효과　　　　　　④ 의존효과

해 소득이 높을 때의 소비행동은 소득이 다소 낮아져도 곧 변하기 어려운데 이처럼 소득이 늘지 않아도 그 소득과 균형 잡힌 상태로 소비가 곧 줄지 않는 현상을 래칫효과(Ratchet Effect)라고 하며 관성효과라고도 한다.

027
다음 중 수요법칙의 예외가 아닌 것은?

① 기펜의 역설　　　　　② 가수요현상
③ 베블렌효과　　　　　④ 시뇨리지효과

해 시뇨리지효과 : 중앙은행이 발행한 화폐의 실질가치에서 발행비용을 뺀 차익을 의미한다.

유효수요

有效需要, Effective demand. 실제로 물건을 살 수 있는 돈을 갖고 물건을 구매하려는 욕구로, 확실한 구매력의 뒷받침이 있는 수요를 뜻한다.

잠재수요

현금의 뒷받침이 없이 잠재 구매력만 있는 수요를 의미한다.

가수요

당장 필요가 없으면서도 일어나는 수요를 의미한다. 가격 인상이나 물자 부족이 예상되는 경우에 생겨난다.

수요법칙의 예외

• 기펜의 역설
• 가수요
• 베블렌효과

028 한국환경공단

사람들 중에는 평소 소비하던 물건도 바겐세일하면 소비하지 않는 사람이 있다. 이처럼 남들이 사니까 자기는 사지 않는 소비현상은?

① Demonstration효과　　　② Veblin효과

③ Snob효과　　　　　　　④ Bandwagon효과

해 백로효과라고도 한다.

029 인천교통공사

후진국이나 저소득자가 선진국이나 고소득자의 소비방식을 모방하며 소비를 증대시키는 경향은?

① 가격효과　　　　　　　② 시너지효과

③ 전시효과　　　　　　　④ 의존효과

해 가격효과 : 가격이나 소득의 변화가 경제에 미치는 영향을 의미한다.
시너지효과 : 하나의 기능이 다중(多重)으로 이용될 때 생성되는 효과이다.

030

물가 하락에 따른 실질가치 상승이 경제주체들의 소비를 증가시키는 효과는?

① 기저효과　　　　　　　② 피셔효과

③ 톱니효과　　　　　　　④ 피구효과

해 피구효과 : 영국의 경제학자 아서 피구에 의해 제창된 이론으로 총수요 위축에 따른 경기불황이 동반하는 물가 하락으로 인해 자동적으로 자산의 실질가치가 높아지게 되고, 그에 따른 민간소비 증대가 총수요를 회복시키기 때문에 시장경제가 정부의 적극적 개입 없이도 경기불황을 해소할 수 있는 내재적 장치(Mechanism)를 갖고 있다고 보았다.

031 알리안츠생명

수요의 변화를 초래하는 요인이 아닌 것은?

① 가격의 변화　　　　　　② 기호의 변화

③ 소득의 증가　　　　　　④ 인구의 증가

해 수요의 변화 : 해당 상품 가격(임대료) 이외의 요인으로 생기는 변화를 말한다.

수요의 변동 요인

베블렌 효과	가격이 상승한 소비재의 수요가 증가하는 현상으로 허영심에 의해 수요가 발생하는 것이다.
스놉 효과	Snob Effect. 특정 상품에 대한 소비가 증가하면 그에 대한 수요가 줄어드는 소비현상을 뜻한다. 소비자가 제품을 구매할 때 자신은 남과 다르다는 생각을 갖는 것이 마치 백로 같다고 하여 '백로효과'라고도 한다.
의존 효과	산업 사회와 같이 풍요한 사회에서 실제적인 필요에 의해서가 아니라 생산 과정 자체가 소비자의 욕망을 만들어 내는 현상으로, 미국의 사회학자 갤브레이스가 사용한 용어이다.
전시 효과	소비 지출이 자신의 소득 수준에 따르지 아니하고 타인을 모방함으로써 늘어나게 되는 사회적·심리적 효과로, 이로 인해 저축이 줄어드는 현상이 일어난다. 사회적 소비수준의 영향을 받아 타인의 소비행동을 모방하려는 소비성향을 말하며, 미국의 경제학자 듀젠베리에 의해 처음으로 사용되었다.
네트워크 효과	특정 상품에 대한 어떤 사람의 수요가 다른 사람들의 수요에 의해 영향을 받는 효과로, 밴드웨건효과(Bandwagon Effect) 또는 편승효과라고도 한다.

수요의 변화
- 해당 상품 가격(임대료) 이외의 요인으로 일어나는 수요량의 변화이다.
- 수요곡선 자체의 이동이다.
- 수요곡선이 우상향(좌하향)으로 이동하는 것을 수요의 증가(감소)라 한다.

수요량의 변화
- 해당 상품 가격(임대료)의 변화에 의한 수요량의 변화이다.
- 동일 수요곡선 상에서 점의 이동으로 표시된다.

5 ─ 생산 · 공급

032 안양시교육청

다음 중 생산의 3요소로 바른 것은?

① 노동, 자본, 경영
② 자본, 토지, 기술
③ 노동, 토지, 기술
④ 노동, 토지, 자본

📖 생산의 3요소는 자연(토지), 노동, 자본 등을 말하며, 근래에는 경영을 추가하여 생산의 4요소라고 한다.

우회생산

먼저 생산재를 만든 다음에 이 생산재를 이용하여 소비재를 만드는 것으로, 대량생산이 능률적으로 단기간에 이루어진다. 오늘날 자본주의 사회에서의 생산은 거의가 이 같은 생산방식을 따르고 있다.

033 대우조선해양, 한국스탠다드차타드은행

생산에서 소비까지의 순환이 계속적으로 반복되는 것을 재생산이라고 한다. 재생산의 종류가 아닌 것은?

① 단순재생산
② 반복재생산
③ 확대재생산
④ 축소재생산

📖 재생산 : 생산과정이 끊임없이 되풀이되는 것을 말하며 단순재생산, 확대재생산, 축소재생산으로 나뉜다.

생산자 잉여

다른 기업에 비하여 생산에서 유리한 조건에 있는 기업이 얻는 일종의 이윤을 의미한다.

034 부산교통공사

재활용품에 디자인 등의 가치를 더해 새로운 제품으로 생산하는 것을 무엇이라 하는가?

① 리사이클링
② 디지사이클링
③ 업사이클링
④ 다운사이클링

📖 리사이클링에서 한 걸음 더 나아간 업사이클링은 기존에 버려지던 제품을 단순히 재활용하는 차원을 넘어 새로운 가치를 더해 전혀 다른 제품으로 다시 생산하는 것을 말한다. 자원을 절약하고 환경오염을 줄이기 위해 재활용하는 데서 더 나아가 수준을 한 단계 높여 다시 활용한다는 의미를 담고 있다. 반대로 폐품을 활용해 기능이 떨어지는 저급의 제품을 만들어내는 건 다운사이클링(Downcycling)이라고 한다.

가변비용

고정비용과 다르게 산출량이 증가함에 따라 추가적으로 드는 인건비, 원자재비 등을 말한다.

035 국민연금공단

공급의 가격탄력성이 1.2일 때 가격이 15% 인상되면 공급은?

① 18% 증가
② 18% 감소
③ 15% 증가
④ 15% 감소

해 공급의 탄력성 = 공급변동률 / 가격변동률
1.2 = x / 15
x = 1.2 × 15 = 18

완전경쟁
생산자와 소비자가 시장의 가격 결정에 아무런 영향을 미칠 수 없는 시장을 말한다. 현실적으로는 존재할 수 없는 이론적인 모형이다.

036 한국전력공사

기업의 총이윤이 최대화되기 위한 조건은?

① 한계비용보다 한계수입이 클 때
② 한계수입과 한계비용이 같을 때
③ 총비용이 최소가 될 때
④ 한계수입과 한계비용 차이가 가장 클 때

해 쿠르노의 점 : Cournot's Point. 독점기업은 총 이윤이 극대가 되는 점에서 독점가격을 결정하게 되는데, 이때 수요곡선상에서 공급자(독점기업)에게 극대이윤을 주는 가격과 공급량이 동시에 표시되는 점을 말한다. 이 점에서 한계수입(MR)과 한계비용(MC)이 같게 되며 이윤의 극대화가 이루어진다는 이론이다.

외부효과
어떤 경제활동과 관련하여 다른 사람에게 의도하지 않은 혜택이나 손해를 가져다주면서도 이에 대한 대가를 받지도 않고 비용을 지불하지도 않는 상태. 제3자의 경제적 후생을 증가시키는 경우는 외부경제라고 하고 감소시키는 경우는 외부비경제라고 한다.

037 MBC

종이시장에 있어서 본래의 수요곡선과 공급곡선을 각각 그림의 D와 S라고 가정할 경우 a점에서 수요와 공급이 균형을 이루게 된다. 그런데 신문사의 신문제작과정의 전산화로 신문생산 단가가 낮아져 발행부수가 늘어날 경우 종이시장의 새로운 균형점은 어느 방향으로 옮겨가게 되는가?

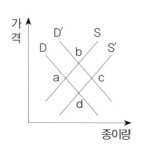

① a
② b
③ c
④ d

해 신문생산 단가의 하락으로 발행부수가 늘어날 경우(종이 수요곡선은 D′으로 이동) b점에서 균형을 맞추게 되지만 차후 특별한 변수가 생기면 c점이 균형점이 될 수도 있다.

⑥ 소득 · 분배

038 경상대병원

다음 중 재산소득에 속하지 않는 것은?

① 이자
② 임대료
③ 배당금
④ 임금

해 국민소득에서 분류하는 재산소득은 임대료·이자·배당금이 포함되며 영업활동에서 발생하는 기업이윤은 법인과 비법인 기업에서 기업소득으로 분류하고 있다.

039 국민건강보험공단

국내총생산(GDP)이 130억 원이고 해외 근로자 수입총액이 20억 원이며, 국내 거주 외국 기술자가 우리나라에서 얻은 소득이 30억 원일 경우, 국민총생산(GNP)을 구하면?

① 180억 원
② 140억 원
③ 130억 원
④ 120억 원

해 GNP 산출방법 : GNP = GDP + 내국인이 해외에서 벌어들인 소득(생산) − 외국인이 국내에서 벌어간 소득(생산)이다. 따라서 이 문제에서 GDP(130억 원) + 해외 근로자 수입총액(20억 원) − 국내 거주 외국 기술자가 우리나라에서 얻은 소득(30억 원) = 120억 원이다.

GNP, GDP : 국민총생산(Gross National Product)은 일정 기간에 일국의 국민경제 내에서 생산해 낸 최종생산물의 총 시장가치를 화폐단위로 나타낸 것이다. 보통은 1년을 단위로 하지만 분기별로 3개월 또는 6개월 단위의 단기 GNP를 작성하기도 한다. 국내총생산(Gross Domestic Product)은 일정 기간 동안 한 국가에서 생산된 재화와 용역의 시장 가치를 합한 것을 의미하며 보통 1년을 기준으로 측정한다.

• GNP : 국내외를 막론하고 자국 국민에 의한 생산
• GDP : 생산자의 국적을 불문하고 자국 영토에서 만들어진 최종 생산물의 시장 가치의 합계

로렌츠 곡선

소득 분포의 불평등 정도를 나타내는 도수(度數)곡선으로, 미국의 경제학자 로렌츠(Lorentz, M. O.)가 고안했다. 가로축에 소득액 순으로 소득인원수의 누적 백분비를 나타내고, 세로축에 소득금액의 누적 백분비를 나타냄으로써 얻어지는 곡선인데, 소득의 분포가 완전히 균등하면 곡선은 대각선(45°직선)과 일치한다(균등분포선).

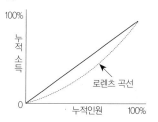

GPI

Genuine Progress Indicator. 기존의 국민총생산(GNP)이나 국내총생산(GDP) 개념의 대안으로 새롭게 등장한 경제지표이다. 개인소비 등 시장가치로 나타낼 수 있는 활동 외에 가사노동·육아 등에서 유발되는 긍정적 가치와 범죄, 환경오염, 자원고갈 등의 부정적 비용 등 26개 요소의 비용과 편익을 포괄하는 개념이다.

GNE

Gross National Expenditure. 국민총지출. 국민총생산을 소비하는 모든 지출의 합계로, 개인은 물론 정부 등 모든 경제단위의 소비지출 합계를 말한다.

GRDP

Gross Regional Domestic Product. 지역 내 총생산. 일정 기간 일정 지역에서 생산된 상품과 서비스의 가치를 시장가격으로 평가한 수치이다.

---

040 한국환경공단

소득 불평등 지표의 하나로, 저소득층과 고소득층 간의 소득분배를 나타내는 것은?

① 로렌츠 곡선
② 지니계수
③ 앳킨슨지수
④ 10분위 분배율

해 소득계층 간 소득분배를 나타내는 것은 5분위계수와 10분위 계수가 있다. 소득 10분위 계수는 최상위 20% 계층에 대한 최하위 40% 계층의 소득 비율로, 값이 클수록 소득분배가 균등함을 나타낸다.

041 MBC

국민총생산과 국내총생산의 대안으로 등장했으며 인간과 사회에 이로움을 줄 수 있는 시장 외 활동의 항목을 포함해 측정한 지표는?

① GPI
② GNE
③ GNI
④ GRDP

해 GPI(Genuine Progress Indicator) : 기존의 국민총생산(GNP)나 국내총생산(GDP) 개념의 대안으로 새롭게 등장한 경제지표이며 개인소비 등 시장가치로 나타낼 수 있는 경제적 활동 외에 가사노동 등에서 유발되는 긍정적 가치와 범죄, 환경오염, 자원고갈 등의 부정적 비용 등 모두 26개 요소의 비용과 편익을 포괄한 개념이다.

042 한국전력공사

파레토 최적에 대한 설명으로 틀린 것은?

① 생산의 효율에 있어서는 한 생산물을 감소시키지 않고는 다른 생산물을 증가시킬 수 없다.
② 한 소비자의 효용을 증가시키려면 다른 소비자의 효용을 감소시키지 않으면 안된다.
③ 사회후생을 평가하는 하나의 기준으로, 자원의 효율적 분배를 뜻한다.
④ 시장경제에서만 얻어질 수 있다.

해 파레토 최적은 분배에 대한 설명으로, 시장경제와 관계없이 모든 사회에 통용된다.

소득 불평등도 측정 지표

• **소득 5분위 계수** : 상위 20% 계층과 하위 20% 계층 간의 소득 비율로, 이 계수가 높을수록 소득 불균형 상태가 심하다는 것을 보여준다.

• **지니계수** : 로렌츠 곡선이 의미하는 바를 나타내는 통계학적 지수이다. 지니계수는 0과 1 사이의 값으로 나타내며 0에 가까울수록 소득이 균등하게 배분됨을 의미한다.

• **앳킨슨지수** : Atkinson Index. 지니계수와 함께 가장 많이 사용되는 불평등도 지수이다. 균등분배대등소득이라는 개념이 핵심적 역할을 수행한다. 앳킨슨지수는 0에 가까울수록 평등하며 1에 가까울수록 불평등하다.

• **파레토계수** : Pareto Coefficient. 소득분포의 불평등도에 관한 법칙을 파레토의 법칙이라고 한다. 파레토 정수(定數)의 수치가 클수록 소득의 불평등도는 높다.

• **지브라의 법칙** : 파레토계수의 단점인 '고소득층 및 저소득층에 대해서는 유효하지 못한 점'을 수정·보완한 것으로, 임금·기업 수 등의 불균형도(不均衡度) 측정에도 쓰인다.

파레토 법칙

상위 20%의 고객이 총매출의 80%를 창출한다거나, 상위 20%가 전체 80%의 부를 축적하고 있다는 내용이다. 즉, 결과물의 80%는 조직의 20%에 의해 생산된다는 이론으로, 전체 성과의 대부분이 소수의 요인에 의해 이루어진다는 것이다.

롱테일 법칙

'결과물의 80%는 조직의 20%에 의하여 생산된다'라는 파레토 법칙에 배치하는 것으로, 80%의 '사소한 다수'가 20%의 '핵심 소수'보다 뛰어난 가치를 창출한다는 이론이다.

⑦ 경기변동 예측

043 서울메트로

인플레이션 때 유리한 사람은?

① 채무자   ② 봉급자

③ 채권자   ④ 예금자

해 인플레이션 : Inflation. 경제학에서 통화공급 · 명목소득 · 물가의 전반적인 증가현상이다. 일반적이고 전반적인 물가수준의 지나친 상승으로 간주된다.

044 롯데, 삼부토건, 대웅제약, 교보, 농촌진흥청

경기 침체 속의 물가 상승을 뜻하는 말은?

① 디플레이션   ② 스태그플레이션

③ 슬럼플레이션   ④ 택스플레이션

해 스태그플레이션 : Stagflation. 경기가 불황인 상태에서도 물가는 계속 오르는 현상이다.
디플레이션 : Deflation. 통화량의 수축에 의해 명목물가가 하락하는 현상이다.
슬럼플레이션 : 불황 하의 인플레이션으로, 불황을 의미하는 슬럼프(Slump)와 인플레이션(Inflation)의 합성어이다. 문자 그대로 불황 하에서도 인플레이션 수습이 안 되는 것이다. 스태그플레이션에 비해서 경기의 침체가 더욱 심한 상태를 의미하는 말이다.
택스플레이션 : Taxflation. 고율의 과세는 설비투자를 위축시키며 상품공급이 감소함에 따라 인플레이션을 유발시킨다.

045 국민체육진흥공단

경기 순환의 한 국면으로 호황이 중단되며 생산활동 저하, 실업률 상승 등이 생기는 현상을 무엇이라고 하는가?

① 콜로니   ② 리세션

③ 크라우딩 아웃   ④ 스템페드현상

해 리세션 : Recession. 자본주의 경제에 있어 특유한 현상인 경기순환의 한 국면으로, 경기가 최고 호황기에서 최저 침체기에 이르기까지의 과정을 의미한다.
크라우딩 아웃 : Crowding Out. 정부지출이나 조세감면의 증가가 이자율을 상승시켜 민간소비 및 투자활동을 위축시키는 현상을 말한다.

Inflession

인플레이션과 리세션(Recession, 경기후퇴)의 합성어로, 미국의 토리핀 교수가 쓴 말이다. 스태그플레이션이 불황과 물가의 단순한 병존상태를 설명하는 말임에 비해 토리핀 교수는 이 말로써 불황과 물가의 인과관계를 명확히 제시했다.

시장의 실패

Market Failure. 시장이 자원의 최적분배(最適分配)라는 과제를 해결해주지 못함으로써 발생하는 시장의 결함을 의미한다.

정부의 실패

시장의 실패를 교정하기 위한 정부개입이 오히려 효율적인 자원배분을 더 저해하는 상황을 말한다. 정부의 실패가 일어나는 원인으로는 규제자의 불완전한 지식, 정보, 규제수단의 불완전성, 규제의 경직성, 근시안적인 규제, 규제자의 개인적 편견이나 권한 확보 욕구, 정치적 제약 등을 들 수 있다.

차선이론

Theory of Second Best. 비정상적인 시장 상황에서 어느 한 부분을 친시장적으로 갖추어 준다고 할지라도 반드시 최선의 결과가 보장되지 않는다는 이론이다. 립시(R. Lipsey)와 랭카스터(K. Lanca – ster)에 의하여 제시되었다.

046 국가정보원

경기지표 중에서 경기종합지수에 해당하지 않는 것은?

① 신행종합지수   ② 동행종합지수

③ 후행종합지수   ④ 역행종합지수

해 경기종합지수는 선행종합지수, 동행종합지수, 후행종합지수로 구분되어 있다.

047 MBC

단순히 과거의 경기 전환점을 표시하는 경기동향지수는?

① CI   ② DI

③ GSP   ④ BWI

해 DI : Diffusion Index, 경기동향지수

048 한국환경공단

현재의 경기상태를 나타내는 지표를 동행지수라고 한다. 동행지수의 지표가 아닌 것은?

① 도소매판매액지수   ② 시멘트소비량

③ 중간재출하지수   ④ 생산자출하지수

해 경기동향지수 : CCI(Coincident Composite Index). 동행지수는 현재 경기동향을 보여주는 지표로 노동투입량, 산업생산지수, 제조업가동률지수, 생산자출하지수, 전력사용량, 도소매판매지수, 비내구소비재 출하지수, 시멘트소비량, 실질수출액, 실질수입액 등 10개 지표를 합성해 산출한다.

경기 분석지표

CI	Composite Index 경기종합지수
DI	Diffusion index 경기동향지수
BSI	Business Survey Index 기업경기실사지수
CSI	Consumer survey index 소비자동향지수
BWI	Business Warning Indicators 경기예고지표
CLI	Composite Leading Indicators 경제선행지수
PMI	Purchasing Managers' Index 구매관리지수
Misery Index	경제고통지수 국민이 느끼는 경제적 고통의 정도를 보여주는 지수

경기선행지수

CLI(Composite Leading Indicators). 경기동향에 관한 각종 경제통계 중 경기의 움직임에 선행하여 움직이는 지수를 말한다. 경기변동의 일기예보라고도 한다. 장래의 경제 활동에 영향을 많이 주는 재고순환지표, 소비자기대지수, 기계류내수출하지수(선박 제외), 건설수주액, 수출입물가비율, 국제원자재가격지수(역계별), 구인구직비율, 코스피지수, 장단기금리차 등 9개 지표로 구성되어 있다.

경기후행지수

생산자제품재고지수, 상용근로자수, 도시가계소비지출, 회사채유통수익률, 소비재수입액

⑧ 통화 · 재정정책

049

경제위기 상황에서 취했던 각종 재정 – 통화정책을 큰 부작용 없이 서서히
거두어들이는 전략을 뜻하는 것은?

① 유동성 개선전략　　　　　② 출구전략
③ 재정정책　　　　　　　　　④ 연착륙전략

해 출구전략 : Exit Strategy. 시중으로 방출된 자금을 경제상황에 충격을 주지 않고 회수하는 정책
을 뜻한다.

050 한국연구재단

다음 중 재정원칙이 아닌 것은?

① 수지균형 원칙　　　　　　② 양출제입 원칙
③ 능력강제 원칙　　　　　　④ 근거과세 원칙

해 근거과세 원칙은 국세 부과원칙에 해당된다.

051 부산도시공사

한국은행에서 매월 발표하는 정책금리를 무엇이라 하는가?

① 기준금리　　　　　　　　② 콜금리
③ CD금리　　　　　　　　　④ 은행금리

해 기준금리는 중앙은행인 한국은행이 물가와 경기변동에 따라 시중에 풀린 돈의 양을 조절하기
위해 인위적으로 결정하는 금리이다. 2019년 10월 기준으로 1.25%이다.

052 국민연금공단

인플레이션을 극복하기 위해 재정 · 금융을 긴축하는 경제조정정책은?

① 조정 인플레이션　　　　　② 재정 인플레이션
③ 디스인플레이션　　　　　　④ 크리핑 인플레이션

해 디스인플레이션 : Disinflation. 인플레이션에 의해 통화가 팽창되고 물가가 앙등할 때 그것을 진
정시키면서 디플레이션에 이르지 않도록 하는 경제정책이다.

053 삼성SSAT, 한겨레신문

1980년대 말 버블경제 붕괴 이후 10여 년간 경기의 장기침체를 벗어나지 못하자 일본 정부는 경기 부양을 위한 방편으로 제로금리 정책을 폈지만 기대했던 투자 및 소비의 활성화 등 수요확대 효과가 전혀 나타나지 않았다. 다음 경제이론 중 일본 경제의 이러한 상황과 밀접하게 연관되어 있는 것은?

① 화폐착각(Money Illusion)
② 유동성 함정(Liquidity Trap)
③ 구축효과(Crowding − out Effect)
④ J커브효과(J − curve Effect)

해 **화폐착각** : Money Illusion. 화폐는 불변의 구매력을 가지고 있다는 착각 아래 화폐의 실질적 구매 가치 변화는 제대로 인식하지 못하는 상태를 의미한다.
구축효과 : Crowding − out Effect. 정부가 총수요 확대를 위해 통화량 공급을 수반하지 않은 채 재정지출을 늘릴 경우 이자율 상승으로 민간투자가 위축되어 별다른 효과를 보지 못하는 현상을 뜻한다.
J커브효과 : 무역수지 개선을 위해 국가가 환율 상승(통화의 평가절하)을 유도하더라도 초기에는 무역수지가 오히려 악화되다가 상당 기간이 지난 후에야 개선되는 현상을 말한다.

054 KBS

다음의 통화관리정책 중 한국은행의 통화안정증권과 가장 관련이 큰 것은?

① 재할인율
② 지불준비율
③ 공개시장 조작
④ 선별적 규제

해 **공개시장 조작** : 중앙은행이 국채 및 기타 유가증권 매매를 통해 금융기관과 민간의 유동성을 변동시켜 시장금리에 영향을 주는 정책수단이다. 공개시장조작은 정책 효과가 금융시장의 가격 메커니즘을 통하고 중앙은행이 필요에 따라 시기 및 규모를 신축적으로 결정할 수 있다는 점에서 효율적인 통화정책수단으로 인식되고 있다. 지급준비율정책, 재할인율정책 등과 더불어 중앙은행의 가장 기본적인 금융정책 수단이다.

055 경향신문, 대구도시철도공사

다음 중 기업구조조정에 사용하는 용어와 거리가 먼 것은?

① 워크아웃
② 베일아웃
③ 어드바이저그룹
④ 론리뷰

해 **론리뷰** : Loan Review. 대출심사제도
베일아웃 : Bail Out. (경제 원죄로) 구제 금융을 제공하는 것을 말한다. 강한 회사가 약한 회사에 금융지원을 하는 것을 지칭하는 용어로, IMF와 미국 등 선진국이 우리나라에 금융지원을 하는 것도 넓은 의미의 베일아웃이라 할 수 있다.

056

다음 중 정부의 민간기업 구조조정과 관련된 정책과 관계가 깊은 것은?

① 더블딥 ② 출구전략
③ 프리워크아웃 ④ 골디락스 경제

해 **더블딥** : 경기침체 이후 일시적으로 경기가 회복되다가 다시 침체되는 이중침체 현상을 말한다. 더블딥은 '두 번(Double) 내려가다(Dip)'라는 뜻으로, 경기가 하강하는 침체기가 두 번에 걸쳐 회복되기 때문에 'W자형' 경제구조라고도 한다.
골디락스 경제 : 경제가 높은 성장을 이루고 있더라도 물가 상승이 없는 상태로, 영국의 전래동화 「골디락스와 곰 세 마리(Goldilocks and the three bears)」에 등장하는 소녀의 이름에서 유래하였다.

057 중앙일보

다음 중 중앙은행의 간접 통화관리 수단이 아닌 것은?

① 재할인정책 ② 지급준비율
③ 공개시장조작 ④ 총통화증가율 관리

해 ④는 직접적 통화관리 수단이다.

통화정책

재할인 정책	한국은행이 금융기관에 빌려주는 자금의 이율을 높이거나 낮추어 금융 기관이 한국은행으로부터 차입하는 자금규모를 조정함으로써 통화량을 줄이거나 늘리는 통화정책이다. 재할인율은 시중은행이 일반회사를 상대로 할인해준 어음을 다시 중앙은행에서 할인받을 때 적용되는 할인율로, 재할인율이 높으면 시장의 자금이 회수되고, 반대로 낮으면 자금이 시장으로 풀려나가게 된다.
공개 시장 조작	Open − Market Operation. 중앙은행이 정부발행증권 또는 상업어음을 매매해 화폐공급과 신용조건을 지속적으로 규제하는 정책이다.
지급 준비율 정책	지급준비금 제도는 은행으로 하여금 예금이나 당좌 계좌의 일정액을 현금으로 보관하거나 중앙은행에 예치하도록 하는 제도이다. '준비금', '지불준비금', '지급준비금'이라고도 한다.

재정정책

경기를 안정시키거나 부양하기 위하여 정부의 세입과 세출의 크기를 조정하는 경제정책이다.

조정 인플레이션

고정환율제도하에서 국제수지의 흑자 초과를 해소하기 위해 국내물가의 상승을 방임하거나 정책적으로 진행시키는 일로, 통상적으로 국제수지가 흑자인 경우에 문제가 된다.

---

9 화폐 · 금융

058 한국환경공단

BIS 기준은 은행이 거래 기업의 도산 등으로부터 부실채권이 갑자기 늘어나 경영위험에 빠져들 경우 이를 대처해 나가기 위한 것이다. 이 기준은?

① 최소 6%
② 최소 7%
③ 최소 8%
④ 최소 9%

🖐 BIS : Bank for International Settlements. 국제결제은행. 국제적인 금융 및 결제에서 중요한 역할을 담당하고 있다.

바젤위원회 : Basel Committee on Banking Supervision. 은행감독위원회. 국제결제은행(BIS) 산하기구로 운영되고 있으며, 특히 각 은행의 자기자본비율에 대한 국제기준을 마련하여 대출 같은 위험자산, 즉 은행이 대출금을 회수하지 못하는 경우에 대비하여 자기자본을 일정수준 (최소 8%) 이상 보유토록 요구하고 있다.

059

2009년 1월 사토시 나카모토라는 필명의 프로그래머가 개발한 것으로, 실제 생활에서 쓰이는 화폐가 아닌 정부나 중앙은행, 금융회사의 개입 없이 온라인상에서 개인과 개인이 직접 돈을 주고받을 수 있도록 암호화된 가상화폐의 이름은?

① 스테이블 코인
② 비트코인
③ JPM 코인
④ 라이트코인

🖐 ① 비변동성 암호화폐로 법정화폐 혹은 실물자산을 기준으로 가격이 연동된다.
③ 미국 대형 은행 중 최초로 JP 모건에서 발행한 암호화폐이다.
④ 전 구글 소프트웨어 엔지니어 찰리 리(Charlie Lee)가 공개한 암호화폐의 하나로 비트코인에 비해 채굴이 비교적 쉽고 거래 속도가 빠른 장점이 있다.

060 부산도시공사

국제금융시장을 이동하는 단기자금을 무엇이라 하는가?

① 소프트 머니
② 하드 머니
③ 핫머니
④ 스마트 머니

🖐 핫머니(Hot Money)는 국제금융시장을 이동하는 단기적인 거대자금이다. 자금 이동이 일시에 대량으로 이뤄진다는 점과 자금이 유동적 성격을 띤다는 점이 특징이다.

Escrow 계정

금융거래 당사자들이 자금유용 등의 금융사고를 막고 채권을 보존하기 위해 제3의 기관에 관리를 맡기는 신탁계정의 일종이다.

Micro Credit

무담보 소액대출. 최근 극심한 경기 침체로 생계곤란을 겪고 있는 영세민 생활안정 대책의 하나로 주목받고 있다.

미소(美少)금융

정부 주도형으로 시행하는 소액신용대출 (Micro Credit) 사업을 말한다.

예대율

預貸率. 은행의 예금 잔액에 대한 대출 잔액의 비율을 말한다. 은행 경영이나 국민경제의 중요한 지표가 된다.

Soft Loan

일반적으로 대부조건이 까다롭지 않은 차관을 말한다. 상환기간이 1년 이상, 금리가 연 4% 이하인 것을 보통 소프트 론의 범위에 넣고 있다.

Call Loan

은행 간의 단기자금 융통방식으로 자금을 빌려주는 대출을 의미한다.

061 아모레퍼시픽

쿨머니(Cool Money)의 특성이 아닌 것은?

① 사회 책임 경영　　　　　② 미래지향성

③ 장기투자　　　　　　　　④ 불안정성

해 **쿨머니** : Cool Money. 투기적 단기자금인 핫머니(Hot money)에 대비되는 의미로 쓰이며 가난 구제나 빈민층 교육 및 도시빈민촌 환경개선 같은 공익적 사업을 사적 이윤을 추구하는 기업 형태로 운영하는 미래지향적 자본을 뜻한다. 여기에는 법인으로서의 기업뿐만이 아니라, 자연 인으로서의 기업인과 개인 부자 등이 모두 포함된다.

방카쉬랑스 ─────────

Bancassurance. 은행이나 보험사가 다른 금융부문의 판매채널을 이용하여 자사상품을 판매하는 마케팅전략을 말한다. 은행창구에서 보험상품을 판매하는 마케팅전략이다.

어슈어뱅크 ─────────

Assure Bank. 보험(Assurance)과 은행 (Bank)의 합성어로 보험회사가 은행업에 진출하여 은행을 자회사로 두거나 은행 상품을 판매하는 보험회사를 말한다. 방 카쉬랑스의 반대 개념이다.

062 삼부토건

다음 중 직접금융에 속하는 것은?

① 중앙은행　　　　　　　② 투자신탁

③ 증권시장　　　　　　　④ 시중은행

해 기업이 직접 자금을 조달하는 시장을 직접금융시장이라고 한다. 일반 시중은행은 고객의 예탁 금을 은행이 대신 기업에 대출하는 형태이므로 가장 대표적인 간접금융에 속한다.

직접 금융	자금의 수요자인 기업이 은행 등의 금융기관을 통하지 아니하고 직접 자금을 조달하는 방식의 금융 메커니즘을 말한다. 조달수단에는 주식, 채권 따위가 있다.
간접 금융	개인이 은행에 예금을 하면 은행은 이 돈을 기업에 대출하는 방식으로, 자금의 공급과 수요시장에 은행 같은 금융기관이 개입하는 금융을 의미한다.

063 한국전력공사

팩터링(Factoring) 금융이란?

① 금융기관이 고객이 맡긴 돈을 채권에 투자하고 계약기간이 만료되면 이자와 함께 돌려주는 금융상품이다.

② 단기자금 조달을 목적으로 도입된 기업어음의 일종이다.

③ 사금융 등의 금융거래를 막기 위해 도입된 제도이다.

④ 외상 매출채권을 매수하는 기업금융의 일종이다.

해 **팩터링** : Factoring. 외상 매출채권(賣出債權)의 매입업무를 뜻한다.

064 MBC, 문화일보

다음 중 3대 신용평가 기관에 들지 않는 것은?

① 무디스   ② S&P

③ 피치   ④ 가트너

🖎 세계 3대 신용평가회사 : 무디스(Moody's), 스탠더드앤드푸어스(S&P), 피치(Fitch) IBCA.

065 한국씨티은행

정기예금의 일종이지만, 만기가 되기 전이라도 돈이 급하면 언제든지 시중에 내다 팔 수 있는 양도성 예금증서는?

① DR   ② CD

③ CP   ④ BMF

🖎 CD의 특성
- 대상 : 은행의 정기예금에 가입한 실명의 모든 고객
- 이자 : 발행 시 선지급
- 지급 : 만기 시 증서 제시자에게 액면 금액 그대로 지급(최초 매입자 확인하지 않음)
- 이 · 수관 및 중도 해지 불가(언제든지 양도 가능)
- 잔액증명서 발행 불가, 채무존재확인서 발급 가능
- 법적 예금자 비보호대상

066 기업은행

프라임레이트(Prime Rate)란?

① 상업금융의 일반적 대출

② 예금 시 적용하는 일반금리

③ 우량업체에 적용하는 우대금리

④ 일반 기업체에 적용하는 높은 금리

🖎 금리의 종류

프라임레이트 (Prime Rate)	우대금리. 큰 은행이 최우량기업에 대부하는 경우에 적용되는 대부금리로서 이것이 은행대출금리의 기준으로 사용된다.
시장금리	정책금리, 기준금리와는 다르게 콜금리, CD, 국고채, 회사채 등이 실제 시장에서 적용되는 금리이다.
콜금리	자금의 대차(貸借)에 쓰는 이율(금융 기관들 사이에 짧은 기간 융통되는 고액의 자금을 콜자금이라고 한다)이다.

대표적 금융상품

CMA	Cash Management Account, 어음관리계좌
MMF	Money Market Fund, 고객으로부터 모은 자금을 CP, CD, 콜 등 1년 미만의 단기수익성 상품에 집중 투자해 얻은 수익을 고객에게 되돌려주는 상품
MMDA	Money Market Deposit Account, 시장금리부 수시입출금식예금
MMC	Money – Market Certificate, 시장금리연동형 예금
CD	Certificate of Deposit, 양도성 예금증서
BMF	Bond Management Fund, 증권회사가 한국은행으로부터 인수한 통화 조절형 채권(재정증권, 통화안정증권, 외환평형기금)을 투자신탁에 맡기고, 대신 투자신탁이 발행하는 수익증권을 인수해 이를 투자자에게 판매하는 펀드

세계 각국의 기준금리 명칭

- 영국 : 리보(RIBOR)
- EU : 유리보(EURIBOR)
- 일본 : 티보(TIBOR)
- 싱가포르 : 사이보(SIBOR)
- 한국 : 코리보(KORIBOR)
- 독일 : 롬바르트(LOMBARD)

NIM

Net Interest Margin, 순수이자 마진. 이자소득과 이자비용의 차이인 순수이자 소득(Net Interest Income)을 평균적인 총자산에 대한 백분율로 표시한 것이다.

Revolving System

신용카드 이용대금의 일정 부분만 납부하면 나머지 대금은 다음 결제대상으로 자동 연장되는 결제방식으로, 일명 회전결제 방식이다.

067 경상대병원

여러 가지 자산운용서비스를 하나로 묶어서 고객의 기호에 따라 제공하는 개인별 자산 종합관리계좌를 무엇이라 하는가?

① 랩어카운트 ② 파이낸셜 플래너
③ 프라이빗 뱅킹 ④ 리츠

해 랩어카운트(Wrap Account)란 고객이 예탁한 재산에 대해 증권회사의 금융자산관리사가 고객의 투자 성향에 따라 적절한 운용 배분과 투자종목 추천 등의 서비스를 제공하고 그 대가로 일정률의 수수료(Wrap Fee)를 받는 상품이다.

068 목포MBC

예금자보호제도에 따라 보호받는 금융상품이 아닌 것은?

① 발행어음
② 퇴직보험
③ 환매조건부채권(RP)
④ 상호저축은행중앙회 발행 자기앞수표

해 환매조건부채권 : 단기금융상품의 일종으로 주로 금융기관이 보유한 우량회사가 발행한 채권 또는 국공채 등 상대적으로 안정성이 보장되는 장기채권을 1~3개월 정도의 단기채권 상품으로 만들어 투자자에게 일정 이자를 붙이고 만기에 되사는 것을 조건으로 파는 채권이다.

069

마이너스 예금을 하거나 채권을 매입할 때 수수료를 내야 하는 금리가 0% 이하인 상태를 뜻하는 말은?

① 역금리 ② OIS금리
③ 콜금리 ④ 마이너스금리

해 마이너스금리는 시중은행으로 하여금 적극적으로 대출을 유도해 경기를 부양하고 인플레이션을 유인하기 위해 시행되는 정책으로 초저금리시대가 들어서며 차츰 확산되고 있다.

화폐의 기능
- 가치 척도
- 교환수단
- 지불수단
- 저장수단

시뇨리지효과

Seigniorage Effect. 정부나 중앙은행이 화폐를 발행함으로써 이익을 얻는 것을 말한다. 시뇨리지는 다른 말로 인플레이션 세금이라고도 한다.

지준예치금

예금은행이 한국은행에 지급준비금으로 맡겨놓은 예치금을 의미한다.

시재금

時在金. 예금은행에서 한국은행에 맡긴 예치금을 뺀 나머지 금액으로 은행이 보유하고 있는 현금을 의미한다.

070 한국환경공단

직장에 취직한 A씨는 출퇴근을 위해 소형 승용차를 할부로 구입하였다. 영업사원의 설명에 따르면 자동차 할부금의 원금은 균등상환되고 이자는 대출원금에 대하여 계산되는 방식이 적용된다고 한다. 자동차 할부에 흔히 적용되는 이 상환방식은?

① 원리금 균등분할 상환방식　　② 선이자방식
③ 가속상각방식　　　　　　　　④ 애드온(Add on)방식

해 애드온방식 : Add on System. 대부금에 대한 변제를 월부 · 연부 등의 할부방식에 의해 약정할 때의 금리계산 방식이다. 예를 들어 2,000만 원 짜리 신형 자동차를 2년 만기 할부로 구입하면서 연리 10%로 약정한다면, 원금 2,000만 원과 2년간의 이자액 400만 원을 합한 2,400만 원을 24등분한 100만 원을 매월 갚아 나가는 방식이다.

　가속상각 : 돈의 가치가 갑자기 떨어지는 일에 대비하여 짧은 기간에 높은 비율로 감가상각을 하는 것을 말한다.

071 아모레퍼시픽

'악화가 양화를 구축한다'는 법칙은?

① 세이의 법칙　　　　　　　　② 킹의 법칙
③ 피셔의 법칙　　　　　　　　④ 그레셤의 법칙

해 그레셤의 법칙 : 가치가 서로 다른 화폐가 동일한 명목가치를 가진 화폐로 통용되면, 소재 가치가 높은 화폐인 양화는 유통시장에서 사라지고 소재가치가 낮은 화폐인 악화만 유통되는 현상이다.

072 KB국민은행

CMA란?

① 신종기업어음　　　　　　　② 수익증권저축
③ 어음관리계좌　　　　　　　④ 양도성 예금증서

해 CMA : Cash Management Account

Over Loan

예금에 비하여 과대한 대출을 말한다. 비율이 100 이하면 안정적이지만 100을 넘기면 부실 위험도가 높다고 평가한다.

Impact Loan

용도를 규제받지 않는 외화 차입을 말하며 구체적으로는 기업이 설비자금이나 수입대금 지불 등 여러 가지 목적에 충당하기 위해 외국 은행으로부터 차입하는 자금을 말한다.

LTV, DTI

- LTV : Loan to Value Ratio. 부동산 담보대출 시 적용하는 담보인정 비율이다.
- DTI : Debt to Income. 부동산 담보대출 시 적용하는 가계수입 총액(부부합산) 대비 금융비용 비율이다.

Carry Trade

자국의 경기 침체로 금리가 떨어지면 상대적으로 금리가 높은 국가의 통화로 표기된 주식이나 채권과 같은 고수익 자산에 투자하는 것으로, 일본의 엔화가 우리나라에 유입되어 서민대출 금융에 투자된 것과 같은 현상을 말한다. 엔화의 경우 일본 내 엔(달러)캐리는 금리가 낮은 엔(달러)화를 빌려와 그 돈으로 금리가 높은 다른 자산에 투자된 자본을 말한다.

⑩ 주식

073

다음 중 서킷브레이커에 대한 설명으로 틀린 것은?

① 주식시장에서 주가가 갑자기 등락하는 경우 시장에 미치는 충격을 완화하기 위해 도입되었다.
② 1987년 10월 블랙먼데이 이후 주식시장의 붕괴를 막기 위해 도입되었다.
③ 주식매매를 일시 정지하는 제도이다.
④ 코스닥의 경우 거래량이 가장 많은 종목의 가격이 6% 이상 상승할 때에도 발동된다.

해 ④는 사이드카에 대한 설명이다.
서킷브레이커 : Circuit Breaker. 주식시장에서 주가가 급등락하여 시장에 주는 충격을 축소하기 위해 주식 거래를 일시적으로 정지시키는 제도이다. 발동 조건은 종합주가지수(코스피, 코스닥)가 전일에 비해 하한 10% 이상의 변동폭을 1분 이상 보일 경우 발동된 후 20분간 거래가 정지되며, 추가로 10분간 동시호가를 적용하여 거래가 재개된다. 선물시장에서는 변동폭 5%, 현물지수와의 괴리율이 3% 이상으로 1분 이상 지속되면 발동된다. 장 시작 5분 후부터 장 마감 40분 전까지 발동 가능하며 하루에 한 번 발동된다. 오후 2시 20분 이후에는 발동되지 않는다.
블랙먼데이 : Black Monday. 1987년 10월 19일(월요일) 뉴욕증권시장에서 일어났던 주가 대폭락 사건을 말한다.

074

파생결합증권에 대한 설명 가운데 잘못된 것은?

① 주가지수와 이자율, 통화 실물자산 등을 기초자산으로 한다.
② 장내, 장외 파생상품부터 환율, 일반상품, 신용위험 등이 포함된다.
③ 개발범위가 한정되어있다.
④ 기후 같은 자연환경 변화도 기초자산이 될 수 있다.

해 **파생결합증권** : Derivative Linked Securities. 약칭 DLS라고도 불리우며 주가나 주가지수에 연계되어 수익률이 결정되는 주가연계증권(ELS)을 보다 확장하여 주가 및 주가지수는 물론 이자율·통화·실물자산 등을 기초자산으로 하는 금융상품이다. 이 DLS에서는 합리적으로 가격이 매겨질 수 있다면 무엇이든 DLS의 기초자산이 될 수 있기 때문에 상품 개발범위가 무궁무진하다.

KOSPI

Korea Composite Stock Price Index. 한국종합주가지수. 거래소시장에 상장된 상장기업의 주식 변동을, 기준시점과 비교시점을 비교하여 작성한 지표이다.

KOSPI200

1996년부터 실시되고 있는 주가지수 선물의 거래대상 지수이다. 각 업종을 대표하면서 시가총액 순위 200종목을 대상으로 선정하여 선물시장과 옵션시장의 기초자산이 되고 있다.

KOSDAQ

KOrea Securities Dealers Automated Quotation. 전자거래시스템으로 운영되는 한국의 장외 주식거래시장으로, 1996년 당시 유가증권시장에 등록될 요건을 갖추지 못해 장외주식으로 거래되던 종목들의 장외거래 활성화를 목표로 설립되었다.

장외시장

현물 거래시장을 전체의 장으로 봤을 때 어디에도 상장되지 못한 종목이 거래되는 시장을 말한다. 거래소를 장으로 본다면 코스닥은 장외시장에 해당된다. 이 장외시장을 '프리보드'라고 하는데, 프리보드 상태에서 상장대기로 넘어가면 IPO(기업공개)종목이라고 한다.

파생결합펀드

DLS : Derivative Linked Fund. 주가 및 주가지수를 비롯해 실물자산 등을 기초자산으로 하는 파생결합증권(DLS)을 편입한 펀드들을 말한다. 이 상품은 사전에 정해진 방식에 의해 수익률이 결정되는 특징을 가지고 있다.

075 한겨레신문

다음 증권거래상의 시세조종에 관한 설명 중 올바른 것은?

① 주가관리 차원이라면 허용된다.
② 가장매매에 의한 경우에는 허용되지 않는다.
③ 통정매매에 의한 경우에는 허용된다.
④ 매매차익의 실현이 없는 경우에는 허용된다.

📖 시세조종은 어떠한 경우에도 허용되지 않는다.

076

주권을 실제로 보유하고 있지 않으면서 주가 하락에서 생기는 차익금을 노리고 실물 없이 주식을 파는 행위를 무엇이라고 하나?

① 공매도　　　　　　　　② 자기매매
③ 손절매　　　　　　　　④ 가장매매

📖 공매도 : 채권을 가지고 있지 않은 상태에서 매도주문을 내는 것을 말한다. 이렇게 없는 주식이나 채권을 판 후 결제일이 돌아오는 3일 안에 주식이나 채권을 구해 매입자에게 돌려주면 된다. 약세장이 예상되는 경우 시세차익을 노리는 투자방식이다.

077 한겨레신문

기업의 주가조작, 허위공시, 분식회계 등으로 소액주주들이 피해를 보았을 경우 이를 법적으로 구제하기 위한 제도의 하나로, 피해를 본 소액주주가 해당 기업을 상대로 소송을 제기하여 승소하면 똑같은 피해를 본 나머지 투자자는 별도의 소송 없이 피해를 보상받을 수 있도록 한 제도를 무엇이라고 하는가?

① 주주제안　　　　　　　② 주주집단소송
③ 주주대표소송　　　　　④ 소액주주소송

📖 주주집단소송 : 소액주주 한 사람이 회사경영상의 문제로 인한 재판으로 배상을 받을 경우 이 한 사람에 대한 판결이 모든 주주들에 대하여 효력을 발휘할 수 있도록 하는 제도로, 경영을 투명하게 하지 않으면 심지어 소액주주 1명의 소송으로도 회사 문을 닫아야 하는 경우도 발생한다.
주주대표소송 : 경영진의 결정이 주주의 이익과 어긋날 경우 주주가 회사를 대표해서 회사에 손해를 끼친 경영진에 대해 소송을 제기하는 상법상의 제도이다. 소액주주권한을 강화해 경영진의 전횡을 방지하려는 차원에서 도입되었다.

시세조종

자유로운 수급에 의해 형성되어야 할 상장증권 또는 장내파생상품의 시세를 인위적으로 변동시키고, 타인으로 하여금 그 변동된 시세를 공정한 시세로 오인케 함으로써 부당한 이득을 꾀하는 일체의 행위이다. 한 사람이 두 계좌를 통해 주식을 반복적으로 매매해 주가를 끌어올리는 '가장(假裝)매매', 두 사람 이상이 미리 가격과 물량을 짜고 매매해 가격을 올리는 '통정(通情)매매', 시장에서 고가주문을 여러 번 반복해서 내 주가를 끌어올리는 '실제거래'에 의한 시세조종 등이 있다. 또 허위사실을 유포해 주가를 올리는 허위표시 등에 의한 시세조종도 있다. 이러한 시세조종은 법적으로 허용되지 않으며, 시세조종 행위에 대해서는 10년 이하의 징역 또는 2천만 원 이하의 벌금형에 처한다.

자기매매

증권회사가 자기의 계산에 입각하여 유가증권을 매매하는 것으로, 증권업자가 고객의 위탁이나 주문에 의하지 아니하고 자기 계산 아래 자기의 명의로 유가 증권을 사고파는 행위를 말한다.

꼬리 - 개 효과

Wag the Dog. 선물시장의 선물가격이 주식시장의 현물지수에 미치는 효과를 말한다. 원래는 현물시장이 선물시장에 영향을 미치는 것이 정상이나 그와 반대로 선물시장이 현물시장에 영향을 미치면 마치 거꾸로 꼬리가 개를 흔드는 것 같다는 데서 유래한 표현이다.

078 부산도시공사

적대적 인수 · 합병(M&A)의 시도가 있을 때 기존 주주들에게 시가보다 싼 가격에 지분을 매수할 수 있도록 권리를 부여하는 것을 무엇이라 하는가?

① 포이즌 필   ② 황금주

③ 황금낙하산   ④ 백기사

해 포이즌 필(Poison Pill)이란 기업의 경영권 방어수단의 하나로, 적대적 M&A(기업인수 · 합병)나 경영권 침해 시도가 발생하는 경우에 기존 주주들에게 시가보다 훨씬 싼 가격에 지분을 매입할 수 있도록 미리 권리를 부여하는 제도이다.

079

다음 중 Triple Witching Day와 관계가 없는 하나는?

① 주가지수 선물   ② 주가지수 옵션

③ 개별주식 옵션   ④ 바이아웃

해 Triple Witching Day : 주가지수 선물, 주가지수 옵션, 개별 주식 옵션의 만기가 동시에 겹치는 날을 의미한다.
Double Witching Day : 선물과 옵션의 만기일이 겹치는 날을 의미한다.

080

선물가격이 5% 이상 하락 또는 상승한 상태가 1분 이상 지속될 때 주식시장의 프로그램 매매를 5분 지연시키는 제도는?

① 사이드카   ② 사이드브레이커

③ 사이드미러   ④ 서킷브레이커

해 사이드카 : 주가지수 선물시장을 개설하면서 도입하였는데, 선물가격이 전일 종가 5% 이상(코스닥은 6% 이상) 상승 또는 하락해 1분간 지속될 때 발동하며, 일단 발동되면 발동 시부터 주식시장 프로그램 매매호가의 효력이 5분간 정지된다. 그러나 5분이 지나면 자동적으로 해제되어 매매 체결이 재개되고, 주식시장 후장 매매 종료 40분 전(14시 20분) 이후에는 발동할 수 없으며 1일 1회에 한해서만 발동하도록 되어 있다.
프로그램 매매 : 주식 매매 시 다수 종목을 미리 정해진 컴퓨터 프로그램을 통해 일시에 거래하는 것으로, 차익거래와 비차익거래가 있다.

선진국지수 MSCI와 FTSE

MSCI(Morgan Stanley Capital International Index)는 미국의 투자은행인 모건 스탠리의 자회사인 MSCI가 발표하는 세계 주가지수이다. MSCI는 미국, 유럽 등 선진시장 대상의 MSCI ACWI(All Country World Index Free), 아시아 · 중남미 등 신흥시장 대상의 MSCI EMF(Emerging Market Free Index)로 크게 구별된다. FTSE는 Financial Times Stock Ex − change의 약자로 '푸치'라고도 한다. 영국의 경제일간지 파이낸셜 타임지(FT)와 런던증권거래소가 1995년 공동으로 설립한 FTSE인터내셔널 사에서 발표하고 있다. 이들 MSCI와 FTSE가 세계 2대 투자지표로 활용되고 있다.

주가지수 선물

증권시장에서 매매되고 있는 전체 주식 또는 일부 주식의 가격수준을 나타내는 주가지수를 매매대상으로 하는 거래로, 개별 주식이 아니라 주식시장 자체, 즉 KOSPI200 등을 기초자산으로 하여 그 방향성을 놓고 지수를 미리 거래하는 행위를 말한다. 지수 자체를 하나의 현물로 인식하는 것이다.

기관투자가

유가증권에 투자하여 생기는 수익을 주요한 수익원으로 하는 법인 형태의 투자가를 말한다.

Position

특정 시장에서 투자자의 옵션 보유 상태를 의미한다.

Position Trader

기관투자가 가운데 며칠에서 몇 주 동안 보유하면서 매매 포지션을 찾는 단기 투자자를 말한다.

081 서울메트로

주식과 채권의 성격을 동시에 가진 증권의 이름은?

① 동화안정증권　　　　　　　② 신종자본증권
③ 조건부자본증권　　　　　　④ 자산유동화증권

해 신종자본증권 : 주식과 채권의 성격을 동시에 가진 증권으로 주식처럼 만기가 없거나 매우 길고 채권처럼 일정한 이자나 배당을 주는 금융상품이다. 보통 만기가 30년 이상이며 변제우선순위는 후순위채보다 후순위다.

082 한겨레신문

증시의 상승과 하락의 폭이 확대되면서 변화가 심할 때 상대적으로 주가의 변동성이 낮은 종목으로 이루어진 상품에 분산 투자하는 전략은?

① 바벨 전략　　　　　　　　② 로우볼 전략
③ 매입보유 전략　　　　　　④ 롱-쇼트 전략

해 ① 채권투자를 할 때 중기채권을 제외한 단기채권과 장기채권을 보유함으로써 수익을 꾀하는 전략이다.
③ 구매한 주식을 상당기간 보유하는 투자전략. 오랜 기간 안정적인 성장을 해온 기업의 주식에 대해 이 전략을 사용하는 경우가 많다.
④ 매수를 뜻하는 롱 전략(Long Strategy)과 매도를 뜻하는 쇼트 전략(Short Strategy)을 동시에 구사하여 펀드 내의 매입자산과 매도자산을 동일하게 유지함으로써 시장변화에 거의 영향을 받지 않고 안정적인 수익률을 추구하는 전략이다.

083 한겨레신문

다음 중 상장주 가운데 성장성 · 안정성 · 수익성이 큰 우량주를 뜻하는 것은?

① 블루칩　　　　　　　　　　② 레드칩
③ 옐로칩　　　　　　　　　　④ 블랙칩

해 레드칩 : Red Chip. 홍콩 증시에 상장된 중국 국영기업의 주식. 블루칩에 빗대어 홍콩의 주식투자자들이 만들어낸 용어이다.
옐로칩 : Yellow Chip. 실적 우량주. 블루칩에는 미치지 못하지만 양호한 경영실적에 기초한 주가 상승의 기대가 예상되는 주식을 가리킨다.
블랙칩 : Black Chip. 탄광이나 석유 등과 관련된 종목을 가리킨다.

11 — Fund · Bond

084 한국환경공단

일반 투자자들에게 주식을 발행해 자금을 마련한 뒤 이 자금을 펀드매니저가 주식 · 채권 등 유가증권에 투자하는 방식은?

① Mutual Fund
② Vulture Fund
③ Spot Fund
④ Hedge Fund
⑤ Grey Fund

해 펀드(Fund) : 특정 목적을 위해 여러 사람에게서 모은 자금의 집합체(뭉칫돈)를 말한다. 우리의 전통 풍습에서 찾아볼 수 있는 곗돈과 비슷한 성격을 가지고 있다. 따라서 특정 자산운용 전문가가 각 개인(또는 회사 등의 집합체)으로부터 모은 자금을 굴려서(운용해서) 얻은 수익을 투자자에게 나눠주는 형태의 금융상품이라고 할 수 있다.

Mutual Fund : 모아진 돈을 특정 자산 운용 전문회사(투자신탁회사)에 맡기지 않고 투자자들이 직접 회사를 차려버린 경우를 말한다. 따라서 뮤추얼은 펀드라기보다는 투자신탁 회사의 일종이라고 할 수 있다.

Vulture Fund : 'Vulture'는 동물의 시체, 즉 썩은 고기를 먹고 사는 대머리독수리를 뜻하는 말로, Vulture Fund는 파산을 했거나 회생 불가능한 기업을 싼 값에 사들여서 경영을 정상으로 되돌린 후 비싼 값에 팔아 차익을 내는 것을 주 목적으로 하는 펀드이다.

Spot Fund : 만기에 관계없이 일정 수익률(목표 수익률)을 달성하는 즉시 원금과 수익을 돌려주는 형태의 펀드이다.

Hedge Fund : 'Hedge'는 '울타리'라는 뜻으로, 헤지 펀드는 돈이 도망가지 못하게 (손실이 나지 않게) 울타리를 쳐놓고(규제와 세금으로부터의 보호 장치, 예를 들면 조세회피 지역에 거점 설치) 수익이 되는 것이라면 마구잡이 식으로 공격적 투자를 일삼는다.

Grey Fund : 고위험, 고수익의 채권전용펀드로 신용등급이 투자부적격한 BB+ 이하 채권을 편입해 운용하기 때문에 발행자의 채무불이행 위험이 높은 펀드이다.

Index Fund : 일반 투자자들의 수익률은 시장평균수익률을 상회할 수 없다는 실증적 분석이론에 따라 시장평균수익률에 근접시키는 이익률을 제시하는 펀드이다.

상장지수 Fund : ETF(Exchange – Traded Fund). 시장평균수익률에 근접시키는 이익률을 제시하는 인덱스 펀드처럼 거래소 시장에서 매매할 수 있는 펀드이다. 안정성을 그 첫 번째 목적으로 한다.

카멜레온 Fund : 공사채와 주식형 간 전환이 자유로운 금융상품이다.

Umbrella Fund : 지정된 하위의 펀드들을 대상으로 펀드 간의 전환이 자유로운 펀드이다.

Sector Fund : 특정 유망 업종이나 지역국가에만 투자하는 펀드로, 수익을 쫓는다는 점에서 Off – shore Fund와 성격이 다르다.

Off – shore Fund : 역외펀드. 매매 또는 운용수익에 대한 규제나 조세 회피를 목적으로 투자 대상국이 아닌 규제가 덜하거나 세금이 낮은 지역에 설립한 형태의 펀드이다.

System Fund : 펀드매니저의 주관적 판단을 배제하고 시장 상황에 따라서 기계적으로 운용되는 상품이다.

DLS

Derivative linked Securities. 파생결합상품. 주가연계증권(ELS)과 마찬가지로 일정한 만기를 가지고 기초자산의 가격변동에 따라 수익률이 결정되는 금융상품에 대한 총칭이다.

GIPS

Global Investment Performance Standards. 국제투자성과기준. 펀드의 운용성과를 산정하는 국제표준이다.

Cherry Picking

수익률이 좋은 펀드만 골라 제시하는 영업형태 또는 기업 가치에 비해 주가가 과도하게 떨어진 주식만 골라 투자하는 영업행위를 두고 하는 표현이다.

폰지 스킴

Ponzi Scheme. 폰지 사기. 일반적으로 고수익을 제시해 투자자들을 끌어들인 후 새 투자자의 원금으로 앞사람의 이익을 챙겨 주다 끝내는 사기수법이다.

KIKO

Knock in Knock out. 환율이 특정 구간에서 움직일 경우 계약한 가격에 외화를 팔 수 있도록 만든 환위험 헤지 상품으로, 2008년 환율이 급등하면서 중소기업들의 흑자도산 원인으로 지목되었다.

085

비공개로 모은 투자자들의 자금을 주식, 채권 등에 운용하며 일반 펀드와 달리 사인 간 계약의 형태를 띠는 펀드는?

① 공모펀드

② 헤지펀드

③ 사모펀드

④ 상장지수펀드

해 **공모펀드** : 공개적으로 특정하지 않은 투자자들로부터 자금을 모으는 펀드이다.

헤지펀드 : 100명 미만의 투자자에게 개별적으로 자금을 모집하여 자금을 운용하는 것이다.

상장지수펀드 : 펀드 자체를 증시에 상장하고 펀드를 근거고 주식을 발행하여 투자자에게 배분한 뒤 증권시장에서 매매가 가능하게 한 펀드를 말한다.

086 KT

신용평가기관으로부터 투자부적격자 판정을 받거나 신용평가를 받지 못하는 경우, 즉 중간 이하의 신용평가 등급을 받은 채권을 총칭하는 말은?

① 양키본드

② 전환사채

③ 콜론

④ 정크본드

해 **정크본드** : Junk Bond. 신용평가 등급이 아주 낮은 회사가 발행하는 고위험 · 고수익 채권으로, '쓰레기 같은 채권'이다.

Index Bond : 물가연동형 채권. 인플레이션에 의한 실질금리를 보상하는 채권이다.

Short - term Bond : 단기채. 상환기한이 1~2년 이하의 채권이다.

해외발행 본드의 종류

양키본드	미국 시장에서 비거주자가 발행하여 유통되는 미달러 표시 채권이다.
불독본드	영국의 런던 증권시장에서 비거주자에 의해 발행되는 파운드화 표시 외채이다.
사무라이본드	일본의 채권시장에서 외국 정부나 기업이 발행하는 엔화표시 채권이다.
쇼군본드	일본시장에서 외국차입자가 엔화 이외의 다른 통화 표시로 발행하는 채권으로, 게이샤본드라고 불리기도 하며 모두 일본 문화의 특성을 반영한 명칭들이다.
아리랑본드	한국 채권시장에서 외국 정부나 기업이 원화표시로 발행하여 한국 내에서 판매하는 채권이다.
김치본드	국내 자본시장에서 원화 이외의 통화로 발행되는 채권이다.
렘브란트본드	네덜란드에서 발행한 외국 기업 채권. 네덜란드 태생의 유명 화가 이름을 따서 붙였다.
판다본드	외국 기업이 중국에서 발행한 위안화 표시 채권이다.
캥거루본드	호주 금융시장에서 발행되는 채권이다.

12 예산 · 조세

087

다음 중 세금에 대한 설명으로 옳은 것은?

① 부가가치세는 납세의무자의 인적사항을 고려하는 인세이다.
② 간접세는 조세의 부담이 전가되어 납세의무자와 담세자가 일치하지 않는다.
③ 개별소비세는 상품과 서비스의 소비에 대해 낮은 세율로 과세한다.
④ 법인세는 간접세에 해당된다.

해 ① 부가가치세는 부가가치를 과세대상으로 하는 세금으로서 매출의 10%가 비례세율로 과세되고 납세의무자의 인적사항을 고려하지 않는 물세이다.
　③ 개별소비세는 사치성 상품이나 서비스의 소비에 대해 별도의 높은 세율로 과세하는 것으로, 국세인 동시에 간접세이다.
　④ 법인세는 직접세에 해당된다.

부가가치세

VAT(Value – Added Tax). 기업이 재화의 생산 · 유통 과정에서 상품에 부가하는 가치에 대해 정부가 부과하는 조세이다. 간접세의 일종으로 과세부담을 소비자에게 전가함으로써 조세부담의 형평성 문제를 불러일으킨다.

088

비과세 종합저축에 대한 설명으로 잘못된 것은?

① 노인, 장애인 등 저소득 소외계층을 대상으로 한다.
② 이자에 대해서 세금이 전혀 없다.
③ 노령자의 가입자격은 만 65세 이상이다.
④ 비과세한도가 3,000만원이다.

해 비과세 종합저축은 저소득 및 소외계층을 위해 2015년부터 출시된 비과세저축 상품으로 생계형저축의 요건을 대부분 적용하면서 비과세한도가 3,000만원에서 5,000만원으로 증액되었다.

조세법률주의

조세의 부과 및 징수는 반드시 법률의 근거에 따라야 한다는 원칙이다.

재정의 3대 원칙

· 양출제입의 원칙
· 수지균형의 원칙
· 능력강제의 원칙

Top Down제도

각 부처별 가용한도 배정 방법이다.

089 한겨레신문, 대우조선해양

일국의 조세제도가 소비세 중심의 간접세로 이루어질 경우 국민경제에 어떤 영향을 끼치는가?

① 저소득층의 부담을 가중시킨다.　② 저축을 감소시킨다.
③ 인플레이션을 조장한다.　④ 투자를 유발시킨다.

해 간접세 : 부가가치세, 개별소비세, 주세 등의 간접세는 조세징수가 편하고 납세자의 저항성이 적은 반면 저소득층의 부담이 가중된다.

090 한겨레신문

1977년에 부가가치세 제도를 채택함으로써 나타난 가장 두드러진 현상은?

① 징세비용이 증대하였다.

② 국민의 실질적 세부담이 줄었다.

③ 조세저항이 현저하게 줄어들었다.

④ 조세부담의 형평원리가 저해되었다.

해 간접세의 증가는 국민이 부담하는 조세 형평에 어긋난다.

091 중앙일보

부동산과 직접 관계가 없는 세금은?

① 양도소득세

② 취득세

③ 부가가치세

④ 특별부과세

해 부동산에는 부가가치세가 적용되지 않는다.

092

세수와 세율 사이의 역설적 관계를 그림으로 나타낸 곡선을 무엇이라고 하는가?

① 래퍼곡선

② 필립스곡선

③ 무차별곡선

④ 로렌츠곡선

해 **래퍼곡선** : 세수와 세율 사이의 역설적 관계를 그림으로 나타낸 곡선으로 보통은 세율이 높아질수록 세수가 늘어나는데, 세율이 일정 수준을 넘으며 반대로 세수가 줄어드는 모습을 나타낸다.

필립스곡선 : 실업률 또는 실업의 증가율과 명목임금의 상승률 간의 경제적 관계 곡선이다.

조세의 구분

• 부과 주체에 따른 구분

국세	소득세, 법인세, 상속·증여세, 종합부동산세, 부가가치세, 개별소비세, 주세, 인지세, 증권거래세, 교육세, 농어촌특별세, 교통·에너지·환경세, 관세 등
지방세	취득세, 등록면허세, 주민세, 자동차세, 레저세, 지방소비세, 지역자원시설세, 지방교육세, 재산세, 지방소득세, 담배소비세

• 부담 주체에 따른 구분

직접세	국가가 납세 의무자에게 직접 징수하는 조세이다. 소득세·법인세·상속세·증여세·종합부동산세 따위가 있으며, 납세 의무자는 그 의무를 다른 사람에게 전가할 수 없다.
간접세	세금을 납부할 의무가 있는 납세자와 세금을 최종적으로 부담하는 조세 부담자가 다른 조세이다. 부가가치세·주세·개별소비세 따위의 소비세와, 인지세·증권거래세 등의 유통세가 있다.
목적세	특정한 목적을 달성하기 위한 경비에 충당하려고 부과하는 세금이다. 교육세·농어촌특별세·지역자원시설세·지방교육세 등이 있다.

개별소비세

특정한 물품·특정한 장소에의 입장행위, 특정한 장소에서의 유흥음식행위 및 특정한 장소에서의 영업행위에 대하여 부과되는 소비세이다.

13 실업문제

093 KBS

필립스곡선이 나타내는 것은?

① 저축과 소비의 관계
② 환율과 국제수지의 관계
③ 생산과 소득의 관계
④ 물가상승률과 실업률의 관계

해 **필립스곡선** : 실업률 또는 실업의 증가율과 명목임금의 상승률 간의 경제적 관계 곡선으로, 실업률이 낮을 때 임금이 보다 빠르게 상승하는 경향이 있음을 보여준다(실업률과 임금상승률은 반비례).

094 대신증권

필립스곡선은 경제변수 간의 관계를 설명하고 있다. 어떤 변수인가?

① 실업과 인플레이션율
② 실업과 총생산변화율
③ 실업과 소득변화율
④ 인플레이션과 총생산변화율

해 필립스곡선은 실업률이 낮을 때 임금이 보다 빠르게 상승하는 경향이 있음을 보여준다(실업률과 임금상승률은 반비례).
1950년대 후반 미국에서 인플레이션의 원인에 대하여 수요견인설(需要牽引說, Demand – pull Theory)과 비용인상설(Cost – push Theory)로 활발한 논쟁이 전개되고 있을 때 A.W.필립스는 1861~1957년에 영국의 시계열(時系列) 자료를 토대로 임금상승률과 실업률 간의 일정한 함수 관계(실업률이 5.5%일 때 임금상승률은 0)를 발견하였다. 필립스곡선이란 실업과 화폐임금 상승률과의 관계를 도표로 나타낸 것으로, 각국은 자국 고유의 필립스곡선을 갖게 된다.

경제활동인구

15세 이상의 인구 중에서 노동 능력이나 노동 의사를 가지고 있는 인구를 의미하며, 취업자와 실업자 모두를 포함한다.

비경제활동인구

15세 이상 총인구 중에서 취업자도 실업자도 아닌 사람, 즉 일할 능력이 있어도 일할 의사가 없거나, 일할 능력이 없는 사람들을 말한다. 이를테면 가사에 종사하는 주부, 학생, 연로자와 장애인 자선사업이나 종교단체에 참여하고 있는 사람들이 이에 포함된다.

생산연령인구

15세부터 64세까지의 인구

비생산연령인구

만 14세 미만 인구

노령인구

만 65세 이상 인구

취업률

취업자 / 경제활동인구 × 100

실업률

실업자 / 경제활동인구 × 100

095 서울메트로

고용위기지역에 대한 설명으로 틀린 것은?

① 고용부가 현지조사 등의 과정을 통해 자체적으로 지정한다.

② 고용보험 피보험자 증감률이 평균보다 5% 이상 낮은 곳이다.

③ 직전 1년간 평균피보험자 수가 3년 전보다 7% 이상 감소한 경우이다.

④ 지정되면 일자리 창출을 위한 다양한 지원대책이 수립된다.

해 고용위기지역은 고용부가 해당 지방자지단체의 신청을 받아 현지조사 등의 과정을 통해 지정한다.

096 일동제약

완전고용에 대한 설명으로 가장 적당한 것은?

① 많은 기업가가 최대한 많은 근로자를 사용할 수 있는 상태를 말한다.

② 국민의 경제생활이 안정되어 문화수준이 있는 상태를 말한다.

③ 전 국민이 직업을 가지고 있고, 실직 상태에 있는 사람이 없는 경우를 말한다.

④ 노동력과 노동을 하려는 의사를 가진 사람들이 모두 직업을 가지고 있는 상태를 말한다.

해 완전고용 : 노동의 의지와 능력을 갖추고 취업을 희망하는 모든 사람이 고용된 상태이다. 현행의 실질임금 수준하에서 노동의 수요와 공급이 일치하는 상태를 말한다. 즉, 취업할 의사가 있어도 그 기회가 주어지지 않아서 발생하는 비자발적 실업(Involuntary Unemployment)이 존재하지 않는 상태를 가리킨다.

097 대구도시철도공사

현재의 직장에 만족하지 못하고 이직을 고려하고 있는 사람들과 가장 관계가 있는 실업유형은?

① 구조적 실업　　　　　② 경기적 실업

③ 탐색적 실업　　　　　④ 비자발적 실업

해 탐색적 실업 : 보다 나은 일자리를 탐색하면서 얼마간 실업상태에 있는 것을 의미한다.

실업의 종류

자발적 실업	일자리가 있음에도 자발적으로 실업상태인 경우를 말한다.
비자발적 실업	일할 의사와 능력은 있으나 일자리가 없어 생기는 실업이다. 실업 문제의 근원이 된다.
탐색적 실업	근무 환경이나 조건, 급여 등 보다 나은 직장을 탐색하고자 실업 상태에 있는 것으로 자발적 실업에 포함된다.
잠재적 실업	표면상으로는 실업이 아니지만 개인의 능력이나 역량에 비해 생산성과 급여가 낮은 부문에 취업해 있는 상태를 말한다.
화폐적 실업	유효수요의 부족으로 발생하는 선진국형 실업 유형이다.
마찰적 실업	일시적이고 단발적인 원인(고용정보 부족 등)에서 비롯되는 실업상태를 말한다. 완전고용상태에서도 2~3%의 실업률이 나타난다.
계절적 실업	농업과 같은 자연적 요인 등 산업활동의 계절적 영향에 따라 나타나는 실업 유형이다.
구조적 실업	자본주의 구조의 모순에 의해 발생하는 만성적·장기적 실업으로, 산업구조의 변화에 적응하지 못하거나 종사하던 산업이 쇠퇴한 경우 나타나는 유형이다.
경기적 실업	경기변동 과정이나 불경기 시에 나타나는 일자리 부족현상이다.

기술적 실업

기술진보에 따른 자본의 유기적 구성의 고도화로 야기되는 실업이다. 마르크스가 말하는 산업예비군의 실업 유형으로, 기술의 발달로 노동력을 기계가 대체하기 때문에 생기는 실업이다. 마르크스는 자본주의 사회에서 발생하는 실업의 본질을 맬서스식의 절대적 과잉인구로서가 아니라, 자본축적에 대한 상대적 과잉인구로서 해명하였다.

098 벰우화학, 한국토지주택공사, KBS

고용기회에 대한 완전한 정보를 얻지 못해 생기는 실업은?

① 구조적 실업　　　　　　② 경기적 실업

③ 마찰적 실업　　　　　　④ 잠재적 실업

해 고용기회에 대한 정보 부족으로 발생하는 실업유형은 노동수급의 일시적 부조화에 따른 실업으로 볼 수 있다.

099 한겨레신문

영국의 경제학자 케인즈가 처음 사용한 선진국형 실업문제를 의미하는 말은?

① 빈곤의 악순환　　　　　② 시장실패

③ 승수이론　　　　　　　④ 풍요 속의 빈곤

해 풍요 속의 빈곤 : Poverty in the midst of plenty. 충분한 생산능력이 있음에도 완전고용을 유지할 정도의 유효수요가 존재하지 않아 대량의 실업과 유휴설비가 발생하여 국민들이 빈곤에 허덕이는 현상이다.

100 서울메트로

비경제활동인구에 대한 설명 중 틀린 것은?

① 만 18세 이상의 인구부터 포함된다.

② 구직을 단념한 사람들도 포함된다.

③ 조사기관 또는 국가별로 다를 수 있다.

④ 노동시장의 활력 저하와 체감경기 하락의 요인이다.

⑤ 경제활동인구가 부담해야 할 부양인구 증가와 효과가 동일하다.

해 비경제활동인구(Not Economically Active Population)는 산업생산에 투입 가능한 만 15세 이상 인구 가운데 일을 할 수 있는 능력이 없거나 일을 할 의사가 없는 사람을 말한다.

잡 셰어링

Job Sharing 또는 work sharing. 노동 시간과 임금을 줄이는 대신에 일자리를 더 늘리는 것으로, 개인의 업무 시간을 단축함으로써 전체 고용자의 수를 유지·증대시키려는 새로운 형태의 업무 분담을 말한다.

Decent Job

국제노동기구(ILO)가 1990년대 초반부터 사용한 용어로. 일반적인 관점에서 평균을 상회하는 조건을 가진 '괜찮은 일자리'를 뜻한다. 평가 기준은 보수, 근무 강도, 고용 안정성, 발전 가능성, 직업과 직무 특성, 직장 내 인간관계 등으로 매우 다양하다.

산업예비군

자본주의적 산업에서 기계의 도입과 생산기술의 발달로 인하여 직업을 잃거나 구하지 못한 노동자의 무리를 이르는 말이다.

Chapter **04**

경제

101 KDB산업은행

화폐의 대외가치는 무엇으로 표시하는가?

① 물가지수
② 구매력의 정도
③ 환율시세
④ 소비자물가지수

🖼 환율 : 외국화폐로 표시한 자국화폐의 가격으로 외국환시세이다.

환율의 결정 요인
- 누적경상수지 : 경상수지가 흑자가 계속되면 환율은 떨어진다. 원화표시환율은 내리게 된다. 반대인 경우는 올라간다.
- 구매력평가설 : 화폐의 구매력(구매력의 비율, G 카셀이 주장)에 의해 환율이 결정된다는 이론이다.
- 내외실질금리차 : 금리가 높은 나라로 돈이 유입되면 그 나라의 환율은 떨어진다.
- 밴드왜건효과 : 어떤 통화에 대한 수요가 많아지면 다른 사람들도 그 경향에 따라서 통화 수요를 증가시키는 편승효과를 뜻한다.

102 국민체육진흥공단, NH농협, 삼성SSAT, 광주은행

환율이 오르면 어떻게 되는가?

① 수출 · 수입둔화
② 수출촉진, 수입둔화
③ 수출 · 수입촉진
④ 수출둔화, 수입촉진

🖼 환율이 오르면(1,000원 → 1,200원) 국내 기업들의 가격 경쟁력이 커진다. 즉, 수출이 촉진되며 수입은 상품의 수입비용이 증가하면서 둔화된다.

103 한국산업인력공단

환율이 1,000원에서 1,100원으로 올랐다. 그 결과로 발생하는 경제상황으로 올바른 것은?

① 물가가 하락한다.
② 경제성장률이 하락한다.
③ 외채상환부담이 증가한다.
④ 국제수지가 악화된다.

🖼 환율이 오르면(평가 절하) 수출가격 경쟁력 확보에 따른 국제수지 흑자와 경제성장률을 기대할 수 있으나 수입상품에 대한 가격 부담으로 물가가 오르고, 외채상환 부담이 증가한다. 즉, 기존 보유 외채를 상환하기 위해 환율 상승 전에는 1,000원을 주고 1달러를 구입할 수 있었지만 환율 상승으로 인해 100원이 추가로 들기 때문이다.

Bretton Woods System

국제통화기금(IMF)과 세계은행(IBRD)이 설립되고 미국 달러화를 기축통화(Key Currency)로 하는 금환본위제도 실시를 약정한 국제적인 통화제도 협정이다.

환율 변동이 경제활동에 미치는 영향

구분	환율 하락 (평가 절상)	환율 상승 (평가 절하)
국제수지	악화	개선
물가	하락	상승
경제성장률	하락	상승
외채상환부담	감소	증가

Basket System

변동환율제와 고정환율제의 중간단계에 해당하는 것으로, 주 교역국의 통화 또는 외환시장에서 주로 거래되는 통화 등의 통화가치와 자국의 물가상승률을 감안하여 환율을 결정하는 제도이다.

통화 SWAP

두 나라의 중앙은행이 보유 통화를 서로 맞바꾸는 것을 말한다. 두 나라가 현재의 환율(양국 화폐의 교환비율)에 따라 필요한 만큼의 돈을 상대방과 교환하고, 일정 기간이 지난 후에 최초 계약 때 정한 환율로 원금을 재교환하는 거래이다.

104 한국환경공단

수출국이 공정가격으로 수출을 하더라도 수입국의 산업에 큰 피해를 줄 경우 한시적으로 관세를 부과하여 수입국의 업자를 보호해 주는 제도는?

① 반덤핑관세   ② 조정관세

③ 상계관세   ④ 할당관세

해 반덤핑관세 : Anti – dumping Duties. 외국의 상품이 지정가격 이하로 수입되어 국내산업에 손해를 입힐 경우 국내산업을 보호하고 수출국의 덤핑효과를 제거하기 위하여 정상가격과 덤핑가격과의 차액 범위 내에서 추가하여 부과하는 할증관세이다.

직접적인 수입 제한 정책

- **수입할당제** : Quota System, 비자유화품목(IQ품목)에 대해 수입량을 할당해서 수입을 제한하는 제도이다(수입쿼터제).
- **구상무역제** : Barter System
- **연계무역제** : Link System, 수출을 조건으로 수입을 허용하는 무역거래 방식이다.
- **수입허가제** : 자국 이외의 국가들로부터의 물품 수입이 과도해지는 것을 억제하기 위해 수입을 허가하는 제도이다.

비관세 장벽

NTB(Non – tariff Barriers). 관세 이외의 방법으로 정부가 외국 상품을 차별하는 규제이다.

105 현대자동차

두 나라 사이의 무역을 상품별, 금액 또는 수량적으로 균형화시킬 수 있는 제도, 즉 자기 나라의 수출액을 한도로 상대국으로부터의 수입을 허가하는 것으로, 남북한 간에도 이루어진 형태는?

① 구상무역제(Barter System)   ② 수입허가제

③ 수입할당제(Quota System)   ④ 링크제(Link System)

해 구상무역 : Barter Trade. 물물교환으로 두 나라 사이의 대차(貸借)의 차액을 내지 않고 행하는 무역이다.
- **Buy – back 방식** : 수출입 상품 간에 관련성이 있는 물물교환을 말한다. (**예** 플랜트를 수출한 다음 그 공장에서 생산된 제품을 수입하는 경우)
- **Compensation Trade(구상무역) 방식** : 수출입상품 간에 관련성이 없는 거래방식이다. 예를 들면 전자 제품을 수출한 후 무기용 부품을 들여오는 경우 구상무역에는 Back – to – back L/C 또는 Escrow L/C를 주로 사용한다.

106

경상수지에 해당하지 않는 것은?

① 상품수지   ② 서비스수지

③ 소득수지   ④ 경상이후수지

해 경상이전수지는 거주자와 비거주자 사이에 무상으로 주고받는 거래의 수지차를 말한다.

경상수지의 종류

상품수지	상품을 수출해서 벌어들인 돈과 상품을 수입하는 데 지출한 돈의 수지차이를 말한다.
서비스수지	외국과의 서비스거래 결과 벌어들인 돈과 지급한 돈의 수지차이를 말한다.
소득수지	외국인 노동자에게 지급하거나 내국인 해외 근로자가 수취하는 급료 및 임금과 대외금융자산으로부터 발생하는 배당, 이자수입과 대외금융부채에 대하여 지급하게 되는 배당, 이자지급 등 투자소득의 수지차를 말한다.
경상이전수지	거주자와 비거주자 사이에 무상으로 주고받는 거래의 수지차를 말한다.

107

국제수지표에서 자본수지에 속하는 것은?

① 해외주둔군 유지비용 ② 운임, 보험료

③ 증권투자 ④ 특허권 등 사용료

🖩 **자본수지** : 한 나라의 일체의 대외 자본거래를 기록한 국제수지의 구성항목이다. ①, ②, ④는 경상수지에서 무역외수지 계정에 속한다.

서비스수지 : 운수, 여행, 통신서비스, 보험서비스, 특허권 등 사용료사업서비스, 정부서비스, 보험서비스, 기타서비스 등 8개 항목을 포함하며, 서비스 관계가 있는 수입과 수출의 차액을 나타내는 수지이다.

108 한국환경공단

백색국가에 대한 설명으로 틀린 것은?

① 자국 제품 수출 시 허가 절차 등에서 우대를 해주는 국가를 말한다.

② 무기 개발 등 안전보장에 위협이 될 수 있는 전략물자 수출과 관련해 허가신청이 면제되는 국가를 가리킨다.

③ 지정될 경우 절차와 수속에서 우대를 받게 된다.

④ 5년에 두 차례 전략물자에 대한 포괄허가를 받는다.

🖩 백색국가는 군용과 민간용 등 이중으로 사용될 수 있는 전략물자의 경우 여러 건의 품목을 일괄적으로 허가해 3년에 한 차례씩 수출이 가능한 포괄허가를 받을 수 있다.

109

다음 중 설명이 옳은 것은?

① 빅맥지수 : 높을수록 달러화에 비해 해당통화가 저평가된다.

② 펠리컨 경제 : 한국 경제의 자립도를 높이는 것을 의미한다.

③ 외환보유고 : 민간과 통화당국에서 대외지급용으로 보유한 외화자산이다.

④ 세이프가드 : 한 나라가 특정 국가에 대해 직, 간접적으로 모든 거래를 중지한다.

🖩 ① 일반적으로 빅맥지수는 낮을수록 달러화에 비해 해당 통화가 상대적으로 저평가되는 것으로 해석된다.
③ 한 나라가 일시점에서 보유하고 있는 대외 외환채권의 총액으로 민간의 보유분은 제외된다.
④ 엠바고에 대한 설명이다.

BOP

Balance of Payments. 일정 기간 자국과 타국 사이에 일어난 모든 경제적 거래를 금전으로 환산, 종합·정리해서 기록한 국제수지표이다.

국제수지	경상수지	무역수지	자본거래를 제외한 상품의 수출과 수입의 차액을 나타내는 수지(또는 상품수지)
		무역외수지	운임·보험·용선료·여비·투자수익과 주둔군에 대한 지출·수수료·특허권 사용료 등 각종 서비스 거래와 관계 있는 수입과 수출의 차액을 나타내는 수지
	자본수지		한 나라의 대외거래 가운데 실물의 이동을 수반하지 않는 자본의 이동에 따른 자산·부채의 변화를 나타내는 지표

기초수지

국제수지 가운데 단기의 자본수지를 제외하고, 경상수지와 장기자본수지를 합한 수지이다. 각국에 대한 한 나라의 수지 관계의 기조를 파악하는 데 쓴다.

이전수지

移轉收支. 배상·현금·물자의 증여 등 대가가 따르지 않는 거래의 수불(受拂)차액을 나타내는 수지이다.

외환보유고

外換保有高. FOREX Reserves(FOReign EXchange Reserves). 외환보유고는 중앙은행 및 외국 국립 은행 등에 예치된 외국 통화 예금이다. 정부의 자산으로 달러, 유로, 엔화 등이 준비통화로써 사용되고 민간보유분은 제외된다.

빅맥지수

일물일가의 법칙 전제하에 햄버거 구매력으로 본 실질 구매 환율로, 1986년 9월부터 영국의 이코노미스트지가 분기별로 발표한다.

15 FTA · RTA

110 CBS, 한국일보, 경향신문

우리나라가 사상 처음으로 FTA를 맺은 나라는?

① 멕시코　　　　　　② 싱가포르
③ 칠레　　　　　　　④ 일본

해 우리나라는 칠레와 최초로 FTA를 체결해 발효 중이다.

FTA

Free Trade Agreement, 자유무역협정. 둘 또는 그 이상의 나라들이 상호 간에 수출입 관세와 시장점유율 제한 등의 무역 장벽을 제거하기로 약정하는 조약이다.

111 쌍용건설

선진국의 신보호주의로 인한 무역 마찰을 줄이기 위한 대책으로 옳지 않은 것은?

① 신속한 수입 개방 정책으로 국내 산업의 경쟁력을 기른다.
② 소재 및 부품산업을 육성하여 대외 경쟁력을 강화한다.
③ 연구개발투자를 확대하여 우리 상품의 품질을 높인다.
④ 특정 국가에 편중된 무역구조를 개선하여 수출입 시장을 다변화한다.

해 산업 경쟁력이 낮은 취약 부문의 경우 개방을 피할 수 없으면 시간을 갖고서 점증적으로 체질을 개선하는 방향으로 모색하는 것이 최상책이다.

신보호주의

1970년대 중반 이후 선진국들의 비관세 수단을 이용한 무역제한조치를 말한다. 일반적으로 1970년대 중반 이래 점차 강화되는 무역 제한 조치를 통틀어 신보호주의라 한다. 석유파동 이후 세계 경기의 침체에 따른 선진국의 실업률 증가, 신흥공업국들의 급속한 공업화로 인한 선진들의 일부 산업에서의 경쟁력 상실, 선진국 간의 무역수지 불균형으로 인한 무역마찰의 심화 등으로 신보호주의가 강화되었다. 이러한 신보호주의는 국가와 상품에 따라 선별적으로 취해지는 경향이 있다.

112 한겨레신문

무역확장법 232조와 관련이 없는 것은?

① 미국의 국가 안보에 위협이 되는 제품의 수입을 제한
② 1962년 제정된 이래 수차례 적용된 법안
③ 수입량 제한, 고율 관세 부과 등의 초강력 무역 제재 규정
④ 미국 트럼프 대통령의 보호무역주의 정책의 주요 수단

해 미국의 무역확장법 232조는 1962년 제정된 이후 50여 년 동안 실제 적용된 사례가 2건에 불과할 정도로 사실상 사문화된 법이었지만, 도널드 트럼프 미국 대통령이 보호무역주의의 수단으로 부활시켰다.

113

세계 각국의 자유무역과 관련한 용어들을 설명한 것으로 잘못된 것은?

① GATT(General Agreement on Tariffs and Trade, 1947년 시작된 관세 및 무역에 관한 일반협정)를 대체하면서 세계 무역 장벽을 감소시키거나 없애기 위한 목적으로 등장한 기구는 WTO(World Trade Organization)이다.

② 조약당사국의 일방이 제3국 국민에게 부여한 것과 똑같은 무역기회를 조약상대국에게 보장하는 것을 최혜국대우(Most – favoured – nation treatment)라고 한다.

③ 무역장벽을 허무는 대표적인 국제협상은 153개 나라가 참여하는 도하개발아젠다(DDA), 그리고 두 나라 또는 일정한 지역에 있는 나라들이 참여하는 자유무역협정(FTA) 등 두 가지로 압축된다.

④ RTA는 다자주의의 상징이다.

> 🗊 RTA : Regional Trade Agreement. 지역무역협정. 소수 회원국 간에 배타적인 무역특혜를 주는 협정이다. 일반적으로 소수 회원국 간에 관세철폐를 중심으로 하여 무역에 상호특혜를 주는데, 관세 및 무역에 관한 일반협정(GATT)과 세계무역기구(WTO) 체제로 대표되는 다자주의와 대비되는 개념이다.

114 동부하이텍

여러 나라와 자유무역협정(FTA)을 동시다발적으로 체결할 경우 각 국가마다 다른 규정과 절차 등으로 인하여 FTA 활용률이 낮아지는 현상은?

① 앵커링 효과　　　　　　　② 달라이라마 효과

③ 스파게티볼 효과　　　　　④ 밸리 효과

> 🗊 스파게티볼 효과 : Spaghetti Bowl Effect. 각 나라마다 원산지 규정, 통관절차, 표준 등이 상이하기 때문에 동시에 여러 나라와 FTA를 맺을 경우 이들을 확인하기 위한 인력, 시간 등의 소모가 커짐으로써 본래 예상했던 거래비용 절감 효과가 떨어지는 것을 표현한 말이다. 예를 들면 FTA 체제하에서 각 나라마다 서로 다른 원산지 결정 기준이 적용될 경우 기업은 같은 상품이라도 어느 나라에 수출하느냐에 따라 원재료 조달이나 생산 방식을 다르게 해야 하는 부담이 생긴다. 따라서 FTA 체결국이 많아질수록 이런 부담은 증가한다. 이런 복잡한 상황이 스파게티볼 속의 국숫발이 얽혀 있는 모양과 비슷하다고 해서 붙여진 말이다.

경제블록

세계 경제의 지역주의 추세에 따라 인접 국가들끼리 자유주의, 무차별주의를 적용하는 하나의 경제권을 말한다.

다자무역질서의 기본 요건

• 실질적으로 모든 무역을 대상으로 하며, 특정 분야를 전면적으로 제외해서는 안 된다.
• 관세 및 상업적 제한의 합리적 기간 내(원칙적으로 10년 이내)에 철폐하여야 한다.
• 역외국에 대한 관세 및 기타 상업적 제한이 협정 체결 전보다 더 후퇴해서는 안 된다.

다자무역 예외 인정 요건

FTA는 다자무역질서의 근간인 최혜국대우 원칙에 정면으로 배치되지만 WTO 규범은 아래와 같은 요건을 만족하는 경우 적법한 예외로 인정하고 있다.

• 상품 분야 : 관세 및 무역에 관한 일반협정(GATT)
• 서비스 분야 : 서비스무역에 관한 일반협정(GATS)
• 허용조항(Enabling Clause) : GATT 회원국들이 개도국에 대하여 차별적으로 보다 특혜적인 대우를 할 수 있도록 허용한 것(일반특혜관세(GSP) 및 방콕협정 등의 근거)

115 중앙일보

남미공동시장(MERCOSUR)에 속하지 않는 국가는?

① 브라질
② 아르헨티나
③ 파라과이
④ 베네수엘라

⃞ 남미공동시장 : MERCOSUR. 1995년 1월에 발족한 유럽연합(EU)형의 공동시장이다. 베네수엘라는 2012년 남미공동시장에 추가 가입했지만 민주주의를 훼손했다는 이유로 2017년 회원 자격이 정지되면서 대외 무역협상에 참여하지 않고 있다.

116

다음 중 BRICS와 관계없는 나라는?

① 브라질
② 러시아
③ 인도
④ 칠레

⃞ BRICS : 급속한 경제성장을 거듭하고 있는 브라질·러시아·인도·중국·남아프리카공화국 등의 5개국을 일컫는 말이다. 처음에는 브라질·러시아·인도·중국 등의 4개국을 지칭하는 말로 각 4개국의 영문 머리글자를 따서 'BRICs'라고 쓰였으나, 2010년 남아프리카공화국이 포함되며 'BRICS'로 그 의미가 확대되었다.

117

다음 중 새로이 부상하고 있는 'New Emerging Market'이 아닌 것은?

① BRICS
② Next 11
③ VISTA
④ OPEC
⑤ Chindia

⃞ OPEC : Organization of Petroleum Exporting Countries. 석유수출국기구

118 한겨레신문

다음 중 지역경제통합과 관계없는 것은?

① EFTA
② NAFTA
③ MERCOSUR
④ APEC

⃞ APEC는 아시아, 태평양 경제협력체로써, 지역 간 유대를 강화하기 위한 기구이다.

BSEC 흑해경제협력기구

BSEC 정상회의 참가국은 주최국 터키와 러시아를 비롯해 우크라이나, 그리스, 루마니아, 불가리아, 세르비아, 그루지야, 알바니아, 아르메니아, 아제르바이잔, 몰도바 등 12개국이다.

PoST – VM

폴란드(Po), 슬로바키아(S), 터키(T), 베트남(V), 말레이시아(M) 등 5개국의 영자 앞머리를 따서 만든 용어이다. 한국무역협회에 따르면 이들 5개국이 브릭스(BRICS·브라질 러시아 인도 중국 남아프리카공화국)의 뒤를 이을 차세대 유망 시장으로 꼽혔다.

Next 11

방글라데시, 이집트, 인도네시아, 이란, 한국, 멕시코, 나이지리아, 파키스탄, 필리핀, 터키, 베트남 등의 신흥국가에 대한 별칭이다.

VISTA

베트남, 인도네시아, 남아프리카 공화국, 터키, 아르헨티나 5개국을 가리킨다.

Chindia

중국과 인도의 합성어이다. 가장 대표적인 이머징 마켓(경제 성장률이 높고, 산업화가 빠르게 진행되고 있는 신흥시장)으로 평가받고 있다.

---

⑯ 경제사상

119 한겨레신문

다음 설명 가운데 케인즈주의에 해당하지 않는 것은?

① 정부의 시장개입 기능을 활성화한다.
② 수요관리를 통하여 임금 생활자의 구매력을 높인다.
③ 경기조절식 경제정책을 추진한다.
④ 적자재정 정책에 반대한다.

해 ④에서 정부의 적자재정은 세입 이상으로 지출을 늘려 시중에 자금을 많이 유통시킨다는 것을 뜻한다. 케인즈주의는 정부의 개입에 의한 경기 활성화를 골자로 하므로 세입보다 적은 지출, 즉 흑자재정 정책에 반대한다.

케인즈혁명 : 흔히 '일반이론'이라 불리는 「고용·이자 및 화폐의 일반이론」에서 전개한 이론과 그 이론에 입각한 정책적 수단을 의미한다. 케인즈는 제1차 세계대전과 대공황을 겪은 후 빛을 발해 자본주의 사회에서의 불안전고용의 해소, 즉 완전고용을 위해서는 조세·화폐·금융·재정 정책 등에서 정부가 인위적 간섭을 통한 유효수요를 창출해야 한다고 주장했다.

케인지언 : 케인즈를 추종하는 그의 학파들을 칭하는 표현이다.

케인즈이론의 오류 : 스태그플레이션(불경기하에서의 물가 상승현상)에 대한 설명이 없다.

뉴딜정책 : 1930년대 대공황 시절 취임한 미국 32대 대통령 프랭클린 루스벨트(Roosevelt, 1882~1945)가 실업구제와 경기회복을 위해 실시한 경제정책이다. 정부 돈을 들여 테네시강 유역을 개발하고, 산업부문마다 공정경쟁 규약을 만들어 과당경쟁을 막고, 농업구조조정을 실시하는 것을 핵심으로 한다. 정부가 시장에 직접 개입하는 '수정 자본주의'가 탄생한 계기가 됐다.

120 한겨레신문

다음 중 케인즈가 개발한 개념이 아닌 것은?

① 승수이론　　　　　　② 유효수요의 원리
③ 이윤율의 저하현상　　④ 유동성 선호설

해 **이윤율의 저하현상** : 자본이율이 장기적으로 점점 저하된다는 마르크스의 주장이다.

승수이론 : 한 경제변수의 변화가 직접·간접으로 효과를 순차적으로 파급시켜 경제체계 전체를 새로운 수준으로 유도할 때 나타나는, 다른 경제변수의 변화에 대한 배수관계에 관한 이론이다.

유효수요의 원리 : 사회의 경제 활동 수준은 유효수요에 따라 결정된다는 내용이다.

유동성 선호설 : 화폐보유의 동기로써 거래동기, 예비적 동기 및 투기적 동기를 들고, 사람들이 이자를 낳는 증권 대신에 화폐를 보유하는 것은 화폐가 지니는 유동성의 수요 때문이라고 하였다.

리카르도

David Ricardo(1772~1823). 그의 저서「정치 경제학 및 과세의 원리」에서 그는 상품의 가치는 생산에 투하된 노동량에 따라 결정된다는 투하노동가치설, 차액 지대론(분배론), 임금 생존비설(임금론), 비교 생산비설(무역)을 주장했다.

리스트

Friedrich List(1789~1846). 독일의 경제학자이며, 경제 발전 단계설을 주장한 구(舊) 역사학파의 한 사람으로서 선구적 역할을 담당했다.

마셜

Alfred Marshall(1842~1924). 영국의 경제학자·캠브리지학파 창시자이다. 주요 저서로는 「경제학 원리」, 「산업 무역론」, 「화폐·신용 및 상업」의 3부작이 있다.

갈브레이스

John Kenneth Galbraith(1908~2006). 미국의 경제학자로 1977년에 발표한 「불확실성의 시대」로 일약 유명해졌다. 주요 저서로는 「내국의 자본주의」, 「새로운 산업 국가」, 「풍요한 사회」 등이 있다.

로스토우

Walf Whitman Rostow(1916~1986). 경제성장론 분야에서 독자적인 경제 발전 단계설을 제창한 것으로 유명하다. 그에 의하면 경제 성장의 단계는 ① 전통 사회 단계 ② 도약 준비 단계 ③ 도약 단계 ④ 성숙 사회 단계 ⑤ 대중적 대량 소비 단계 등 5단계로 나누고 구분의 척도로써 생산 기술·소비 수준 고저·자본 축적도·산업 구조 고도화 등을 열거했다.

121 쌍용건설

케인즈 경제학이 성립된 역사적 배경은?

① 1930년대 대공황　　② 제2차 세계 대전
③ 1950년대 냉전시대　④ 제1차 석유파동

122 KBS

넉시가 빈곤의 악순환이 지속되는 가장 큰 원인으로 지적한 것은?

① 시장규모의 협소　　② 가격기능의 실패
③ 농업중시 경제　　　④ 과열적 투기

해 빈곤의 악순환 : 저개발국에서 경제발전을 저해하는 근본적인 경제현상이다. 빈곤 때문에 자본이 형성되지 않아 가난에서 헤어날 수 없다는 넉시의 주장이다.

123 중앙일보

개인이 자신의 이득을 추구하면서 자신이 의도하지 않는 사회의 이익을 가장 효과적으로 증진시킬 수 있다고 주장한 경제사상가는?

① 애덤 스미스　　　② 데이비드 리카르도
③ 존 스튜어드 밀　　④ 알프레드 마셜

해 애덤 스미스의 개인의 이기심에 대한 논평 : "우리가 저녁 식사를 기대할 수 있는 것은 정육업자, 양조업자, 제빵업자들의 자비심 때문이 아니라 그들 개인이 추구하는 이익 때문이다. 그러나 이 같은 사람들이 자신의 이익을 위해서 열심히 일하는 가운데서 사회나 국가 전체의 이익이 증대된다."

124 KBS

다음 중 경제학자와 그들의 저서나 주장이 잘못 연결된 것은?

① Pigou, Arthur Cecil – 후생경제학
② R. Nurkse – 불균형 성장이론
③ J. Keynes – 유효수요이론
④ D. Ricardo – 비교생산비설

해 불균형 성장이론 : 허쉬만(A. O. Hirschman)이 주장한 이론으로써 한 산업의 발전이 다른 산업의 발전을 유발하기 때문에 연관효과가 크고, 국내 자원을 많이 이용할 수 있는 선도산업을 육성하여 집중 투자함으로써 경제성장을 유도하자는 전략이다.

피셔

미국의 경제학자(1867~1947)로 계량 경제학회 초대 회장을 지냈으며 근대 경제 이론 개척의 한 사람이다. 화폐 이론에 뛰어난 업적을 남겼다.

피구

영국의 후생경제학자(1877~1959)로 저서 『후생경제학』을 통해 후생경제학의 기초를 구축했다.

힉스

영국의 경제학자(1904~1989)로 1972년 노벨 경제학상을 수상했다. 저서로는 『자본과 성장』, 『자본과 시간』 등이 있다.

파레토

이탈리아의 경제학자(1848~1923)로 사회학자 왈라스의 후계자이며 로잔학파의 대표자이다. 『무차별 곡선』과 『파레토 최적』을 남겼다.

베블렌

미국의 경제학자(1857~1929)이며 제도학파의 창시자로 대표 저서는 『유한 계급론』이다. 유한 계급이란 생산에서 할 일이 없어진 사람들이 과시적 소비에만 골몰하는. 그래서 착취의 본능이 사회를 지배할 때 발생하는 현상이다.

넉시

미국의 경제학자(1907~1959)로 후진국의 경우 소득 수준이 낮기 때문에 저축과 구매력이 떨어져 시장 규모가 협소해지므로 투자 부족 현상을 가져와 저생산을 하게 되며, 저생산은 다시 저소득으로 이어져 빈곤의 악순환이 계속 된다고 주장하였다.

프리드먼

미국의 경제학자(1912~2006)로 케인즈 학파의 총수요 관리 정책에 입각한 재정 중시책에 반대하여 신화폐수량설을 제창하였다. 1976년 노벨 경제학상을 수상했다.

CHAPTER 04 단답형 문제

Answer

125 통계청이 조사해서 발표하는 물가지수는?

125. CPI(Consumer Price Index), 소비자물가지수

126 소득이 많아질수록 주택비, 특히 집세의 지불액이 많아지지만 가계 지출액 전체에서 차지하는 비율은 점차 작아진다고 하는 법칙은?

126. 슈바베의 법칙

127 생산의 3요소는?

127. 토지, 노동, 자본

128 일정 기간 동안 한 국가에서 생산된 재화와 용역의 시장 가치를 합한 것을 의미하는 용어는?

128. GDP

129 0과 1사이의 값을 가지며, 0에 가까울수록 소득이 균등하게 배분됨을 의미하는 소득 분배 불평등도를 나타내는 지수는?

129. 지니계수

130 금리가 낮은 엔화를 빌려와 그 돈으로 금리가 높은 다른 자산에 투자된 자본에 대한 별칭은?

130. 엔캐리

131 중국과 아세안, 곧 동남아시아국가연합 10개국 사이에 체결한 자유무역협정(FTA)은?

131. CAFTA

132 아세안(ASEAN, 동남아국가연합)과 한국 · 중국 · 일본 등 세 나라가 함께 역내 외환위기 발생을 방지하기 위해 체결한 통화교환협정은?

132. CMI(Chiang Mai Initiative)

132

133 자본주의 경제의 3대 원칙

133. 사유재산제, 사적 영리 추구, 자유 경쟁

134 가격효과

134. 가격이나 소득의 변화가 경제에 미치는 영향이다. 상품에 대한 수요는 그 가격이 내려가면 늘고 비싸면 준다. 이와 같이 상품의 가격 변동이 가져오는 그 상품의 수요량 변동을 협의의 가격효과라고 한다.

135 레몬시장

135. 불완전한 정보에 의해서 발생하는 비정상적인 선택이 이루어지는 시장을 말한다.

136 Signaling 이론

136. 정보 비대칭하에서의 자본구조. 각 경제주체는 상호 간 정보의 격차가 있으며, 정보를 많이 보유한 측이 정보가 적은 측에게 자신의 능력이나 가치를 확신시킬 수 있는 수단, 즉 신호를 보냄으로써 정보의 격차를 발생할 수 있는 역선택을 피할 수 있다는 것을 말한다.

137 GPI

137. Genuine Progress Indicator. 기존의 국민총생산(GNP)이나 국내총생산(GDP) 개념의 대안으로 새롭게 등장한 경제지표이다. 개인소비 등 시장가치로 나타낼 수 있는 경제적 활동 외에 가사노동 · 육아 등에서 유발되는 긍정적 가치와 범죄, 환경오염, 자원고갈 등의 부정적 비용 등 모두 26개 요소의 비용과 편익을 포괄하는 개념이다.

138 출구전략

138. 경제위기 상황에서 취했던 각종 재정 – 통화정책을 큰 부작용 없이 서서히 거두어들이는 전략이다. 양적 완화로 유동성이 풍부해진 시중에서 자금을 회수하는 것을 말한다. 인플레이션 예방조치 중 하나이다.

139 Green Shoot

139. 언 땅에 새싹이 올라오는 것을 의미하는 단어로, 경제침체 혹은 경제성장 정체 시기의 경기 호전신호를 의미한다. 미국 버냉키 FRB의 장이 방송에 출연해 미국의 경제상황을 설명하는 자리에서 "Green Shoot가 분명하게 드러나고 있다"고 표현하면서 널리 사용되고 있다.

140 더블 딥

140. 경기침체 이후 일시적으로 경기가 회복되다가 다시 침체되는 이중침체 현상이다. 더블딥은 '두 번(Double) 내려가다(Dip)'라는 뜻으로, 경기가 하강하는 침체기가 두 번에 걸쳐 회복되기 때문에 'W자형' 경제구조라고도 한다.

산업

산업

1 산업의 분류

001 헤럴드경제

다음 중 제4차 산업은?

① 정보산업　　　　　② 원양산업
③ 서비스업　　　　　④ 전자산업

해 제4차 산업 : 정보, 의료, 교육, 서비스 산업 등의 지식 집약적 산업을 말한다.

002 KT

다음 중 제5차 산업에 포함되지 않는 것은?

① 여행　　　　　　　② 레저
③ 광고　　　　　　　④ 스포츠

해 제5차 산업 : 취미, 패션, 오락 및 레저산업 등을 가리킨다.

003 한국환경공단, 삼성SSAT

다음 중 5가지의 서비스 산업(5S)에 들지 않는 것은?

① 맞벌이 부부를 위한 쇼핑 서비스
② 변호사, 의사, 사설 학원에 의한 특수 서비스
③ 컴퓨터 시스템 사용, 유지관리, 프로그래밍 등의 소프트웨어 서비스
④ 기업, 개인의 안전, 생명, 재산 보호에 대한 보안 서비스
⑤ 복지사업 등 사회보장 확립을 위한 사회적 서비스

해 5S서비스 : 종래의 전통적인 서비스업 외에 새로 개발된 5가지 서비스 산업을 말한다.
• 기업 · 개인의 업무를 대행하는 섭스티튜트(Substitute) 서비스
• 컴퓨터 시스템의 사용 · 유지관리, 프로그램 등의 소프트웨어(Software) 서비스
• 개인 · 기업의 안전, 생명 · 재산 보호에 대한 시큐리티(Security) 서비스
• 복지사업 등 사회보장 확립을 위한 사회적(Social) 서비스
• 변호사 · 의료 · 사설학원에 의한 특수(Special) 서비스

산업의 분류

• 1차 산업 : 농업, 목축업, 임업, 수산업 등
• 2차 산업 : 제조업, 광업 등의 가공 산업
• 3차 산업 : 상업, 운수업, 금융 · 보험, 통신업, 자유업, 창고업 등의 서비스업
• 4차 산업 : 정보, 의료, 교육, 서비스 산업 등 지식 집약적 산업
• 5차 산업 : 취미, 패션, 오락 및 레저산업 등

리스산업

시설임대(Lease) 산업으로, 요즘은 금융산업으로 보는 시각이 강하다.

3S업종

대부분이 생산을 위주로 하는 중소기업에 해당하는 업종으로, 규모가 작고(Small Size), 임금이 적으며(Small Pay), 단순한 일(Simple Work)을 하는 업종을 말한다.

블루오션

Blue Ocean. 차별화와 저비용을 통한 경쟁이 없는 새로운 시장을 말한다. 반대말은 레드오션(Red Ocean)이다.

004

다음 중 산업 분야와 주된 고객 대상의 연결이 잘못된 것은?

① 실버산업 – 노인층
② 엔젤산업 – 유아부터 초등학생에 이르는 어린이
③ 지식산업 – 변호사, 의사 등 전문 지식인
④ 레저산업 – 여가를 즐기려는 사람들

해 **지식산업** : 교육·신문·텔레비전·라디오·출판·인쇄 등과 같이 주로 정신적 욕구의 충족과 정보전달에 관여하는 산업의 총칭으로, 1964년 미국의 매클루프 교수에 의해 명명되었다. 지식산업의 대상은 의사, 변호사 등 전문 지식인이 아니라 지식에 관심 있는 사람 모두를 대상으로 한다.
실버산업 : Silver Industry. 노년층을 위한 각종 상품이나 편의시설 등을 생산·제공하는 산업을 말한다.
엔젤산업 : Angel Industry. 유아부터 초등학교 어린이를 수요층으로 하는 사업이다. 최근 아이를 하나나 둘만 낳아 갖은 정성을 다해 기르는 추세로 인해 어린이 전용 백화점, 사진관, 놀이방 체인 등이 호황을 누리고 있다.
레저산업 : 여가를 즐기는 것과 관련된 산업을 말한다.

005 해태제과

실버마켓에 대한 올바른 설명은?

① 호화 사치품 시장
② 비금속제품 시장
③ 노인대상 상품시장
④ 크리스마스 상품시장

해 **실버산업** : 노년층을 대상으로 한 상품·서비스를 제조·판매하거나 제공하는 것을 목적으로 하는 산업 분야를 일컫는다.

006 MBC, 포스코, 경향신문

다음 중 3D에 해당하지 않는 것은?

① Dirty
② Different
③ Difficult
④ Dangerous

해 3D는 어렵고(Difficult), 더럽고(Dirty), 위험한(Dangerous) 일을 뜻한다.

사회간접자본

운수, 통신, 도로, 항만, 용수, 전력, 공중위생 등 산업발전의 기반이 되는 여러 가지 공공시설을 말한다.

인프라

기간시설 또는 Infrastructure. 경제 활동의 기반을 형성하는 기초적인 시설을 의미한다.

노하우

Know How. 산업상의 기술에 관한 비법·비결·특허권·저작권 등 제조설비의 완성과 운전에 기본적으로 필요한 기술적 지식을 말한다.

네덜란드병

천연자원의 저주를 뜻한다. 1950년대 네덜란드가 북해에서 대규모 천연가스를 발견했음에도 이후 경제가 악화된 데서 생겨난 말이다(풍부한 자원의 부정적 효과).

영국병

영국인들의 무기력, 느린 동작, 방임적인 태도 등을 일컫는 말이다. 1960년대 초에 서독의 저널리즘이 영국 노동자의 비능률성을 가리켜 사용한 데서 비롯되었다.

---

② 농·수산업

007 한국토지주택공사, 대구도시철도공사

다음 중 그린벨트(Green Belt)의 개념을 바다에 적용시켜 해양수산자원을 보호하기 위하여 설정한 것은?

① 그린벨트 ② 블루벨트
③ 타이밍벨트 ④ 회전벨트

해 **블루벨트** : Blue Belt. 수산자원보전지구로 청정해역이라고도 한다.

008

배타적 경제수역은 영해기준선으로부터 얼마까지의 거리 이내의 영해에 접속한 수역을 말하는가?

① 100해리 ② 200해리
③ 300해리 ④ 400해리

해 **배타적 경제수역** : EEZ(Exclusive Economic Zone). 영해를 넘어 영해기준선으로부터 200해리 이내의 영해에 접속한 수역을 말한다.

009 부산도시공사

동물복지를 실현한 친환경제품을 무엇이라 하는가?

① 프리덤 푸드 ② 애니멀 푸드
③ 웰빙 푸드 ④ 더베터 푸드

해 **프리덤 푸드** : 세계동물보건기구가 제시한 동물의 5대 자유를 인증기준으로 삼아 동물복지를 실천한 친환경 축산제품에 부여하는 인증제도를 말한다. 광우병 파동을 겪은 영국의 왕립 동물학대방지협회(RSPCA)가 주축이 되어 1994년부터 타고난 본성에 맞게 동물을 사육하자는 취지로 도입, 시행되고 있다.

소하성 어류

溯河性魚類. 소하어라고도 하며, 번식기가 되면 알을 낳기 위하여 원래 태어났던 하천으로 돌아오는 물고기를 말한다. 연어, 송어 등이 있다.

모천국

母川國. 알을 낳기 위하여 바다에서 강으로 거슬러 올라가는 연어, 송어 등의 소하성 어종이 알을 낳는 하천이 있는 연안국을 말한다.

다각농업

Diversified Farming. 벼나 보리 농사뿐만 아니라 특용 작물의 재배, 축산 따위를 같이 하는 농업으로, 토지와 노동력을 합리적으로 분배하여 토지의 생산성 및 농가의 소득을 높이기 위한 영농법을 말한다.

③ 부동산 · 건축 · 플랜트

010 한국토지주택공사, 한국전력공사

대지 면적에 대한 건축 면적의 비율은?

① 용적률

② 건폐율

③ 건축률

④ 대기율

헤 건폐율 : 대지 면적에 대한 건축 면적의 비율을 말한다.

체비지

替費地. 토지 구획 정리 사업의 시행자가 그 사업에 필요한 재원을 확보하기 위하여 환지(換地) 계획에서 제외하여 유보한 땅을 말한다.

011 한국토지주택공사, 서울경제신문, 헤럴드경제

다음 용어의 설명이 잘못 풀이된 것은?

① 용적률 : 대지 면적에 대한 건축 면적의 비율

② 개발이익 : 도시 계획, 도로, 철도, 수도 따위의 공공사업이 이루어짐으로써 그 근처의 땅값이 올라서 생기는 이익

③ 공시지가 : 국토교통부가 토지의 가격을 조사, 감정해 공시하는 제도. 표준지의 단위 면적당 가격

④ 기준시가 : 투기가 우려되는 지역 내의 토지나 건물 같은 부동산, 골프 회원권 등을 팔거나 상속 또는 증여할 때 국세청이 정해 놓은 기준가격

헤 용적률 : 容積率. 대지 면적에 대한 건물 연면적(延面積)의 비율이다. 건축물에 의한 토지의 이용도를 보여 주는 기준이 된다.

기준시가 : 토지 거래에서 지표가 되는 가격이다.

새집증후군

Sick House Syndrome. 새로 지은 건물 안에서 거주자들이 느끼는 건강상 문제 및 불쾌감을 이르는 용어이다.

012

공동주택의 분양가를 산정할 때 일정한 표준건축비와 택지비에 가산비를 더해 분양가를 산정하고, 그 가격 이하로 분양하도록 한 제도는?

① 가격상한제

② 분양가 사전평가제

③ 분양가상한제

④ 최고가격제

헤 분양가상한제 : 분양가격을 안정시켜 주택 공급을 원활하게 하기 위해 아파트 가격을 일정 수준 아래로 규제하는 것으로, 미리 정한 기본형 건축비에 택지비를 더한 뒤 그 이하로 아파트를 분양하는 제도다. 감정된 토지비용(택지비)과 정부가 정한 기본형 건축비에 개별 아파트에 따라 추가된 비용인 가산비용을 더해 분양가의 상한선을 결정한다. 기본형 건축비는 6개월마다 조정된다.

013

아파트 분양 시 입주자들이 골조·미장 등을 제외한 내부 마감재와 인테리어를 자신의 기호에 맞게 개별적으로 선택해 설치하도록 하고, 그 비용은 분양가에서 공제하는 제도는?

① 가격할인제
② 원가연동제
③ 분양원가연동제
④ 마이너스옵션제

해 마이너스옵션제 : 건설사가 아파트를 건설할 때 기본 골조와 마감재 등 최소한의 자재만으로 시공하고, 입주자들이 벽지·주방가구·조명기구·욕실·바닥재 등 내부 마감재를 개별적으로 선택해 설치하는 것이다. 즉, 시공사가 건물 외관 등 골조까지만 마감한 뒤 내부 공사는 입주자가 하는 방식으로, 내부 마감재 등의 비용은 분양가에서 공제하는 것이다. 소비자들의 선택권을 우선시하기 위해 실시되는 방식으로, 소비자가 자신의 취향에 맞게 실내 구조나 인테리어를 직접 꾸밀 수 있다는 장점이 있다. 또한 기존 마감재가 획일적으로 시공되지 않아 통상 분양가보다 5~10% 저렴한 가격에 주택 매매가 가능하다고 알려져 있다.

014

대토보상제도에 대한 설명 중 틀린 것은?

① 현금 대신 토지로 보상한다.
② 보상 면적에 제한이 있다.
③ 보상으로 받은 토지는 전매에 기한을 두지 않는다.
④ 주변 지역의 부동산 가격 상승을 막는데 효과가 있다.

해 대토보상으로 받은 토지는 소유권 이전 등기를 완료할 때까지는 전매할 수 없도록 하는 제약 조건을 따른다.

대토보상제도

토지보상금을 효율적으로 활용하기 위해 보상을 받는 사람에게 각종 공공사업에 포함되는 토지에 대한 손실분과 관련해서 현금이 아닌 해당 지역의 다른 개발된 토지로 보상하는 것을 말한다. 보상 면적은 주택면적이 990㎡, 상업용지가 1100㎡를 초과할 수 없으며 시중에 토지보상금이 대거 풀려 주변 지역의 부동산 가격을 높이는 현상을 막는 효과가 있다.

015 한국방송광고진흥공사

제4의 불이란?

① 석탄
② 석유
③ 원자력
④ 핵융합

해 자연의 불(제1의 불)−전기(제2의 불)−원자력(제3의 불)−핵융합 발전(제4의 불)

016 경향신문

바이오에너지(Bioenergy)와 관계있는 것은?

① 농작물
② 석유
③ 알콜
④ 석탄

해 바이오에너지 : Bioenergy. 에너지를 동식물로부터 얻는 것으로, 농작물 − 목재 − 가축 분뇨 등을 이용한 에너지를 말한다.

017 한국전력공사

바이오에너지에 대한 설명으로 적합하지 않은 것은?

① 녹색 에너지라고도 불린다.
② 기존의 에너지를 합성하여 얻어낸 에너지를 말한다.
③ 바이오가스와 알코올연료로 구분된다.
④ 바이오매스라고도 한다.

해 바이오에너지 : BioEnergy. 에너지를 동식물로부터 얻는 것으로 농작물−목재−가축 분뇨 등의 바이오매스를 연료로 하여 얻어지는 에너지이다. 직접연소, 메테인발효, 알코올발효 등을 통해 얻을 수 있으며 바이오가스는 조리용, 난방용 등의 연료로 사용한다.
녹색에너지 : GreenEnergy. 공해물질을 배출하지 않는 환경친화적인 에너지를 말한다. 녹색에너지, 청정에너지라고도 하며 기존 화석연료나 원자력을 대체한다는 측면에서 '대체에너지'라고도 한다. 태양열, 지열, 풍수력, 조력, 파력 등의 자연 에너지와 수소 에너지, 바이오매스 등이 해당된다.
바이오매스 : Biomass. 식물이나 미생물 등을 화학적 에너지로 이용하는 에너지원이다. 지구상에서 1년간 생산되는 바이오매스는 석유의 전체 매장량과 맞먹어 적정하게 이용하면 고갈될 염려가 없다는 이점이 있다.

2차 전지

재충전이 가능한 전지로 휴대 전화나 노트북 PC, 디지털카메라 같은 휴대용 IT 기기의 배터리로 쓰인다.

GETI

Green Energy Technology Index. 태양전지, 연료전지, 2차 전지, 발광다이오드, 탄소포집저장장치 등 주요 5개 그린에너지 영역에서 미국 등록 특허 수와 품질 수준을 직접 분석해 산출한 새로운 기술평가 지표이다.

바이오디젤

쌀겨 기름이나 식용유 등의 식물성 기름을 특수 공정으로 가공한 뒤, 그것을 경유와 섞어서 만든 것으로 디젤 기관의 연료이다.

LPG, LNG

Liquefied Petroleum Gas. 액화석유가스
Liquefied Natural Gas. 액화천연가스

Chapter
05

문화

018 부광약품

나프타(Naphtha)란?

① 소독약의 일종

② 액화천연가스

③ 조제된 가솔린

④ 원유

해 나프타 : 원유를 증류할 때, 35~220℃의 끓는점 범위에서 유출(溜出)되는 탄화수소의 혼합체이다. 중질(重質) 가솔린이라고도 한다.

옥탄가

Antiknock rating이라고도 한다. 연료가 내연기관의 실린더 속에서 공기와 혼합하여 연소할 때 노킹을 억제시킬 수 있는 정도를 측정한 값이다.

019 중앙일보

다음 중 세계 3대 유종이 아닌 것은?

① 두바이유

② WTI유

③ 아라비안라이트

④ 브렌트유

해 아라비안라이트 : Arabian Light. 사우디아라비아에서 생산되는 경질(輕質) 원유이다. 중동 원유 중에서 생산량이 가장 많고 표준적인 품질을 가지고 있어 1973년 이후 원유 가격을 정할 때 기준 원유로 채택되고 있다.

세계 3대 유종

두바이유	중동 UAE에서 산출되는 고유황 중질 원유로써 중동 및 아시아 원유시장의 기준 원유이다.
WTI유	WTI는 West Texas Intermediate의 약자로써 주로 미국 텍사스주 서부와 뉴멕시코주 동남부에서 생산되는 저유황 경질 원유이다.
브렌트유	Brent유는 영국령 북해의 Brent 등 9개의 유전에서 생산되는 원유 브랜드로써 유럽시장의 기준유로 통용되고 있다.

020

수소에너지에 대한 설명으로 옳지 않은 것은?

① 저렴한 가격으로 대량생산이 가능하다.

② 석유, 석탄 등의 대체 에너지원이다.

③ 미래의 무공해 에너지원으로 중시되고 있다.

④ 해당 에너지를 이용한 수소연료전지차가 개발되었다.

해 수소에너지는 수소의 원료인 물이 풍부하고 연소하더라도 연기를 뿜지 않는 등 미래의 무공해 에너지원으로 지목받고 있지만 비용이 높고 물을 원료로 한 대량생산 단계에 이르지 못하고 있기 때문에 항공 로켓용 연료 등 특수 분야 외에는 이용이 늦어지고 있다.

수소연료전지차

가솔린 내연기관 대신 수소와 공기 중의 산소를 반응시켜 얻은 전기를 이용해 모터를 구동하는 방식으로 운행하는 친환경 자동차를 말한다. 연료전지를 동력원으로 하는 차로, 엔진이 없기 때문에 배기가스 및 오염물질을 배출하지 않으며 차 내부에는 연료전지 스택, 모터, 배터리, 수소탱크 등이 탑재돼 있다. 문재인 대통령은 이 수소연료전지차의 개발을 우리나라의 미래 산업으로 만드는 데 많은 관심을 보이고 있으며 대통령 전용차를 수소차로 바꾸는 모습으로 수소경제 활성화에 적극적으로 동참하겠다는 의지를 표현했다.

⑤ 첨단과학 · 원자력 · 환경산업

021 한국환경공단

다음은 무엇에 대한 설명인가?

> 보기
>
> - 이것에서 비롯된 기술은 원자나 분자 하나를 분석 · 이해하고 이들을 조작하는 기술을 말한다.
> - 이것은 1/1,000,000,000(10^{-9})을 의미하는 접두어를 말한다.
> - 이 말은 난쟁이를 뜻하는 고대 그리스어에서 유래했다.
> - 현재는 아주 미세한 물리학적 계량 단위로 사용된다.

① 마이크로　　　　　　　② 나노

③ 피코　　　　　　　　　④ 펨토

해 나노 : 10^{-9}에 해당하는 SI 접두어. 기호는 n, nm(나노미터 : $1nm = 10^{-9}m$), ns(나노초 : $1ns = 10^{-9}s$) 등으로 사용한다. 전에는 μ(미크론 : $1μ = 10^{-6}$), m(밀리 : $1m = 10^{-3}$)를 합쳐 mμ(밀리미크론)으로 $10^{-9}m$를 표현했으나, 현재는 1nm로 대치되었다.
　마이크로 : 100만 분의 1(10^{-6})
　피코 : 1조 분의 1(10^{-12})
　펨토 : 1000조 분의 1

022

그래핀에 대한 설명으로 틀린 것은?

① 벌집 모양의 단층 평면구조로 결합한 나노물이다.

② 석영을 원료로 하여 만든다.

③ 구리보다 전도성이 100배 뛰어나다.

④ 늘리거나 접어도 전기전도성을 잃지 않는다.

해 그래핀 : Graphene. 탄소가 0.2nm 두께 벌집 모양의 평면구조로 결합한 나노물이며 흑연을 원료로 하여 만든다. 구리보다 전도성이 100배 뛰어나고 열전도성은 다이아몬드의 2배 이상이며 기계적 강도가 강철의 200배 이상인데다 신축성이 좋아 늘리거나 접어도 전기전도성을 잃지 않기 때문에 초고속 반도체, 디스플레이, 태양전지, 2차전지 등에 널리 활용된다.

나노테크놀로지

일상의 경험과는 동떨어진 극미세의 세계에서 물질의 구조라든가 조성을 제어하여 지금까지는 없었던 혁신적인 재료나 디바이스 시스템을 만들어내는 과학기술을 말한다. 나노(Nano)는 10억 분의 1을 나타내는 단위이다.

나노융합

나노기술과 신소재의 융합, 즉 나노기술이 다른 산업으로 녹아 들어가는 현상을 말한다.

나노분말

0차원의 나노 입자이다.

은나노

은을 나노미터 크기로 미세화한 입자로 입자를 제품에 코팅하거나 혼합하는 방식으로 활용한다. 미생물 성장을 억제하고 물에 산화되지 않아 항균, 탈취, 공기청정 필터, 페인트, 디스플레이 등에 쓰인다.

---

023 한국마사회, 국민체육진흥공단, 대한상공회의소, 서울메트로

매우 무질서하고 불규칙적으로 보이는 현상 속에 내재된 일정 규칙이나 법칙을 밝혀내는 이론은?

① 카오스이론　　　　　　　② 빅뱅이론
③ 퍼지이론　　　　　　　　④ 엔트로피

🖩 **카오스이론** : 혼돈이론이라고 하며, 무질서(혼돈)하게 보이는 현상 혹은 예측 불가능한 현상이라도 그 배후에는 모종의 정연한 질서가 존재한다는 이론이다. 1963년 미국의 기상학자이자 수학자인 에드워드 로렌츠가 기상현상을 이해하기 위한 연구를 하는 과정에서 처음 발견하였다.
빅뱅이론 : 우주는 처음 온도와 밀도가 매우 높은 상태였는데, 약 200억 년 전에 대폭발이 일어나 팽창하여 오늘날 우리가 보는 우주의 모습에 이르고 있다는 이론이다.
퍼지이론 : 불확실함의 양상을 수학적으로 다루는 이론이며, 진위, 즉 참과 거짓을 명확하게 구분하기 힘든 개념을 다루는 시스템의 연구이다. 퍼지란 원래 '애매모호한', '경계가 명확하지 않은'이라는 뜻이다.
엔트로피 : 열의 이동과 더불어 유효하게 이용할 수 있는 에너지의 감소 정도나 무효(無效)에너지의 증가 정도를 나타내는 양을 말한다.

024

불화수소의 설명으로 옳은 것은?

① 반도체 제조공정의 불순물 제거 후 사용되는 기체이다.
② 국산차를 위한 연구개발이 이뤄지고 있다.
③ 장기간 보관해도 물질 특성이 바뀌지 않는다.
④ 대부분 중국에서 생산되어 외교적 무기로 사용된다.

🖩 ① 반도체 제조공정의 불순물 제거 과정에서 사용된다.
③ 장기간 보관할 경우 물질 특성이 바뀌므로 필요한 양만큼만 수입한다.
④ 희토류에 대한 설명이다.

025 쌍용건설

원자로에 쓰이는 연료가 아닌 것은?

① 우라늄(U)　　　　　　　② 플루토늄(Pu)
③ 탄탈(Ta)　　　　　　　　④ 토륨(Th)

🖩 **탄탈** : 화학공업용 내산제(耐酸劑)의 재료로 쓰이는 전이 원소이다.
핵연료 : 원자로 안에 장입하여 핵분열을 일으켜서 이용 가능한 에너지를 얻을 수 있는 물질을 말한다. 우라늄, 플루토늄, 토륨 등이 대표적이다.
토륨 : 악티늄계열에 속하고 천연으로 존재하는 방사성 원소이다.

하이브리드카

기존의 일반 차량에 비해 유해가스 배출량을 획기적으로 줄인 차세대 환경자동차이다. 연료 효율이 높고, 가솔린 엔진과 전기 엔진의 장점만을 결합해 운전하면서 도로와 주변 환경에 알맞게 자동으로 가솔린 엔진과 전기 엔진의 변환이 가능하다. 하이브리드는 두 가지 기능이나 역할이 하나로 합쳐짐을 의미한다.

거대과학

巨大科學, Big Science 또는 Big Technology. 많은 과학자·기술자·연구기관을 동원한 대규모의 종합적·선도적 연구개발을 의미하는 것으로, 원자로를 비롯 인공태양 등 국가 이익의 증진과 국제적 지위 향상에 도움이 되는 국책단위 과학을 말한다. 나라마다 정부가 중심이 되어 추진하고 있다.

형상기억합금

여러 가지 금속 합금 가운데 전이온도 이하에서 변형하여도 전이온도 이상이 되면 변형 이전의 모양으로 되돌아가는 성질을 가진 합금이다. 티탄 합금이 대표적이며, 온도 센서 따위에 쓴다.

금속피로

금속 재료에 계속하여 변형력을 가하면 연성(延性)이 점차 감소하는 현상으로, 결국에는 금속 재료가 파괴된다.

APR1400

정부가 UAE 원전사업에 입찰한 한전 컨소시엄의 원자로이다. 한국표준형 원전(OPR 1000) 설계·건설·운영 등의 과정에서 얻은 기술을 토대로 신개념 기술을 도입해 개발한 3세대 원전인 신형 경수로이다.

우라늄

Uranium, 천연으로 존재하는 가장 무거운 방사성 원소이다. 은백색을 띠며 14종의 동위원소가 있는데, 질량수 235는 중성자를 흡수하여 핵분열을 일으킨다. 원자기호는 U, 원자번호는 92, 원자량은 238.029이다.

026 한국전력공사

핵융합 현상을 일으키는 원소는?

① 토륨
② 우라늄235
③ 플루토늄
④ 중수소, 3중 수소

해 핵융합 : 1억℃ 이상의 고온에서 가벼운 원자핵이 융합하여 더 무거운 원자핵이 되는 과정에서 에너지를 창출해 내는 방법으로 이 과정을 이용하여 수소폭탄이 만들어진다.

027 서울메트로

수소폭탄 제조에 이용되는 반응은?

① 핵융합반응
② 핵분열반응
③ 수소결합
④ 핵자기반응

해 수소폭탄은 수소의 원자핵이 융합하는 반응이다.

028

핵분열 과정에서 발생하는 중성자 수를 줄여 원자로 출력을 조절하는 장치는?

① 피복관
② 연료봉
③ 제어봉
④ 감속재

해 제어봉 : Control Tod. 열중성자를 잘 흡수하는 재료로 피복된 봉상의 형태로, 원자로의 노심에 넣었다 뺐다 하며 핵연료의 반응도를 조절하는 작용을 하는 것이다. 용도에 따라 거친제어봉(Shim Rod), 운전봉(미조정봉), 안정봉 등으로 분류되며 제어봉을 원자로 내에 삽입하면 출력이 낮아지고 빼면 올라간다.

029 서울메트로

물질을 구성하는 가장 기본적인 단위라고 이해되고 있는 것은 무엇인가?

① 전자
② 원자
③ 분자
④ 쿼크

해 쿼크 : Quark. 물질의 기본적인 구성입자로 추측되는 원자 구성 입자의 하나이다. 양성자와 중성자가 원자핵을 이루는 것과 같이 양성자와 중성자 그 자체도 쿼크로 이루어져 있다고 생각한다.

U235

핵폭탄 제조에 쓰이는 우라늄 번호이다.

농축우라늄

천연 우라늄보다 우라늄 235의 함유율을 인위적으로 높인 우라늄이다. 고농축 우라늄 235를 천연 우라늄에 가하거나 필요한 농도까지 농축하여 만든다. 핵폭탄에는 93% 이상, 일반 동력용 원자로에는 3~4%의 것을 쓴다.

핵분열

Nuclear Fission. 우라늄이나 플루토늄 같은 무거운 원자핵이 대략 같은 질량을 가진 두 토막으로 갈라지는 것이다. 이 과정에서 대량의 에너지가 방출되면서 핵폭발을 하게 된다. 원자폭탄은 핵분열에 의한 작용이다.

핵융합

Nuclear Fusion. 가벼운 원소 사이의 핵반응에 의해서 무거운 원소(철까지)가 형성되는 반응이다. 이 같은 핵융합작용으로 수소폭탄이 만들어진다.

수소폭탄

수소의 원자핵이 융합하여 헬륨의 원자핵을 만들때 방출되는 에너지를 살상·파괴용으로 이용한 폭탄이다. 전형적인 반응식은 삼중수소와 이중수소가 고온하에서 반응하여 헬륨의 원자핵이 융합되면서 중성자 1개가 튀어나오는 것이다.

미립자

원자나 원자핵 따위의 물질을 이루는 아주 작은 구성원을 말한다.

소립자

현대 물리학에서, 물질 또는 장(場)을 구성하는 데 가장 기본적인 단위로 설정된 작은 입자를 통틀어 이르는 말이다. 광양자, 전자, 양성자, 중성자, 중간자, 중성미자, 양전자 등이다.

---

030 한국전력공사

원자핵을 구성하는 입자가 아닌 것은?

① 양성자　　　　　　　　② 중성자
③ 중간자　　　　　　　　④ 전자

뤱 원자 : 원자핵 + 전자(핵 주위를 돌고 있는 입자)이다.
중간자 : 소립자의 한 종류로써 강한 상호작용을 하는 강입자(Hadron) 중에서 쿼크와 반쿼크로 이루어진 보존(Boson)이다.

031 한국전력공사

핵력이란?

① 원자폭탄이나 수소폭탄의 폭발력이다.
② 중성자가 원자핵에 충돌하는 힘이다.
③ 화학에너지를 열에너지로 바꾸는 힘이다.
④ 원자핵의 구성입지인 양성자와 중성자를 결합시키고 있는 힘이다.

뤱 핵력과 핵자 : 원자핵 내에 있는 양성자와 중성자와 같은 핵자와 핵자 사이의 결합력을 핵력이라고 한다. 핵자는 원자핵을 구성하는 기본 입자로, 양성자(Proton)와 중성자(Neutron)가 여기에 속한다.

032

발전 및 산업공정 등에서 배출된 CO의 90% 이상을 포집한 후 압축 · 수송해 유전 · 가스전 · 대염수층에 저장하는 기술로, 가장 효과적인 탄소감축 수단 중 하나로 평가받고 있는 이것은?

① CCS　　　　　　　　　② CDS
③ CFO　　　　　　　　　④ COS

뤱 CCS : Carbon Capture and Storage. 탄소포집저장장치로 석탄 화력 발전 과정에서 배출되는 이산화탄소를 모아 액체 형태로 바꾼 뒤 땅이나 바닷속에 저장하는 기술이다.

파이 중간자

소립자의 하나로 전하(電荷)는 음 · 양의 전기 소량(電氣素量)과 중성의 3종이다. 스핀은 영(零), 질량은 전자의 약 270배이다. 강입자(强粒子) 가운데 중간자에 속하며, 핵력을 전달한다.

중성자

中性子, Neutron. 수소를 제외한 모든 원자핵을 이루는 구성입자이다.

양성자

陽性子, Proton. 원자핵을 구성하는 소립자의 하나로 수소 이외의 모든 원자의 원자핵은 양성자와 중성자를 포함하고 있다.

원자

화학 원소로서의 특성을 잃지 않는 범위에서 도달할 수 있는 물질의 기본적인 최소입자이다.

분자

물질의 성질을 가지고 있는 최소의 단위로 여러 개의 원자가 화학결합(공유결합)으로 연결된 1개의 독립된 입자이다.

탄소배출권

탄소를 배출할 수 있는 권리로 탄소를 허용량보다 많이 배출한 국가나 기업은 초과분만큼의 탄소배출권을 구입해야 한다. 반대로 적게 배출한 국가나 기업은 미달분만큼의 탄소배출권을 팔 수 있다.

		Answer

033 차별화와 저비용을 통한 경쟁이 없는 새로운 시장을 뜻하는 블루오션의 반대말은?

033. Red Ocean

034 세계 3대 유종은?

034. 두바이유, WTI유, 브렌트유

035 쌀겨 기름이나 식용유 따위의 식물성 기름을 특수 공정으로 가공하여 그것을 경유와 섞어서 만든 것으로 디젤 기관의 연료는?

035. 바이오디젤

036 냉각재로 고압의 물 대신 금속인 나트륨을 쓰고 원자로 안에서 고속의 중성자가 핵반응을 일으키는 점이 기존 경수로와 다른 한국형 액체 금속로는?

036. Kalimer

037 어떤 물질이 일정 온도 이하에서 전기저항이 0이 되는 현상은?

037. 초전도 현상

038 구조물의 콘크리트 타설 전에 관을 설치하고 그 안에 강선(와이어)을 넣은 후 콘크리트가 외부 환경으로부터 보호되도록 조치를 취한 다음 강선을 한 방향으로 잡아 당겨 고정시키는 공법은?

038. 포스트텐션(Post – Tension) 공법

039 배의 가치를 무게로 표시한 단위는?

039. CGT

Answer

040 체비지

040. 토지 구획 정리 사업의 시행자가 그 사업에 필요한 재원을 확보하기 위하여 환지(換地) 계획에서 제외하여 유보한 땅을 말한다.

041 새집증후군

041. 새로 지은 건물 안에서 거주자들이 느끼는 건강상 문제 및 불쾌감을 이르는 용어이다.

042 BDI

042. Baltic Dry Index. 발틱운임지수. 발틱해운거래소가 산출하는 건화물 시황 선박 운임의 척도로 사용되고 있다.

043 2차 전지

043. 재충전이 가능한 전지로 휴대 전화나 노트북PC, 디지털카메라 같은 휴대용 IT 기기의 배터리로 쓰인다.

044 하이브리드카

044. 기존의 일반 차량에 비해 유해가스 배출량을 획기적으로 줄인 차세 대 환경자동차이다. 연료 효율이 높고, 가솔린 엔진과 전기 엔진의 장점만을 결합해 운전하면서 도로와 주변 환경에 알맞게 자동으로 가솔린 엔진과 전기 엔진의 변환이 가능하다. 하이브리드는 두 가지 기능이나 역할이 하나로 합쳐짐을 의미한다.

045 거대과학

045. Big Science 또는 Big Technology. 많은 과학자 · 기술자 · 연구기관 을 동원한 대규모의 종합적 · 선도적 연구개발을 의미하는 것으로, 원자로를 비롯 인공태양 등 국가 이익의 증진과 국제적 지위 향상에 도움이 되는 국책단위 과학을 말한다.

046 금속피로

046. 금속 재료에 계속하여 변형력을 가하면 연성(延性)이 점차 감소하는 현상으로, 결국에는 금속 재료가 파괴된다.

047 탄소배출권

047. 탄소를 배출할 수 있는 권리로 탄소를 허용량보다 많이 배출한 국가 나 기업은 초과분만큼의 탄소배출권을 구입해야 한다.

경영

CHAPTER 06

경영

1 회사의 종류와 특성

001 포스코

다음 중 무한책임사원과 유한책임사원으로 구성되어 있는 회사는?

① 주식회사
② 합자회사
③ 합명회사
④ 다국적 기업

해 주식회사는 유한책임사원으로만 구성되어 있다.

002 삼성SSAT

주식회사의 특징 중 틀린 것은?

① 전형적인 물적 회사
② 주주총회가 최종 의사결정
③ 유한책임사원으로 구성
④ 7인 이상의 발기인

해 주식회사 설립에 필요한 발기인은 과거에는 7인 이상이었으나 현재는 발기인 수에 제한이 없다.

003 삼성SSAT

주식회사의 3대 기관이 아닌 것은?

① 주주총회
② 이사회
③ 감사
④ 이사회의장

해 이사회 : 주식회사에서 이사 전원으로 구성되며, 회사의 업무집행에 관한 사항을 결정하는 기관이다. 주식회사의 이사회는 상법 제393조에 의거하여, 회사의 업무 집행은 이사회의 결의로 한다고 되어 있다.

004 삼성SSAT

주식회사의 최고 의사결정기관은?

① 이사회
② 주주총회
③ 감사
④ 특별대리인

해 주주총회는 정기총회와 임시총회로 나눈다.

법인회사의 종류

합명회사	Unlimited Partnership. 회사의 채무에 대한 무한의 책임을 지는 2인 이상의 무한책임사원으로 조직되는 회사이다. 사원 전부가 반드시 출자하고 업무를 집행할 권리와 의무를 가지며, 출자분의 양도에는 사원 전원의 승인이 필요하다.
합자회사	Limited Partnership. 회사 손익의 위험을 부담하고 업무집행의 권리·의무를 가지고 있는 무한책임사원과 자본만 제공할 뿐 업무집행의 권한은 없고 감독만 가지는 유한책임사원으로 조직되는 인적·물적 회사이다.
유한회사	Private Company. 2인 이상 50인 이하의 유한책임사원으로 조직되는 회사로써 합명회사와 주식회사의 혼합 형태이다.
주식회사	Stock Corporation. 1602년 네덜란드 동인도 회사가 시초인 전형적인 물적(物的) 회사로, 유한책임사원으로만 구성되는 자본 결합체이다.
유한책임회사	Limited Liability Company. 2012년 개정 상법에서 도입된 회사 형태로, 사원의 유한책임을 인정하면서도 회사의 설립·운영과 기관 구성 등에서 사적자치를 폭넓게 인정하는 회사이다.

지주회사

Holding Company 또는 Holdings. 다른 회사의 주식 또는 지분을 소유함으로써 그 회사의 사업활동 지배를 목적으로 하는 회사를 말한다.

② 회계처리

005 NH농협, KB국민은행

기업회계 기준에서 재무제표에 포함되지 않는 것은?

① 정산표
② 손익계산서
③ 대차대조표
④ 이익잉여금처분계산서

해 정산표 : 손익 계산서를 만들 때까지의 계산 과정을 한데 모아 나타낸 표이다.
이익잉여금처분계산서 : 이월이익잉여금의 수정사항과 당기이익잉여금의 처분사항을 명확하게
보고하기 위해 작성하는 재무제표이다.

상법이 요구하는 기업 재무제표

대차대조표, 손익계산서, 이익잉여금처분
계산서 또는 결손금처리계산서

006 삼성SSAT

**영업활동에 따른 영업상 재산 및 손익상황을 나타내기 위해 일정시점에서
차변(借邊)과 대변(貸邊)으로 구분해 대조시킨 장부는?**

① 손익계산서
② 대차대조표
③ 재무제표
④ 결손금처리계산서

해 손익계산서 : 기업의 경영성과를 밝히기 위하여 일정기간 내에 발생한 모든 수익과 비용을 대
비시켜 당해 기간의 순이익을 계산·확정하는 보고서이다.

대차대조표

Balance Sheet. 영업활동에 따른 영업상
재산 및 손익상황을 나타내기 위해 일정
시점에서 차변(借邊)과 대변(貸邊)으로 구
분해 대조시킨 장부(작성기준 : 구분표시
– 총액표시 – 1년기준 – 유동성 배열법)
이다.

차변(借邊, 왼쪽)	대변(貸邊, 오른쪽)
실제 보유하고 있는 재산의 가치총액(자산)	변제 또는 충당을 위해 가져야 할 재산의 가치총액(부채+자본)
① 자산 증가	② 자산 감소
③ 부채 감소	④ 부채 증가
⑤ 자본 감소	⑥ 자본 증가
⑦ 비용발생 (손익계산서)	⑧ 수익발생 (손익계산서)

007 한국토지주택공사

손익분기점 매출액의 산출방식은?

① 고정비 / (1 – 변동비 / 매출액)
② 변동비 / (1 – 고정비 / 매출액)
③ (고정비 + 변동비) / 매출액
④ 매출액 / (고정비 + 변동비)

해 손익분기점 : Break – even Point. 비용액과 수익액이 같아지는 매출액으로, 투입된 비용을 완
전히 회수할 수 있는 판매량을 말한다.
 • 손익분기점 매출액 = 고정비 / [1 – (변동비 / 매출액)]
 • 필요매출액 = (고정비 + 목표이익) / 1 – (변동비 / 매출액)

거래의 8요소

위 대차대조표의 ①~⑧의 관계를 거래의
8요소라고 한다. 차변은 왼쪽, 대변은 오
른쪽이다. 대차대조표는 차변에 자산, 대
변에는 부채와 자본을 기록하고 손익계산
서는 차변에 비용, 대변에 수익을 기록한
다. 자산과 비용은 차변, 부채 – 자본 – 수
익은 대변이다.

③ 품질관리 · 인증마크

008 삼성SSAT, NH농협

생산 합리화 운동의 3S가 아닌 것은?

① 표준화   ② 전문화
③ 단순화   ④ 조직화

해 3S : 표준화(Standardization), 단순화(Simplification), 전문화(Specialization)를 지향하는 생산성 향상운동이다.

009 한국전력공사

포드시스템에 대한 설명으로 틀린 것은?

① 고임금 저생산성   ② 동시관리
③ 생산표준화   ④ 이동조립법

해 포드시스템 : 1903년에 설립된 포드자동차회사의 H. 포드에 의해 실시된 대량생산시스템이다. 생산의 표준화와 이동조립법(Moving Assembly Line)을 내용으로 하는 생산시스템으로 제품의 표준화, 부품의 규격화(호환성), 전용기계의 이용으로 이루어진다.

010 한국마사회

100ppm운동이란?

① 제품 100만 개 중에 불량품 수를 100개 이하로 줄이자는 품질혁신운동이다.
② 제품 10만 개 중에 불량품 수를 100개 이하로 줄이자는 품질혁신운동이다.
③ 제품 100만 개 중에 불량품 수를 10개 이하로 줄이자는 품질혁신운동이다.
④ 미국 기업들이 대대적으로 벌이고 있는 품질혁신운동이다.

해 100PPM운동 : 100 Part Per Million. 불량률을 100만 개 중 100개(0.01%) 이하로 낮추는데 목표를 두고 이를 달성하기 위하여 모든 조직 구성원이 참여하는 품질관리 활동을 말한다. 이 운동은 일본의 마쓰시타가 TV사업 부문에서 불량률을 줄이기 위하여 PPM개념을 도입한 데서 비롯됐다. 실제로 마쓰시타 TV의 불량률이 획기적으로 줄어들자 세계적으로 품질관리 개념을 퍼센트에서 PPM으로 바꾸어 사용하게 되었다. '100% 완전제품화 운동(100% Perfect Product Movement)'으로 해석하기도 한다.

ISO 9000 시리즈

ISO 9000 Series. 국제표준화기구(ISO)가 제정한 품질보증 및 품질관리를 위한 국제 규격이다.

ZD운동

무결점(Zero Defect) 운동으로 종업원이 자발적으로 참여하여 업무 처리과정에서의 결함을 줄여가는 관리기법의 하나이다. 개개의 종업원들에게 계획기능을 부여하는 자주관리운동으로, 품질관리를 제조현장에만 적용하지 말고 일반관리 사무에까지 확대 적용하여 전사적으로 결점을 없애자는 운동이다.

011 서울메트로

불량품이나 에러 발생율을 1백만 개당 3, 4개로 줄이자는 6시그마의 창시자는?

① 마이클 해리(Michael Harry)

② GE의 잭웰치(Jack Welch)

③ 마이클 포터(Michael Porter)

④ 마이클 해머(Michael Hammer)

해 6시그마 : 6 Sigma. 모토로라 등록 상표인 6σ는 100만 개 중 3, 4개의 불량률(DPMO, Defects Per Million Opportunities)을 추구한다는 의미에서 나온 말이다. 마이클 해리(Michael Harry)박사가 주창자이다.

012 해태제과, 일동제약

다음 중 디자인이 우수한 상품에 부여하는 마크는?

① KS

② GD

③ QC

④ 품(品)

해 GD마크 : 사용하기 편리하며 상품의 외관이 종합적으로 아름답게 구성되어 있는 상품에 표시하는 Good Design 표시이다.

KS마크 : 공산품의 품질을 정부가 정한 표준 규격이다.

013 한국환경공단

제조업체가 부착을 원할 경우 해당 분야 민간 시험소에 신청해서 얻은 임의 표시사항으로 각종 마크 중 유일하게 환불보상제가 보장되는 인증마크는?

① A/S마크

② KT마크

③ Q마크

④ 열마크

해 Q마크 : 제조업체가 원해서 임의로 부착하는 마크로, 마크 중 유일하게 환불보상제가 보장된다.

KT마크 : Korea Good Technology. 국산 신기술 인증마크이다.

열마크 : 열을 사용하는 기자재의 열효율과 안전도 등을 검사하여 에너지관리공단이 부여하는 합격증으로, 열사용 기구는 이 표시가 없으면 제조·판매할 수 없다.

KC마크

Korea Certification. 중복인증에 따른 기업의 경제적 부담을 줄이고 소비자들이 하나의 인증마크만을 확인해 좋은 제품을 고를 수 있도록 하기 위해 2009년 7월 1일 도입된 국가통합인증마크이다.

인증마크 통합 해외사례

이름	마크	나라
CE	CE	EU
PS	PSE PSE	일본
CCC	CCC	중국

EMI마크

Eelectro Magnetic Interference. 가전제품에서 발생하는 유해 전자파를 억제하는 장치가 부착되었다는 표시이다.

환경마크

같은 용도의 제품들 가운데 생산, 유통, 사용, 폐기 과정에서 다른 제품에 비하여 환경오염을 덜 일으키거나 자원, 에너지를 절약할 수 있는 환경 친화적인 상품에 부여되는 품질 인증 마크이다.

GR마크

품질이 우수한 재활용품에 부여되는 마크이다.

4 마케팅 · 소비자 유형

014 삼성SSAT

다음 중 마케팅의 4P(4요소)에 해당되지 않는 것은?

① Product
② Packaging
③ Price
④ Place

₪ 마케팅의 4P : 마케팅의 4대 요소인 제품(Product), 촉진(Promotion), 장소(Place), 가격(Price)을 아울러 이르는 말이다.

015

특정 고객층을 위한 마케팅 기법은?

① 핀셋 마케팅
② 동시화 마케팅
③ 매스 마케팅
④ DB 마케팅

₪ 핀셋 마케팅 : 핀셋으로 꼭 집어내는 것처럼 타깃을 세분함으로써 특정 고객층만을 공략하는 마케팅 기법을 말한다.

016 한국전력공사, 대구도시철도공사

업계 선두기업을 표본으로 삼아 이를 능가하려는 노력을 통해 경쟁력 제고를 꾀하는 기업의 혁신방법은?

① Reengineering
② Restructuring
③ M&A
④ Bench marking

₪ Bench Marking : 경쟁 업체 또는 특정 분야에서 뛰어난 업체의 장점을 면밀히 분석한 후 자사의 경영과 생산에 합법적으로 응용하는 것을 말한다.
Reengineering : 조직 재충전. 기업의 성과를 획기적으로 향상시키기 위해 업무수행 프로세스 전 과정을 완전히 재검토하고 근본적으로 재설계하는 경영기법이다.
Restructuring : 리스트럭처링은 M&A 합병 및 인수 외에도 LBO(인수할 회사 자체를 담보로 두어 금융기관에서 대출받은 자금으로 기업 인수)나 제휴 전략까지 포괄하는 개념으로 M&A를 적극적으로 활용한 사업단위의 재구축이다.
M&A : 기업 인수 · 합병

마케팅

생산한 상품이나 제공하는 서비스가 구매자 또는 이용자에게 연결되는 과정에 포함되는 일체의 활동을 말한다.

매스 마케팅	개개인의 욕구를 충족시키기보다는 불특정 다수를 목표시장으로 한 마케팅 방법
DB 마케팅	고객 정보, 산업 정보, 기업 내부 정보, 시장 정보 등 각종 1차 자료들을 수집 · 분석하며 이를 판매와 직결시키는 기법
One to one 마케팅	고객의 과거 구매성향을 분석, 마케팅에 이용하는 방법으로 DB마케팅의 일종
E-mail 마케팅	인터넷 사용자가 쓰는 전자편지의 '기록성'을 마케팅으로 연결한 기법
Kiduit 마케팅	Kid와 Adult의 합성어. 레고 게임 등 어린이들의 놀이에 관심을 보이는 어른들을 대상으로 관련 상품 판매나 서비스를 제공하는 마케팅
BOGO 마케팅	Buy One, Get One Free. 하나를 사면 하나는 공짜로 끼워 주는 판매방식
핀셋 마케팅	핀셋으로 꼭 집어내는 것처럼 타깃층을 정교하게 세분해 필요한 곳만 정조준하는 마케팅 기법
동시화 마케팅	Synchro-marketing. 불규칙적 수요상태에서 바람직한 수요의 시간패턴에 실제수요의 시간패턴을 맞추기 위한 마케팅 관리 방법

017

다음은 소비자 유형에 대한 설명이다. 이 중 잘못된 것은?

① Bluesumer : 미래 성장산업 분야를 뜻하는 Blue Ocean과 소비자를 뜻하는 Consumer의 합성어로써, 경쟁자가 없는 시장의 새로운 소비자 집단을 말한다.

② Prosumer : 생산자를 뜻하는 Producer 또는 전문가를 의미하는 Professional과 소비자를 뜻하는 Consumer의 합성어로, 제품을 사용하는 소비자인 동시에 제품 개발 및 생산 과정에 참여하는 생산자 역할을 하는 사람을 뜻한다.

③ Blackconsumer : 금품을 노리고 고의적으로 악성 민원을 제기하는 소비자를 말한다.

④ Twinsumer : 쌍둥이 자매들처럼 같은 유형의 소비패턴을 가지고 있는 소비자를 일컫는다.

해 Twinsumer : 트윈슈머(Twinsumer)는 쌍둥이(Twin)와 소비자(Consumer)의 합성어로서, 인터넷 게시판의 사용 후기 등 다른 사람의 소비 경험을 참고해 물건을 구매하는 소비자를 일컫는다. 인터넷에 상품 후기가 게재된 상품의 매출액이 그렇지 않은 제품보다 평균 2.5배 가량 많다고 한다. 이는 특정 상품에 대한 어떤 사람의 수요가 다른 사람들의 수요에 의해 영향을 받는 효과, 즉 어느 특정 상품에 대한 수요가 다른 사람들에게 영향을 주는 효과를 말하는 네트워크 효과와 비슷한 개념이다.

018

기업의 상품이나 서비스를 구매하지 않으면서, 기업이 제공하는 혜택만 누리는 소비자 유형은?

① 걸리시소비자　　　　　② 체리피커
③ 블루슈머　　　　　　　④ 크리슈머

해 체리피커 : Cherry Picker. 달콤한 체리만 골라서 먹는 사람이라는 뜻으로, 기업의 상품을 구매하거나 서비스를 이용하지 않으면서 자신의 실속만 차리는 소비자를 말한다.

걸리시소비자 : Girlish Consumer. 성년이 된 후에도 소녀 취향의 제품을 추구하는 여성 소비층을 이르는 말이다.

크리슈머 : Cresumer. 창조(Creative)와 소비자(Consumer)의 합성어로, 소비자가 스스로 기존 제품을 자신의 취향에 맞게 새롭게 만들어 사용하는 창조적인 소비자를 말한다.

Niche Marketing

니치란 '틈새, 빈틈'이라는 뜻으로, 특정 성격을 가진 소규모 집단 또는 장소를 대상으로 하는 마케팅 활동을 일컫는 말이다.

Glocalization

세계화를 추구하면서 동시에 현지국가의 기업풍토를 존중하는 경영방식을 뜻하는 말로 세계화와 현지화의 합성어이다.

Country Marketing

신시장 개발 방법의 하나로, 단기적 관점보다 장기적인 안목에서 특정 국가나 지역의 인맥이나 문화 풍습 등에 대한 현지화를 공고히 다지면서 시장을 개척해 나가는 마케팅 방법이다.

Greensumer

친환경, 유기농 제품을 선호하는 소비자를 일컫는 말로, 먹거리 파동이 빈번하게 발생되자 건강과 안전을 추구하는 경향이 점차 뚜렷해지고 있다.

Neosumer

제품의 구상 단계나 생산 단계에서부터 판매에 이르기까지 전 과정에 주도적으로 참여하는 능동적이고 주체적인 소비자군을 가리키는 말이다.

019 삼성SSAT, KBS

상품명이나 광고주 명을 표시하지 않은 채 광고를 보는 사람에게 호기심을 제공하면서 광고 메시지의 관심을 높임과 동시에 후속광고에 대한 기대를 높이는 광고는?

① 블록광고
② 티저광고
③ 리스폰스광고
④ 서브리미널광고

해 '얼굴 없는 광고' 또는 '뚜껑광고'라고도 한다.

020 부산환경공단

메인제품 광고에 소품으로 같은 회사의 다른 제품을 등장시켜 광고효과를 가져오는 것을 무엇이라 하는가?

① 더블업광고
② POP광고
③ PPL광고
④ 애드버커시광고

해 더블업 광고란 특정 제품을 개발하여 소비자들에게 널리 알릴 때에 어떤 소품(小品)을 활용하여 펼치는 광고기법이다. '광고 속의 광고'라고도 한다.

021 삼성SSAT

영화나 드라마 중간에 광고를 내보내, 무의식 속에 그 이미지를 자연스럽게 심는 간접광고를 통한 마케팅 기법은?

① PPL광고
② POP광고
③ 티저광고
④ 애드버커시 광고
⑤ Tie - up 광고

해 애드버커시 광고 : Advocasy Advertising. 기업이 소비자에게 신뢰를 받기 위해 내는 광고로 기업의 실태를 홍보해 특정 사업활동 등을 간접적으로 이해시키는 기법이다.
Tie - up 광고
• Tie - up Advertising. 유명한 영화의 한 장면이나 시청률 높은 드라마 촬영장소 등 이미 인지도를 확보해 있는 소재를 활용하는 광고기법이다.
• 복수의 광고주가 하나의 광고 스페이스 또는 시간을 공유하여 상승효과를 노리는 광고기법이다. 광고주들이 혼자보다는 공동으로 광고를 하는 쪽이 낫다고 판단할 경우에 실현된다.

광고 기법

PPL 광고	Product Placement. 영화나 드라마 중간에 광고를 내보내 무의식 속에 그 이미지를 자연스럽게 심는 간접 광고를 통한 마케팅 기법
티저 광고	Teaser Advertising. 광고를 보는 사람에게 호기심을 제공하면서 광고 메시지의 관심을 높임과 동시에 후속광고에 대한 기대를 높이는 광고. 일명 '뚜껑광고'
POP 광고	Point Of Purchase adverti – sing. 광고상품이 최종적으로 구입되는 소매점이나 가두매점 등에서 광고물을 제작하여 직접적인 광고효과를 얻게 하는 '구매시점광고'
인포머셜	Information과 Commercial의 합성어. 뉴미디어를 통해 상품이나 점포에 대한 자세한 정보를 제공. 소비자의 이해를 돕는 광고기법

Sizzle 광고

Sizzle은 쇠고기를 구울 때 나는 지글거리는 소리를 나타내는 의성어로, 소리를 표현해 제품의 이미지를 연상시키는 방법이다.

022 일양약품

Advertorial이란?

① 광고문안

② 광고방송

③ 광고대행

④ 논설식 광고

해 Advertorial은 광고와 편집기사의 합성어이다.

023

방송프로그램과 방송프로그램 사이에 편성되는 광고는?

① 래핑광고

② 토막광고

③ DM광고

④ 중간광고

해 래핑광고 : Wrapping Advertising. 건물과 차량을 광고가 인쇄된 필름으로 덮는 형식의 광고
DM광고 : Direct Mail Advertising. 우편으로 직접 고객에게 전달하는 직접광고
중간광고 : Commercial Break. 방송프로그램 중간에 나오는 광고

024 KBS

다음 방송광고에 대한 설명 중 틀린 것은?

① 광고대행사는 구입한 방송 시간대 값의 15% 정도를 수수료로 받는다.

② 방송광고는 광고대행사와 방송국 사이에 한국방송광고진흥공사라는 대행조직이 있고, 반드시 이 기관을 통해서 광고해야 한다.

③ 세계 최대의 광고대행사로는 일본의 덴츠와 미국의 영앤루비컴사가 있다.

④ AE는 아이디어를 제시하고 자료를 찾아 직접 광고를 제작한다.

해 AE : Account Executive. 광고대행사와 광고주 사이의 연락 및 기획업무를 담당하는 대행사의 책임자이다.
Copy Writer : 광고문안을 만드는 사람을 말한다.
Agency : 대행사로 고객이 필요로 하는 광고를 제작해주고 회사를 대표해서 광고매체와 교섭하는 회사를 말한다.

Advertorial

편집 기사처럼 만들어진 광고 형태로 광고(Advertisement)와 편집기사(Editorial)의 합성어이다.

3B의 법칙

Beauty, Baby, Beast. 이들은 광고 효과를 쉽게 높일 수 있는 것들로써 제작 시 이를 고려해야 한다는 이론이다.

5I룰

광고 카피 제작 시 적용되는 규칙이다. 광고는 Idea(아이디어)에서 시작하며 Imme – diate impact(즉각적인 충격), Incessant interest(지속적인 흥미), Information(유용한 정보), Impulsion(구매 충동)으로 이어져야 한다는 의미이다.

AIDMA

Attention(주의) → Interest(흥미) → Desire (욕망) → Memory(기억) → Active(행동)으로 이어지는 소비자의 구매심리 과정에 관한 광고 이론이다.

Golden Time

황금 시간대. 텔레비전 시청률이 가장 높아 광고비도 가장 비싼 방송시간대를 말한다.

스테이션 광고

방송국이 자기 방송국을 광고하는 것을 말한다.

6 판매 · 무역 · 운송 · 결제

025 서울산업통상진흥원

단골 고객을 상대로 하는 편법적인 세일을 지칭하는 용어는?

① 해피콜(Happy Call)
② 러브콜(Love Call)
③ 캐치 세일(Catch Sale)
④ 클로징 세일(Closing Sale)

해 **러브콜** : Love Call. 단골 고객이나 회원들을 상대로 하는 특별 마케팅이다. 흔히 바겐세일을 하기 전에 미리 단골 고객들에게 연락해 세일가로 물품을 구매하도록 한 뒤, 세일 기간에 판매한 것처럼 편법을 쓰는 경우가 대표적인 사례에 해당한다.
해피콜 : Happy Call. 특별한 목적이나 권유 없이 인사차 하는 방문이나 고객 서비스의 증진 등을 통해 판매 활동을 활성화시키는 방식이다.
캐치 세일 : Catch Sale. 노상에서 소비자를 유인하여 판매하는 행위를 말한다.
클로징 세일 : Closing Sale. '점포정리'와 비슷한 의미의 세일이다.

Cross Docking
제품 이동 시 창고나 배송센터를 경유는 하지만 보관은 하지 않는 물류시스템이다.

026 중앙일보

카테고리 킬러(Category Killer)란?

① 가구 · 완구 등 특정 품목만을 집중적으로 취급하는 전문 할인점
② 한 곳에서 여러 가지 다양한 물건을 싸게 파는 할인점 체인
③ 패션업계에서 보기 드문 히트 상품을 가리키는 말
④ 여러 제품의 특징을 동시에 선전하는 광고기법

해 **카테고리 킬러** : Category Killer. 분야별로 전문 매장을 특화해 저렴한 가격으로 특정 분야의 상품을 판매하는 소매점을 일컫는다.

상품 판매점의 유형

SSM	Super SuperMarket. 기업형 슈퍼마켓
스마트샵	청결하고 세련되면서 고객맞춤 상품을 갖추고, 친절한 서비스 및 운영 시스템을 구축한 점포
안테나샵	제조업체들이 자사 제품에 대한 소비자의 평가를 파악하거나 타사 제품에 대한 정보를 입수하기 위하여 운영하는 유통망을 이르는 말
아울렛	Outlet. 교외형 재고전문 판매점
체인점	Chain店. 동일한 브랜드 제품을 취급하는 소매 상점을 여러 곳에 두고 중앙에서 통제 · 경영하는 점포 조직
프랜차이즈	상품을 제조하고 판매하는 메이커 또는 판매업자가 본부를 구성하여, 독립 소매점을 가맹점으로 지정하여 그들 가맹점에게 일정한 지역 내에서 독점적 영업권을 부여하는 형태의 조직

027 중앙일보

외국계 또는 외국 기업과 관계없는 순수 한국형 할인점은?

① 코스트코
② 홈플러스
③ E마트
④ 프라이스클럽

해 E마트는 신세계에서 운영하는 할인점이다.

028 삼성SSAT

다음 전자상거래 유형에 대한 풀이가 잘못된 것은?

① B2B−Business to Business(기업 대 기업)

② B2G−Business to Government(기업 대 정부)

③ E2E−Engineer to Engineer(엔지니어 대 엔지니어)

④ B2C−Business to Client(기업 대 고객)

해 전자상거래의 비즈니스 모델 : 전자상거래는 주문(수주), 판매(발주), 결제 등을 중심으로 거래 대상에 따라 크게 B2B, B2C, B2G, B2E, C2C 등의 형태로 나누어 볼 수 있다. B2C는 Business to Consumer(기업 대 소비자)를 말한다.

029 삼성SSAT, 대웅제약

신용장(L/C)의 뜻을 바르게 설명한 것은?

① 수출상의 거래은행이 수입상 앞으로 발행하는 서류

② 수출상품의 보증을 위하여 생산국을 증명하는 증서

③ 수입상이 상품수입을 위하여 수출상 앞으로 보내는 주문서

④ 상품대금의 지급보증을 위하여 수입상의 거래은행이 발행하는 서류

해 신용장 : L/C(Letter of Credit). 거래하는 수출입업자의 의뢰에 의하여 은행이 발행하는 신용보증 문서이다.
클레임 : Claim. 수입 상품이 계약과 다를 경우 또는 선적 기일을 어겼을 경우 등에 따라 수출업자에게 제기하는 배상 청구를 말한다.
송장 : 送狀. Invoice. 수출업자가 거래 조건에 의해 모든 일을 정상적으로 마치고 정당하게 이행했음을 밝히고 수입업자에게 보내는 서류이다.
선하증권 : B/L(Bill of Lading). 화물회사가 탁송화물을 인도받아 운송 조건대로 이행하겠다는 것을 약정하는 문서이다.

030 삼성SSAT, 한국석유공사, 한국토지주택공사

선적항의 본선에 화물을 적재할 때까지의 모든 비용과 위험은 판매자가 부담하고, 그 이후의 비용과 위험은 구매자가 부담하는 것을 무엇이라 하는가?

① CIF

② FOB

③ CFR

④ FCA

해 FOB : Free On Board. 본선인도가격

전자화폐

인터넷 등 정보통신망을 통해 상품을 거래하거나 결제하도록 고안된 화폐이다. 돈의 가치 기능을 전자정보로 전환해 사용한다. Electronic Money(E − Money) 또는 '디지털 머니'라고도 한다.

전자서명

전자문서를 작성한 작성자의 신원과 당해 전자문서가 그 작성자에 의하여 작성되었음을 나타내는 전자적 형태의 서명을 의미한다.

운임 및 운송방법

FOB	Free On Board. 본선인도가격. 무역상 거래조건의 하나로, CIF와 더불어 가장 많이 사용된다. 선적항에서 본선의 갑판상에 물품을 인도하는 조건으로 국내 픽업을 위한 트럭 비용만 발생하며(수출통관비용 포함) 나머지는 모두 수입자가 부담한다.
CIF	Cost, Insurance & Freight. 운임보험료 포함조건. 선적항에서 통관시켜 물품을 인도하되 목적항까지의 운임과 보험료를 매도인이 부담하는 조건
CFR	Cost and Freight. 판매자가 해상의 운임까지 포함해서 부담하는 가격조건, 즉 운임 포함 인도조건
FCA	Free Carrier. 운송인도조건으로 매도인이 지정된 장소에서 매수인이 지명한 운송인에게 수출 통관된 계약물품을 인도하는 무역거래조건이다.
FAS	Free Alongside Ship. 선측인도조건으로 매도인이 계약물품을 지정된 선적항에서 본선의 선측에 놓아두었을 때 매도인의 인도의무가 이행되는 무역거래조건이다.

031 한국전력공사, 서울메트로

원칙적으로는 수출입을 자유화하지만 예외적으로 특정상품의 수출입을 금지하는 제도는?

① 바터시스템
② 포지티브시스템
③ 링크시스템
④ 네거티브시스템

해 네거티브시스템 : Negative System. 점진적 자유화 추진방식의 하나로 개방이 불가능한 부분만을 명시하고 이 사항에 위반되지 않는 부문은 자동적으로 개방하는 제도이다.

Escrow Service

구매자와 판매자 간의 안전거래시스템. 제3자(결제시스템 사업자 등)에게 구매자의 결제대금을 예치한 후 상품이 인도된 경우에 판매자에게 대금이 지불되는 결제시스템 방식이다.

032 서울메트로

무역형태 중 녹다운(Knock Down)방식이란?

① 해외 진출 시 부품을 수출하여 현지에서 조립해 판매하는 것
② 해외에 덤핑하는 행위
③ 경쟁기업을 넘어트리기 위해 품질개선 등의 비가격 경쟁으로 대항하는 것
④ 생산설비, 기술 노하우까지 종합적으로 수출하는 것

해 ④는 플랜트 수출에 대한 설명이다.
녹다운방식 : Knock Down System. 부품이나 반제품 형식으로 수출하여 현지에서 조립해 제품을 완성시키는 수출방식이다.

INCOTERMS

국제상공회의소가 무역거래조건에 대한 용어를 조문 형태로 정리한 것이다.

플랜트 수출

설비수출. 대형 공장 등을 짓기 위한 생산설비 및 기자재 같은 하드웨어 부문과 운영방법, 엔지니어링, 가동기술, 경영 노하우 등을 포함하는 소프트웨어 부문을 동시에 거래하는 수출형태를 말한다.

턴키방식

Turn Key. 키(Key)만 돌리면 모든 설비가 가동하게끔 된 상태에서 인도한다는 의미이다.

033 STX조선

생산업자의 창고에서부터 화주의 창고까지 컨테이너 개폐 없이 일관수송하는 방식으로 이용되는 컨테이너 운송형태는?

① CFS/CFS 운송
② CFS/CY 운송
③ CY/CFS 운송
④ CY/CY 운송

해 컨테이너 운송방식

CY/CY (FCL/FCL : Door to Door)	단일의 송하인, 단일의 수하인 관계 운송방식
CFS/CFS (LCL/LCL : Pier to Pier)	다수의 송하인, 다수의 수하인 관계
CFS/CY (LCL/FCL : Pier to Door)	다수의 송하인, 단일의 수하인 관계
CY/CFS (FCL/LCL : Door to Pier)	단일의 송하인, 다수의 수하인 방식

컨테이너 운송형태

Piggy Back	철도화차 운송
Fish Back	선박 운송
Bird Back	항공 운송

⑦ 사업확장 · IPO · M&A

034 동방, 대신증권

다음 중 기업 결합형태가 가장 강력한 것은?

① 콘체른
② 카르텔
③ 트러스트
④ 신디케이트

해 **신디케이트** : Syndicate. 가장 강력한 독점판매 형태로 '공동판매 카르텔'이라고 할 수 있다.

035 동원산업, NH농협

신디케이트(Syndicate)는 어디에 속하는가?

① 카르텔
② 트러스트
③ 콘체른
④ 콤비나트

해 **카르텔** : 독점 목적으로 조직된 회사나 개인의 연합체를 말한다.
트러스트 : 독점적 대기업 또는 이를 형성하는 기업합동을 말한다.
콘체른 : 법률적으로는 독립기업이면서도 통일된 경영지배를 받아 마치 하나의 기업인 듯 활동하는 기업 집단으로 우리나라의 대표적인 '재벌'형태를 말한다.

036

동일 기업 집단 소속 국내 회사들의 사업연도 재무상태표상 자산총액이 5조원 이상인 기업 집단을 부르는 말은?

① 복합기업
② 대규모 기업집단
③ 30대 기업집단
④ 주력기업

해 대규모 기업집단은 동일인이 둘 이상의 회사에 단독으로 또는 친 · 인척 비영리법인 계열회사 사용인 등과 합해 최대 출자자로서 당해 회사 발행주식의 30% 이상을 소유하고 있는 경우와 임원 등의 임명 등으로 해당 회사의 경영에 대해 영향력을 행사하고 있다고 인정될 때 이들 회사군을 부를 때 쓰는 말이다.

컨글로머리트	Conglomerate. 이업종(異業種) 간의 기업합병을 의미한다.
담합(談合)	사업자가 계약이나 협정 등의 방법으로 다른 사업자와 짜고 가격을 결정하거나 거래 상대방을 제한함으로써 그 분야의 실질적인 경쟁을 제한하는 행위(공정거래법상)이다. 사업자 간에 상품 또는 용역의 가격이나 생산 수량, 거래 조건, 거래 상대방, 판매 지역을 제한하는 것(일종의 카르텔)을 말한다.
컨소시엄	Consortium. 동반자 또는 협력관계에 있는 사업자를 의미하며, 경우에 따라서는 국가의 중앙 정부나 지방 정부도 참여 가능하다.
콤비나트	Kombinat. 기술적 연관이 있는 여러 생산부문이 근접 입지하여 형성된 기업의 지역적 결합체를 의미한다.

전략적 연동모형

정보기술이라는 범위에 경영전략을 수립하는 데 초점이 되는 내외적 요소들을 고려 대상으로 추가한 개념이다. 구성요소는 경영전략, 조직인프라, 정보기술전략, 정보기술 인프라 등이다. 전략적 연동모형은 다음의 5단계로 나타난다.

- 1단계 : Localized Exploitation
  (국부적 활용)
- 2단계 : Internal Integration
  (내부적 통합)
- 3단계 : Business Process Redesign
  (비즈니스 프로세스 재설계)
- 4단계 : Business Network Redesign
  (비즈니스 네트워크 재설계)
- 5단계 : Business Scope Redefinition
  (사업영역 재정의)

037

인수 대상의 기업의 경영진이 물러날 경우 거액의 퇴직금이나 보너스 등을 주도록 정관에 명시해 기업 인수비용을 높이는 방어 전략은?

① 백기사
② 초토화법
③ 황금낙하산
④ 자본구조개편

해 **백기사** : White Knight. '경영권 방어에 협조적인 우호주주'를 뜻하며, 어느 기업이 적대적 인수합병에 휘말렸을 때 이에 대한 방어전략 중의 하나이다.
초토화법 : 투자자가 주식을 팔지 않도록 자금을 차입해 고배율로 대규모의 배당을 실시하거나 중요자산과 사업부문을 별도법인으로 분리하거나 제3자에 매각해 적대적 기업합병 목적을 제거하는 방법
자본구조개편 : 자사주 매입(Buy Back)을 통해 지분율을 높이고, 기존 주주에게 우선주와 신주인수권 등을 인수시켜 보통주 등으로 전환시키는 방법

038

회사 경영에서 IPO가 뜻하는 것은?

① 기업인수합병
② 기업공개
③ 출자전환
④ 경영권 매각

해 **IPO** : Initial Public Offering. 기업공개. 기업이 최초로 외부 투자자에게 주식을 공개, 매도하는 것으로 보통 주식시장에 처음 등록하는 것을 말한다. 일반적으로 유가증권시장이나 코스닥시장에 상장한다는 의미로 통용되고 있다.
출자전환 : DES(Debt Equity Swap). 기업의 재무구조를 개선하기 위해 기업의 채무를 주식으로 바꿈으로써 채권자가 출자자가 되는 것이다.

039 국가정보원

경영에서 M&A는 무엇을 의미하는가?

① 기업인수합병
② 기업이미지 통일화
③ 신(新)경영분석기법
④ 경영자협회

해 **M&A** : Mergers and Acquisitions

유상증자

신주배정 기준일자까지 주식을 보유하고 있던 주주에게 일정 가격으로 청약을 할 수 있도록 배정을 한 뒤 대금을 받고 청약하게 하는 것이다.

무상증자

주주에게 무상으로 나눠주는 무상주 발행을 통한 증자를 일컫는다.

시가발행

Issue at Market Price. 신주를 발행할 때 시장의 가격을 기준으로 액면가를 상회하는 금액으로 가격을 결정하는 것이다.

시가총액

상장주식 전체를 시가로 곱한 금액의 합계를 말한다.

⑧ 근로 · 복지

040 서울메트로

근로기준법이 정한 근로자 최저연령은?

① 19세　　　　　　　② 15세

③ 17세　　　　　　　④ 13세

해 15세부터 경제활동인구에 속한다.

041 매일경제

다음 중 통상임금의 조건이 아닌 것은?

① 정기성　　　　　　② 고정성

③ 일률성　　　　　　④ 합리성

해 대법원은 정기성, 고정성, 일률성 등만 인정되면 매월 지급되지 않는 임금이라도 통상임금에 포함된다고 판시했다.

042 한겨레신문

다음 중 우리나라에서 시행되고 있는 제도가 아닌 것은?

① 최저임금제　　　　② 임금채권보장법

③ 남녀고용평등법　　④ 외국인고용신고제

해 종전엔 신고제였으나 2004년 8월 17일부터 허가제로 바뀌었다.
외국인고용허가제 : 기업이 외국인 노동자를 합법적으로 고용할 수 있도록 한 제도이다. 이 제도는 외국인과 내국인 근로자 모두에게 동등하게 노동관계법을 적용하며 산재보험, 최저임금, 노동 3권 등을 보장하고 있다.

근로기준법

헌법에 의거하여 근로 조건을 정한 법이다. 근로자의 사람다운 삶을 영위하기 위하여 기본적 생활을 보장하고 삶의 질을 향상시키며 근로자를 보호하는 데 그 목적이 있다.

통상임금

근로자에게 정기적, 일률적, 고정적으로 소정근로 또는 총근로에 대하여 지급하기로 정하여진 시간급 · 일급 · 주급 · 월급 또는 도급금액을 말한다. 즉, 1 근로시간 또는 1 근로일에 대하여 지급하기로 노사계약에 명시한 통상적인 임금액을 말한다. 통상임금은 해고예고수당, 시간외 · 야간 · 휴일근로 시의 가산수당, 연차유급휴가수당, 퇴직금의 산출기초가 된다.

임금채권보장

회사가 도산하여 직원이 임금 수당 및 퇴직금을 받지 못했을 경우 일정 범위의 수당을 지급해 주는 사회보장제도이다.

임금피크제

일정 나이가 지나면 정년 때까지 총액 임금을 유지하는 보상제도이다.

Stock Option

기업이 임직원에게 일정수량의 자기회사의 주식을 일정한 가격으로 매수할 수 있는 권리를 부여하는 제도이다.

043 한겨레신문

최저임금제에 대한 설명 중 틀린 것은?

① 1인 이상의 사업장에 적용한다.

② 해당 기업이 이를 어기면 고용노동부장관은 직장폐쇄명령을 내린다.

③ 고용노동부장관은 최저임금심의위원회의 결정을 재심의에 회부할 수 있다.

④ 최저임금심의위원회는 동수의 사용자위원, 근로자위원, 공익위원으로 구성된다.

해 최저임금제 : 국가가 임금액의 최저한도를 결정하고 사용자에게 그 지급을 법적으로 강제하는 제도이다. 이 제도의 목적은 ㉠ 임금률을 높이고, ㉡ 임금생활자의 소득을 증가시키며, ㉢ 수준 이하의 노동조건이나 빈곤을 없애고, ㉣ 임금생활자의 노동력 착취를 방지하며, ㉤ 소득 재분배를 실현하는 데 있다. 해당 기업이 이를 어기면 노동부장관은 법적 제재를 할 수 있다.

임금의 종류	
최저 임금	가장 기본적인 생활을 하는 데 필요한 최소 한도의 임금
명목 임금	노농자가 노동계약에 의해 화폐단위로 받는 임금액수
실질 임금	명목임금을 물가 상승에 따른 물가지수 상의 화폐가치로 수정한 것
통상 임금	월급. 주급. 일급. 시간급 등의 총칭
성과급	Profit Sharing. 작업이나 경영상태의 성과를 기준으로 지급하는 임금

044 매일경제

다음 중 '직장 내 괴롭힘 금지법'에 대한 설명으로 옳지 않은 것은?

① 근로기준법과 별도의 법으로 제정되었다.

② 누구든지 직장 내 괴롭힘 발생 사실을 사용자에게 신고할 수 있다.

③ 사용자는 피해 사실을 접수했을 경우에는 시정할 의무를 갖는다.

④ 사업자는 직장 내 괴롭힘의 예방 및 발생 시 조치에 관한 사항을 취업규칙에 필수적으로 기재해야 한다.

해 직장 내 괴롭힘 금지법은 7월 16일 시행된 개정 근로기준법의 별칭으로 근로자의 정신적. 신체적 건강에 악영향을 끼치는 직장 내 괴롭힘을 해결하기 위해 근로기준법이 개정되었다.

045

모성보호법상 보장하고 있는 우리나라 직장 여성의 출산 휴가 기간은?

① 70일

② 80일

③ 90일

④ 100일

해 출산 휴가는 전체 90일로 정해놓고 있다.

모성보호법

근로기준법 · 남녀고용평등법 · 고용보험법 등에서 모성보호와 관련된 법안을 총칭하는 개념이다.

휴가 종류	생리(월 1일). 출산 휴가(전체 90일. 산후 최소 45일 보장)
휴가 급여	기존 회사가 지불하던 60일의 임금 외에 나머지 30일의 임금은 고용보험과 정부 재정에서 지급
육아 휴직	남성 육아 휴직 가능. 소득의 일부는 고용보험에서 지급
남녀고용 평등	1인 이상의 모든 사업장
야간 · 휴일 근로	18세 이상의 여성은 당사자간 합의 또는 본인이 동의한 경우에 한해 연장 · 야간 · 휴일근로 가능
기타	여성의 갱내 근로를 일률적으로 금지하되. 의료 · 취재 등을 목적으로 하는 경우에 한해 제한적으로 허용
명칭	'여자'에서 '여성'으로 변경

046 한겨레신문, 한국전력공사

법에 보장된 산전 후 휴가에 대한 규정은 모성보호를 위하여 가장 중요한 구실을 한다. 산전 휴가, 육아 휴직과 관련한 다음 설명 중 잘못된 것은?

① 산전 후 휴가는 출산 전에 30일, 출산 후 30일 합계 60일 이상 주도록 법에 명시되어 있다.

② 산전 후 휴가 중 최초 60일은 유급으로 한다.

③ 육아 휴직 기간에는 고용보험기금에서 최소 월 50만 원을 지급한다.

④ 육아 휴직은 생후 1년 미만의 영아를 가진 근로자가 신청할 수 있으며 회사에서는 이 기간을 근속기간에 포함시켜야 한다.

해 ① 출산 휴가는 출산 후 최소 45일을 포함해 합계 90일이다.
육아휴직제 : 남녀고용평등법에는, 사업주는 생후 3년 미만 영유아가 있는 노동자(남성 포함)가 그 영유아의 양육을 위하여 육아 휴직을 신청하는 경우 1년 이내의 기간 범위에서 이를 허용해야 한다고 규정하고 있다.

88만 원 세대

기성세대에게 저임금노동으로 착취당하며, 비정규직 노동자가 대부분이어서 직업시장을 떠돌아다녀야 하는 20대의 현실을 '88만 원 세대'로 통칭하기도 한다. 경제학자 우석훈과 기자 출신의 블로거이자 사회운동가인 박권일이 함께 쓴 책의 제목이기도 하다.

047 근로복지공단, 한겨레신문

산업재해보험제도에 대한 설명 중 틀린 것은?

① 4대 보험제도 중 가장 먼저 도입되었다.

② 다른 보험제도와 마찬가지로 보험료를 근로자와 사용자가 동등하게 납부한다.

③ 상시 1인 이상 사업장도 당연 적용대상이다.

④ 개별사업장의 보험료는 사업종류별 보험요율과 개별실적요율을 모두 적용하여 결정된다.

해 **산업재해보상보험** : 산업재해보상보험법에 의거, 근로자의 업무상의 재해를 신속·공정하게 보상하기 위하여, 사업주의 강제가입방식으로 운영되는 사회보험이며 산재보험으로 약칭한다. 근로자의 재해보험을 보장하기 위한 제도는 1884년 독일의 재해보험법을 효시로, 현재 많은 나라에서 채택하고 있다. 산재보험료는 사용자가 전적으로 부담한다.

산업재해

노동과정에서 작업환경 또는 작업행동 등 업무상의 사유로 발생하는 노동자의 신체적·정신적 피해를 말한다. 산업재해는 제조업의 노동과정에서뿐만 아니라 광업·토목·운수업 등 모든 분야에서 발생할 수 있다.

비정규직

비정규직(非正規職)은 정규직에 속하지 않는 파트타이머, 계약직, 일용직, 임시직, 파견근로직 등의 고용 형태를 뜻한다.

048

업무의 특성상 근로자가 얼마나 일했고 어떻게 일했는지 뚜렷이 구분할 수 없을 때 노사가 서로 합의해서 일정한 시간을 근로한 것으로 보는 제도는?

① 재량근로제
② 선택근로제
③ 탄력근로제
④ 타임오프제

🖩 선택근로제 : 주 52시간을 지키되 1일 근무시간 제한 없이 집중적으로 일하는 제도
탄력근로제 : 특정일의 노동시간을 연장하는 대신 다른 날의 노동시간을 단축해서 일정시간 평균 노동시간을 법정노동시간에 맞추는 방식
타임오프제 : 노조원들의 노무관리적 성격의 활동을 근무시간으로 인정해 임금을 지급하도록 하는 제도

049 알리안츠생명

뉴하드워커란?

① 직장을 선택하는 데 있어서 이상과 낭만을 중시하는 세대
② 대기업이나 방대한 조직체에 묻혀 무사안일에 빠져 있는 종업원
③ 사회적으로 존경받는 지위나 신분에 있으면서도 자신의 참모습에 대하여 괴로워하는 세대
④ 모든 분야의 전문가로 조직되어 각종 과제를 분석, 예측하거나 필요한 정보를 제공하고 기술을 개발하는 사람

🖩 뉴하드워커 : 꿈과 낭만이 있는 일에 매력을 느껴 적극적으로 일하는 사람들을 말하며 워크홀릭과는 조금 다르다.
②는 좀비족에 대한 설명이다.
③은 가면현상에 대한 설명이다.

050

다음 중 잡호핑족과 관련이 없는 것은?

① 2~3년 단위의 이직
② 고액 연봉과 경력 개발의 목적
③ 뚜렷한 방향성과 계획성
④ 고용의 안정성

🖩 잡호핑족 : Jop Hopping. 직업을 의미하는 '잡'과 뛰는 모습을 표현한 '호핑'이 결합된 단어로 2~3년 동안 한 회사에서 근무하면서 쌓은 경력으로 더 좋은 조건을 가진 회사로 이직하는 사람을 말한다. 뚜렷한 방향성과 계획을 갖고 체계적으로 이직한다는 점에서 긍정적인 평가도 있지만 평생직장의 소멸과 고용의 불안정성의 심화가 그 원인으로 꼽힌다.

유한계급

有閑階級. Leisured classes. 생산적인 노동을 멀리하고 예술, 오락 등 비생산적인 일에만 탐닉하는 부류의 직장인을 일컫는다.

노동귀족

조합원의 이익 대표자로서 책임을 저버리고 이면에서 야합을 하거나 높은 임금을 받는 노조간부를 칭하는 말이다.

블러드 엘리트

Blood Elite. 혈연 덕택에 엘리트가 된 사람을 일컫는다. 족벌정치가 행해지고 있는 나라에서 정부 고위층과 혈연관계라는 이유만으로 사회의 지배계층에 속하게 된 사람들 또는 일부 재벌 2세 등이 전형적인 예이다.

파워 엘리트

Power Elite. 사회 조직의 중요한 지위를 차지하고 있으면서 그 조직사회의 각종 의사결정 및 집행을 담당하는 권력집단을 일컫는 말이다.

더블스쿨족

대학이나 전문대학 등에서 정규교육을 받으면서 전문기술이나 기능을 익혀 보다 쉽게 취업하거나 자격증을 따기 위해 방학 때나 학교 강의가 끝난 뒤 전문 학원에 다니는 학생들을 말한다.

허브족

글로벌 시대의 중심축을 이루는 허브 도시를 기반으로 문화의 주류를 이끌면서 유행을 창조하는 탈국가적 인간형을 말한다.

---

051 CBS

의식의 변화, 타성의 타파만이 혁신적인 경영을 이룰 수 있다며 리엔지니어링을 처음 주창한 사람은?

① 마이클 해머
② 윌리엄 오우치
③ 레너드 코헨
④ 존 나이스비트
⑤ 마이클 해리

해 **마이클 해머** : 비즈니스 리엔지니어링 개념의 창시자이며 경영 이론의 대가 중 한 사람이다.
윌리엄 오우치 : 『Z 理論』의 저자. 그는 생산성은 더 열심히 일한다고 해서 증대되는 것이 아니라 개개인의 노력을 생산적인 방식으로 통합, 조정하고 근로자들에게 인센티브를 주어 그러한 방향으로 계속 유도함으로써 성취시킬 수 있는 문제라고 설파했다.
레너드 코헨 : 캐나다의 시인이자 소설가, 싱어송라이터이다.
존 나이스비트 : 미국의 미래학자이다.
마이클 해리 : 6시그마의 창시자이다.
리엔지니어링 : Reengineering. 조직 재충전. 기업의 성과를 획기적으로 향상시키기 위해 업무 수행 프로세스 전 과정을 완전히 재검토하고 근본적으로 재설계하는 경영기법이다.

052

다음 중 소비자 보호를 위한 활동이나 사상과 관련이 적은 것은?

① 쿨링오프제도
② 리콜제도
③ PL법
④ JIT방식
⑤ 컨슈머리즘

해 **JIT방식** : Just In Time. 입하재료를 재고로 두지 않고 그대로 제조에 사용하는 원자재관리방식이다. 재고를 '0'으로 하여 재고 비용을 극단적으로 압축하려는 것으로, 재료가 제조라인에 투입될 때에 맞추어 납품업자로부터 반입되는 이상적인 원자재 관리시스템이다.
쿨링오프제도 : System of Cooling off. 상품 구입(또는 계약 체결) 후 일정 기간 내에 반품 혹은 계약 취소가 가능한 제도이다.
리콜 : Recall. 제조상의 결함으로 인해 소비자에게 피해를 줄 우려가 있다고 판단되는 제품을 소비자에게 통지하고 관련 제품을 수리 · 교환하는 등의 조치를 취하도록 하는 제도이다.
PL법 : Product Liability법. 제조물책임법. 어떤 제품의 안전성이 미흡해 소비자가 피해를 입은 경우, 제조 기업이 손해배상책임을 부담하도록 규정한 법률이다.
컨슈머리즘 : Consumerism. 기술혁신에 의한 신제품의 대규모 개발과 이에 수반하는 대량소비 붐에 따라 일어난 소비자보호 사상이다. 특히 1960년대 후반부터 결함상품, 과대광고, 부당한 가격인상, 유해식품 등의 출현이 세계적 규모로 눈에 띄게 증대하였는데, 컨슈머리즘은 소비자 파워를 결집하여 이러한 잘못을 시정함으로써 스스로를 지키려는 것이다.

Concurrent Engineering

동시공학. 보다 짧은 시간에 경쟁력 있는 제품을 생산하기 위해 제품 개념에서부터 폐기에 이르기까지 제품 수명 주기의 모든 요소를 고려하여 제품을 설계하는 관리기술이다.

Value Engineering

VE. 가치공학 또는 가치분석. 원가절감과 제품가치를 동시에 추구하기 위해 제품의 개발에서부터 설계, 생산, 유통, 서비스 등 모든 경영활동의 변화를 추구하는 경영기법이다.

Guest Engineering

자동차나 전자제품처럼 수많은 부품을 조립해 완성품을 만드는 조립산업에서 생긴 말로써, 기업이 부품업체를 손님처럼 귀하게 여겨 동반자적 관계를 유지하고 기술개발에 참여시켜 기술을 공유하는 것이다.

Chapter
06

요점

053

SWOT분석기법의 각 요소들이 아닌 것은?

① Strength
② Weakness
③ Opportunity
④ Thorough

圏 SWOT : 기업경영 환경을 Strength, Weakness, Opportunity, Threat 등 네 가지 요인으로 규정하고 이를 토대로 경영 전략을 수립하는 기법을 말한다.

054

원료나 부품 납품업자에서부터 제품 생산자, 물품 배송자, 최종 고객에 이르는 물류의 전체 흐름을 하나의 가치 관점에서 파악하고 필요한 정보가 원활히 흐르도록 지원하는 경영시스템은?

① KMS
② PKMS
③ SCM
④ CRM
⑤ PERT

圏 KMS : Knowledge Management System. 지식경영시스템. 21세기 지식산업 사회의 발전 경향에 맞춰 회사 내외부의 인적 자원이 보유한 지식을 체계화하고 공유함으로써 기업 경쟁력을 확보하는 새로운 경영시스템이다.
PKMS : 비즈니스프로세스관리(BPM)와 지식경영시스템(KMS)을 결합한 경영시스템이다.
CRM : Customer Relationship Management. 고객관계관리
PERT : Program Evaluation and Review Technique. 대단위 생산 공정에 있어 매 공정 수준이나 진행 상황에서 낭비를 점검하기 위해 관련 도면을 만들어 시간과 원가의 양면에서 공정을 관리하는 테크닉이다.

055 해태제과

경영에 관련된 정보를 체계적·조직적으로 수립·보관하였다가 경영의사 결정 시에 검색·전달 이용되도록 하여 주는 정보시스템을 무엇이라고 하는가?

① M&A
② EDPS
③ MIS
④ PDM
⑤ PLM

圏 MIS : Management Information System. 경영정보시스템으로 회사의 업무·경영·의사결정 기능을 지원하기 위한 종합 정보관리 시스템이다.
PDM : Product Data Management. 제품자료관리. 신제품 개발이나 기존 제품을 수정하는 데 사용되는 조직 내의 모든 정보의 흐름을 관리하는 것이다.
PLM : Product Lifecycle Management. 제품수명주기관리. 제품 설계도부터 최종 제품 생산에 이르는 전체 과정을 일괄적으로 관리해 제품 부가가치를 높이고 원가를 줄이는 생산프로세스이다.

056

복지재원을 부유층에 대한 세금으로 확보한다는 점에서 성장보다 분배를 우선시하는 경제철학에 뿌리를 둔 경제이론은?

① 낙수효과　　　　　　　② 분수효과

③ 로젠탈 효과　　　　　　④ 메기효과

해 분수효과 : Fountain Effect. 낙수 효과와 대비되는 용어이자 경제성장의 원동력을 분수처럼 아래에서 위로 뿜어져 나오게 한다는 뜻에서 붙여진 이름이다. 복지정책 강화를 통한 저소득층의 소비 증대가 핵심이며, 이를 성장의 발판으로 삼는다는 취지를 담고 있다.

057 KT

애드호크라시에 대한 설명 중 옳지 않은 것은?

① 수직적 권한의 계층원리가 더욱 강화된다.

② 일시적인 관계를 해결하기 위한 임시적 조직이다.

③ 앨빈 토플러의 저서인 『미래의 충격』에서 처음으로 이 용어가 사용되었다.

④ 환경 적응적이고 동태적인 원리가 적용된다.

해 애드호크라시 : Adhocracy. 앨빈 토플러의 저서인 『미래의 충격』에서 나오는 말로써 유기적, 기능적, 임시적 조직이라는 뜻이다. 애드호크라시 조직이란 종적 조직이 아닌 기능별로 분화된 조직을 말한다.

뷰로크라시 : Bureaucracy. 흔히 관료제라고 하며, 조직 구조의 유형 중 합법적 권한에 의한 근대적 지배방식을 말한다. 뷰로크라시 체제는 법과 규정에 의한 지배로 업무의 한계 안에서 지배와 복종만 있을 뿐 인간 자체의 지배, 복종관계는 개입되지 않는다.

Quantum Jump

물리학 용어로써 퀀텀 점프는 대약진을 의미한다. 경제학에서는 단기간에 실적이 비약적으로 호전되는 것을 의미하는 용어로 사용된다.

전략적 제휴

Strategic Alliance. 기업 간 상호협력관계를 유지하여 경쟁적 우위를 확보하려는 새로운 경영전략이다. 상호협력을 바탕으로 기술·생산·자본 등의 기업 기능에 2개 또는 다수의 기업이 제휴하는 것을 말한다.

058 국가정보원

현대 경영에서 TQM은 무엇을 가리키는가?

① 최고 경영진 확보　　　　② 전사적 품질경영

③ 최대 양산체제　　　　　④ 태프트 경영기법

해 QM : QM은 Quality Management. 품질경영

TQM : Total Quality Control Management. 전사적 품질경영

QC : Quality Control. 품질관리

TQC : Total Quality Control. 종합적 품질관리. QC(품질관리)를 전사적(全社的)으로 전개하는 것이다.

프로젝트 조직

조직 내의 인적·물적 자원을 결합하는 조직 형태이다. 프로젝트의 시간적 유한성에 의한 임시적·잠정적 조직이다.

매트릭스 조직

Matrix Organization. 프로젝트 조직과 기능식 조직을 절충한 조직 형태이다. 한 사람의 구성원이 동시에 두 개 부문에 속한다는 것이 특징이다.

059

아마존 효과에 대한 설명 중 틀린 것은?

① 아마존이라는 기업의 이름에서 유래하였다.
② 업계에 파급되는 효과를 이른다.
③ 해당 산업의 기업들의 승부욕을 불러온다.
④ 다양한 분야의 사업과 연관되어있다.

해 **아마존 효과** : Amazon Effect. 아마존의 사업 확장으로 업계에 파급되는 효과를 이르는 말로, 아마존이 해당 분야에 진출한다는 소식만 들려도 해당 산업을 주도하는 기업들의 주가가 추락하고 투자자들이 패닉에 빠지는 현상을 뜻하는 말이다. 아마존은 서적, 전자제품에서 점차 소포, 음식 배달, 의류, 트럭, 의약품 판매, 부동산 중개 등 모든 영역으로 사업을 확장하며 해당 분야 기업들에게 공포를 주고 있다.

MDSS

Management Decision Support System. 의사 결정자가 컴퓨터가 제공하는 정보를 이용, 여기에 자신의 판단이나 이념을 추가하여 인간과 컴퓨터 사이의 상호작용을 반복해가면서 최종적인 선택에 도달하는 방법이다.

Delphi Technique

전문가의 경험적 지식을 통한 문제 해결 및 미래 예측을 위한 기법으로 전문가 합의법이라고도 한다.

060 KBS, 금강제화

다음 중 지적재산권에 해당하지 않는 것은?

① 상표권
② 저작권
③ 특허권
④ 교육권

해 교육방법은 지적재산권에 속하지만 교육권은 지적재산과 관계가 없다.

061 국민연금공단/한국농어촌공사

산업재산권 중 물건의 형상, 색채, 도안, 등을 외관상 아름답게 변경하거나 개량한 자에게 부여하는 배타적인 전용권은?

① 특허권
② 실용신안권
③ 디자인권
④ 상표권

해 디자인이란 물품의 형상. 모양, 색채 또는 이들을 결합한 것으로써 시각을 통하여 미감을 일으키게 하는 것이다. 이를 산업에 이용할 수 있도록 새로운 고안을 한 자에게 부여하는 독점적, 배타적인 권리를 디자인권이라 한다.

저작인접권	Neighboring Copyright. 실연가(實演家), 음반 제작자, 방송 사업자에게 인정되는 녹음, 복제, 이차 사용 따위에 관한 권리를 통틀어 이르는 말이다. 저작인접권은 저작권과 함께 저작권법과 저작권 관련 국제 조약에 따라 보호를 받는다.
물질특허	화학적인 방법에 의해 제조되는 물질 자체를 대상으로 주어지는 특허이다. 우리나라에서는 물질 제조 방법에 대해서만 인정되고 있다.
BM특허	Business Method. 수익을 창출하는 새로운 비즈니스 모델(방법)에 대한 특허이다. 새로운 사업 아이디어나 영업방법이 컴퓨터 및 네트워크 등의 통신기술과 결합된 것에 허가되는 특허로써 신규성. 특이성. 진보성 등이 인정되어야 가능하다.
공업소유권 (산업재산권)	기술의 발달 · 장려를 위하여 공업에 관한 지능적 작업 또는 방법에 대하여 부여하는 권리이다. 발명권(특허권), 실용신안권, 의장권. 상표권의 총칭이다.

062 한국전력공사

Seed Money를 제대로 설명한 것은?

① 부실기업을 정리할 때 덧붙여 해주는 신규 대출
② 기업의 외상매출채권을 사서 자기의 위험부담으로 그 채권의 관리와 대금회수를 집행하는 기업금융의 일종
③ 기업의 단기자금조달을 쉽게 하기 위해 도입한 어음형식
④ 금융기관이 고객으로부터 돈을 받아 채권에 투자하고 계약기간이 만료되면 확정된 이자를 얹어 채권을 되사주는 금융상품

> 해 Seed Money : 종잣돈. 부실기업 회생을 지원하기 위해 금융기관에서 새로 융자해 주는 돈을 말한다.

Down Sizing

감량 경영. 즉, 조직의 규모 따위를 축소함으로써 능률의 증진을 추구하는 것이다.

계획도산

도산에 임박했음을 미리 알고 회사의 현금이나 예금을 횡령해 결국 도산에 이르게 하는 범죄행위이다.

흑자도산

경영상의 수지균형이 겉보기에는 건전해 보이지만 자금 흐름이 원만하지 않아 부도를 내는 형태이다.

Chapter
06

경영

⑩ 노사관계

063 대한상공회의소, 삼성SSAT, 한겨레신문

현행법상 부당노동행위에 해당되지 않는 것은?

① 노동조합의 결성을 이유로 한 근로자의 해고
② 사용자의 단체교섭 거부
③ 단체교섭 협의사항의 불이행
④ 조합에 대한 재정적인 원조
⑤ 황견계약

해 단체교섭 거부는 부당노동행위에 해당하지만 단체교섭에 따른 협의사항 불이행은 부당노동행위에 해당하지 않는다.

064 MBC

1930년대 미국은 뉴딜정책을 통해 상당한 노동개혁을 이루었다. 특히 1935년에 제정된 이 법은 노동자의 단체교섭권을 보장함으로써 미국 노동법 사상 가장 혁명적인 법령으로 평가받고 있다. 이 법은?

① 스미스법   ② 와그너법
③ 화이트법   ④ AFL법

해 와그너법 : Wagner Act. 1935년 '뉴딜'정책의 일환으로 제정된 미국의 노동조합 보호법이다. 이어 제2차 세계대전 후에 제정된 태프트 – 하틀리법(法)은 와그너법을 대폭 수정해 새로이 근로자 측의 부당노동행위제도를 설정하고, 단체교섭의 단위·대상범위·방법 등에 대하여도 규제를 강화했다.

065 한겨레신문

다음 중 '노동의 인간화'에 기여하지 않는 항목을 고른다면?

① 단능공을 다능공으로 육성한다.
② 생산성의 향상으로 과잉인력을 제거한다.
③ 노동자가 구상과 실행을 동시에 수행한다.
④ 기업가와 노동자 사이의 협력관계를 강화한다.

해 노동의 인간화 : 노동의 인간소외에 의하여 실추된 노동자의 인간적 가치를 회복한다는 이론이다. 그 시책에는 노동자의 경영 참가, 직무의 확대, 자주관리 작업집단 등이 있다.

부당노동행위와 종류

부당노동행위란 노동운동에 대한 사용자의 방해행위로, 노동조합 및 노동관계조정법에서 규정하고 있는 부당노동행위는 다음과 같다.

- 노동조합 가입을 이유로 해고하거나 불이익을 주는 경우
- 조합 가입이나 탈퇴를 고용조건으로 정하는 경우
- 단체교섭을 정당한 이유 없이 거부하는 행위
- 노동조합의 조직과 운영에 개입하거나 조합에 운영비를 원조하는 행위
- 단체행동 참가나 노동위원회에 제소한 것 등을 이유로 해고하거나 불이익을 주는 행위 등

황견계약

노동조합에 가입하지 않거나 탈퇴할 것을 고용 조건으로 하는 노동 계약이다.

노동쟁의권

Right to Strike. 노동자가 노동조건을 유지·개선하기 위하여 사용자를 대상으로 파업이나 기타의 쟁의행위를 취할 수 있는 권리이다.

긴급조정

쟁의행위가 공익에 관한 경우 또는 국민경제를 위협하거나 국민의 일상생활을 위태롭게 할 위험이 있다고 판단될 경우 고용노동부 장관이 직권으로 발동하는 긴급조치권을 말한다. 긴급조정권이 발동되면 해당 노조는 30일간 파업 또는 쟁의행위가 금지되며, 중앙노동위원회가 조정을 개시한다.

066 KBS

8시간 노동제를 확립한 AFL – CIO는 어느 나라 노동조합 연합체인가?

① 영국
② 미국
③ 독일
④ 프랑스

해 AFL – CIO : 미국 노동 총연맹 산업별 회의

067 국민체육진흥공단

제너럴 스트라이크란?

① 동일 산업 전체의 전면적 파업
② 단식투쟁에 의한 파업
③ 노동조합원의 노동거부
④ 의식적으로 작업을 태만히 하는 행위

해 제너럴 스트라이크 : General Strike. 노동쟁의의 한 형태로, 총동맹파업이라고도 한다. 과거에는 전국적인 규모의 파업만을 가리키는 의미로 쓰였으나, 최근에는 특정 지역에서 여러 가지 산업이 일제히 파업을 실시하는 경우도 총파업이라고 하는 경향이 있다.
④는 사보타지에 대한 설명이다.

068 MBC, 한겨레신문

Wild Cat Strike란?

① 노동조합 지도부가 주관하지 않는 비공식 파업
② 다른 사업장의 노동쟁의를 지원할 목적으로 자기들의 사용자에 대해 벌이는 파업
③ 동맹파업과는 달리 출근하여 작업하는 대신 불완전 노동으로 사용자를 괴롭히는 쟁의 방식
④ 버드 스트라이크(Bird Strike)와 유사한 형태의 파업

해 Wild Cat Strike : 노동조합 지도부의 의사에 반대하여 일부 조합원이 벌이는 파업으로, 살쾡이 파업이라고도 한다.
Bird Strike : 조류가 비행기 유리창에 부딪히거나 엔진 속에 빨려 들어가 항공사고를 일으키는 현상으로 조류충돌이라고 한다.

Time off
단체교섭, 고충처리, 산업안정 등 노무 관리적 성격의 활동을 하는 노조 조합원에 대해 해당 활동시간을 근무시간으로 인정해 주는 제도이다.

파업
Strike. 노동조합이 요구관철을 위한 압력 행동으로서 조합원에게 사용자에 대한 노동의 제공을 거부시키는 것이다.

태업
노동쟁의방법의 하나이다. 정상 출근하지만 작업을 게을리하는 등 회사 경영에 방해를 주는 행위로, 사보타주가 이와 비슷한 유형이다.

Boycott
부당한 행위에 대항하기 위하여 정치·경제·사회·노동 분야에서 조직적·집단적으로 벌이는 거부운동이다.

Picketing
파업 등의 쟁의행위를 효과적으로 수행하기 위하여 파업에 참가하지 않은 근로희망자들의 사업장 또는 공장 출입을 저지하고 파업에의 참여를 요구하는 행위이다.

동정파업
파업 중인 근로자를 지원하고자 다른 직장 근로자가 일으키는 파업이다.

Sabotage
표면적으로는 작업을 하면서 집단적으로 작업능률을 저하시켜 사용자에게 손해를 주는 쟁의행위로 태업이라고도 한다. 그러나 태업보다 범위가 넓은데. 태업은 노동자가 고용주에 대해 형식적으로는 일을 하면서 몰래 작업능률을 저하시키는 것을 말하지만 사보타지는 쟁의 중에 기계나 원료를 고의적으로 파손하는 것도 포함된다.

069 경상대병원

노동자를 신규채용 할 때 고용주는 조합원 여부를 막론하고 채용할 수 있으나, 일단 채용되면 반드시 노동조합에 가입해야 하는 제도를 무엇이라 하는가?

① 유니언숍
② 오픈숍
③ 클로즈드숍
④ 에이전시숍

해 유니언숍(Union Shop)은 사내의 모든 근로자가 반드시 노조에 가입하도록 하는 노조가입 강제 제도이다.

070 한국석유공사

다음 중 노동자에 의해 행해지는 쟁의행위가 아닌 것은?

① Boycott
② Sabotage
③ Lockout
④ Strike

해 Lockout : 직장폐쇄. 노사쟁의가 일어났을 때 사용자가 자기의 주장을 관철시키기 위하여 공장·작업장을 폐쇄하는 것이다.

071 한겨레신문, 동아일보

생디칼리즘(Syndicalism)이란?

① 점진적으로 사회적·정치적 변혁을 이룩하려는 것
② 강력한 노동조합을 조직하여 산업통제권을 장악하고 임금제도를 철폐하려는 것
③ 노동자가 자본가 및 지시계급과의 타협을 모색하려는 것
④ 폭력적 수단을 사용해 사회주의 혁명을 이루려는 것

해 생디칼리즘 : Syndicalism. 산업 일선의 노동자계급의 활동을 통해 자본가 사회를 붕괴시키는 것을 목적으로 하는 운동을 의미한다.

072 한겨레신문, 삼성SSAT

다음 중 '필수공익사업'에 속하지 않는 것은?

① 정부출연 및 투자기관
② 공공보건시설
③ 한국은행사업
④ 혈액공급사업

해 필수공익사업은 국민의 생활과 밀접한 관련이 있는 사업을 말한다.

코포라티즘

Corporatism. 노동조합과 자본가는 공통의 이념과 이익을 대표할 수도 있으며 이의 해결을 위해 국가가 직접적으로 개입할 수 있다고 보는 견해이다.

노동조합주의

Trade Unionism. 노동조합의 목적은 엄격한 자본주의의 테두리 안에서 임금인상과 노동조건의 개선을 도모하는 데 있다는 사상이다.

필수공익사업장과 종류

공익사업으로써 그 업무의 정지 또는 폐지가 공중의 일상생활을 현저히 위태롭게 하거나 국민경제를 현저히 저해하고 그 업무의 대체가 용이하지 않은 사업을 말한다.
- 철도사업, 도시철도사업(정기운송)
- 항공운수사업(공항운영, 항공운송지원, 항공기취급)
- 수도·전기·가스사업
- 석유정제 및 공급사업
- 병원사업 및 혈액공급사업
- 한국은행 및 조폐사업
- 통신사업(우편, 전기통신) 등

073 중앙일보

공익사업장은 쟁의 발생 신고를 낸 뒤 며칠간의 냉각기간을 거친 후 쟁의 행위에 돌입할 수 있나?

① 10일   ② 15일

③ 20일   ④ 25일

해 일반사업장은 10일이며, 공익사업장은 15일이다.

노동쟁의 냉각기간

일반 : 10일, 공익 : 15일

074 KBS, 한국전력공사

다음 중 구속력이 있는 조정방법은?

① 알선   ② 중재

③ 긴급조정   ④ 조정

해 중재는 단체협약과 같은 효력을 갖는다.

알선과 조정 및 중재

- 알선(斡旋) : 노동쟁의를 담당하는 행정관청에서 분규를 해결하기 위해 노력하는 쟁의조정 중개행위로, 의견 제시가 불가하다.
- 조정(調停) : 쌍방에게 제시하고 이의 수락을 권고하여 노동쟁의의 해결을 도모하는 방식이다. 안을 조정해 쌍방 간에 수락을 권고하는 행위이다.
- 중재(仲裁) : 노사 간에 교섭이 타결되지 않을 경우 정부의 노동위원회에 사태 해결을 요청하는 행위이다.

075 KBS

확정 중재재정은 다음 중 어느 것과 같은 효력을 지니는가?

① 단체협약   ② 노동계약

③ 취업규칙   ④ 행정명령

해 중재재정이 내려지면 당사자는 이에 따라야 한다. 수락된 조정안이나 확정된 중재재정의 효력은 모두 단체협약과 동일한 효력을 갖는다.

직권중재

철도 · 수도 등 국민생활에 중대한 영향을 끼치는 필수공익사업장에서 노동쟁의가 발생할 경우 노동위원회가 직권으로 중재에 회부하는 제도이다.

076 한국토지주택공사, 티센크루프엘리베이터코리아, 일동제약, 동방

노동3권에 대한 설명 중 틀린 것은?

① 단결권, 단체교섭권, 단체행동권을 말한다.
② 근로조건의 향상을 위해서 행사할 수 있다.
③ 근로기준법은 근로조건의 상한을 규정하고 있다.
④ 사회권에 속한다.

해 근로기준법은 근로조건의 하한 규정이다.

노동3법

근로기준법(근로자의 기본적 생활권 보장), 노동조합법, 노동쟁의조정법 등 세 가지를 노동3법이라고 한다.

노동3권

노동자의 사회 · 경제적 지위 향상을 목적으로 법률이 정한 기본권이다. 노동자의 노동조건 향상을 위한 자주적인 단결권, 단체교섭권 및 단체행동권을 노동3권이라고 한다.

Chapter 06

상식

077 부기에서 차변의 자산 합계가 대변의 자본과 부채의 합계와 같아지는 원리는?

077. 대차평균의 원리

078 중복인증에 따른 기업의 경제적 부담을 줄이고 소비자들이 하나의 인증마크만을 확인해 좋은 제품을 고를 수 있도록 하기 위해 2009년 7월 1일 도입된 국가통합인증마크는?

078. KC마크

079 광고제작에 적용되는 3B의 법칙은?

079. Beauty, Baby, Beast

080 무역상거래조건의 하나로, CIF와 더불어 가장 많이 사용되는 본선인도가격을 뜻하는 것은?

080. FOB(Free On Board)

081 인사고과 시 괜히 좋게 보이는 직원에게 좋은 평가를 주는 것으로 '후광효과'를 뜻하는 것은?

081. 헤일로 효과(Halo Effect)

082 노동3권은?

082. 단결권, 단체교섭권, 단체행동권

083 단체교섭, 고충처리, 산업안정 등 노무 관리적 성격의 활동을 하는 노조 조합원에 대해 해당 활동시간을 근무시간으로 인정해 주는 제도는?

083. Time Off

084 물리학 용어에서 따온 것으로, 경제학에서는 단기간에 비약적으로 실적이 호전되는 것을 의미하는 용어는?

084. Quantum Jump

Answer

085 IFRS

085. International Financial Reporting Standards. 국제회계기준. 국제회계기준위원회가 제정하는 회계기준으로 현재 110여 개 국가에서 채택되었거나 도입 예정에 있다.

086 ISO 9000 시리즈

086. 국제표준화기구(ISO)가 제정한 품질보증 및 품질관리를 위한 국제 규격이다.

087 Greensumer

087. 친환경, 유기농 제품을 선호하는 소비자를 말한다.

088 Cross Docking

088. 제품 이동 시 창고나 배송센터를 경유는 하지만 보관은 하지 않는 물류시스템을 의미한다.

089 Escrow Service

089. 구매자와 판매자 간의 안전거래시스템. 제3자(결제시스템 사업자 등)에게 구매자의 결제대금을 예치한 후 상품이 인도된 경우에 판매자에게 대금이 지불되는 결제시스템 방식을 의미한다.

090 INCOTERMS

090. 국제상공회의소가 무역거래조건에 대한 용어를 조문 형태로 정리한 것이다.

091 Scenario Planning

091. 미래에 예상되는 여러 가지 시나리오를 도출하고, 시나리오별 전략적 대안을 미리 수립하는 경영 기법이다.

092 Blood Elite

092. 혈연 덕택으로 엘리트가 된 사람을 뜻한다. 족벌정치가 행해지고 있는 나라에서 정부 고위층과 혈연관계라는 이유만으로 사회의 지배계층에 속하게 된 사람들 또는 일부 재벌 2세 등이 전형적인 예이다.

093 코포라티즘

093. Corporatism. 노동조합과 자본가는 공통의 이념과 이익을 대표할 수도 있으며 이의 해결을 위해 국가가 직접적으로 개입할 수 있다고 보는 견해이다.

정보통신

CHAPTER 07

정보통신

1 컴퓨터 · Computing

001 MBC

다음 중 가장 먼저 개발된 컴퓨터 기종은?

① ENIAC
② UNIVAC
③ EDVAC
④ EDSAC

해 컴퓨터 발달 순서 : 마크-1(1944년) → ENIAC(1946년) → EDSAC(1949년) → EDVAC(1950년) → UNIVAC-1(1951년)

002

2018년 12월 정식 서비스가 시작된 국가 슈퍼컴퓨터 5호기의 이름은?

① 알레프
② 누리온
③ 천둥
④ 비바람

해 누리온 : Nurion. 약 140평에 높이 2m, 폭 1.2m의 대형 컴퓨터 시스템 128개를 연결한 병렬식 국가 슈퍼컴퓨터 5호기로 성능은 4호기의 70배 이상인 25.7페타플롭스이며, 이는 개인용 PC 2만 대에 해당하여 연구 시간을 크게 단축할 수 있다. 누리온은 인공지능, 신소재, 신약 개발과 자연재해 예측, 우주탐사 위성 임무 설계 등에 활용될 계획이다.

003 티센크루프엘리베이터 코리아

전선 대신 광섬유(Optical Fiber)를 사용하고, 반도체에 의한 논리소자를 빛으로 움직이는 소자로 바꿈으로써 광으로 작용하는 컴퓨터를 칭하는 표현은?

① 광컴퓨터
② 바이오컴퓨터
③ 뉴로컴퓨터
④ 퍼지컴퓨터

해 광컴퓨터 : 연산 회로에 광 집적 회로를 사용한 컴퓨터의 총칭이다. 빛의 속도로 연산이 수행되므로 종래의 컴퓨터에 비하여 연산 · 기억 · 재생속도가 훨씬 빠르고, 소비 에너지를 절약할 수 있다.
바이오컴퓨터 : BIO Computer. 인간의 뇌에서 이루어지는 인식 · 학습 · 기억 · 추리 · 판단 등 고도의 정보처리 시스템을 모방하여 만든 컴퓨터를 말한다.
뉴로컴퓨터 : Neuro Computer. 신경 세포의 동작을 본떠 만든 소자(素子)를 여러 개 결합하여 고도의 정보 처리를 할 수 있는 컴퓨터를 말한다.

무어의 법칙

반도체 칩의 집적회로는 18개월마다 배증한다는 법칙으로, 컴퓨터는 작을수록 좋다는 것이다.

메트칼프의 법칙

네트워크의 가치는 네트워크 사용자 수의 제곱만큼 커진다고 주장하고, 네트워크의 표준규약을 제창했다.

황의 법칙

Hwang's Law. 반도체 메모리의 용량이 1년마다 2배씩 증가한다는 삼성전자의 황창규 전 사장의 '메모리 신성장론'이다.

그로브의 법칙

통신의 대역폭은 전화 통신업자들의 독점이라고 지적하면서 전화통신과 컴퓨터의 사업이 같이 진보해야 한다는 인텔의 최고경영자 앤디 그로브의 주장이다.

비트르의 법칙

소프트웨어의 진보는 하드웨어의 진보보다 항상 늦다는 주장이다.

004 KT

미래형 컴퓨터로 관심을 보이고 있는 퍼지 컴퓨터(Fuzzy Computer)에 대한 특징으로 옳지 못한 것은?

① 규칙(Rule) 안의 모순이나 외부로부터의 장해에 강하다.

② 추론속도가 초당 20만 회 이상으로 빠르다.

③ '크다', '작다' 등의 불확실한 데이터는 처리가 불가능하다.

④ 일상생활에서 사용하고 있는 언어를 사용하여 프로그램을 짤 수 있다.

해 퍼지 컴퓨터 : Fuzzy Computer. 인간의 지능 처리 기능을 적용한 컴퓨터이다. 모든 정보를 2개의 값, 즉 yes와 no로만 판단하는 디지털 컴퓨터에 사람의 직감과 경험에 의한 융통성(즉, 퍼지) 있는 경험과 애매모호한 판단력을 적용코자 하는 것으로, 사람의 행동과 동작을 컴퓨터에 적용하려는 컴퓨터 업계의 새로운 개척 분야이다.

005 서울메트로

번지(番地)는 컴퓨터의 주기억장치에서 어떤 단위로 부여되는가?

① Byte   ② Bit

③ Word   ④ Record

해 정보의 기본단위는 Byte로 부여된다.
　Record : 정보처리를 위한 데이터나 워드(word)의 모임

006 한국환경공단

비트(bit)는 데이터를 나타내는 최소 단위이다. 8비트가 이론적으로 가질 수 있는 명령어의 최대 개수는?

① 4   ② 8

③ 16   ④ 256

해 $2^8 = 256$

Neuro Network

사람의 뇌의 동작과 가깝게 만든 프로그램이나 데이터 구조 시스템을 말한다.

Haptics

컴퓨터의 기능 가운데 사용자의 입력 장치인 키보드와 마우스, 조이스틱, 터치스크린 등을 통해 촉각과 힘, 운동감 등을 느끼게 하는 기술이다. 그리스어로 '만지는'이라는 뜻의 형용사 'haptesthai'에서 온 말로, 컴퓨터 촉각기술이라고도 한다.

bit	컴퓨터에서 데이터를 나타내는 최소 단위로, '2진 숫자'(binary digit)의 준말이다.
byte	컴퓨터에서 저장과 처리에 사용되는 정보의 기본 단위이다. 1바이트는 연속적인 8개의 2진수(비트)로 이루어진다. 1바이트를 이루는 비트 문자열은 컴퓨터에서 하나의 단위로 처리된다.
bps	bits per second, 데이터 전송속도를 나타내는 단위이다. 1초간에 몇 비트를 전송할 수 있는가를 나타낸다.
MIPS	Million Instructions Per Second. 중앙처리장치가 1초 동안 실행할 수 있는 명령의 평균 수를 100만 개 단위로 표시한 것을 말한다.
Qubit	양자컴퓨터로 계산할 때의 기본 단위이다.

007 한겨레신문

통신속도를 표시할 때 쓰는 bps라는 단위의 뜻은?

① 1초당 선송되는 비트 수

② 1초당 전송되는 바이트 수

③ 1분당 전송되는 바이너리 코드 수

④ 1분당 전송되는 비트 수

해 bps : bits per second

008 일동제약

컴퓨터의 구성요소 중에서 프로그램이 지시한 명령을 해독하는 장치는?

① 연산장치   ② 제어장치

③ 입력장치   ④ 주기억장치

해 제어장치 : 기억장치에 축적되어 있는 일련의 프로그램 명령을 순차적으로 꺼내 분석·해독하여 각 장치에 필요한 지령 신호를 주고, 장치 간의 정보 조작을 제어하는 구실을 한다.

009 범우화학공업

다음 중 가장 짧은 시간을 나타내는 단위는?

① μs ② ms

③ ns   ④ ps

해 컴퓨터의 기억용량과 처리시간 단위

기억용량 단위		처리시간 단위	
KB(킬로바이트)	1,024Byte	μs(밀리 초)	10^{-3}
MB(메가바이트)	1,024KB	ms(마이크로 초)	10^{-6}
GB(기가바이트)	1,024MB	ns(나노 초)	10^{-9}
TB(테라바이트)	1,024GB	ps(피코 초)	10^{-12}
PB(페타바이트)	1,024TB	fs(펨토 초)	10^{-15}

피코 : 10^{-12}을 나타내는 보조 단위이다. 마이크로마이크로($\mu\mu$)라고도 한다. 기호는 p이며 1조(兆)분의 1에 해당한다.

펨토 : 10^{-15}을 나타내는 접두어로, 기호는 f이며 계량단위 앞에 붙여서 1fm(펨토미터 : 10^{-15}m) 등으로 사용된다.

Buffer	동작 속도가 크게 다른 두 장치 사이에 접속되어 속도 차를 조정하기 위하여 이용되는 일시적인 저장 장치
Register	컴퓨터에서 사용하는 데이터를 기억하는 소규모 기억장치
Registry	시스템 구성 정보를 저장한 데이터베이스. 컴퓨터 운영체제에서 환경 설정 및 각종 시스템에 관련된 정보를 저장해둔 장소
Cache memory	컴퓨터 속에 장착되어 속도를 빠르게 하는 임시메모리
Virtual Memory Storage	가상기억장치. 컴퓨터를 실제의 기억용량 이상으로 사용할 수 있는 기능
Storage	컴퓨터 프로세서가 접근할 수 있도록 데이터를 전자기 형태로 저장하는 장소

BIOS

Basic Input Output System. 컴퓨터의 가장 기본적인 처리기능을 갖춘 프로그램이다.

010 부산도시공사

컴퓨터 프로그램에 침입한 스팸과 컴퓨터 바이러스, 크래커를 탐지하는 가상 컴퓨터를 무엇이라 하는가?

① 클라우드 컴퓨팅　　　　② 허니팟
③ 피싱컴퓨팅　　　　　　　④ 크래커체킹

해 허니팟(Honey Pot)은 컴퓨터 프로그램에 침입한 스팸과 컴퓨터바이러스, 크래커를 탐지하는 가상컴퓨터이다. 침입자를 속이는 최신 침입탐지기법으로 마치 실제로 공격을 당하는 것처럼 보이게 하여 크래커를 추적하고 정보를 수집하는 역할을 한다. 크래커를 유인하는 함정을 꿀단지에 비유한 것에서 명칭이 유래한다.

011 헤럴드경제

디스크 드라이브 등의 보조기억장치를 포함한 모든 시스템 요소들에 데이터를 전송하는 능력으로서, 컴퓨터의 전체적인 성능을 뜻하는 것은?

① Time　　　　　　　　② Real Time
③ Through Put　　　　　④ Turn Around

해 Through Put : 컴퓨터의 단위시간당 처리 능력
Real Time : 실시간

012 한국환경공단

하드웨어가 추가로 장착될 때 해당 하드웨어가 어떤 종류인지 스스로 인식할 수 있는 장치를 무엇이라 하는가?

① 플러그 앤 플레이(Plug and Play)
② 플러그인(Plug - in)
③ 펌웨어(Firmware)
④ 미들웨어(Middleware)
⑤ 셰어웨어(Shareware)

해 플러그 앤 플레이 : Plug and Play. '꽂으면 실행된다'는 뜻으로, 컴퓨터 실행 중에 주변장치를 부착해도 별다른 설정 없이 작동함을 뜻한다.
플러그인 : Plug - in. 웹 브라우저에서 제3자가 만든 소프트웨어를 이용하여 웹 브라우저가 표시할 수 없는 각종 형식의 파일을 웹 브라우저의 윈도 내에 표시되도록 하는 구조를 말한다.

SQL

Structured Query Language. 데이터베이스 사용 시 데이터베이스에 접근할 수 있는 데이터베이스 하부 언어이다. 데이터베이스에 내장된 데이터를 대상으로 삽입, 검색, 수정, 검색 등의 처리를 위해서 필요한 기능이다.

Grid Computing

다수의 컴퓨터들을 고속 네트워크로 연결하여 슈퍼컴퓨터와 같이 고성능을 발휘할 수 있도록 하는 기술이다.

Cloud Computing

인터넷 기반의 컴퓨터 기술을 의미한다. 이것은 IT 관련된 기능들이 서비스 형태로 제공되는 컴퓨팅 형태로써, 사용자들은 지원하는 기술 인프라스트럭처에 대한 전문지식이 없어도 또는 제어할 줄 몰라도 인터넷으로부터 서비스를 이용할 수 있다.

ICT

Information and Communication Technologies. 정보통신기술. 전기통신 및 컴퓨터 기술의 총칭이다.

Chapter **07**

정보통신

---

013 한국마사회

디스크에서 저장되는 파일을 효율적으로 관리하기 위하여 각각의 성격과 종류에 따라 파일을 구분하도록 만든 임의적인 구역을 무엇이라고 하는가?

① 데이터베이스　　　　　② 디렉터리
③ 섹터　　　　　　　　　④ 데이터

해 **디렉터리** : 컴퓨터 시스템에서 구하는 파일이 어느 주변장치의 어느 장소에 존재하는가를 알기 위해서 설치한 파일목록이다.

014 KT

데이터 전송방식 중 반이중통신에 대한 설명이다. 맞는 것은?

① 고정된 한쪽 방향으로만 전송이 가능하다.
② 데이터의 송수신을 번갈아 가며 실행할 수 있는 방식이다.
③ 데이터를 양쪽 방향으로 동시에 송수신할 수 있는 방식이다.
④ 라디오에서 많이 사용하는 방식이다.

해 **반이중통신** : 접속된 두 장치 사이에서 교대로 데이터를 교환하는 통신 방식으로, 동시에 양쪽 방향으로 전송할 수는 없다.

015 KT

일정 기간 모아진 변동자료를 필요한 시점에서 일괄처리하는 자료처리 방식은?

① Operating System
② Transaction Processing
③ Batch Processing
④ Real time Processing

해 **Batch Processing** : 일괄처리방식. 자료를 모아 두었다가 일괄해서 처리하는 자료처리의 형태이다.

Field	레코드 안에서, 특정한 종류의 데이터를 위하여 사용되는 지정된 영역. 데이터 처리의 최소 단위
Record	정보 처리를 위하여 하나의 단위로 취급되는 관련 데이터나 워드(Word)의 모임
Directory	파일 시스템을 관리하고, 각 파일이 있는 장소를 쉽게 찾도록 디스크의 요소를 분할·검색하는 정보를 포함하는 레코드의 집합
Data Dase	여러 사람에 의해 공유되어 사용될 목적으로 통합 관리되는 정보의 집합. 혹은 그 내용을 쉽게 접근하여 처리하고 갱신할 수 있도록 구성된 데이터의 집합체
DBMS	Data Base Management System. 다수의 컴퓨터 사용자들이 데이터베이스 안에 데이터를 기록하거나 접근할 수 있도록 해주는 프로그램
RDBMS	Relational Database Management Systems. 관계형 데이터베이스를 지원하는 소프트웨어
Data Mining	거대한 양의 데이터 속에서 쉽게 드러나지 않는 유용한 정보를 찾아내는 과정

016 한국환경공단

컴퓨터와 이용자 사이에 서로 자료를 전송할 수 있는 단말장치와 통신회선을 구비한 데이터통신에 의하여 자료의 수집 또는 발생과 동시에 즉시 처리하는 방식은?

① 시분할처리방식
② 실시간처리방식
③ 오프라인처리방식
④ 일괄처리방식

해	Real Time Processing	실시간처리방식. 즉시 응답을 얻을 수 있는 프로그램 실행이나 데이터 처리방식
	Time Sharing – Processing	시분할처리방식. 여러 명의 사용자가 단말기를 통하여 중앙의 컴퓨터 시스템을 동시에 사용하는 방식으로, CPU의 시간을 잘게 분할하여 여러 사용자에게 배분함으로써 실시간 대화형 처리 및 CPU의 활용도를 높이는 역할
	On–line Processing	온라인처리방식. 데이터를 발생지에서 직접 입력하여 컴퓨터로 처리한 다음 필요한 곳으로 전송하는 방식
	Multi Processing	다중처리방식. 일반적으로 둘 또는 그 이상이 상호 연결되어 있는 프로세서, 즉 둘 이상의 CPU가 같은 제어프로그램 하에 같은 기억장치를 공용하고 있으면서 둘 또는 그 이상의 작업(FTASK)을 동시에 실행하는 것을 의미. 즉, 주기억장치를 공용하면서 둘 또는 그 이상의 서로 독립된 프로세서로 이어진 컴퓨터 처리

017

방대한 데이터를 중앙 집중 서버가 아닌 분산된 소형 서버를 통해 실시간으로 처리하는 기술로 네트워크 가장자리에서 중요한 데이터를 실시간으로 처리하는 기술은?

① 클라우드 컴퓨팅
② 피지컬 컴퓨팅
③ 에지 컴퓨팅
④ 유비쿼터스 컴퓨팅

해 **클라우드 컴퓨팅** : 인터넷 상의 서버를 통하여 데이터 저장, 네트워크, 콘텐츠 사용 등 IT 관련 서 비스를 한번에 사용할 수 있는 컴퓨팅.
피지컬 컴퓨팅 : 디지털 기술 및 장치를 이용해서 정보를 입력받고 여러 장치를 통해 현실로 결과를 출력해주는 컴퓨팅.
유비쿼터스 컴퓨팅 : 언제 어디서나 컴퓨터를 이용할 수 있는 환경.

Multitasking

한 사람의 사용자가 한 대의 컴퓨터로 2가지 이상의 작업을 동시에 처리하거나, 2가지 이상의 프로그램들을 동시에 실행시키는 것을 말한다. 다중 과업화라고도 한다.

Embedded System

내장형 시스템. 시스템을 동작시키는 소프트웨어를 내부 하드웨어에 저장하여 특수한 기능만을 수행하는 컴퓨터 시스템을 말한다.

OLE

Object Linking and Embedding. 윈도우에서 데이터와 데이터를 연결하는 방법을 말한다. 연결된 데이터는 수정될 때 함께 수정되어 저장된다.

동영상 재생 관련 용어

프레임	동영상을 구성하는 한 장 한 장의 그림을 말하며 픽셀 수로 표시한다.
codec	음성 또는 영상의 신호를 디지털 신호로 변환하는 코더와 그 반대로 변환시켜 주는 디코더의 기능을 함께 갖춘 기술이다.
decoder	인코더(encoder)로 부호화했거나 형식을 바꾼 전기 신호를 원상태로 회복시키는 장치로, 복조 장치 혹은 해독기라고도 한다.
TTS	텍스트를 음성으로 바꾸어 읽어주는 기능이다.
streaming	인터넷에서 영상이나 음향·애니메이션 등의 파일을 다운로드 없이 실시간으로 재생해 주는 기법이다.

② 반도체 · 디스플레이

018

다음은 아날로그와 디지털에 대한 설명이다. 잘못된 것은?

① 아날로그는 연속적(Continuous)인 것을 말한다.

② 디지털은 오직 0과 1의 두 가지 상태로만 생성, 저장, 처리하는 전자기술을 말한다.

③ 아날로그의 디지털화를 위해서는 표본화 → 양자화 → 부호화 등의 과정을 거쳐야 한다.

④ 시계의 경우 분침과 시침은 아날로그에, 초침은 디지털에 해당된다.

해 시계의 경우 시침과 분침은 디지털, 초침은 아날로그에 해당한다.
양자화 : Quantization. 연속적으로 보이는 무수한 양을 자연수로 셀 수 있는 양으로 재해석하는 것이다.
부호화 : Encoding. 양자화된 값을 0과 1, 2진수의 디지털 신호로 변환하는 작업이다.

아날로그

전압이나 전류처럼 연속적으로 변화하는 물리량을 나타낸다. 단속적이고 숫자를 세는 디지털과 반대의 성질을 갖고 있다.

디지털

여러 자료를 유한한 자릿수의 숫자로 나타내는 방식을 말한다. '디지트(digit)'는 사람의 손가락이나 동물의 발가락이라는 의미에서 유래한 말이다. 아날로그와 대응하며, 임의의 시간에서의 값이 최솟값의 정수배로 되어 있고 그 이외의 중간값을 취하지 않는 양을 가리킨다.

019 KBS

다음 RAM 반도체에 대한 설명 가운데 잘못된 것은?

① 수시로 입출력이 가능한 소자를 뜻한다.

② 일상적으로 메모리라 함은 RAM을 말한다.

③ 휘발성 메모리이므로 전기가 통하지 않으면 데이터는 사라진다.

④ 반도체 안에 자료를 영구적으로 기억시켜 놓은 기억소자를 말한다.

해 ④는 ROM(Read Only Memory)에 대한 설명이다. RAM은 Random Access Memory의 약어이다.
RAM : 수시로 입출력이 가능한 소자를 말하고 휘발성 메모리이므로 전기가 통하지 않으면 데이터는 사라지며 일상적으로 메모리라 함은 RAM을 말한다.
ROM : 미리 써놓은 자료를 읽을 수만 있다. 전기를 끊어도 자료가 지워지지 않으므로 비휘발성 메모리라고 한다.

MCP

Multi Chip Package. 여러 가지 메모리 반도체를 하나의 패키지에 묶어 기능을 다양화시킨 것이다.

SoC

System on Chip. 언제 어느 곳에서나 손쉽게 원하는 정보를 얻을 수 있는 장점을 지닌 기술집약적 반도체로써, 여러 가지 기능을 가진 시스템을 하나의 칩으로 구현한 것이다.

020

다음은 Flash Memory 반도체에 대한 설명이다. 이 중 잘못된 것은?

① 전원이 꺼지면 저장된 내용이 바로 지워진다.

② NAND는 대용량, NOR는 빠른 속도가 장점이다.

③ 강한 압력이나 끓는 물에도 견딜 만큼 물리적인 힘으로 거의 파괴되지 않는다.

④ 디지털 음악 재생기, 디지털카메라, 휴대 전화 등으로 활용된다.

閱 NAND Flash : 데이터를 자유롭게 저장·삭제할 수 있으며, 셀을 수직으로 배열해 좁은 면적에 많은 셀을 만들 수 있도록 되어 있다.
　　NOR Flash : 읽는 속도가 빠른 것이 장점이지만 고집적화가 어렵고, 데이터를 읽고 쓰는데 많은 전류가 필요하다는 단점이 있다.

021

텔레비전 등에 내장되어 디스플레이 패널을 구동시키는 칩으로, Display 구동회로라고 불리는 것은?

① DDI　　　　　　　　　② LDI

③ CDI　　　　　　　　　④ DDR

閱 DDI : Display Driver IC. LDI(LCD-구동칩)는 DDI의 범주에 속한다.

022

다음 중 반도체와 관련이 없는 것은?

① IDM　　　　　　　　　② Foundry

③ Fables　　　　　　　　④ BLU

閱 BLU : Back Light Unit. 디스플레이 뒤쪽에서 빛을 쏘아주는 장치를 일컫는다.

IDM	Integrated Device Manufacturer. 반도체 칩 설계에서 제조까지 모두 하는 곳으로, 종합 반도체업체라고 한다.
Foundry	팹리스라고 하는 반도체 설계 전문업체의 주문을 받아 칩을 대신 생산해 주는 반도체 제조업체이다.
Fables	반도체 설계 전문업체로, 시스템 반도체 설계를 전문으로 하는 기업을 말한다.

DRAM	Dynamic Random Access Memory. 저장된 정보가 시간에 따라 소멸되기 때문에 주기적으로 재생시켜야 하는 특징을 가지고 있는 반도체이다. 구조가 간단하고 집적이 용이하므로 대용량 임시기억장치로 사용된다.
SRAM	Static random access memory. 전원이 공급되는 동안만 저장된 내용을 기억한다.
PRAM	Phase – change RAM. 상변화 메모리. 특정 물질의 상(相) 변화를 판단해 데이터를 저장하는 차세대 메모리 반도체이다.
FRAM	읽고 쓰기가 가능한 비휘발성 반도체 메모리이다. FRAM은 읽고 쓰기가 대단히 빠른 SRAM의 장점과 비휘발성이며 전자회로에 프로그래밍을 할 수 있는 EPROM의 장점을 조합한 것이다.
One DRAM	서로 다른 기능을 하는 두 종류의 D램(또는 S램과 D램)을 하나로 합쳐 놓은 D램이다.
Flash Memory	• 전원이 꺼져도 저장된 내용이 지워지지 않는다. • 강한 압력이나 끓는 물에도 견딜 만큼 물리적인 힘으로 거의 파괴되지 않는다는 강점을 지니고 있다. • NAND는 대용량, NOR는 빠른 속도가 장점이다. • 대표적인 활용 예로 MP3P, 디지털카메라 등이 있다.

CIS

CMOS Image Sensor. 휴대 전화 카메라 등에 널리 탑재되고 있으며, 카메라 렌즈를 통해 들어오는 빛을 전기신호로 바꿔주는 반도체 부품이다.

023

DRAM 반도체 제품군에 대한 설명으로 잘못된 것은?

① Rambus DRAM은 1992년 미국 반도체 설계 전문업체가 개발한 초고속 데이터 전송용 메모리이다.

② XDRDRAM은 주로 콘솔 게임기에 많이 쓰인다.

③ Synchronous Dynamic Random Access Memory의 약자인 SDRAM은 DRAM의 발전된 형태이다.

④ DDR3는 컴퓨터와 다른 디지털 회로 장치에서 데이터를 빠르게 처리하는 데 쓰이는 램으로, 펨토 기술을 적용한 제품이다.

해 DDR3는 나노 기술을 적용한 제품이다.

024 동아일보

한 개의 칩 안에 800~6,000개의 게이트가 집적된 초대규모 집적회로로서, 우주선 · 통신위성 등에 광범위하게 사용될 수 있는 초정밀 주문형 논리회로는?

① Gate Way

② Gate Array

③ Gate Keeper

④ Goal Keeper

해 Gate Way : 서로 다른 구조의 통신망을 연결하는 장치이다.
Gate Keeper : 사건이 대중에게 전달되기 전에 언론사 내부의 각 부문에서 취사선택하고 검열하는 직책이나 기능을 말한다.

025

뉴로모픽 반도체에 대한 설명 가운데 잘못된 것은?

① 인간의 뇌나 신경세포의 구조와 특성을 모방했다.

② 대용량 데이터를 병렬 처리한다.

③ 연산과 저장을 처리하는 반도체가 따로 있다.

④ 인간의 행동 패턴을 주목하는 기능을 갖추었다.

해 뉴로모픽 반도체는 연산과 저장이 하나의 반도체에서 처리되기 때문에 적은 전력으로도 복잡한 연산이나 학습, 추론 등을 효율적으로 할 수 있다.

비메모리 반도체	정보를 저장하는 데 사용되는 메모리 반도체와는 달리 정보처리를 목적으로 하는 반도체를 말한다. 컴퓨터 주기억장치(CPU)처럼 제품의 두뇌 역할을 하기 때문에 고도의 회로설계기술을 필요로 한다.
시스템 반도체	비메모리 반도체, 주문형 반도체(ASIC)와 같은 말이다. 자동차, 텔레비전, 휴대 전화 등 상품의 특정 용도에 맞게 설계된 반도체를 뜻한다.
ASIC	Application Specific IC, 주문형 반도체, 사용자가 특정 용도의 반도체를 주문하면 반도체 업체가 이에 맞춰 설계 및 제작을 해 주는 기술을 뜻한다.
LSI	Large Scale Integration, 고밀도 집적회로
VLSI	Very Large Scale Integration, 초고밀도 집적회로
ULSI	Ultra Large Scale Integration,
MCU	Mmicro Controller Unit, 전기, 전자 제품에서 두뇌(기능 제어) 역할을 하는 반도체

026

LCD와 PDP 패널을 연결하는 부분의 전면부를 가리키는 말은?

① 브라운관

② 백라이트

③ 다이오드

④ 베젤

해 베젤 : Bezel. 원래의 뜻은 보석의 빗면이나 시계 유리 등을 끼우는 홈을 말하며 지금은 컴퓨터 케이스에서 주변장치를 연결하는 부분을 제외한 전면 부분이나 TV 모니터에서는 브라운관이나 LCD, PDP 패널을 연결하는 부분의 전면부를 가리키는 말로 더 자주 쓰인다.

027

PDP와 LCD 및 LED, OLED의 광원 또는 빛을 내는 방식에 대한 설명이다. 옳지 않은 것은?

① PDP는 얇은 유리 두 장 사이에 들어 있는 플라즈마에 높은 전압을 가해 색을 내는 방식으로, 네온사인과 흡사하다.

② LCD는 냉음극형광램프(CCFL)라는 광원을 사용한다. 유리판 사이에 주입하는 액정이 스스로 빛을 내지 못하기 때문에 형광등의 일종인 이것을 사용해 빛을 만들어낸다.

③ LED는 형광등 대신 스스로 빛을 내는 반도체인 발광다이오드(Light Emitting Diode)를 사용하기 때문에 백라이트 유닛(BLU, Back Light Unit)이 필요 없다.

④ OLED와 AMOLED는 백라이트 유닛(BLU, Back Light Unit)을 전혀 필요로 하지 않는다.

해 LED는 BLU가 있어야 빛을 낼 수 있다. 완벽한 자체 발광이 아니기 때문이다.
CCFL : 필라멘트의 가열 없이 저온에서 점등되는 형광등의 일종이다. 디스플레이의 후면광(Back Light), 팩스, 스캐너, 복사기, 패널 디스플레이, 장식용 광원으로 활용된다.

CRT	Cathode – Ray Tube 브라운관. 음극선을 방출하여 영상을 표현하는 데 사용하는 진공관
PDP	Plasma Display Panel. 플라즈마표시패널
LCD	Liquid Crystal Display. 액정표시장치
LED	Light – Emitting Diode. 발광 다이오드(發光 diode)
OLED	Organic Light Emitting Diodes. 형광성 유기화합물에 전류가 흐르면 빛을 내는 전계발광현상을 이용하여 스스로 빛을 내는 자체 발광형 유기물질
AMOLED	Active Matrix Organic Light – Emitting Diode. 능동형 유기발광 다이오드

028 포항시설관리공단

소셜 네트워크 서비스를 이용해 소규모 후원이나 투자 등의 목적으로 인터넷과 같은 플랫폼을 통해 다수의 개인들로부터 자금을 모으는 행위를 무엇이라 하는가?

① 스토리펀딩
② 크라우드 펀딩
③ 매스펀딩
④ 컨슈머펀딩

해 크라우드 펀딩이란 대중을 뜻하는 크라우드(Crowd)와 자금 조달을 뜻하는 펀딩(Funding)을 조합한 용어로, 온라인 플랫폼을 이용해 다수의 대중으로부터 자금을 조달하는 방식을 말한다. 초기에는 트위터, 페이스북 같은 소셜네트워크서비스(SNS)를 적극 활용해 '소셜 펀딩'이라고 불리기도 했다.

029 한국환경공단

주제어와 논리조합을 이용하여 원하는 정보를 찾는 서비스는?

① Telnet
② Usenet
③ Mosaic
④ Archie

해 Archie : 무질서한 FTP를 일목요연하게 정리해 쉽게 검색할 수 있게 해주는 것이다. 인터넷 시스템에 연결된 유닉스 방식 시스템에서 익명 FTP를 사용하여 공개된 파일과 디렉터리가 어디에 있는가를 알려주는 프로그램이다. 즉 인터넷에서 소프트웨어만을 전문적으로 찾기 위한 서비스이다.

Telnet : 인터넷상의 다른 컴퓨터에 로그인 하기 위해 사용하는 프로토콜 또는 소프트웨어이다.
Usenet : 인터넷을 이용해 이야기를 나누는 토론공간이다. User Network(사용자 네트워크)의 약어이다.
Mosaic : NCSA에 의해 개발된 그래픽 웹 브라우저이다. 매끄러운 멀티미디어 그래픽 사용자 인터페이스를 제공하는 최초의 프로그램이었기 때문에 웹이나 인터넷을 일반 대중들에게 널리 알리는데 기여하였다.

Internet

인터넷은 1991년 미국 정부가 군사적 목적으로만 활용되던 것을 일반인에게 개방하면서 등장한 것으로, www는 1993년 Mosaic라는 웹 브라우저가 GUI(Graphic User Interface)로 개발되면서 인터넷의 중심으로 급부상하였다. www 이전에는 Gopher, Newsgroup 등이 있었다.

www

World Wide Web. 인터넷에 연결된 컴퓨터들을 통해 사람들이 정보를 공유할 수 있는 전 세계적인 정보 공간으로, 간단히 'WEB'이라고도 한다.

Domain

문자로 표시된 인터넷 주소이다. 도메인은 호스트, 소속 기관, 소속 기관의 성격(종류), 국가 순으로 구분되어 있다.

- ICANN : The Internet Corporation for Assigned Names and Numbers. 인터넷 도메인 관리와 정책을 결정하는 비영리 국제기구로, 국제인터넷주소관리 기구라고도 한다.
- KRNIC : 한국인터넷정보센터. 한국인터넷진흥원의 부서로 국내의 인터넷 관련 주요 업무를 담당하는 한국의 공식 인터넷 기구이다. 국내에서 사용하는 도메인 네임의 생성 및 등록, IP주소 할당 등의 주요 업무를 담당한다.

URL

Uniform Resource Locator. 인터넷에서 접근 가능한 홈페이지, 다운로드 할 수 있는 파일 등의 주소를 표현하는 형식이다.

030 한국토지주택공사, 삼성SSAT, MBC

타인의 유명한 상표나 상호를 등록한 후 다시 이것을 상표권자에게 되팔아 이득을 챙기는 사람을 일컫는 용어는?

① Cyber Pioneer
② Cyber Squatter
③ Cyber Resident
④ Cyber Preccupier

헤 Cyber Squatting : 이익을 취할 목적으로 도메인을 선점하는 행위이다.

031

그래픽 사용자 인터페이스에 대한 설명으로 옳지 않은 것은?

① 컴퓨터 입력 명령어를 DOS에서처럼 키보드로 문자를 쳐서 입력하는 방식이다.
② 명령어를 잘 몰라도 손쉽게 프로그램을 이용할 수 있다.
③ GUI 방식의 도입은 미국 제록스사의 스타워크스테이션으로부터 시작되었다.
④ GUI의 요소들은 윈도, 풀다운 메뉴, 단추, 스크롤바, 아이콘, 위저드, 마우스 등이다.

헤 그래픽 사용자 인터페이스는 컴퓨터 입력 명령어를 화면에 그려져있는 여러 메뉴 및 아이콘을 마우스로 선택하여 실행시키는 방식이다.

032 한국환경공단

메일 프로그램을 이용하여 메일을 사용 가능하도록 하는 것으로, 메일을 보내는 통신규약은?

① TCP/IP
② HTTP
③ FTP
④ SMTP
⑤ All Ip

헤 SMTP : 간이 전자 우편 전송 프로토콜(Simple Mail Transfer Protocol)은 인터넷에서 이메일을 보내고 받기 위해 이용되는 프로토콜이다.
TCP/IP : Transmission Control Protocol/Internet Protocol. 컴퓨터와 컴퓨터를 통신회선 등으로 연결하기 위한 통신 프로토콜이다. IP주소는 인터넷에 접속되어 있는 모든 시스템의 위치를 나타내는 고유 번호로서 0부터 255까지의 숫자로 보여준다.
HTTP : Hypertext Transfer Protocol. 하이퍼텍스트 전송 프로토콜과 www상에서 정보를 주고받을 수 있는 프로토콜이 있다.
FTP : File Transfer Protocol. 네트워크를 통하여 파일을 보내고 받는 데 사용하는 프로토콜이다.
ALL IP : All Intetnet Protocol. 서로 다른 네트워크와 전송방식으로 제공되는 전화 · 인터넷 · 방송서비스 등이 인터넷 기반(IP 기반)으로 통합되는 현상이다. 인터넷망을 통해 모든 서비스를 제공한다.

Portal Site

웹 사이트의 '관문'이라는 의미로, 사용자가 인터넷에 접속할 때 가장 먼저 연결되는 사이트를 말한다.

Hub Site

Hub는 '중심'이라는 뜻으로, 허브 사이트는 특정 운영 사이트를 중심으로 여러 사이트가 원을 이루며 결성된 사이트의 중앙에서 개인화된 맞춤 정보 서비스 등을 제공하는 사이트를 말한다.

Mirror Site

하나의 사이트가 불안정해서 서버가 멎어 사용할 수 없는 경우에 대비하여 미리 만들어 놓은 사이트로, 다른 사이트의 정보를 그대로 복사하여 관리하는 사이트 또는 복제 사이트를 의미한다.

Vortal Site

수직을 뜻하는 vertical과 portal의 합성어로, 특정 분야의 정보를 전문적으로 제공하는 웹 사이트를 칭한다.

SNS	Social Networking Service. 짧은 메시지로 개인의 근황이나 관심사를 업데이트하는 커뮤니케이션 콘셉트로, 사람을 중심으로 한 사회적 관계에 기반을 두고 있다. twitter, Facebook 등이 대표적이다.
Twitter	140자까지만 쓸 수 있는 소셜 네트워크 서비스이다. 새의 지저귐을 뜻하며 '꼬마 블로그(micro blog)라고도 한다. 2006년 미국의 에반 윌리엄스와 잭 도시 등이 공동 개발했다. 마이크로 블로그의 대표주자로 꼽히며 수익성보다는 최대의 네티즌들에게 최대의 정보를 제공하는 것을 추구한다.
blog	블로그라는 용어는 1999년 피터 메홀츠가 최초로 사용했다.

033 MBC

컴퓨터의 소프트웨어는 상용화 과정을 거치는 동안 여러 버전을 통해 일반인들에게 공개되거나, 사용할 수 있는 기회를 준다. 이런 버전에는 각각 명칭이 있는데, 다음 중 그 설명이 잘못된 것은?

① 베타 버전 – 정식으로 프로그램을 공개하기 전에 테스트를 목적으로 한정된 집단 또는 일반에게 공개하는 버전이다.

② 셰어웨어 – 일정기간 동안 사용해 보고 계속 사용하고 싶은 경우에만 정식 등록을 통해 구입할 수 있는 방식으로 일부 기능 또는 사용 가능 기간에 제한을 둔다.

③ 프리웨어 – 무료로 사용할 수 있는 소프트웨어로 영리를 목적으로 배포할 수 있다.

④ 트라이얼 버전 – 셰어웨어와 유사한 개념으로 일부 기능만을 사용할 수 있도록 만든 버전이다.

해 프리웨어는 최종 사용자가 대금을 지불할 필요는 없지만 영리를 목적으로 배포할 수 없다.
트라이얼 버전 : 상업적인 목적으로 이용될 수 없으며 30일간만 사용하고 그 후에는 돈을 지불하고 사용해야 한다. 셰어웨어가 일부 기능을 제한하는 데 반해 트라이얼 버전은 일부 기능만을 사용할 수 있다.

Bundle Ware	일반적으로 컴퓨터를 구입할 때 기본적으로 제공되는 소프트웨어이다.
Share Ware	일정기간 동안 다운받아 사용하도록 하다가 일정기간이 지나면 사용하지 못하도록 하는 소프트웨어이다.
Free Ware	원저작자가 금전적인 자신의 권리를 보류하여 누구나 무료로 사용하는 것이 허가되어 있는 공개 소프트웨어이다.
Expire Ware	사용 횟수나 기한을 정해 놓은 소프트웨어이다.
Middle Ware	컴퓨터 제작 회사가 사용자의 특정한 요구대로 만들어 제공하는 소프트웨어이다.
Firm Ware	데이터나 정보를 변경할 필요가 없는 핵심적인 소프트웨어를 롬(ROM) 따위에 기입하여 하드웨어처럼 사용하는 것이다.
Group Ware	기업이나 기관, 단체의 구성원들이 컴퓨터로 연결된 작업장에서 서로 협력하여 업무의 효율을 높이고자 사용하는 소프트웨어이다.
Vapor Ware	하드웨어나 소프트웨어 분야에서 아직 개발되지 않은 가상의 제품으로, 판매 또는 배포계획은 발표했으나 실제로 판매되고 있지 않은 하드웨어나 소프트웨어를 말한다.

034 서울메트로

PL / 1에 대한 설명으로 맞는 것은?

① 과학기술 계산용 언어로써 복잡한 계산이나 수식 등을 처리하는 대표적 언어이다.

② 사무처리 계산용 언어로써 처리할 데이터가 많을 경우 편리하게 사용할 수 있다.

③ 알고리듬과 데이터가 체계적인 구조로 이루어지고, 문장을 순서적으로 제어하는 특징을 가진 언어로써 과학기술 계산에 적합하다.

④ 포트란에서 과학용의 특성을, 코볼에서 사무용의 특성을 합하여 다양한 응용을 위해 개발되었다.

해 ①은 포트란, ②는 코볼, ③은 알골에 대한 설명이다.

프로그래밍 언어

• 저급언어 : 기계어, 어셈블리어
• 고급언어 : 컴파일러형(FORTRAN, COBOL, PASCAL, JAVA 등)과 인터프리터형(BASIC, LISP, APL 등)으로 나눈다.

5 정보관리 · 바이러스

035 한국환경공단

홍길동은 인터넷을 통하여 금융거래를 하기 위해 거래 은행 홈페이지에 접속하여 금융결제원의 공인인증서를 발급받았다. 홍길동이 발급받은 공인인증서는?

① NCASign
② Yessign
③ VeriSign
④ SignKorea

해 금융결제원이 발급하는 공인인증서는 Yessign이다.

036 KBS

Ecokys, VBS / Freelink, CIH의 공통점은?

① 인터넷상의 전문 사이트
② 팝그룹
③ 컴퓨터 게임
④ 컴퓨터 바이러스

해 Ecokys : 1999년 10월에 출현해 은행 계좌번호를 빼내는 등의 범죄에 사용됐던 바이러스이다.
VBS / Freelink : 외국산 웜으로, 1999년 발견되었다.
CIH : 마이크로소프트 윈도에 감염되는 컴퓨터 바이러스로, 타이완의 천잉하오(陳盈豪)가 만들었다. 체르노빌, 초르노빌(Chernobyl) 바이러스 또는 스페이스필러(Spacefiller) 바이러스라고도 한다.

Hacker	자신의 뛰어난 컴퓨터 실력을 이용해 타인의 컴퓨터에 불법으로 침입해 자료를 훔치거나 파괴하는 사람
Cracker	컴퓨터 지식을 이용하여 정당한 권한 없이 타인의 시스템에 침입하거나, 침입한 시스템의 데이터를 임의로 고쳐 쓰고 삭제하는 등의 악의적 행위를 저지르는 사람
Hacktivism	정치 · 사회적인 목적을 위해 자신과 노선을 달리하는 정부나 기업 · 단체 등의 인터넷 웹 사이트를 해킹하는 일체의 활동이나 주의
Cyber Terrorism	인터넷상에서 어떤 목적을 위하여 웹 사이트를 해킹하거나 바이러스를 유포하는 등 컴퓨터 시스템과 정보통신망을 무력화하는 새로운 형태의 테러 또는 그런 사상이나 주의

Spyware	사용자 모르게 또는 동의 없이 컴퓨터에 설치되어 컴퓨터 사용에 불편을 끼치거나 정보를 가로채 가는 악성 프로그램이다.	
Ransom Ware	컴퓨터 사용자의 문서를 인질로 잡고 '몸값(ransom)'을 요구한다는 데서 연유하여 이 같은 이름이 붙었다.	
Virus	사용자의 컴퓨터를 다운시키거나 파일을 삭제하는 등 컴퓨터의 운영을 방해하는 악성 프로그램으로, 사용자가 감염된 파일을 실행함으로써 전파된다.	
Warm	사용자의 컴퓨터를 다운시키거나 파일을 삭제하는 등 컴퓨터의 운영을 방해하는 악성 프로그램으로, 사용자의 조작 없이도 스스로 번식 · 전파한다.	

Spoofing

외부의 악의적 네트워크 침입자가 임의로 웹 사이트를 구성해 일반 사용자들의 방문을 유도, 인터넷 프로토콜인 TCP/IP의 구조적 결함을 이용해 사용자의 시스템 권한을 획득한 뒤 정보를 빼가는 해킹 수법이다.

037 메모리 반도체를 하나의 패키지에 집적한 것으로, 휴대 전화 중심의 모바일 디지털 기기가 한층 소형화되고 기능이 다양화됨에 따라 각 제품의 메모리 탑재 용량 증가와 동시에 여러 가지 메모리 반도체를 하나의 패키지에 묶어 기능을 다양화시킨 것을 이르는 것은?

037. MCP(Multi Chip Package)

038 휴대 전화 카메라 등에 널리 탑재되고 있으며, 카메라 렌즈를 통해 들어오는 빛을 전기신호로 바꿔주는 반도체 부품은?

038. CIS(CMOS Image Sensor)

039 언제 어느 곳에서나 손쉽게 원하는 정보를 얻을 수 있는 장점을 지닌 기술집약적 반도체로써, 여러 가지 기능을 가진 시스템을 하나의 칩으로 구현한 것은?

039. SoC(System on Chip)

040 사용자가 마치 컴퓨터와 대화를 하듯이 입력과 출력을 할 수 있는 프로그램으로, 대개는 텍스트에 기반을 두고 있지만 그래픽 사용자 인터페이스나 음성인식 · 음성합성 등도 가능한 미디어 장치는?

040. Interactive Media

041 외부의 악의적 네트워크 침입자가 임의로 웹 사이트를 구성해 일반 사용자들의 방문을 유도, 인터넷 프로토콜인 TCP/IP의 구조적 결함을 이용해 사용자의 시스템 권한을 획득한 뒤 정보를 빼가는 해킹 수법은?

041. Spoofing

042 해커가 다수의 컴퓨터에 해킹도구를 설치해 놓고, 특정 사이트(시스템)를 대상으로 엄청난 분량의 시스템 부하를 일으키게 하여 해당 시스템을 마비시키는 수법은?

042. DDoS
(Distributed Denial of Service)

Answer

043 SQL

043. Structured Query Language. 데이터베이스 사용 시 데이터베이스에 접근할 수 있는 데이터베이스 하부 언어이다. 데이터베이스에 내장된 데이터를 대상으로 삽입, 검색, 수정, 검색 등의 처리를 위해서 필요한 기능이다.

044 BIOS

044. Basic Input Output System. 컴퓨터가 작동하기 위한 컴퓨터의 가장 기본적인 처리기능을 갖춘 프로그램이다.

045 Back Bone

045. 전산망 속에서 근간이 되는 네트워크 부분을 연결시켜주는 대규모 전송회선으로, 소형 회선들로부터 데이터를 모아 빠르게 전송할 수 있다. 일반적으로 '기간망'이라고도 한다.

046 VPN

046. Virtual Private Network. 가상사설망. 일반 공중 TCP/IP망을 통해서 연결된 네트워크(두 개 이상)가 서로 연결된 네트워크로 인식되도록 하는 기법이다.

047 ALL IP

047. All Intetnet Protocol. 서로 다른 네트워크와 전송방식으로 제공되는 전화 · 인터넷 · 방송서비스 등이 인터넷 기반(IP기반)으로 통합되는 현상으로 인터넷망을 통해 모든 서비스가 제공된다.

048 IPv6

048. Internet Protocol version 6. IPv4에 이어서 개발된 차세대 인터넷 주소체계(128비트 = 26)이다. 부족한 인터넷 주소를 대폭 증가시키고, 모든 사물에 컴퓨터가 내장되는 유비쿼터스 시대에 적합하다는 평을 받고 있다.

049 VoIP

049. Voice over Internet Protocol. 인터넷전화로 인터넷을 통해 음성 등을 송신하거나 수신하게 하는 통신 서비스를 말한다.

050 Application

050. 애플리케이션 프로그램. 즉 사용자 또는 다른 응용프로그램에 특정한 기능을 직접 수행하도록 설계된 응용프로그램을 뜻한다.

Chapter
07

정보통신

CHAPTER 08

매스컴

CHAPTER 08

매스컴

① 매스커뮤니케이션

001 EBS

언론의 4대 이론 중 1947년 허친스위원회의 보고서에서 처음 제시된 이론은?

① 공리주의 이론
② 공산주의 이론
③ 자유주의 이론
④ 사회책임주의 이론

해 **허친스위원회** : 시카고대학 총장이었던 로버트 허친스가 의장이었던 1940년대 미국의 언론대책 특별위원회로, 언론의 자유와 더불어 사회적 책임성을 강조했다.

002 KBS

'매스미디어가 수용자에게 무엇을 하는가보다 수용자들이 매스미디어를 가지고 무엇을 하는가'에 초점을 맞추고 있는 이론은 무엇인가?

① 탄환이론
② 이용과 충족이론
③ 제한효과이론
④ 의존효과이론

해 **이용과 충족이론** : 매스미디어 노출은 바로 사람들의 내재된 욕구를 충족시킨다는 것을 의미한다.

003 EBS

수용자들이 매스미디어의 메시지를 선택적으로 노출 · 지각 · 기억한다고 설명한 이론은?

① 제한효과
② 피파주효과
③ 향상효과
④ 개발효과

해 **제한효과이론** : 1940년대 탄환이론에 대한 반성으로 제기된 이론으로 매스미디어가 수용자에게 미치는 영향이 크지 않다는 '선별적 영향'을 기본으로 한다.

미디어(언론) 4대 이론

• **권위주의** : 미디어는 국가로부터 허가를 받은 자만이 운영해야 하며, 그 내용은 국가의 통치이념이나 정책과 일치해야 한다는 것이다.
• **자유주의** : 언론은 정부로부터 아무런 제약 없이 '자유로운 사상의 시장(free market place of idea)'으로서의 역할을 해야 한다는 것이다.
• **소비에트 공산주의** : 언론이 자유주의 붕괴와 사회주의 혁명을 위하여 봉사해야 한다는 이론이다.
• **사회적 책임주의** : 언론은 정부로부터 자유로우면서도 국민에 대해서는 책임을 져야 한다는 이론이다. 1947년 허친스위원회의 보고서에 처음 제시되었다.

매스컴

Mass communication의 줄임말로, 비조직적인 일반 대중을 대상으로 하여 전달하는 대량의 사회정보 및 전달상황을 일컫는다.

미디어

어떤 작용을 한쪽에서 다른 쪽으로 전달하는 역할을 하는 것으로 인간 상호 간에 정보, 지식, 감정, 의사 등을 전달하는 수단으로써의 중간 매체를 뜻한다.

004 한국전력공사

여론의 형성 과정에서 개인이 다른 사람들의 의견이 자신의 의견과 다르다고 오판하여 자신의 의견을 억제하고 다른 사람들의 의견을 추종하는 현상을 무엇이라고 하는가?

① 다원적 무지　　　　　② 침묵의 나선
③ 제3자 효과　　　　　④ 정태적 합의

해 **다원적 무지** : 소수의 의견을 다수의 의견으로 잘못 인식하거나 아니면 다수의 의견을 소수의 의견으로 잘못 파악하는 현상이다.

침묵의 나선 : 하나의 특정한 의견이 다수의 사람들에게 인정되고 있다면 반대되는 의견을 가지고 있는 소수의 사람들은 다수의 사람들의 고립에 대한 공포로 인해 침묵하려 하는 경향이 크다는 이론이다.

Journalism

신문과 잡지를 통하여 대중에게 시사적인 정보와 의견을 제공하는 활동을 말한다. 넓게는 라디오, 텔레비전 따위를 통하여 정보 및 오락을 제공하는 활동이다.

제4매체

신문광고, 잡지광고, DM광고 등 인쇄광고 외의 판매촉진적인 인쇄물 또는 문헌류를 말한다. 연차보고서, 브로슈어, 카탈로그, 뉴스레터 등이 포함된다.

005 대우조선해양, MBC

제4부 또는 제4계급과 관련 있는 것은?

① 영화　　　　　　　② 건축
③ 예술　　　　　　　④ 언론

해 **제4부** : 언론을 입법, 행정, 사법에 이어 부르는 명칭으로 언론의 사회 영향력에 대한 별칭이다.

제4계급 : 언론을 제4부라고 부르는 데서 비롯된 용어로, 1928년 영국의 매클레이 경이 기자석을 가리키며 한 말에서 유래한다. 미국 국방부 기밀문서사건이 터지자 국민의 알 권리를 옹호하는 제4계급이라는 말이 새로 유행하게 되었다.

006 MBC

미디어는 인간의 모든 감각에 호소하며 인간을 심리적으로 마사지(massage)한다는 내용의 '미디어는 마사지다.'라는 독특한 이론을 펼친 미디어 학자는?

① 시드니 헤드　　　　② 수잔 이스트만
③ 마셜 맥루한　　　　④ 존 왈시

해 **마셜 맥루한** : 캐나다의 미디어 이론가이자 문화비평가로, 『미디어의 이해』라는 저서에서 '미디어는 마사지다.'라는 견해를 밝혔다.

New media	기존의 마스미디어 외에 구내 정보 통신망(LAN), 종합 유선 방송(CATV) 등 이용자에 의한 망이나 위성을 이용하는 이용자 직접 통신 또는 방송 분야의 각종 신기술과 그 이용 형태 등의 총칭
Multi media	컴퓨터를 매개로 하여 영상, 음성, 문자 따위와 같은 다양한 정보 매체를 복합적으로 만든 장치나 소프트웨어의 형태. '다중 매체', '복합 매체'로 순화
Hot media	정보의 전달량은 풍부하지만 수신자의 참여도는 낮은 미디어. 신문, 잡지, 라디오, 영화 등
Cool media	여러 감각의 활용을 이끌어 내어 수용자의 주의력과 참여도를 높이는 매체. 정보의 양이 빈약하고 불분명하여 수용자의 적극적 참여가 필요한 전화, 텔레비전, 만화 등
Media-cracy	미디어와 데모크라시의 합성어. 매스커뮤니케이션의 사회적 지배권에 대한 설명

② 저널리즘

007 MBC, 조선일보, 한겨레신문, 경향신문

다음 중 반론권에 대한 설명으로 옳지 않은 것은?

① 언론의 불공정한 보도에 반론할 수 있는 권리다.
② 언론중재 및 피해구제 등에 관한 법률에는 구제에 대한 절차가 명시되어 있다.
③ 액세스권의 한 유형으로 개인의 인격권과 알 권리를 보장하는 장치이다.
④ 반론권 중 반박권은 보도가 사실과 다를 경우 이를 정정하도록 요구하는 권리이다.

📖 반박권은 사실여부와 상관없이 언론에 나간 주장에 대한 반론을 요구할 수 있다.

008 국가정보원

언론중재위원회가 수행하고 있지 않은 것은?

① 언론피해 신청자의 반론보도 청구를 중재
② 언론피해 신청자의 손해배상 청구를 중재
③ 언론피해 신청자의 정정보도 청구를 중재
④ 언론피해 신청자의 구제청구에 대한 직권중재

📖 **언론중재위원회** : 언론매체의 사실적 주장으로 피해를 입은 자들의 반론보도, 정정보도, 추후보도 및 손해배상 청구에 관한 사건을 접수하여 조정·중재하고, 언론보도로 인한 침해사항을 심의하기 위해 설치한 기구이다.

009 한국마사회, EBS

신문사 안에서 Ombudsman이 하는 역할은?

① Lay out을 한다.
② 독자의 입장에서 기사를 비판한다.
③ 취재된 내용을 기사화한다.
④ 광고주를 상대한다.

📖 **언론옴부즈맨제도** : 언론 활동을 감시하고 수용자의 불만과 의견을 접수하여 그 결과를 언론에 반영함으로써 수용자의 권익을 보호하려는 장치라는 의미로 사용하고 있다.

저널리즘의 유형

New Journalism	신문이 정치적으로 중립의 태도를 취하게 된 경향
Photo Journalism	사진으로 표현하는 저널리즘
Black Journalism	폭로성 위주의 저널리즘
Yellow Journalism	선정성 위주의 저널리즘(Yellow Paper)
Graph Journalism	사진 중심으로 편집된 간행물
Pack Journalism	획일적인 저널리즘
Xerox Journalism	비합법적 또는 안이한 취재 방법 또는 문서를 바탕으로 한 폭로 기사 일변도의 경향
탐사언론	기자의 주관성을 가미하여 사건의 이면(裏面)에 있는 사항을 적극적으로 보도하는 언론
Cuscom	정해진 소수의 사람들을 상대로 하는 매체 단골(Custom)과 통신(Commu – nication)의 합성어

Right of Access

언론의 자유와 관련된 기본권의 하나로 보도매체 접근 이용권을 말한다. 국민이 매스미디어에 자유롭게 접근하여 개인이 언론기관을 통해 여론 형성에 참여하도록 하기 위해 액세스권이 인정된다. 매체접근권이라고 한다.

반론권

Right of Reply. 매스미디어에 의해 비판·공격 기타 어떠한 형태로 언급된 사람이 당해(當該) 매스미디어를 통하여 반론을 제기하는 권리를 말한다.

초상권

자기의 초상에 대한 독점권. 인격권. 본인의 동의 없이 남에게 사진을 찍히거나 자신의 사진이 전시되지 않을 권리를 말한다.

010 동아일보

신문이나 방송, 잡지의 기자가 다른 매체에서는 다루지 못한 특수한 기사를 게재했을 때 그 기사를 무엇이라 하는가?

① Desk
② Hot News
③ Head Line
④ Scoop

해 다른 매체에서는 다루지 못한 특수한 기사를 특종(Scoop)이라고 한다.

011 서울메트로

어떤 기사에 독자의 눈길을 끌기 위해 기사의 내용을 압축해서 내세우는 뉴스는?

① Hot News
② Head Line News
④ Dead Line News
③ Spot News

해 Head Line News : 상세한 언급보다는 내용을 요약한 기사를 말한다.

012 한국환경공단

본질보다는 스타일을 중요시하는 TV저널리즘을 좀 과장해서 비판한 TV뉴스를 가리키는 용어는?

① Fast News
② Soft News
③ Instant News
④ Disco News

해 Disco News : 뉴스의 본질보다 모양새에 비중을 둔 뉴스를 뜻한다.

013 한국소비자원

극비문서를 몰래 발표하는 저널리즘을 무엇이라 하는가?

① 시크릿 저널리즘
② 새도우 저널리즘
③ 제록스 저널리즘
④ 블랙 저널리즘

해 제록스 저널리즘(Xerox Journalism)이란 극비 문서를 제록스로 몰래 복사하여 발표하는 저널리즘이라는 뜻으로, 비합법적 또는 안이한 취재 방법이나 문서를 바탕으로 한 폭로 기사 일변도의 언론 경향을 이르는 말이다.

뉴스와 보도

Embargo	언론하고 정부 또는 개인 간에 맺는 보도 유예 협약
Off the Record	보도하지 않을 것을 조건으로 제공하는 정보
Scoop	특종기사
Head Line	신문의 주요 내용에 대해 압축한 기사 또는 제목
Spot News	토막 뉴스 프로그램 사이의 짧은 시간대를 이용해 기동성 있게 보내는 뉴스
Soft News	의견이나 분석보다 구체적 사실을 주로 전달하는 정보내용의 뉴스
Disco News	본질보다는 모양새에 비중을 둔 텔레비전 저널리즘을 비판하여 텔레비전 뉴스를 일컫는 말
Flash	통신사 따위에서 보내는 짧은 지급 전보, 통신사가 빅 뉴스를 빠른 시간에 거래 방송사나 신문사 등에 속보로 보내는 것

취재원 보호

취재원 묵비권 혹은 취재원 비닉권(秘匿權)이라고도 한다. 방송사가 신문사 등 언론기관에서 취재원을 제3자에게 공개하지 않고 비밀을 지키는 것을 말한다.

Deep Throat

1972년 닉슨 전 미국 대통령을 사임으로 몰고 간 미국 현대정치사상 최대 비리사건인 워터게이트 사건을 폭로한 『워싱턴 포스트』의 밥 우드워드와 칼 번스타인 기자가 제보자의 신원을 감추기 위해 실명 대신 명명한 취재원의 암호명에서 유래한 말로, '익명의 제보자'라는 뜻이다.

③ 매스미디어

014 CBS

방송의 공공성(公共性)이 주장되는 가장 주된 근거는 무엇인가?

① 방송의 영향력
② 방송인의 역할
③ 전파의 국민 소유권
④ 방송국의 사회적 기능

해 방송의 공공성은 공익성과 연결된다. 즉, 지상파 방송의 경우 전파는 국민의 재산이자 국가의 재산이다.

015 CBS

'공영방송제도'와 가장 관계없는 것은?

① 사회적 통제
② 권력으로부터 독립된다.
③ 자본, 광고로부터 자유롭다.
④ 시청료가 없다.

해 **공영방송** : 방송의 목적을 영리에 두지 않고, 시청자로부터 징수하는 수신료 등을 주 재원(主財源)으로 하여 오직 공공의 복지를 위해서 행하는 방송을 말한다. 이에 대하여 기업체가 이윤(利潤)을 목적으로 일정한 대가를 받고 행하는 방송을 상업방송이라 한다.

016 KBS

방송광고에 대한 설명으로 틀린 것은?

① 광고대행사는 구입한 방송시간대 값의 15% 정도를 수수료로 받는다.
② 광고대행사와 방송국 사이에 한국방송광고공사라는 대행조직이 있고 반드시 이 기관을 통해 광고해야 한다.
③ 세계 최대 광고대행사는 일본의 덴츠와 미국의 영앤루비컴사가 있다.
④ AE는 아이디어를 제시하고 자료를 찾아 직접 광고를 제작한다.

해 **AE** : 광고 전략의 수립부터 제작까지 전 과정을 관리, 감독하는 역할을 한다. 우리나라에서 방송광고를 하기 위해서는 한국방송광고대행사를 통해야 한다.

IPTV

Internet Protocol Television. 초고속 인터넷 망을 이용하여 제공되는 양방향 텔레비전 서비스이다. 시청자가 자신이 편리한 시간에 보고 싶은 프로그램만 볼 수 있다는 점이 일반 케이블 방송과는 다른 점이다.

Cable TV

문자 및 정지화상을 포함한 영상(映像), 음성, 음향 등을 유선전기 통신시설을 이용하여 수신자에게 송신하는 다(多)채널방송을 의미한다.

HDTV

HD텔레비전(High Definition Television). 화면의 선명도가 월등히 향상된 텔레비전과 그 기술을 말한다. 기존 텔레비전보다 2배 이상 많은 1,050~1,250선의 주사선을 가지고 있는 텔레비전이다.

Prime Time

시청률이나 청취율이 가장 높아 광고비도 가장 비싼 방송시간대를 가리킨다.

스테이션 광고

방송국이 자기 방송국을 광고하는 것을 말한다.

017 KBS

다음 중 다원방송에 대한 설명은?

① 교통방송이나 스포츠 중계에서처럼 둘 이상의 지점에서 방송하는 내용을 하나의 프로그램으로 방송하는 방식
② 기존 방송에 스테레오 방송이나 문자정보 등을 덧붙이는 방식
③ 텔레비전 방송을 동축 케이블로 송신하는 방식
④ 사진이나 그래프 등 정지화면을 보내는 방식

圖 **다원방송** : 2지점 이상을 연결하여 그것을 중앙국이나 키국(key局)에서 하나로 묶어서 방송하는 방식이다.

디지털 방송

아날로그 방송과 달리 정보의 신호를 부호화하여 기록하는 디지털 형태로, 텔레비전 신호를 압축하여 내보내기 때문에 쌍방향 운용, 재생, 축적이 가능하다.

018 한국야쿠르트

한 네트워크의 중심이 되어 각 지방 방송국에 전파를 보내주는 방송국을 무엇이라 하는가?

① 위성방송국　　　　　② 로컬방송국
③ 중파방송국　　　　　④ 키 스테이션
⑤ 슈퍼 스테이션

圖 **키 스테이션** : Key Station. 여러 방송국을 연결하여 동시에 같은 프로그램을 방송할 때에 중심이 되어 그 프로그램을 실제로 제작하여 방송하는 방송국을 말한다.
로컬방송국 : Local Station. 방송 프로그램의 대부분을 중앙 방송국에서 받아 방송하고, 지역 사회에 관한 프로그램만을 자국(自局)에서 제작하여 방송하는 각 지방의 방송국을 말한다.
슈퍼 스테이션 : Super Station. 지방 텔레비전 방송국의 프로그램을 통신 위성을 거쳐 각지의 케이블 텔레비전 방송국으로 보내는 방법을 뜻한다.

Ad lib	공연 도중에 말하는 대본에 없는 즉흥적인 대사
Dubbing	대사만 녹음된 테이프에 음악, 효과음 따위를 더하여 다시 녹음하는 일
Conti	Continuity의 줄임말. 방송 대본
Pay per View	가입자가 방송을 본 만큼에 해당하는 시청 요금을 지불하는 방식
Spill Over	위성방송의 전파가 목표 지역을 넘어 타 지역이나 주변국까지 넘어가는 전파 유출 현상
Raincoat Program	날씨 등의 이유로 방송이 불가능하게 되는 경우에 대비하여 미리 준비해 놓는 프로그램
People Meter	미국의 여론조사 기관인 AC 닐슨사에 의해 개발된 시청률 조사 수단

019 KBS

방송의 프로와 프로 사이에 30초 정도의 짧은 시간에 방송국의 콜 사인이나 국명(局名), 광고 등을 방송하는 것을 무엇이라 하는가?

① Stand by　　　　　② Station Break
③ Scoop　　　　　　④ Embargo

圖 **Station Break** : 한 프로그램이 끝나고 다음 프로그램으로 넘어가는 시간을 뜻한다.

014 ③　015 ④　016 ④　017 ①　018 ④　019 ②

인사이드 요점상식 1000제 **| 203**

020

Binge Watching이란 무엇을 뜻하는가?

① TV 수상기를 통한 텔레비전 시청
② 단기간에 TV 프로그램을 몰아서 보는 행위
③ 본 만큼의 시청요금을 지불하는 방식
④ 한 채널에 집중하지 못하고 이리저리 돌리는 현상

해 Binge Watching : 폭음, 폭식이라는 뜻의 빈지(binge)와 본다는 뜻의 워치(watch)를 합쳐 만든 신조어로 휴일이나 주말, 방학 등 단기간에 TV 프로그램을 몰아서 보는 행위를 가리킨다. 스마트폰, IPTV, VOD 서비스 등이 발달하면서 빈지 워치 시청자들도 증가하는 추세로 구독 경제의 등장으로 확산되고 있다.

021 **KBS**

텔레비전 방송이 시작될 때에 방송국명, 콜 사인(Call Sign), 주파수 등을 알리는 것을 무엇이라고 하는가?

① 엔드 타이틀　　　　　　② 롤 타이틀
③ 서브 타이틀　　　　　　④ 오프닝 타이틀

해 엔드 타이틀 : End Title, Closing Title. 영화나 방송의 끝에 나가는 타이틀
롤 타이틀 : Roll Title. 텔레비전 카메라나 필름 카메라의 앞에서 타이틀을 위아래로 또는 가로질러 움직이는 데 사용되는 장치
서브 타이틀 : Sub Title. 부제, 설명자막

022

OTT에 대한 설명으로 잘못된 것은?

① 기존 통신, 방송사업자 이외 제3사업자가 관여한다.
② 온라인을 통해 다양한 미디어 콘텐츠를 제공한다.
③ 플랫폼에 상관없이 영상을 제공하는 모든 서비스이다.
④ 시장진입, 방송 내용, 광고 등에서 허가를 받아야 한다.

해 국내에서 OTT는 방송법이 아닌 전기통신사업법에 따라 부가통신사업자로 분류되기 때문에 시장 진입, 방송 내용, 광고 등에서 허가 없이 신고만 하면 된다. 반면 방송법이 적용되는 방송사업자는 허가를 받아야 하고 공공성, 공정성 등을 규제받기 때문에 OTT가 실시간 방송이나 주문형비디오(VOD) 등 유료방송과 유사한 서비스를 제공하면서도 다른 규제를 받아 형평성 논란이 있다.

Dissolve

비디오 편집 효과 기술의 하나이다. 디졸브는 '융합'을 의미하는데 두 화면을 하나로 합성할 때 사용한다. 기본적으로 페이드 인, 페이드 아웃을 기초로 해서 최종적으로는 하나의 화면으로 종료된다.

Fade in

화면이 처음에는 어둡다가 점차 밝아지는 것을 말한다.

Fade out

화면이 처음에는 밝았다가 점차 어두워지는 것을 말한다.

Overlap

하나의 화면이 끝나기 전에 다음 화면이 겹쳐지면서 먼저 화면이 차차 사라지게 하는 기법이다.

Wipe

영화나 텔레비전에서 한 장면이 화면 한쪽으로 사라지면서 뒤이어 다음 장면이 나타나는 기법을 말한다.

Crawl

본래 '기어가다'라는 뜻으로, 텔레비전 화면의 오른쪽에서 왼쪽으로 글자가 지나가도록 하는 것을 말한다.

Super Impose

두 개 이상의 화상을 겹치게 만들어서 하나의 화면을 만드는 기법으로, 줄여서 '슈퍼'라고도 한다.

023 한겨레신문

우리나라의 신문의 날인 4월 7일은 어느 신문의 창간 일자를 기념하여 제정되었는가?

① 독립신문
② 황성신문
③ 한성순보
④ 대한매일신보
⑤ 제국신문

해 신문의 날 : 4월 7일(독립신문 발행 기념일)
방송의 날 : 9월 3일(국제무선회의에서 우리나라 호출부호 HL 배정 기념일)

신문의 유형

Quality Paper	발행 부수는 적으나 충실한 내용에 기반한 고급지이다.
Free Paper	광고 수입만으로 발행되어 배포되는 무가지이다.
Street Paper	거리에 무가로 배포되는 잡지나 인쇄물이다. 무료로 배포된다는 점에서 Free Paper와 같으나 신세대 취향의 내용을 다룬다는 점에서 잡지의 다른 형태로 볼 수 있다.
Block Paper	몇 개의 도(道) 정도의 상당히 넓은 지역으로 동일 경제권에 배포하는 신문

024 KBS

다음 중 용어의 설명이 바르지 않은 것은?

① Flash – 통신사가 빅뉴스를 빠른 시간에 계약된 방송국, 신문사 등에 보내는 것을 말한다.
② Block지 – 일정한 지역에만 배포되는 지방 신문
③ Milline Rate – 백만 부 인쇄에 소요되는 인쇄비
④ Advertorial – 신문, 잡지광고에서 언뜻 보기에 편집기사처럼 만들어진 논설 또는 사설 형식의 광고
⑤ ABC제도 – 발행 부수 공사제도

해 Milline Rate : 신문 광고 요금의 이론적 비교 단위로, 발행부수 100만 부당 광고지면 1행의 광고 요율을 표시한 것을 말한다. 신문 광고의 매체가치를 발행 부수와 비용의 면에서 경제적으로 평가할 때 이용되는 척도로, 우리나라에서는 1행을 1단 1cm로 하고 있다.
Advertorial : 광고(Advertisement)와 논설(editorial)의 합성어로, 논설식 광고라고도 한다.
ABC제도 : Audit Bureau of Circulations System. 발행부수 공사제도. 신문, 잡지 발행 부수를 공사(公査)에 객관적으로 검증받은 부수를 독자들에게 공표하는 제도이다. 미국이 1914년 세계 최초로 ABC기구를 설립했다.

출판

인디라이터	Independent writer의 준말로, 저작물을 쓰는 중간 필자를 말한다. 문예 창작물을 제외한 여러 분야에서 한 가지 아이템에 대해 기획하고, 그에 따라 집필하여 한 권의 책을 써 낼 수 있는 사람을 의미한다.
Lay-out	디자인 · 광고 · 편집에서 문자 · 그림 · 기호 · 사진 등의 각 구성요소를 제한된 공간 안에 효과적으로 배열하는 일 또는 기술을 말한다.
POD	Publish On Demand. 고객이 원하는 대로 책을 만들어주는 서비스이다.
타블로이드版	보통 신문의 크기(Blanket Sheet)의 절반 판형이다.

025 경향신문

뉴미디어가 많이 출현해도 신문의 존재가 흔들리지 않는 기능상의 주된 이유는?

① 정보전달 기능
② 보도, 논평 기능
③ 속보 기능
④ 수요자에 대한 서비스 기능

해 종이 신문은 논평 기능(사설이나 칼럼 및 해설 등)에서 뉴미디어를 앞선다.

026 MBC

정보화 사회의 특징을 설명한 것 중 바르지 않은 것은?

① 미디어 믹스 현상이 나타난다.
② 산업사회적 가치와 현상들이 허물어지고 포스트모던한 새 규범과 가치가 일반화된다.
③ 정보의 절대량이 폭증하고 저질, 왜곡, 거짓 등 오염된 정보가 늘어난다.
④ 메시지의 송신자는 능동적인 반면 수신자는 수동적인 새 커뮤니케이션 관계가 구축된다.

해 정보화 사회의 특징은 쌍방향이라는 점이다.

027 KBS

다음 중 저작인접권자가 아닌 자는?

① 탤런트
② 작사자
③ 가수
④ 성우

해 **저작인접권** : 저작인접권(著作隣接權)은 실연자(實演者)의 권리, 음반제작자(音盤製作者)의 권리, 방송사업자(放送事業者)의 권리 등으로 구성된다.

정보화 사회

일반적으로 '정보화 사회'는 산업 사회, 농경 사회, 수렵 사회 등과 대비되는 개념으로 사용된다. 이때는 사회 발전 단계의 하나로써의 의미가 강하다. 또한, 정보화 사회는 멀티미디어 사회, 디지털 사회, 지식 사회, 정보 네트워크 사회, 글로벌 · 네트워크 사회 등으로 불리기도 한다.

CCL

Creative Commons License. 저작물이용허락

Heavy Uploader

불법 복제물을 상습적으로 올리는 사람

Copy Right

창작자로서의 저작 권리를 인정하는 저작권

Copy Left

저작권의 권리를 모두가 공유할 수 있도록 허용하는 것

Public Domain

저작권 보호기간이 지나 사회의 공유재산이 된 지적 재산권

028 신문이나 방송 등 매스미디어에 의해 명예훼손을 당한 이해관계자가 그 미디어에 대해 반박문이나 정정문을 게재하거나 방송하도록 요구할 수 있는 권리는?

028. 반론권

029 자기의 초상에 대한 독점권으로써, 본인의 동의 없이 남에게 사진을 찍히거나 자신의 사진이 전시되지 않을 권리를 무엇이라고 하는가?

029. 초상권

030 우리나라의 대표적인 '미디어렙'은?

030. KOBACO(한국방송광고진흥공사)

031 인터넷 등을 통해 네티즌의 의견을 제작 과정에 직접 반영하는 프로그램을 무엇이라고 하는가?

031. 텔레웹진

032 전 미국 레코드 예술과학아카데미(약칭 NARAS)가 주최하는 것으로, 1년간 우수한 레코드와 앨범에 주어지는 상은?

032. 그래미상

033 '매스미디어를 이용하여 붐을 일으키고 막대한 자금을 투입하여 계획적으로 만들어진 대작'을 의미하는 말은?

033. 블록버스터

034 일정 시점까지의 보도금지를 뜻하는 매스미디어 용어는?

034. 엠바고

035 정치, 경제, 사회, 문화 전반의 시사적인 문제나 인물을 풍자하여 하나의 컷으로 그린 만화는?

035. 만평

Chapter
08

목소편

036 Hot Media

036. 정보의 전달량은 풍부하지만 수신자의 참여도는 낮은 미디어로 신문, 잡지, 라디오, 영화 등을 말한다.

037 Cool Media

037. 여러 감각의 활용을 이끌어 내어 수용자의 주의력과 참여도를 높이는 매체로, 정보의 양이 빈약하고 불분명하여 수용자의 적극적 참여가 필요한 전화, 텔레비전, 만화 등의 미디어를 말한다.

038 Media Valley

038. 21세기 정보 미디어 산업이 집중되어 있는 곳으로 미국의 실리콘밸리 · 리서치트라이앵글, 일본 도쿄의 텔리포트타운 · 후쿠오카의 텔레콤리서치파크 등이 대표적이다.

039 탐사언론

039. 기자의 주관성을 가미하여 사건의 이면(裏面)에 있는 사항을 적극적으로 보도하는 경향을 말한다.

040 Pictogram

040. 픽토(Picto)와 전보를 뜻하는 텔레그램(Telegram)의 합성어로써, 사물과 시설 그리고 행동 등을 상징화하여 불특정 다수의 사람들이 빠르고 쉽게 이해할 수 있도록 나타낸 시각 디자인 기법을 의미한다.

041 Reportage

041. 사회현상 또는 사건을 충실히 기록하거나 서술하는 보고기사를 뜻한다.

042 茶馬古道

042. Ancient TeaRoute/Southern Silk – Road. 중국 서남부 운남, 사천에서 티베트를 넘어 네팔, 인도까지 이어지는 장대한 문명 교역로이자 실크로드보다 200년을 앞선 인류 역사상 최고의 문명교역로인 차마고도 5,000여Km 전 구간을 세계 최초로 고품위 HD로 제작한 6부작 다큐멘터리이다.

043 인디라이터

043. Independent Writer의 준말로, 저작물을 쓰는 '중간 필자'를 말한다. 문예 창작물을 제외한 여러 분야에서 한 가지 아이템에 대해 기획하고, 그에 따라 집필하여 한 권의 책을 써 낼 수 있는 사람을 의미한다.

044 POD

044. Publish On Demand. 고객이 원하는 대로 책을 만들어주는 서비스를 말한다.

환경

CHAPTER 09

환경

1 기상 · 기후

001 KT

우리나라 기후에 대한 설명으로 맞는 것은?

① 오호츠크해 기단은 한랭 다습하며, 높새바람의 원인이 된다.

② 겨울철 한반도를 한랭 건조하게 하는 기단은 양쯔강 기단이다.

③ 황사현상이란 중국 화북지방에서 발달한 한랭전선에 의해 대기권 상층부로 올라간 모래가 무역풍을 타고 우리나라에 불어오는 현상이다.

④ 꽃샘추위란 이른 봄 이동성 고기압의 통과로 따뜻하던 봄 날씨가 동고서저의 기압 배치로 북태평양 기단이 다시 진출함으로써 단기간의 추위가 나타나는 현상이다.

해 **겨울철 기단** : 시베리아 기단
황사현상 : 중국이나 몽골 등 아시아 대륙의 중심부 사막에서 발생한 모래먼지가 지나가는 강한 상승기류에 의해 3000~5000m의 높은 상공으로 올라간 뒤 초속 30m 정도의 편서풍과 제트류를 타고 이동하는 현상이다.
꽃샘추위 : 시베리아 기단의 갑작스런 확장에 의해 생긴다.

002 MBC, 광주은행, 흥국생명, KB국민은행

태풍에 대한 설명이다. 잘못된 것은?

① 태풍의 눈에 해당하는 지역에서는 하강기류가 있어 바람이 약해지고 하늘이 맑아진다.

② 대체로 태풍의 최대 풍속이 초당 21m 이상이고 폭풍이나 호우, 해일로 인한 재해가 예상될 때 태풍경보가 발표된다.

③ 우리나라에 영향을 끼치는 태풍은 북태평양의 서부인 필리핀 동쪽의 넓은 해상에서 발생하는 것이 보통이다.

④ 여름철에 열대지방 해상에서 흔히 발생하는 열대성 저기압으로, 중심 부근의 풍속이 초당 35m 이상의 것을 가리킨다.

해 세계기상기구에서는 중심 부근의 풍속이 초당 33m 이상인 것을 태풍으로 분류하나, 일반적으로는 초당 17m 이상인 것을 태풍으로 분류한다.

우리나라에 영향을 주는 기단

시베리아 기단	대륙성 한대기단으로 겨울에 북쪽에서 오는 차가운 북서 계절풍을 따라 오며, 몹시 차고 건조하다.
오호츠크해 기단	해양성 한대기단으로 대개 장마철에 오호츠크 해상에서 발생하며 우리나라에 차고 습한 공기를 보낸다. 초여름 영서지방에 부는 높새바람의 원인이 되며, 북태평양 기단과 만나 장마 전선을 형성한다.
북태평양 기단	해양성 열대기단으로 여름에 남동 계절풍을 따라 태평양 방면에서 우리나라 방면으로 확장되어 오며 고온 다습하다. 무더위가 계속되고 가뭄이 일어난다.
양쯔강 기단	대륙성 열대기단으로 따뜻하고 건조하다. 주로 봄과 가을에 이동성 고기압을 타고 양쯔강 방면에서 온다.
적도 기단	해양성 적도기단으로 덥고 습하다. 태풍이 발생할 무렵인 7~8월에 태풍과 함께 우리나라에 온다.

태풍	북태평양 남서부에서 발생하여 아시아 동부로 불어오는 열대성 저기압 • Typhoon : 북태평양 서부에서 발생 • Hurricane : 북대서양, 카리브해, 멕시코만, 북태평양 동부에서 발생 • Cyclone : 인도양, 아라비아해, 벵골만에서 발생
Tonado	미국 중남부지역에서 발생하는 강한 회오리바람
Bora	유고슬라비아와 이탈리아의 아드리아 지역 북동쪽으로부터 불어오는 강하고 찬 바람
Blizzard	남극에서 빙관으로부터 불어오는 맹렬한 강풍

003 대웅제약

계절풍 기후의 특색은?

① 온화하며 강우량이 많다.

② 건조한 열풍이 특징이다.

③ 고온다우하며 건기와 우기가 뚜렷하다.

④ 여름은 고온다습하고 겨울에는 저온건조하다.

해 계절풍 : 여름과 겨울에 대륙과 해양의 온도 차로 인해서 반년 주기로 풍향이 바뀌는 바람이다.
계절풍 기후 : 계절풍의 영향을 받는 지역의 기후로 몬순 기후라고도 한다. 겨울에는 대륙에서 건조한 바람이 불어 건기에 해당하고 여름에는 해양에서 습한 바람이 불어 우기에 해당한다.

004 대구도시철도공사

엘니뇨 현상이란?

① 남미 페루만의 태평양 해면온도가 비정상적으로 낮아지는 현상을 말한다.

② 남미 페루만의 태평양 해면온도가 비정상적으로 상승하는 현상을 말한다.

③ 남미 페루만의 태평양 해면온도가 정상적으로 상승하는 현상을 말한다.

④ 적도 부근 표면 해수의 온도가 갑자기 낮아지는 현상을 말한다.

해 엘니뇨와 라니냐

비교	엘니뇨	라니냐
의미	남자 아이 또는 아기 예수	여자 아이
현상	남아메리카 페루 및 에콰도르의 서부 열대 해상에서 수온이 평년보다 높아지는 현상	동태평양에서 엘니뇨와는 반대로 평년보다 0.5℃ 낮은 저수온 현상이 5개월 이상 일어나는 해류현상
피해	높아진 수온에 의해 영양 염류와 용존 산소의 감소로 어획량이 줄어 어장이 황폐화되고, 상승기류가 일어나 중남미 지역에 폭우나 홍수의 기상 이변이 일어난다.	인도네시아, 필리핀 등의 동남아시아에는 격심한 장마가, 페루 등 남아메리카에는 가뭄이, 그리고 북아메리카에는 강추위가 찾아올 수 있다.

열섬현상

Heat Island. 도심의 온도가 대기오염 등의 영향으로 주변 지역보다 높게 나타나는 현상이다. 자동차 배기가스 등으로 인해 도시가 하나의 섬과 같은 형태가 되어 도심의 온도가 교외보다 5~10℃ 정도 더 높게 나타나는 현상을 말한다.

열대야

熱帶夜. 야간의 최저 기온이 25℃ 이상인 무더운 여름 밤을 뜻한다.

냉수대주의보

해수 온도가 상온과 10℃ 이상 차이 날 경우 국립수산과학원이 발령한다. 냉수대(Cold Pool)는 주변 수온보다 5℃ 이상 낮은 수온의 해역을 말한다.

블로킹현상

편서풍이 정상적으로 흐르지 못하고 남북으로 크게 사행하는 구조를 유지한 채 일주일 이상 지속되는 현상을 말한다.

푄현상

높새바람. 바람이 산을 타고 넘을 때, 기온이 오르고 습도가 낮아지는 현상을 가리킨다.

쓰나미

津波. Tsunami. 주로 해저지진에 의해 발생하는 갑작스러운 해일을 말한다.

Chapter
09

상식

001 ① 　 002 ④ 　 003 ④ 　 004 ② 　 **답**

005

지중해성 기후에 대한 설명으로 옳지 않은 것은?

① 겨울에 따뜻하고 강수량이 낳은 날씨를 이루며 일 년 동안의 강수량은 대체로 적은 기후이다.

② 유럽 지중해에 넓게 발달되어 있다

③ 대륙 서해안 온대가 이 기후에 속한다.

④ 과수, 밀·보리 등의 지중해식 농업이 경영되어 왔다.

해 지중해성 기후는 유럽 지중해 주변 지방에 넓게 발달되어 있으며, 이 기후에 속하는 지역으로는 대륙 서해안 온대, 그 중에서도 특히 미국 캘리포니아, 칠레 중부, 남아프리카 남단부 및 오스트레일리아 남서부 등을 들 수가 있다.

006 KT

사바나(Savanna)와 관계없는 것은?

① 관목으로 이루어진 습윤한 열대초원이다.

② 계절풍에 따르는 우량에 의하여 건기와 우기로 나누어진다.

③ 세계 최대의 초원지대를 이루고, 세계적인 곡창과 기업적인 목축지대를 이루고 있다.

④ 성장기에는 고온 다우, 성숙기에는 건조해 사탕수수·목화·커피 등의 재배에 적합하다.

해 **사바나 기후 지역** : 건기에는 토지가 매우 건조해 낙엽이 지고 건면(乾眠)하며 풀이 말라버리나, 우기가 되면 식물이 활동을 재개한다. 아프리카에 가장 널리 분포하며, 아프리카 동부의 고원이 한 예이다. 아시아의 인도차이나 반도와 인도의 데칸고원에서는 계절풍의 교체에 의하여 우기와 건기가 생긴다.

각 기후의 특성

지중해성 기후	여름에는 구름이 적고 일사량이 많아 덥고 건조한 가뭄이 계속되나, 겨울에는 일기 변화가 심하고 강수량이 많은 온화한 날씨가 계속된다. 맑은 날이 많고 비 오는 날이 적으며 겨울이 온화해 과일·꽃 및 겨울 채소가 풍부하다.
대륙성 기후	대륙기단 내에서 일어나는 특징적인 기후 현상 또는 대륙에서 발생하는 것과 유사한 특징을 나타내는 기후이며, 대륙성 기후의 가장 뚜렷한 특징은 큰 기온 변화이다(연교차와 일교차). 중앙 및 동부 시베리아 지역에서는 연교차가 60℃ 이상 나타나며, 캐나다 중부에서도 40~50℃를 기록한다.
해양성 기후	바다에 근접해 있어 나타나는 기후 특성으로, 섬과 중위도 편서 풍대의 대륙 서안과 몬순 지역의 여름철에 나타나는 기후이다.
사바나 기후	열대 우림 기후와 몬순 기후 주변에 나타나며, 열대 우림 기후와는 달리 건기와 우기가 매우 뚜렷하다.
계절풍 기후	계절풍의 영향을 받아 나타나는 기후이다. 여름에는 무덥고 비가 많으며, 겨울에는 춥고 건조하다.

② 오염 · 공해문제

007 삼성SSAT

환경개선비용부담법의 제정 목적이 아닌 것은?

① 쾌적한 환경 조성을 위해
② 환경개선을 위한 대책을 종합적, 체계적으로 추진하기 위해
③ 환경개선을 위한 투자재원의 합리적 조달로 환경개선 촉진을 위해
④ 오염 유발자에게 오염유발부담금을 징수하기 위해

해 **환경개선비용부담법** : 환경오염물질을 다량으로 배출하는 건물이나 시설물의 소유자 또는 점
유자, 휘발유나 LNG 등에 비해 상대적으로 오염물질을 많이 배출하는 경유자동차 소유자에게
자신들이 오염시킨 만큼의 복구 비용을 부담시키는 제도이다.
PPP원칙 : Polluter Pays Principle. 공해로 인한 피해보상에 있어서 공해를 유발시킨 오염자가
보상을 부담하는 원칙이다.

008 국민연금관리공단, 한국환경공단, KB국민은행

환경영향평가제란?

① 환경보존운동의 효과를 평가하는 것
② 환경보전법 · 해상오염방지법 · 공해방지법 등을 총칭하는 것
③ 공해지역 주변에 특별감시반을 설치하여 환경보전에 만전을 기하는 것
④ 건설이나 개발이 주변환경과 인간에게 미치는 영향을 미리 측정하여
  대책을 세우는 것

해 **환경영향평가제** : 사업이 환경에 미칠 영향을 예측, 분석, 평가하여 그에 대한 대책을 수립, 이
행하는 제도이다. 1969년 미국에서 국가환경정책법을 제정하여 시행한 것이 시초이며 우리나
라에서는 1977년 환경정책기본법을 제정하여 이 제도를 시행하여 오다가 1992년 별도의 환경
영향평가법이 제정되었다.

Chapter
09

환경

009 삼성SSAT

다음 (   ) 안에 들어갈 용어로 알맞은 것은?

> 보기

> - (   )는 1995년 7월부터 오염농도가 일정 기준보다 높게 나타나거나 높아질 것으로 판단될 때 ppm으로 알리는 서비스로 시행되었다.
> - 이는 3단계로 주의보, 경보, 중대경보로 나누어 실시되며, 시민의 건강과 생활 환경상의 피해를 최소화하고 쾌적한 환경조성을 마련하기 위한 제도이다.
> - 반복적으로 노출되면 기침, 통증, 인후자극 등 호흡기 질환을 유발시키는 원인이 된다.

① 자외선 지수
② 황사경보제
③ 오염경보제
④ 오존경보제

해 **오존경보제** : 대기 중 오존의 농도가 일정 기준 이상 높게 나타났을 때 경보를 발령함으로써 주민들의 건강과 생활 환경상의 피해를 최소화하기 위해 실시되는 제도이다. 오존경보는 오염경보제의 일종으로 오존농도가 0.12ppm / h 이상일 때는 주의보를 내리고, 0.3ppm / h 이상일 때는 경보, 0.5ppm / h 이상일 때는 중대경보를 내리는 등 오존농도에 따라서 3단계로 발령된다. 우리나라에서는 1995년 7월부터 시행되고 있다.

환경용량	자연 스스로 정화할 수 있는 능력을 말하며 자연의 정화 능력에 대한 오염 물질의 배출 허용량이나, 자연의 물질 순환 과정을 파괴하지 않는 한도량이다.
청정지역	환경부가 국립공원지역, 해발 500m 이상, 하천 상류 발원지, 상수보호구역과 1등급의 수질을 유지해야 하는 지역 등을 청정지역으로 지정. 오염상태를 별도로 관리하고 있는 곳이다.
수변구역	환경부가 상수원 수질보전을 위해 지정·고시한 지역이다. 한강수계, 낙동강수계, 금강수계, 영산강·섬진강수계의 4대강 수계로 나누어 전국에 약 1,000㎢의 면적이 지정되어 있다.
자연휴식년제	오염의 정도가 지나치게 심각하거나 황폐화할 염려가 많은 국·공립 공원에 한해 3년 동안 사람의 출입을 통제함으로써 자연 생태계의 파괴를 막고 복원하기 위해 마련한 제도이다.
LEZ	Low Emission Zone. 환경지역으로 공해차량제한지역이다.

010 포항시설관리공단

환경을 이슈로 전폭적인 사회운동을 촉발시킨 20세기 환경학 최고의 고전은 무엇인가?

① 침묵의 봄
② 렉서스와 올리브나무
③ 성장의 한계
④ 거대한 전환

해 '침묵의 봄'은 환경운동의 어머니로 평가받는 생태학자 레이첼 카슨이 1962년 집필한 저서로, 살충제의 생태 영향에 관한 연구결과를 집대성한 책이다. 이 책은 전 세계인들의 환경문제에 대한 인식을 바꾸는 등 엄청난 영향력을 나타냈다.

011 삼성SSAT

교토의정서에 대한 설명으로 틀린 것은?

① 1997년 일본 교토에서 지구온난화를 막기 위해 채택한 협약이다.
② 2012년까지 의무이행 대상국은 온실가스 배출량을 1990년 대비 평균 5.2% 감축해야 한다.
③ 한국도 온실가스 감축의무 대상 국가이다.
④ 미국은 교토의정서에 서명을 하지 않았다.

해 교토의정서 : 기후변화협약에 따른 온실가스 감축목표에 관한 의정서이다. 이산화탄소, 이산화질소, 메탄 등 6가지 가스로 인한 지구온난화 현상을 막기 위해 선진국들이 온실가스 배출량을 감축하기로 한 협약이다. 2005년 2월에 발효되었으며, 우리나라는 중국, 인도와 함께 1차 의무이행 대상국에서 제외되었다. 세계 최대의 이산화탄소 배출국인 미국은 2001년 교토협약에서 탈퇴했다.

012 포스코

환경부가 지정한 생태 · 경관 보전지역이 아닌 것은?

① 지리산
② 왕피천 유역
③ 대암산
④ 거금도 적대봉

해 환경부 지정 생태 · 경관보전지역(2014년 10월 기준) : 지리산, 섬진강 수달서식지, 고산봉 붉은박쥐서식지, 동강유역, 왕피천 유역, 소황사구, 하시동 · 안인사구, 운문산, 거금도 적대봉이다.

온실효과 유발가스

지구온난화에 가장 큰 영향을 주는 물질로는 석탄이나 석유 같은 화석연료가 연소될 때 발생하는 이산화탄소(CO_2)와 사염화탄소 등 탄소 계열 물질이 50%를 웃돈다. 그리고 프레온가스(CFC)가 20%, 메탄(CH_4), 오존(O_3), 아산화질소(N_2O) 등의 질소계열 순으로 영향을 미친다.

013 삼성SSAT

세계은행이 운영하는 탄소기금의 창설 이후 탄소배출권 획득 첫 사례로 기록된 나라는?

① 영국
② 일본
③ 한국
④ 러시아

해 일본의 도쿄전력 등 6개 전력회사가 칠레의 소규모 수력발전사업을 지원해 세계은행이 운영하는 탄소기금에서 일본이 탄소배출권 3만 톤을 획득한 바 있다. 이는 2000년 이 기금이 창설된 이후 처음으로 배출권을 획득한 사례로 꼽힌다.

양산효과

Umbrella Effect. 온실효과의 반대 현상으로 대기 속에 방출된 미립자가 햇빛을 산란시킴으로써 지표면에 도달하는 햇빛의 양이 줄어들어 지구의 온도가 내려가는 효과를 말한다. 화산폭발과 같은 자연재해 및 도시와 공장의 생활폐수 · 산업폐수를 비롯한 산업폐기물 등을 대량 배출함으로써 발생하는 인위적인 재앙이기도 하다.

014 동아일보, 포스코

브라질의 리우데자네이루에서 열린 지구환경회의에서 우리나라가 가입한 2가지 협약은?

① 생물다양성협약, 기후변화협약
② 바젤협약, 기후변화협약
③ 생물다양성협약, 산림보전협약
④ 바젤협약, 산림보전협약

해 지구환경회의 : 인간환경회의 20주년을 기념하여 1992년 브라질의 리우데자네이루에서 세계 185개국 대표단과 114개국 정상 및 정부 수반들이 참여하여 지구환경보전 문제를 논의한 회의이다.

015 한겨레신문

도시의 생물 다양성을 높이기 위해 인공으로 조성하는 '소생물권'을 가리키는 용어는 무엇인가?

① 야생동물 이동 통로
② 자연형 하천
③ 비오톱
④ 생태공원

해 비오톱 : Biotope. 도심에 존재하는 인공적인 생물 서식 공간을 말한다.
야생동물 이동 통로 : Wildlife Crossing. 야생동물의 이동을 원활히 하기 위해 인공적으로 만들어진 길이다. 이른바 '로드킬(Road Kill)'이라고 하는 야생동물의 죽음을 막기 위해 주로 설치된다. 자동차 도로에 많이 설치되나 댐이나 제방 등에 어류의 이동을 위해 설치되기도 한다.

016 삼성SSAT

기후변화와 관련한 전 지구적 환경문제에 대처하고 이의 해결을 위한 초석을 이루는 데 노력한 공로를 인정받아 2007년 미국 전 부통령인 앨 고어(Al Gore)와 함께 노벨 평화상을 수상한 국제단체는?

① WMO
② UNEP
③ IPCC
④ Climate Group

해 IPCC : Intergovernmental Panel on Climate Change. 기후 변화와 관련된 전 지구적 위험을 평가하고 국제적 대책을 마련하기 위해 세계기상기구(WMO)와 유엔환경계획(UNEP)이 공동으로 설립한 유엔 산하 국제 협의체이다. 기후 변화 문제의 해결을 위한 노력이 인정되어 2007년 노벨 평화상을 수상하였다.

환경관련 국제협약

기후변화 협약	지구온난화 방지를 위한 온실가스의 규제 등 지구의 온난화를 규제·방지하기 위한 국제협약이다. 리우환경협약이라고도 한다.
생물 다양 성협약	CBD(Convention on Bio-logical Diversity). 지구상의 생물종을 보호하기 위해 마련된 협약이다.
바젤 협약	유해폐기물의 국가 간 이동 및 처리에 관한 국제협약이다.
런던 협약	폐기물이나 다른 물질의 투기를 규제하는 해양오염 방지조약이다.
람사르 협약	물새의 서식지로 국제적으로 중요한 습지를 보호하기 위해 각국의 협력으로 맺어진 조약이다.
스톡홀름 협약	잔류성 유기오염물질(POPs)의 제조와 사용을 금지하는 조약이다. POPs(Persistent Organic Pollutants, 잔류성 유기오염물질)는 환경 중에서 분해되기 어렵고, 식물연쇄 등으로 생물의 체내에 축적되기 쉽고, 극지 등에 축적되기 쉬우며 사람의 건강과 생태계에 유해성이 있는 성질을 갖는 화학물질을 말한다.

ESI

Environmental Sustainability Index. 환경지속성지수. 환경상태 및 환경부하 등 환경상태 현황에 대한 평가를 위해 5개 구성요소별로 20개의 지표, 68개의 변수를 이용하여 각 국가의 현재의 환경·사회·경제 조건을 바탕으로 지속 가능한 성장을 할 수 있는 역량을 계량화한 지수이다.

EPI

Environmental Performance Index. 환경성과지수. OECD 국가를 대상으로 대기, 수질, 토양보전·폐기물, 기후변화 등 4개의 분야, 12개 평가항목으로 각국의 환경개선 정도(Performance)를 계량화한 지수로, 각 정부의 환경개선 노력을 평가하는 지표로 사용되고 있다.

017 한국전력공사, 알리안츠생명

다음 단체 중에서 환경보존과 관련이 없는 것은?

① 그린피스(Green Peace)   ② 녹색당(Green Party)

③ 로마클럽(Rome Club)   ④ 뉴 프런티어(New Frontier)

해 뉴 프런티어(New Frontier)는 케네디 전 미국 대통령이 주창한 정치 구호이다.

018 한국환경자원공사

지구온난화와 가장 관련이 없는 국제단체는?

① IPCC   ② CBOT

③ UNEP   ④ WMO

해 WMO : World Meteorological Organization. 세계기상기구로 유엔 전문기구의 하나이다.

019 포스코, CBS

녹색당에 대한 설명 중 틀린 것은?

① 영국에서 출발했다.

② 반핵 환경보호를 표방한다.

③ 군비확장 반대, 인간소외 고발 등의 활동을 한다.

④ 저소득층의 최저임금 보장, 국방비 삭감도 주장한다.

해 녹색당은 환경 보호 및 핵 폐기를 주장하는 독일의 좌익계열 정당이다.

020 삼성SSAT

그린피스에 대한 설명으로 옳은 것은?

① 세계 아동들의 기아와 질병의 구제를 위한 조직이다.

② 국제적인 자연보호단체로 남태평양 폴리네시아에서의 프랑스의 핵실험에 항의하기 위한 선박을 출항시킨 운동이 계기가 되어 1970년에 조직되었다.

③ 환경보호, 반핵에 공감하는 이들이 모여 만든 유럽의 정당이다.

④ 환경오염을 유발하는 각종 시설물과 경유 사용 자동차에 대하여 오염 유발 정도에 따라 환경개선금을 부과하고 있다.

해 그린피스 : Green Peace. 국제적 자연보호단체로 1970년에 조직되었으며 네덜란드 암스테르담에 본부를 두고 있다.
①은 UNICEF(유엔아동기금), ③은 녹색당, ④는 환경개선부담금에 대한 설명이다.

지구의 벗	Friends of Earth. 세계 3대 환경보호단체 가운데 하나이다.
세계 자연 기금	WWF(World Wide Fund for Nature). 세계의 야생동물 및 원시적 환경을 보호하기 위한 국제 환경단체로 1961년에 설립되었다.
제3세계 네트워크	선진국과 개도국과의 관계를 과거 식민지 시대까지 거슬러 올라가 검증한 후 원조, 기술이전, 가치체계 등 여러 측면에서 지구환경의 위기문제를 다루자는 민간환경운동체로, 말레이시아 페낭에 본부를 두고 있다.

National Trust

영국에서 시작한 자연보호와 사적 보존을 위한 민간단체이다. 시민들의 자발적인 모금이나 기부·증여를 통해 보존가치가 있는 자연자원과 문화자산을 확보하여 영구히 보전·관리하는 시민환경운동이다.

021 포스코

세계에서 환경분야의 가장 권위 있는 상으로 환경에서 노벨 환경상으로 불리는 이 상의 이름은?

① 글로벌 500   ② 골드먼 환경상

③ 녹색당상   ④ 몬트리올 환경상

해 글로벌500 : Global 500. 유엔환경계획(UNEP)이 선정하는 환경사절 위촉제도이다.

UNEP

United Nations Environment Prog – ramme. 환경 분야에 있어서 국제협력을 촉진하기 위해 국제연합총회 산하에 설치된 환경 관련 종합조정기관이다.

UNCED

United Nations Conference on En – vironment & Development. 유엔환경개발회의로 일명 Earth Summit으로 불린다.

022 한국전력공사, 한국토지주택공사, SBS, 삼성SSAT

1972년 「성장의 한계」라는 보고서를 발표하여 천연자원의 고갈, 환경오염 등을 경고하였던 단체는?

① 엠네스티   ② G7

③ 로마클럽   ④ 파리회의

해 로마클럽 : The Club of Rome. 1968년 4월 서유럽의 정계 · 재계 · 학계의 지도급 인사가 이탈리아 로마에서 결성한 국제적인 미래 연구기관이다.

대체 수자원

지하댐	소규모 지하 저류지
강변여과수	하천물의 수질이 나쁜 독일 등 유럽에서 이미 활발하게 활용되고 있는 방식
해수담수화	바닷물(海水) 중에 녹아 있는 염분을 제거해 민물(淡水)을 얻는 방식
비 씨	Cloud Seed. 구름층에 형성돼 있는 비
녹색댐	산림이 빗물을 머금었다가 서서히 흘려 보내는 인공댐과 같은 기능을 한다고 해 붙여진 이름으로 '산림 자체'를 가리키는 말
중수도	한 번 사용한 수돗물을 생활용수, 공업용수 등으로 재활용할 수 있도록 다시 처리하는 시설
해양심층수	태양광이 도달하지 않는 수심 200m 이하의 해수
빗물	비가 와서 고이거나 모인 물

023 KT, 한국토지주택공사, 알리안츠생명

전쟁으로 인한 생태계의 대규모 파괴와 환경살상의 비인도적 행위를 가리키는 말은?

① 스프롤   ② 드롭아웃

③ 데시벨   ④ 에코사이드

해 에코사이드 : Ecocide. 의도적인 생태계(환경) 파괴 행위를 일컫는다. 지구 역사상 지금까지 3차례의 대량멸종 사건이 있었는데 첫 번째는 2억 5천만 년 전 페름기의 종말로, 생물 90% 이상이 사라졌다. 두 번째는 2억 년 전쯤 육상과 해양에서 생태 공동체가 조성되었으나 약 10만 년 동안 연달아 발생한 운석 충돌, 용암 폭발 등 환경 재앙으로 역시 소멸되었다. 세 번째는 6,500만 년 전 공룡 멸종 사건이다. 기후 변화, 해수면 상승. 소행성 또는 혜성의 충돌 분진이 해를 가려 암흑사태가 빚어진 끝에 생물의 50%가 사라졌다. 마지막 네 번째가 바로 13만 년 전 현생 인류, 호모 사피엔스 사피엔스의 출현과 함께 시작된 '생태계 살해(Ecocide)' 사건이다.

024 해태제과
1952년 영국 런던에서 2주간 4,000명이 사망한 참사의 원인은?

① 대기오염   ② 수질오염

③ 방사능 누출   ④ 토양오염

해 SMOG : 연기(Smoke)와 안개(Fog)의 합성어이다. 이 용어는 18세기 유럽에서 산업발전과 인구 증가로 석탄소비량이 늘어났을 때부터 사용되었는데, 런던에서는 1872년 스모그에 의해 243명의 사망자가 발생하였고, 1952년 12월 5일~9일에는 4,000여 명의 사망자를 낸 '런던사건'이 일어났다.

> **역전층**
> 대류권에서는 고도가 높아질수록 기온이 낮아지는 반면 역전층은 고도가 높아질수록 기온이 상승하는 층으로 안개나 스모그 현상, 이슬이 생긴다.

025
미세먼지와 관련이 없는 것은?

① 간질환   ② 공장, 자동차 배출가스

③ 대기오염   ④ 발암물질

해 미세먼지는 기관지를 거쳐 폐에 흡착되어 각종 폐질환을 유발하는 대기오염물질이다.

> **황사**
> 黃砂, Asian Dust. 봄철에 중국이나 몽골의 사막에 있는 모래와 먼지가 편서풍을 타고 멀리 날아가는 현상을 말한다.

026
미세먼지가 봄에 발생하는 기후적 원인은?

① 이동성 고기압과 건조한 지표면

② 이동성 저기압과 건조한 지표면

③ 이동성 고기압과 다습한 지표면

④ 이동성 저기압과 다습한 지표면

해 봄철의 미세먼지는 이동성 저기압과 건조한 지표면의 영향으로 발생한다.

027 한국전력공사
하천이 생활 하수에 오염되면 BOD와 DO의 값은 어떻게 변하겠는가?

① BOD 감소, DO 증가   ② BOD 증가, DO 감소

③ BOD와 DO가 모두 증가   ④ BOD와 DO가 모두 감소

해 BOD는 호기성 미생물이 일정 기간 동안 물속에 있는 유기물을 분해할 때 사용하는 산소의 양을 말한다. 따라서 하천이 오염되면 BOD는 증가하고, DO는 감소한다.

028 포스코

다음 중 공해측정에 사용되는 단위는?

① Phon
② mach
③ ppm
④ dyne

해 ppm : 농도의 단위

029 NH농협, KDB산업은행, 한국스탠다드차타드은행

수질 및 대기오염의 정도를 나타내는 단위인 ppm은?

① 십만분의 일
② 백만분의 일
③ 천만분의 일
④ 일억분의 일

해 ppm(parts per million)은 중량 100만분율로 나타내는 기호이다.

030 대구도시철도공사

수질오염 측정 시 사용되는 COD란 무엇을 나타내는 것인가?

① 생화학적 산소 요구량
② 중금속 검출량
③ 용존 산소량
④ 화학적 산소 요구량

해 COD : Chemical Oxygen Demand

031 서울메트로

수질오염의 측정 시 사용되는 BOD란 무엇을 말하는가?

① 용존 산소량
② 생화학적 산소 요구량
③ 화학적 산소 요구량
④ 중금속 검출량

해 BOD : Biochemical Oxygen Demand

032 삼성SSAT

다음 중 틀린 것은?

① BOD가 높으면 수중에는 유기물질들이 많이 있다는 것이다.

② 공장폐수는 무기물을 함유하고 있어 COD로 측정해야 한다.

③ 물의 오염 정도를 나타내는 기준으로 COD와 BOD로 나타낸다.

④ DO가 높을수록 물속의 공해가 심하다.

해 DO : Dissolved Oxygen. 용존산소라 하며, 수중의 어패류 등은 용존산소로 호흡한다.

033 한겨레신문, MBC

산성비의 기준이 되는 pH(수소이온농도지수)는 얼마인가?

① 7.0　　　　　　　　② 5.0

③ 5.4　　　　　　　　④ 5.6

해 산성비 : 산성도를 나타내는 수소이온농도지수(pH)가 5.6 미만인 비를 말한다.

034 한국환경공단, EBS

산성비의 원인은?

① 대기 중에 탄산가스나 이황산가스 등의 증가

② 질소산화물, 탄산수소 등의 대기오염물질

③ 공해방지나 환경정화를 목적으로 사용한 약품·첨가물

④ 황산화물이나 질소산화물 등의 대기오염물질

해 화석연료를 태울 때 나는 연기, 자동차의 매연으로 나오는 가스나 연기가 빗물(수증기)과 만나 산성을 띠게 되는데, 이때 내리는 비를 산성비라고 한다.

035 한국토지주택공사

진폐증은 어떤 작업환경에서 흔히 발생하는가?

① 공기가 습한 환경　　　　② 공기가 건조한 환경

③ 햇빛이 많이 쪼이는 환경　　④ 먼지가 많이 발생하는 환경

해 진폐증 : 폐에 분진이 침착하여 이에 대해 조직 반응이 일어난 상태를 말한다.

환경오염을 원인으로 하는 병

병명	원인
이타이이타이	카드뮴
미나마타	메틸수은
진폐증	분진
악성종피종	석면

036 한겨레신문

다음 공해병과 원인 물질을 짝지어 놓은 것으로 잘못된 항목은?

① 미나마타병 – 수은

② 이타이이타이병 – 비소

③ 코연골 뚫림병(비중격천공) – 6가 크롬

④ 악성 종피종 – 석면

해 이타이이타이병은 카드뮴 중독증이다.

037 KT&G

다음 중 땅의 오염에 대한 대중적 경각심을 일으키게 한 사건은?

① 미국 러브캐널 사건   ② 일본 미나마타 사건

③ 일본 이타이이타이 사건   ④ 일본 모리나가 사건

해 모리나가 사건 : 1955년에 발생한 우유 중독 사건이다.

038 한겨레신문

세계적으로 문제가 되고 있는 잔류성 유기오염물질(POPs, Persistent Organic Pollutants)에 해당하지 않는 것은?

① 다이옥신   ② 트리할로메탄

③ DDT   ④ 폴리염화비페닐(PCB)

해 스톡홀름협약에서 정한 규제 대상물질 : 다이옥신, DDT, 퓨란, 알드린, 클로르덴, 딜드린, 엔드린, 헵타클로르, 마이렉스, 톡사펜, 폴리염화비페닐(PCB), 헥사클로로벤젠 등

039

'하나뿐인 지구'라는 주제로 스웨덴의 스톡홀름에서 처음 개최되었으며, 1997년 서울에서도 개최되어 「환경윤리에 관한 서울선언문」을 채택한 날은?

① 세계 환경의 날   ② 유엔창립의 날

③ 지구의 날   ④ 세계 물의 날

해 세계 환경의 날 : World Environment Day. 세계 환경의 날 행사는 1972년 스웨덴의 수도 스톡홀름에서 '하나뿐인 지구'라는 주제로 국제 환경회의가 열린 이래 매년 6월 5일에 개최되고 있다.

이타이이타이 사건

'이타이'는 일본어로 '아프다'라는 의미이다. 1968년 밝혀진 '이타이이타이'병의 원인은 진쓰강 상류의 미쓰이 금속광업이 아연 제련과정에서 배출한 폐광석 속의 카드뮴이었다.

미나마타 사건

1950년대 일본 구마모토현의 미나마타시에서 날아가던 새가 갑자기 떨어져 죽고, 고양이가 발광하다 죽는 등 총 43명이 사망하고 111명이 치유불능의 증세 속에 살아가게 되었으며 19명의 어린이가 기형으로 태어났다. 밝혀진 병명은 수은 중독이었는데, 미나마타의 신일본질소비료 공장에서 배출한 폐수에 포함된 수은이 그 원인이었다.

러브캐널 사건

미국 후커케미컬사의 유해폐기물 매립으로 발생한 환경재난 사건이다. 1940년대부터 1952년까지 미국의 후커케미컬사가 공장에서 버리는 유독성 화학물질을 나이아가라 폭포 부근의 러브운하 작업이 중단된 웅덩이에 매립하였는데, 시간이 지나면서 인근 지역의 주민들이 만성 천식, 신장 및 간질환, 선천성 기형아 등의 증세를 보이기 시작하면서 나타난 환경재난이다.

생활진동 규제기준

단위 : dB(V)

시간 지역	주간 (06:00~22:00)	심야 (22:00~06:00)
주거지역, 학교 등	65 이하	60 이하
기타 지역	70 이하	65 이하

040 한겨레신문

다음 중 다이옥신에 관한 설명으로 틀린 것은?

① 다이옥신은 화학적으로 불안정하여 다른 물질과 쉽게 결합한다.
② 베트남 전쟁 때 고엽제의 주성분이었다.
③ 쓰레기 소각장에서 PVC 등 유기염소계화합물이 포함된 쓰레기를 태울 때 배출된다.
④ 염소 원자의 수나 위치에 따라 70여 종이 넘는 이성체(異性體)를 가진다.

해 다이옥신 : 2개의 산소 원자로 2개의 벤젠 고리가 연결되어 있고, 그 이외에 염소가 결합되어 있는 방향족 화합물이다. 화학구조는 매우 안정하여 상온에서 색깔이 없는 결정으로 존재하며 극성이 없어 물에 잘 녹지 않는다. 베트남 전쟁에서는 제초제(고엽제)를 만들 때 다이옥신이 함께 들어가기도 했으나 현재는 쓰레기를 태울 때 주로 발생한다.

041 한국환경공단

토양오염에 대한 설명으로 적절하지 않은 것은?

① 토양오염은 생물 존재의 기반을 파괴하는 것이다.
② 오염된 토양은 물이나 공기처럼 유동성이 거의 없다.
③ 토양 내에 오염물질이 묻히게 되면 쉽게 드러나지 않는다.
④ 토양은 일단 오염되면 장기간 지속된다.
⑤ 한 번 오염된 토양은 그 특성상 자정작용이 어렵다.

해 토양오염 : 토양 속에 오염물질이 함유되는 현상으로, 오염물질이 섞인 폐수 · 하수 · 폐기물이 토양에 버려지거나 농약이 토양에 스며들면서 오염된다.

042 한겨레신문, 삼성SSAT

다음 환경 지식 내용으로 틀린 것은?

① 오존주의보는 오존층 파괴 위험성 때문에 발령한다.
② ppm은 100만분의 1을 나타내는 용어이다.
③ 산성비는 pH5.6 미만의 강우를 말한다.
④ 생화학적 산소 요구량(BOD)이 높으면 오염된 수질이다.

해 오존주의보 : 오존 농도가 일정 수준보다 높아 피해를 입을 염려가 있을 때 이에 대한 주의를 환기하기 위하여 발령하는 예보이다.

오존

O_3. 산소 원자 3개로 이루어진 산소의 동소체로써 훨씬 덜 안정되어 있다. 특유한 냄새 때문에 '냄새를 맡다'라는 뜻의 그리스어 ozein을 따서 명명되었다.

오존구멍

Ozone Hole. 성층권의 오존층 농도가 급격히 감소하여 오존층에 구멍이 뚫린 것처럼 보이는 현상이다.

온실효과

溫室效果. Greenhouse Effect. 대기를 가지고 있는 행성 표면에서 나오는 복사에너지가 대기를 빠져나가기 전에 흡수되어, 그 에너지가 대기에 남아 기온이 상승하는 현상이다.

CFC

Chloro Fluoro Carbon. 염화불화탄소. 지구 오존층 파괴의 주범으로, 소화기나 추진체, 용매 등으로 널리 사용된다.

Chapter
09

환경

BOD

Biochemical Oxygen Demand. 생물학적 산소 요구량. 오염된 물의 수질을 표시하는 단위이다.

---

043 한국전력공사

일반적으로 연안해역에서 발생하는 적조현상에 대한 설명 중 틀린 것은?

① 적조현상이란 식물성 플랑크톤의 이상 승식으로 해수가 변색되는 것을 말한다.
② 적조를 일으키는 주 원인은 유독성 금속이다.
③ 적조는 정체 해역에서 잘 일어나는 현상이다.
④ 적조현상이 발생하면 물속의 산소가 부족해져서 어패류가 폐사하게 된다.

해 **적조현상의 원인** : 질소(N)·인(P) 등의 유입, 해류의 정체, 수온의 상승

044

오염된 물이 스스로 깨끗해지는 것을 뜻하는 것은?

① 정수처리
② 하수처리
③ 적조현상
④ 자정작용

해 자정작용에 대한 설명이다.

045 헤럴드경제

화학 비료와 농약의 대량 사용이 생태계의 물질순환에 결정적인 방해요인이 되는 이유는?

① 분해자 사멸
② 생물농축
③ 1차 소비자 감소
④ 생산자 위축

해 **생물농축** : 유기오염물을 비롯한 중금속 등이 물이나 먹이를 통하여 생물체 내로 유입된 후 분해되지 않고 잔류되는 현상을 말한다. 이러한 유해물질들이 먹이사슬을 통해 전달되면서 농도가 점점 높아진다.

046 한국토지주택공사, 포스코

제2차 공해란?

① 공장 등에서 직접 배출되는 유해물질에 의해 발생하는 공해
② 자동차 등에서 직접 배출되는 유해물질에 의해 발생하는 공해
③ 소음 방지를 위해 설치한 차폐물에 배출가스가 쌓여 주변을 오염시키는 경우 발생하는 공해
④ 유해한 중금속 등이 배출되어 주변을 오염시킬 때 발생하는 공해

047 삼성SSAT

환경호르몬에 대한 설명으로 틀린 것은?

① 인간의 산업활동을 통해서 발생된 화학물질이 생물체에 흡수되어 호르몬처럼 작용한다.
② 환경호르몬의 피해가 본격적으로 보고되기 시작한 것은 1990년대부터이다.
③ 호르몬의 특성상 인간을 제외한 동식물에는 영향을 끼치지 않는다.
④ 생물체에 흡수되면 내분비계 기능을 방해하는 유해한 물질이다.

해 환경호르몬 : 생물체에서 정상적으로 생성·분비되는 물질이 아니라 인간의 산업활동을 통해서 생성·방출된 것으로, 생물체에 흡수되면 내분비계의 정상적인 기능을 방해하거나 혼란하게 하는 화학물질을 말한다. 환경호르몬은 인간에게뿐만 아니라 동식물, 그리고 건물에도 악영향을 끼친다.

048 삼성SSAT

광촉매의 주원료는 무엇인가?

① CO_2
② ion
③ Mg
④ TiO_2

해 광촉매 : 이산화티탄 TiO_2를 주 원료로 하여 빛을 받으면 화학반응을 일으켜 유해한 물질을 무해한 물질로 변화시키는 친환경적 소재로 실내·외 공기정화, 냄새제거, 오염방지 등의 기능을 한다. 대표적인 예로는 산화타이타늄 TiO_2이 있다.

049 삼성SSAT

다음 중 틀린 내용은?

① 플랑크톤이 대량 번식하여 물색을 녹색으로 변화시키는 현상을 녹조라 한다.
② 호수나 연근해 등에 질소, 인 등의 영양분이 증가하는 것을 부영양화라고 한다.
③ 체내로 들어온 물질 중 지방과 잘 결합하는 물질은 생물농축을 일으키기 쉽다.
④ 물의 용존산소량을 감소시키는 데 가장 큰 역할을 하는 생물은 혐기성 미생물이다.

해 호기성 미생물 : 산소가 있는 곳에서 정상적인 생활을 하는 미생물
　　혐기성 미생물 : 무산소 상태에서 생육하는 미생물

유전자 변형체

생명공학기술을 이용해 인위적으로 유전적 특징을 바꾼 생물을 의미한다. 넓은 의미로는 동물도 포함하지만, 일반적으로는 농산물을 지칭한다. 제초제에 강한 콩, 해충에 강한 옥수수 등이 대표적이다. 전통적인 농업방식보다 비료나 제초제를 덜 쓰고도 수확량을 늘릴 수 있다는 점이 큰 장점이지만 유전자변형식품(GMO) 품종으로 인해 생태계가 교란되는 등 환경재앙이 발생할 수도 있다는 위험성을 안고 있다.

GMO

Genetically Modified Organism. 유전자변형식품

LMOs

Livings Modified Organisms. 유전자변형생물체

PCM

Post Consumer Material. 재활용소재

상식

DOC

Diesel Oxidation Catalyst. 디젤산화촉매장치. 배출가스 내의 용해성 유기물질을 제거하는 자동차 매연 저감장치이다.

DPF

Diesel Particulate Filter. 배출가스 중의 입자상 물질(PM)을 필터로 포집한 후 연소시켜 제거하는 자동차 매연 저감장치이다.

---

050 한국전력공사

다음 설명 중 바르지 않은 것은?

① 공해와 관련하여 대기오염, 수질오염 정도를 표시하는 단위는 ppm
　이다.
② 적조현상이란 부영양화로 플랑크톤이 이상 번식하여 바닷물이 붉게
　변하는 현상이다.
③ BOD란 물의 오염상태를 나타내는 지표의 하나로 화학적 산소 요구량
　을 말한다.
④ 데시벨(dB)은 소음공해 측정의 기준 단위이다.

해 BOD : 생화학적 산소 요구량

051 동아일보

반성장론의 주요 근거는?

① 인간 소외　　　　　　　② 경쟁의 격화
③ 빈부격차　　　　　　　④ 공해와 재해 유발

해 반성장론 : 환경이 오염된 원인을 경제활동에서 찾고 더 이상 오염되지 않게 하기 위해 성장을
멈춰야 한다는 주장이다.

052

CFC에 의한 오존층 파괴가 국제적인 문제로 대두되면서 각국의 CFC 사용 삭감과 생산 동결을 선언한 국제환경조약은?

① 몬트리올 의정서　　　　② 대구 의정서
③ 도쿄 의정서　　　　　　④ 나고야 의정서

해 대구 의정서 : 유전자를 변형시킨 곤충 및 세균에 대해 안정성 기준과 규제안을 결정한 가이드
라인이다.
　도쿄 의정서 : 기후변화협약에 따른 온실가스 감축목표에 관한 의정서이다.
　나고야 의정서 : 국가 간에 생물자원을 활용하여 생기는 이익을 공유하기 위한 지침을 담은 국
제협약이다.

ECO Anarchism

에코아나키즘은 에콜로지(Ecology)와 아나키즘(Anarchism)의 합성어로, 아나키즘의 시각으로 에콜로지 문제를 해결하자는 의미이다.

053 한겨레신문

다음 중 '녹색 사유'의 조류에 들지 않는 이론은?

① 근본생태론　　　　　② 사회생태론

③ 생태자유주의　　　　④ 생태사회주의

해 녹색 사유 : 자연을 소중히 여기고 보호할 줄 아는 사고로써 인간과 자연의 생태학적인 유대를 추구하는 사고를 말한다.

054 삼성SSAT

다음 중 쓰레기 등에서 과거 사람들의 섭생과 영양, 심지어 질병까지 파악할 수 있음을 주목하는 학문을 무엇이라고 하는가?

① 섭생고고학　　　　　② 영양고고학

③ 쓰레기고고학　　　　④ 질병예방학

해 쓰레기고고학 : garbage archaeology. 쓰레기 매립장 등에 포함되어 있는 폐기된 유물의 발굴을 통해 당대인들의 삶을 복원해내는 고고학의 한 분야이다.

Garbology

쓰레기(Garbage)에 학문을 뜻하는 접미사 logy를 붙여.만든 말이다. 쓰레기장을 조사해서 그 지역에 사는 사람들의 생활 실태를 알아보는 사회학의 한 수법을 말한다.

055 한겨레신문

국제 자연보호연맹(IUCN)이 야생 생물에게 가해지고 있는 위협의 정도를 표현하기 위하여 희귀 및 멸종위기 생물들의 현황을 조사하여 출판한 서적은?

① 레드데이터북　　　　② 블랙데이터북

③ 화이트데이터북　　　④ 옐로우데이터북

해 레드데이터북 : Red Data Book. 1966년 국제 자연보호연맹이 야생 생물을 멸종 위험성의 정도에 따라 등급을 매겨 발행한 간행물로 표지에 위험 신호를 뜻하는 빨간색을 사용한 데서 온 이름이다.

우포늪

낙동강 지류인 토평천 유역에 1억 4,000만 년 전 한반도가 생성될 시기에 만들어졌다. 담수면적 2.3km², 가로 2.5km, 세로 1.6km로 국내 최대의 자연 늪지이다. 1997년 7월 26일 생태계보전지역 가운데 생태계특별보호구역으로 지정되었고 이듬해 3월 2일에는 국제습지조약 보존습지로 지정되어 국제적인 습지가 되었다.

056 동아일보

배출부과금 부과대상 오염물질이 아닌 것은?

① 색소
② 부유물질
③ 분진
④ 특정 유해물질

배출부과금 : 배출허용기준을 초과하여 오염물질을 배출하는 사업자에 대하여 초과 배출한 오염물질의 처리에 소요되는 비용에 상당하는 경제적 부담을 줌으로써 배출허용기준의 준수(개선명령 등의 실효성)를 확보할 목적으로 1983년 9월 1일부터 시행되고 있다.

배출부과금 부과대상 오염물질

- 대기분야 오염물질(10) : 황산화물, 불소, 먼지, 악취, 염화수소, 염소, 시안화수소, 암모니아, 황화수소, 이황화탄소
- 수질분야 오염물질(12) : 유기물질, 부유물질, 카드뮴, 시안, 유기인, 납, 6가크롬, 비소, 수은, PCB, 구리, 크롬

057 한겨레신문

우리나라의 가장 중요한 상수원인 인공호수에 대한 설명 중 틀린 것은?

① 팔당호에 흘러 드는 북한강, 남한강, 경안천 가운데 가장 많은 오염물질을 날라 오는 하천은 북한강이다.
② 안동호, 소양호 등에서 일어난 적조현상은 식물성 플랑크톤의 대량 번식이 원인이었다.
③ 호수의 부영양화를 일으키는 데 결정적인 역할을 하는 오염물질은 인이다.
④ 우리나라의 호수는 대개 나뭇가지 모양을 하고 있고 유역면적이 넓어 수질오염에 취약하다.

경안천 : 경기도 용인시 처인구 호동의 용해곡 상봉에서 발원하여 서하리의 팔당호로 유입되는 국가하천으로, 팔당호 수계 가운데 생활하수가 가장 많다.

람사르 등록 보호습지(2014년 10월 기준)

습지명	소재지
대암산 용늪	강원도 인제군
창녕 우포늪	경상남도 창녕군
신안장도 산지습지	전라남도 신안군
순천만 · 보성 갯벌	전라남도 순천시 및 보성군 벌교읍
물영아리 오름습지	제주도 서귀포시
두웅습지	충청남도 태안군
무제치늪	울산시 울주군
무안갯벌	전라남도 무안군
강화 매화마름 군락지	인천시 강화군
오대산 국립공원 습지	강원도 원주시
물장오리오름 습지	제주도 제주시
1100고지 습지	제주도 서귀포시
서천갯벌	충청남도 서천군
고창 · 부안갯벌	전라북도 고창군 및 부안군
제주 동백동산 습지	제주도 제주시
고창 운곡습지	전라북도 고창군
증도갯벌	전라남도 신안군
한강밤섬	서울특별시 영등포구
송도갯벌	인천 연수구

058 한겨레신문

체르노빌 사고와 같은 대형 핵발전소 폭발사고가 일어났을 때 가장 많이 발생하는 암은?

① 뇌암
② 대장암
③ 피부암
④ 백혈병

우크라이나의 체르노빌 원전사고(1986년)로 1,000km 이내 거주자 중 피폭된 사람의 40% 이상이 백혈병이나 갑상선암으로 사망하였다. 방사능 오염이 완전하게 제거되려면 600년 이상 걸린다.

③ 주거환경 · 생활권

059 국민체육진흥공단, 전남교육청 기능직

청소년 통행금지구역을 일컫는 용어는?

① 블루존　　　　　　　　② 스쿨존
③ 레드존　　　　　　　　④ 그린존

해 레드존(Red Zone)이란 윤락가, 유흥주점, 숙박업소 등 청소년 유해환경으로부터 청소년들을 보호하기 위해서 자치단체장이 지정한 청소년 통행금지구역이다.

060 한국전력공사, 한국토지주택공사

도시지역 내의 지가 급등 내지 각종 공해로 주민들이 도시 외곽으로 진출하면 도심은 텅 비어 공동화되고 외곽지역은 밀집되는데 이러한 현상을 무엇이라 하는가?

① 뉴 리치 현상　　　　　② 람보 현상
③ 도넛 현상　　　　　　④ 스모그 현상

해 도넛 현상 : 공동화 현상과 같은 의미로, 도시 중심부의 상주인구가 감소하고 도시 주변의 인구가 뚜렷하게 증가하는 현상을 말한다.

061 삼성SSAT

'우리 지역 발전을 위한 것이라면 우리 지역에'라는 뜻으로 통용되는 용어는?

① PIMTOO 현상　　　　② PIMFY 현상
③ BANANA 현상　　　　④ Nimby 현상

해 PIMFY 현상 : Please in my front yard. 연고가 있는 자기 지역에 수익성 있는 사업을 유치하고자 하는 현상이다.
PIMTOO 현상 : Please in my terms of office. 월드컵 경기장, 사회복지시설 등 선호시설을 자신의 임기 중에 유치하려는 것으로, 선출직 공직자 사회에서 나타나는 현상이다.
NIMTOO 현상 : Not in my terms of office. 직역하면 '나의 공직 재임기간 중에는 안 된다.'는 뜻이다.

환경권

인간이 건강하고 쾌적한 생활을 유지하는 데 필요한 모든 조건을 충족시키는 양호한 환경을 구하는 권리를 말한다.

공중권

Air Rights. 건축물 도로 등의 부지에 따른 공중공간의 사용권으로, 우리나라에서는 아직 입법화되지 못하고 해석상 지상권의 일부로 인정하고 있다.

조망권

眺望權. 먼 곳을 바라볼 수 있는 권리이다.

일조권

日照權. Right to sunshine. 햇빛을 받아 쬘 수 있다는 법률상의 권리를 말한다.

통풍권

거주공간에 통풍이 잘 되도록 요구할 수 있는 권리이다.

BANANA 현상	'Build Absolutely Nothing Anywhere Near Anybody' '어디에든 아무 것도 짓지 마라'는 뜻
Nobyism	이웃이나 사회에 피해가 가더라도 자신에게 손해가 되지 않는 일에는 무관심으로 일관하는 철저한 개인주의
NIMBY	장애인 시설, 쓰레기 소각장, 하수 처리장, 화장장, 핵폐기물 처리장 등의 혐오시설물이 들어서는 것을 반대한다는 의미로 '내 뒷마당에서는 안 된다'(Not in my Backyard)는 뜻

---

062 항공기의 초음속 비행에서 발생하는 폭발음을 무엇이라고 하나?

062. Sonic Boom

063 도심의 온도가 대기오염 등의 영향으로 주변 지역보다 높게 나타나는 현상은?

063. 열섬현상

064 열대야의 기준이 되는 기온은?

064. 25℃

065 지하 대수층으로부터 인공적인 구멍에서 퍼올리거나 자연적으로 솟아난 미생물이 전혀 없는 물을 가리키는 말은?

065. 광천수

066 OECD 각국의 환경개선 정도(Performance)를 계량화하여 각 정부의 환경개선노력을 평가하는 지표로 사용하고 있는 지수는?

066. EPI

067 CBD

067. Convention on Biological Diversity. 생물다양성협약을 말한다.

068 지하댐

068. 지하수가 흐르는 땅속에 인공 물막이 벽을 설치, 물을 가둔 뒤 관정 등을 이용해 지상으로 물을 끌어올리는 소규모 지하 저류지를 말한다.

069 비 씨

069. Cloud Seed. 구름층에 형성되어 있는 비를 말하며 인공강우 기술도 지난 46년부터 전 세계적으로 개발되어 현재 40여 개국에서 실용화되어 있다.

070 카르타헤나 의정서

070. 유전자변형생물체의 국가 간 이동을 규제하는 국제협약으로, 정식 명칭은 '바이오안전성에 대한 카르타헤나 의정서'이다.

CHAPTER 10

자연과학

CHAPTER 10

자연과학

① 생물

001 현대자동차

생물이 외부로부터 물질을 섭취하여 신체의 구성물질로 바꾸고 신체에서 생긴 노폐물을 몸 밖으로 배출하는 작용은?

① 동화작용
② 이화작용
③ 원형질유통
④ 물질대사

해 물질대사에 대한 설명이다.

002 MBC

생물의 유전현상에서 중심 역할을 하는 DNA에 대한 다음 설명 중 사실과 다른 것은?

① 지난 1953년 영국의 왓슨과 크릭에 의해 밝혀졌고 이들은 그 이후 노벨상을 수상했다.
② 2중 나선형의 분자구조를 하고 있다.
③ 주로 세포질에 존재한다.
④ 염기와 당류, 인산으로 구성된 고분자 화합물이다.

해 DNA는 주로 핵 속에 존재한다.
DNA : Deoxyribonucleic Acid. 1953년 영국의 왓슨과 크릭에 의해 밝혀진 DNA는 자연에 존재하는 2종류의 핵산 중에서 디옥시리보오스를 가지고 있는 핵산이다. 유전자의 본체를 이루며 디옥시리보핵산이라고도 한다. 진핵 생물에서는 주로 핵 속에 있다. 아데닌, 구아닌, 시토신, 티민의 4종의 염기를 함유하며, 그 배열 순서에 유전 정보를 포함한다. 2중 나선 구조가 대표적인 특성이다.

003

유전자가위에 대한 설명으로 옳은 것은?

① 제한된 부위의 DNA를 정교하게 잘라내는 기술이다.
② 인간 및 동식물 세포의 유전자 교정에 사용된다.
③ 특정한 DNA 구간을 절단하는 과정에서 이루어진다.
④ 사람의 유전질환은 치료 가능하지만 농작물 품질 개량은 불가능하다.

해 유전자가위 : Gene Scissors. 인간 및 동식물 세포의 유전체를 교정하는 데 사용되는 유전자 교정(Genome Editing) 기술로 유전체에서 특정 염기 서열을 인식한 후 해당 부위의 DNA를 정교하게 잘라내는 시스템을 말한다.

물질대사

생물체 내에서 일어나는 물질의 분해나 합성과 같은 모든 물질적 변화를 말한다. 모든 생물은 주위 환경으로부터 자신에게 필요한 물질을 흡수하는데 이렇게 흡수한 물질들을 이용해 자신에게 필요한 물질을 합성하기도 하고, 또는 물질을 분해하면서 그로부터 생명 활동에 필요한 에너지를 얻기도 하는데 이러한 과정에서 생긴 부산물이나 노폐물을 배출하는 등 생물체가 자신의 생명 유지를 위해 진행하는 모든 과정을 물질대사라고 한다.

이화작용

생물이 체내에서 고분자 유기물을 좀 더 간단한 저분자 유기물이나 무기물로 분해하는 과정을 말한다.

동화작용

생물이 외부로부터 받아들인 저분자 유기물이나 무기물을 이용해 자신에게 필요한 고분자 화합물로 합성하는 작용을 말한다.

신진대사

생물체(동물)가 생존과 성장을 위하여 기본적으로 필요로 하는 영양분 섭취와 새로운 물질로의 전환, 그리고 에너지 생산 등에서 수행되는 일련의 화학적 반응을 지칭하는 말이다.

004

비타민 B군에 속한 동물의 정상 발육에 반드시 필요한 영양소는?

① 비타민 B10
② 비타민 B11
③ 비타민 B12
④ 비타민 B13

해 비타민 B12는 비타민 B군에 속하는 수용성 비타민의 한 종류로 세포분열에 관여하고 DNA, RNA, 혈액을 생성하며 신경조직의 대사에 중요한 역할을 한다.

005 한국토지주택공사

간에 작용하여 포도당을 글리코겐으로 변하게 하고, 체내의 포도당 소비를 촉진시킴으로써 혈당량을 줄게 하는 호르몬은?

① 인터페론
② 구아닌
③ 인슐린
④ 아데닌

해 인슐린 : 혈액 속의 포도당의 양을 일정하게 유지시키는 역할을 한다.
구아닌 : 핵산 구성성분인 퓨린 염기의 일종이다.
아데닌 : 생물에서 얻어지는 염기성 물질로 생체 내에서는 핵산 · ADP · ATP의 구성성분으로 함유되어 있다.

006 경향신문

생체리듬을 조절하는 호르몬으로 최근 노화방지약으로도 주목받고 있는 것은?

① 멜라토닌
② 칼시토닌
③ 프로게스테론
④ 도파민

해 멜라토닌 : 밤에 생성되는 호르몬으로 생체 리듬을 조절하며 노화를 방지하는 데도 영향을 준다.

007 한겨레신문

유전자 조작을 통해 새로운 형질을 지닌 작물로 상업화한 최초의 농산물은?

① 감자
② 벼
③ 토마토
④ 면화

해 유전자 조작 : 유전자를 특수한 효소를 이용하여 절단하기도 하고 연결하기도 하며, 그것을 세포 내에서 그 수를 늘려가게 하는 기술이다.

반성유전

Sex Linked. 일반적인 상염색체상의 유전자에 의한 것이 아니고, 성염색체인 X Chromosome 상에서 일어나는 유전을 말한다.

칼시토닌

혈액 속의 칼슘량을 조절하는 갑상선 호르몬으로 갑상선 C세포에서 분비되는 32개의 아미노산으로 이루어진 폴리펩티드이며, 혈액 속의 칼슘의 농도가 정상치보다 높을 때 그 양을 저하시키는 작용을 한다.

프로게스테론

난소의 황체에서 생산하는 스테로이드호르몬으로 '여성호르몬' 또는 '황체호르몬'이라고도 한다.

자연과학

도파민

호르몬이나 신경전달물질로써 중요한 노르에피네프린과 에피네프린 합성체의 전구물질로 뇌신경 세포의 흥분 전달 역할을 한다.

유전자조작농산물
GMO : Genetically Modified Organism

생명공학기술을 이용하며 특정 작물의 유용한 유전자를 분리해 다른 작물에 삽입 · 재조합한 것으로, 유전자변형농산물이라고도 한다. 최초의 유전자조작농산물은 1994년 미국 칼진사가 얼지 않는 성질을 가진 넙치의 유전자를 떼어내 토마토에 이식함으로써 개발한 '무르지 않는 토마토'로, 최초로 상업화되었다.

---

② 물리

008 한국전력공사, 경향신문

뉴턴의 3대 운동법칙이 아닌 것은?

① 관성의 법칙
② 가속도의 법칙
③ 만유인력의 법칙
④ 작용 · 반작용의 법칙

剴 만유인력의 법칙 : 질량을 가진 모든 물체는 두 물체 사이에 질량의 곱에 비례하고 두 물체의 질점 사이 거리의 제곱에 반비례하는 인력이 작용한다는 법칙으로, 1665년 영국 물리학자 아이작 뉴턴이 발견했다.

뉴턴의 운동법칙

• **제1법칙** : 물체에 작용하는 힘이 '0'일 때 그 물체는 정지해 있거나 등속직선 운동을 한다(관성의 법칙).
• **제2법칙** : 물체에 작용하는 힘이 '0'이 아닐 때 그 물체는 힘의 방향으로 가속(시간에 따른 속도의 변화)되며 가속도의 크기는 힘의 크기에 비례한다(가속도의 법칙).
• **제3법칙** : 접촉하는 두 물체 사이의 작용력과 반작용력은 항상 같은 크기를 가지며 반대 방향이다(작용 · 반작용의 법칙).

009 한국전력공사

자장 안에서 전류가 흐르고 있는 도체가 받는 힘의 방향은 어느 법칙에 의하여 결정되는가?

① 플레밍의 왼손 법칙
② 플레밍의 오른손 법칙
③ 맥스웰의 왼손 법칙
④ 앙페르의 왼손 법칙

剴 플레밍의 왼손 법칙 : 자기장 속에 있는 도선에 전류가 흐를 때 자기장의 방향과 도선에 흐르는 전류의 방향으로 도선이 받는 힘의 방향을 결정하는 규칙이다. 전동기의 원리와도 관계가 깊다.
플레밍의 오른손 법칙 : 자기장 속에서 도선이 움직일 때 자기장의 방향과 도선이 움직이는 방향으로 유도 기전력의 방향을 결정하는 규칙이다. 발전기의 원리와도 관계가 깊다.

앙페르의 법칙

전류와 자기 마당의 관계를 나타내는 법칙이다. 닫힌 원형 회로에서의 전류가 이루는 자기 마당에서 어떤 경로를 따라 단위 자극을 일주(一周)시키는 데에 필요한 일의 양은, 그 경로를 가장자리로 하는 임의의 면을 관통하는 전류의 총량에 비례한다는 것이다.

010 포항시설관리공단

석회암 등 퇴적암이 많은 지역에서 주로 발생하는 자연 현상으로, 땅이 가라앉아 생긴 구멍을 무엇이라 하는가?

① 싱크홀
② 덩크홀
③ 다운홀
④ 그레이트홀

剴 싱크홀 : 석회암 등 퇴적암이 많은 지역에서 주로 발생하는 자연 현상으로, 땅이 가라앉아 생긴 구멍을 의미한다. 현재 세계적으로 싱크홀이 주목받고 있으며 그 이유는 상하수도 공사, 지하철 공사, 지하수 개발 등의 인위적인 이유로 인하여 도시 내 싱크홀이 많이 발생하기 때문이다.

011

열역학에서 취급하는 양 가운데로 H로 표기되며, 열 함량을 나타내는 것은 무엇인가?

① 엔트로피　　　　　　　　② 엔탈피
③ 칼로리　　　　　　　　　④ 산성도

해 **엔탈피** : Enthalpy. 열역학 함수의 하나. 계(系) 밖에서 가해진 압력과 그것에 의하여 변화한 계의 부피의 곱을 계의 내부 에너지에 합한 양으로, 일정한 압력 아래에서 계에 출입하는 열량은 엔탈피의 변화량과 같다(기호는 H).
엔트로피 : Entropy. 무질서도. 물리계 내에서 일하는 데 사용할 수 없는 에너지를 나타내는 척도이다.
칼로리 : 열량의 단위로써, 1atm에서 순수한 물 1g을 14.5℃에서 15.5℃까지 1℃ 올리는 데 필요한 열량을 1칼로리로 정의한다. 보통 'cal'이라고 표기한다.
산성도 : 용액의 산성의 정도 및 산의 세기의 정도로 수소이온지수(pH)와 산도로 구분한다. 산도는 산을 용매에 녹였을 때 양성자가 어느 정도의 세기로 방출되는가를 의미한다.

012 롯데

공기 중에 떠있는 액체 또는 고체 입자를 통칭하는 이름은?

① 에어로졸　　　　　　　　② 하이드로졸
③ 오존　　　　　　　　　　④ 안개

해 **에어로졸** : Aerosol. 지구 대기 중을 떠도는 미세한 고체 입자 또는 액체 방울을 뜻한다. 일반적으로 에어로졸은 에어로졸 스프레이 용기 등에서 나온 것을 말하기도 한다.

013 MBC

고체, 액체, 기체에 이은 제4의 물질상태로서 고온에서 음전하를 가진 전자와 양전하를 띤 이온으로 분리된 기체상태를 말하는 것은?

① 에테르(Ether)　　　　　　② 카오스(Chaos)
③ 엔트로피(Entropy)　　　　④ 플라스마(Plasma)

해 **플라스마** : Plasma. 기체 상태의 물질에 계속 열을 가하여 온도를 올려주면, 이온핵과 자유전자로 이루어진 입자들의 집합체가 만들어진다. 이것을 물질의 세 가지 형태인 고체, 액체, 기체와 더불어 '제4의 물질상태'라고 하며, 이러한 상태의 물질을 플라스마라고 한다.
에테르 : Ether. 빛을 파동으로 생각했을 때 이 파동을 전파하는 매질로 생각되었던 가상적인 물질이다.
카오스 : Chaos. 그리스인(人)의 우주개벽설(Kosmogonia)에서 비롯된 만물 발생 이전의 원초(혼돈)상태이다.

열역학 제1법칙

에너지 보존의 법칙. 자연계에 존재하는 많은 형태의 에너지는 그 형태가 바뀌거나 한 물체에서 다른 물체로 에너지가 옮겨갈 때, 서로 일정한 양적 관계를 가지고 변환하며 그 총량은 일정하게 유지된다는 법칙이다.

열역학 제2법칙

고립계에서 총 엔트로피(무질서도)의 변화는 항상 증가하거나 일정하며 절대로 감소하지 않는다는 법칙이다. 즉, 에너지 전달에는 방향이 있다는 것이다.

열역학 제3법칙

절대영도에서의 엔트로피에 관한 법칙으로, 절대영도에서 열용량은 '0'이 된다.

보일 – 샤를의 법칙

온도가 일정할 때 기체의 압력은 부피에 반비례한다는 보일의 법칙과 압력이 일정할 때 기체의 부피는 온도의 증가에 비례한다는 샤를의 법칙을 조합하여 만든 법칙이다. 온도, 압력, 부피가 동시에 변화할 때 이들 사이의 관계를 나타낸다.

Chapter
10

자연과학

014 중앙일보

지구 대기 상층부의 전리층에 대한 설명 중 부적절한 것은?

① 이온(ion) 전자를 많이 포함하고 있다.

② 태양의 자외선에 의해 전자 및 분자가 전리되어 생긴다.

③ 여러 층으로 구분되며 전파를 반사하므로 산란파 통신에 이용된다.

④ 밤보다는 낮에 전리층 반사가 더 잘 일어난다.

해 **전리층** : 태양 에너지에 의해 공기 분자가 이온화되어 자유 전자가 밀집된 곳이다. 전리층은 지상에서 발사한 전파를 흡수 · 반사하며 무선 통신에 중요한 역할을 한다. 쉽게 표현해서 지구를 하나의 거대한 자석이라고 할 때, 이 자기의 힘에 따라 자성을 띠거나 전기의 힘을 띠는 입자들(이온과 자유 전자)이 지구 외부를 돌면서 껍질처럼 지구를 덮고 있는데, 이것을 전리층이라고 한다.

이온 : 전자를 잃거나 얻어서 전기를 띤 원자 또는 원자단이다. 양전하를 띤 이온을 양이온, 음전하를 띤 이온을 음이온이라 한다.

015 삼성SSAT

오로라(Aurora)에 대한 설명으로 옳지 않은 것은?

① 극광이라고도 하며 라틴어로는 '새벽'이라는 뜻이다.

② 지구 자기의 북극을 중심으로 반지름이 약 20~25도 부근의 계란형 지대에 잘 나타난다.

③ 오로라는 선상 구조를 갖는 것과 갖지 않는 것, 광염상인 것이 있다.

④ 오로라의 활동은 달(月)의 활동과 관계가 있다.

해 오로라의 활동은 달이 아니라 태양에서 방출된 플라스마에 의해 나타나는 현상이다.

오로라 : 태양에서 방출된 대전입자(플라스마)의 일부가 지구 자기장에 이끌려 대기로 진입하면서 공기분자와 반응하여 빛을 내는 현상이다. 북반구와 남반구의 고위도 지방에서 흔히 볼 수 있다. 오로라(Aurora)는 '새벽'이라는 뜻의 라틴어로, 1621년 프랑스의 과학자 피에르 가센디가 로마신화에 등장하는 여명의 신 아우로라(Aurora, 그리스 신화의 에오스)의 이름을 따서 명명한 것이다. 극광(極光)이라고도 하며 북반구에서는 Northern Light라고도 한다. 동양에서는 적기(赤氣)라고 한다.

지구의 대기권

- **대류권** : 지구 대기의 가장 안쪽 부분으로, 지표로부터 약 10km 높이까지의 대기를 말한다.
- **성층권** : 10km와 50km 사이의 대기이다.
- **중간권** : 50km에서 80km 높이의 대기를 말하며, 오존층은 성층권에서 형성된다.
- **열권** : 80km 이상의 높이에 있는 대기의 층으로, 대기가 매우 희박하여 자유 전자들이 존재한다.

카르만선(Karman Line)

국제적으로 통용되는 지구의 경계로 해발 100km의 가상의 선이다. 헝가리 출신 과학자인 카르만(Karman)의 이름을 따 만들어졌다. 카르만은 해발 약 100km 이상인 곳에서는 대기가 너무 얇아 비행기가 공기에 의해 떠 있으려면 공전 속도보다 빨리 움직여야 된다는 사실을 발견하고서 100km 이상은 지구보다 우주에 가깝다고 보고 그곳을 지구의 경계로 정의했다.

016 서울메트로

천체의 방위각과 시각을 측정하는 데 기준이 되는 자오선은?

① 경도 $90°$

② 경도 $120°$

③ 경도 $150°$

④ 경도 $180°$

해 자오선 : 천구상에서 지평의 남북점, 천정, 하늘의 양극을 연결하는 대원이다. 관측지점에 고정시켜 생각할 수 있는 기준선으로, 천체의 방위각과 시각을 측정하는 기준이 된다.

017 인천교통공사

표준시와 지방시에 대한 설명으로 바르지 못한 것은?

① 평균 태양이 남중한 순간을 그 지방에서 12시라 정한 시간을 지방시라 한다.

② 우리나라는 서울에 태양이 남중한 순간을 12시로 정하고 있다.

③ 우리나라는 동경 135도선의 지방시를 표준시로 쓰고 있다.

④ 우리나라의 표준시는 영국 그리니치 지방시보다 9시간 빠르다.

⑤ 우리나라와 일본의 표준시는 같다.

해 우리나라의 현재 표준시는 동경 135도를 사용하고 있다. 즉, 우리나라의 낮 12시는 동경 135도 지점에 태양이 남중하는 순간이다.

018 삼성SSAT

행성의 크기 순으로 옳게 나열된 것은?

① 목성 - 토성 - 천왕성 - 해왕성 - 지구 - 금성 - 화성 - 수성

② 목성 - 토성 - 천왕성 - 금성 - 화성 - 해왕성 - 수성 - 지구

③ 수성 - 금성 - 지구 - 화성 - 목성 - 토성 - 천왕성 - 해왕성

④ 수성 - 금성 - 지구 - 천왕성 - 화성 - 목성 - 토성 - 해왕성

해 지름을 기준으로 목성(14만 2,800km) - 토성(12만km) - 천왕성(5만 1,200km) - 해왕성(4만 9,528km) - 지구(1만 2,740km) - 금성(1만 2,104km) - 화성(6,780km) - 수성(4,878km) - 왜소행성(2,300km) 순이다.

지방시

그리니치 이외의 지점의 자오선을 기준으로 한 시각으로, 그리니치의 본초 자오선상의 지방 평균 태양시를 특히 세계시라고 하며 세계 각국이 공통으로 사용한다. 한국은 동경 135°인 지점의 지방시를 표준시로 사용한다.

표준시

각 나라나 각 지방에서 쓰는 표준 시각이다. 평균 태양이 자오선을 통과하는 때를 기준으로 정하는데, 일반적으로 경도 15° 차이마다 1시간씩 다른 표준시를 사용한다.

남중

지구가 자전을 하여 천체가 천구의 북쪽 위쪽으로 자오선을 통과하는 것을 말하며 정중 또는 자오선 통과라고도 한다.

날짜변경선

동경 180도의 선을 따라 남극과 북극을 잇는 경계선을 말한다.

태양과 행성 간의 거리

태양 – 명왕성 : 60억km
태양 – 천왕성 : 29억km
태양 – 수성 : 5,790만km
태양 – 금성 : 1억 820만km
태양 – 화성 : 2억 2,800만km
태양 – 지구 : 1억 4,960만km
태양 – 목성 : 7억 7,830만km
태양 – 토성 : 14억 2,700만km
태양 – 해왕성 : 44억 9,700만km

---

014 ② 015 ④ 016 ④ 017 ② 018 ① **답**

019 KBS 방송기술

2018년 2월에 제트 여객기 18대를 합친 추진력을 내는 거대 우주선 '팰컨 헤비'를 발사한 민간 우주기업의 이름은?

① 스페이스W

② 스페이스X

③ 스페이스Y

④ 스페이스Z

해 스페이스X는 미국의 항공우주 장비 제조와 생산 및 우주 수송 회사로 우주로의 수송 비용을 획기적으로 절감하고 화성을 식민지화하겠다는 목표 아래 2002년 인터넷 벤처기업 페이팔의 창업자인 일론 머스크에 의해 설립되었다.

020 삼성SSAT

태양계의 행성 중 하나였으나 행성분류법이 바뀜에 따라 행성으로써의 지위를 박탈당한 것은?

① 천왕성

② 명왕성

③ 수성

④ 해왕성

해 명왕성 : 태양계에 있는 왜소행성이다. 1930년 발견 이후 태양계의 9번째 행성으로 불렸으나, 2006년 국제천문연맹(IAU, International Astronomical Union)으로부터 행성 지위를 박탈당했다.

왜소행성

2006년 8월 국제천문연맹(IAU)에서 태양계의 행성에 대한 분류법을 새로 개정하면서 만들어진 천체의 한 종류이다. 소행성과 행성의 중간 단계의 천체를 분류할 때 쓰인다.

021

국제우주정거장에 대한 설명으로 틀린 것은?

① 미국과 유럽우주기구 산하 11개국이 참여한 다국적 프로젝트이다.

② 하루 14~15회 지구궤도를 돌고 있다.

③ 무인우주비행으로 설계되었다.

④ 우주선보다 확장된 우주기술 관련 연구를 할 수 있다.

해 국제우주정거장 : International Space Station(ISS). 미국과 유럽우주기구 산하 11개국, 일본, 캐나다, 브라질, 러시아 등 16개국이 참여한 다국적 유인우주비행 프로젝트로 320~460km의 고도에서 7.6km의 속도로 하루 14~15회 지구궤도를 돌고 있다. 우주 공간에서 사람이 장기간 머물 수 있도록 설계되었으며 우주선에서 실행된 실험들보다 확장된 우주기술 관련 연구를 수행할 수 있다.

소행성

태양을 공전 궤도로 하여 돌고 있는 태양계의 한 구성원인 작은 천체를 말한다. 소행성은 태양을 공전궤도로 하여 돌고 있는 천체 중 행성(Planet)보다는 작지만 유성체(Meteoroid)보다는 큰 천체를 의미하며, 혜성은 포함하지 않는다.

우리가 발견하여 공인받은 소행성

전영범(보현산천문대 그룹장) 박사와 그의 일행은 2002년 태양계 안에 있는 5개의 소행성을 발견하였다. 이들 소행성의 이름은 허준과 최무선, 이천, 장영실, 이순지이며, 국제천문연맹(IAU)의 국제소행성센터는 이들이 발견한 소행성을 새로운 별로 인정했다.

022 중앙일보

우주대폭발의 '빅뱅' 이론을 증명하는 데 이용되는 이론은?

① 케플러(Kepler) 효과　　　② 보데(Bode) 효과

③ 도플러(Doppler) 효과　　④ 코리올리(Coriolis) 효과

해 우주 팽창을 관측할 때는 도플러 효과를 이용한다.

023 한국환경공단

27개의 위성과 13개의 테(고리)를 가지고 있는 외행성은?

① 화성　　　　　　　　　　② 목성

③ 토성　　　　　　　　　　④ 천왕성

해 천왕성 : 태양계에 속하는 태양의 일곱 번째 행성인 천왕성에는 27개의 위성이 돌고 있는 것으로 밝혀졌다. 그 가운데 미란다 · 아리엘 · 움브리엘 · 티타니아 · 오베론 주요 5개 위성은 오래 전부터 알려져 있었고, 나머지 10개 위성은 1986년에 보이저 2호가 발견했다. 천왕성의 고리는 보이저 2호와 허블 우주망원경 등을 통해, 천왕성의 주위에 13개의 고리가 적도면 내에 있음이 발견되었다.

024

인류의 달 탐사 역사에 대한 설명으로 바르지 않은 것은?

① 1966년 소련에서 발사한 무인 달 탐사선 루나 9호가 최초로 달 표면에 연착륙했다.

② 1969년 아폴로 11호는 인류 최초로 달에 착륙했다가 지구로 귀환하면서 역사적 이정표를 남겼다.

③ 1998년에는 미국의 루나 프로스펙터호가 달의 극지방을 탐사하고 달 전체의 화학 조성 지도를 작성했다.

④ 2008년에는 인도가 달 궤도선 찬드라얀 1호를 발사해 궤도 진입에 성공했으나 통신이 두절 되었다.

⑤ 2018년에는 중국이 창어 4호를 발사해 인류 최초로 달 뒷면에 착륙을 시도했으나 실패했다.

해 중국은 창어 4호를 발사해 2019년 1월 3일 인류 최초로 달 뒷면에 착륙하는 데 성공했다.

도플러 효과

소리나 빛이 발원체(發源體)에서 나와 발원체와 상대적 운동을 하는 관측자에게 도달했을 때 진동수에 차이가 나는 현상을 말한다.

보데의 법칙

태양에서 행성까지의 거리에 관한 경험적인 법칙으로, 태양에서 행성까지 실사거리를 구하는 경험식이다.

케플러의 법칙

독일의 천문학자 케플러가 발견한 것으로 행성의 세 가지 운동법칙이다. 제1법칙은 행성이 태양을 초점으로 타원궤도로 공전한다는 것이고, 제2법칙은 행성의 속도와 동경이 그리는 넓이의 곱이 항상 일정하다는 것이다. 제3법칙은 행성의 공전주기의 제곱은 공전궤도 긴 반지름의 세제곱에 비례한다는 것이다.

코리올리(Coriolis) 효과

일정하게 회전하고 있는 계(系)에서는 회전 중인 물체에는 원심력이 생기지만, 만약 물체가 운동하고 있으면 원심력뿐만 아니라 운동의 방향에 수직한 속도에 비례하는 힘이 생긴다는 것이다.

관성 비행

Coasting Flight. 로켓 추진이 작동하지 않을 때 비행하던 타성에 의하여 지속되는 비행을 말한다.

정지궤도 위성

Geo - synchronous Orbit. 지구의 자전 주기와 동일하게 지구 주위를 공전하는 위성으로 지구 중심에서 36,000km 고도를 유지하면서 지구의 자전속도와 같은 시속 11,000km의 속도로 지구 주위를 돌고 있는 위성을 말한다.

025 EBS

다음 중 통신위성이 아닌 것은?

① ECHO
② SYNCOM
③ INTELSAT
④ EXPLORER

해 통신위성 : 에코, 쿠리에, 텔스타, 신콤, 얼리버드(인텔샛 1호), 무궁화 1 · 2 · 3 · 5호 등이 있다.

026 삼성SSAT, MBC

미국의 무인 화성탐사선은?

① 컬럼비아호
② 디스커버리호
③ 패스파인더호
④ 스푸트니크호

해 컬럼비아호 : 미국이 개발한 스페이스 셔틀(유인 우주왕복선) 제1호기이다.
디스커버리호 : 사상 최초로 국제우주정거장(ISS) 도킹에 성공한 미국의 우주왕복선이다.
스푸트니크호 : 러시아에서 발사한 세계 최초의 인공위성이다.

027 한겨레신문

미국 항공우주국(NASA)의 화성탐사와 관련된 설명으로 틀린 것은?

① 2002년 9월 화성에 성공적으로 착륙한 화성 탐사선 마스 패스파인더 는 탐사 로봇 소저너가 채취한 화성 토양 표본을 지구로 가지고 돌아 오는 데 성공했다.
② 미국 항공우주국은 오는 2030년까지 화성에 인간을 보내기 위해 일련 의 탐사선을 계속 보낼 계획이다.
③ 화성은 지구에서 달까지의 거리보다 1,000배나 멀리 떨어져 있어 패 스파인더가 화성에 도착하는 데도 7개월이 걸렸다.
④ 미국이 패스파인더 이전까지 쏘아 올린 화성 탐사선은 모두 25기로, 그 중 바이킹 등 6기만 성공했다.

해 NASA는 1998년 3월 10일까지 패스파인더와 통신 재개를 시도했지만, 10월 7일에 짧은 신호 를 수신한 것 외에는 통신은 재개되지 않았다. 그 이후 2013년에 화성탐사로봇 큐리오시티 (Curiosity)가 화성의 암석에 드릴로 구멍을 뚫어 암석 가루를 채취하는 데 성공했다.

인공위성의 종류

• 방송통신위성(Communication Sa – tellite) : 무궁화호
• 지구관측위성(Earth Observation Sa – tellite) : 아리랑호, 천리안호
• 과학위성(Scientific Satellite, 순수 연구목 적) : 우리별호
• 첩보, 정찰위성(Spy or Reconnai – ssance Satellite)

미국의 우주개발계획

• 서베이어계획(Surveyor Program) : 미국 의 무인 달 표면 탐사계획이다.
• 머큐리계획(Project Mercury) : 유인 우주 비행 탐사 계획이다.
• 제미니계획(Project Gemini) : 미국 우주개 발의 일환인 2인승 우주선의 발사계획 이다.
• 아폴로계획(Apollo Project) : 우주비행사 를 달에 착륙시켰다가 지구로 안전하게 귀환시키는 계획이다.
• 오즈마계획(Project Ozma) : 고등 외계생 명체가 태양계로 신호를 보내고 있다는 가정하에 이 신호를 포착하려는 계획 이다.
• 바이킹계획(Viking Project) : 화성에 직접 무인 탐사선을 착륙시켜 화성의 토질을 분석하고, 기후조건 및 주위환경을 조 사하여 화성의 생물 검출과 물리적 조 사를 하기 위한 계획이다.

미국의 우주왕복선 발사 순서

컬럼비아호(최초의 우주왕복선) – 챌린저 호 – 디스커버리호 – 엔데버호 – 애틀랜 티스호

④ 도량형 단위

028 한국전력공사

SI단위계 가운데 기본 단위에 속하지 않는 것은?

① 압력(Pascal)　　　　② 온도(K)

③ 시간(S)　　　　　　④ 광도(cd)

해 **국제단위계** : 도량형의 하나로, 미터법 또는 MKS 시스템(Meter − Kilogram − Second)이라고도 불린다. 국제 단위계는 현재 세계적으로 상업적으로나 과학적으로나 널리 쓰이는 도량형이다. 길이(미터, M), 질량(킬로그램, kg), 시간(초, S), 전류(암페어, A), 열역학 온도(켈빈, K), 물질량(몰, Mol), 광도(칸델라, Cd) 등이 있다.

029 중앙일보

다음 중 크기가 가장 큰 단위는?

① ppm　　　　　　② ppb

③ nano　　　　　④ a

해 **ppm** : 1백만분의 1
ppb : parts per billion. 농도의 단위. 10^{-9}

030

다음은 우리 고유의 셈 단위를 설명한 것이다. 잘못된 것은?

① 필(疋) : 말이나 소를 세는 단위

② 척(隻) : 배를 세는 단위

③ 대(臺) : 차나 기계, 악기 따위를 세는 단위

④ 첩(帖) : 약 뭉치 세는 단위

⑤ 평(坪) : 면적 단위. 1평은 약 $3.3058m^2$에 달한다.

해 **필(疋)** : 일정한 길이로 말아놓은 피륙을 세는 단위. 비단 한 필
필(匹) : 말이나 소를 세는 단위

우리나라 고유의 셈법

쾌	북어 20마리, 엽전 10냥(관)
축	오징어 20마리
관	한 사람이 낚은 열 마리의 고기
두름	생선 열 마리 두 줄 산나물 열 모숨
손	생선 두 마리
죽	옷, 그릇의 열 벌
접	마늘, 과일 100개
쌈	바늘 24개
타	물품 12개
톳	김 100장 1묶음
제	한약 스무 첩
연	종이 원지 500장
섬	나락 10가마
판	달걀 30개

031 남극 지방에서 일어나는 눈보라 현상은?

031. 블리자드(Blizzard)

032 유전자 변형식품 표시 대상은?

032. 콩, 콩나물, 옥수수, 감자

033 우리 몸에 어떤 침입물질이 들어왔을 때 달려가서 잡아먹는 식균 작용을 하면서 면역체계에 중요한 역할을 담당하는 백혈구의 일종은?

033. 림프구

034 식물의 뿌리가 중력 방향, 즉 땅속 또는 지구 중심 방향으로 자라는 성질은?

034. 양성 굴지성

035 힘의 3요소는?

035. 힘의 크기, 작용점, 방향

036 하늘과 바다가 파랗게 보이는 것은 빛의 무슨 작용 때문인가?

036. 빛의 산란

037 별의 색깔이 다른 이유는 무엇 때문인가?

037. 표면온도의 차이

038 나뭇잎에 물방울이 맺히는 현상은 어떤 이론으로 설명할 수 있는가?

038. 표면장력

039 Plasma

040 적색편이

041 Docking

042 반감기(半減期, Half − life)

043 Genome

044 절대온도

045 완전비탄성충돌

046 마그누스 효과

047 Crevasse

Answer

039. 자유로이 운동하는 음양(陰陽)의 하전입자(荷電粒子)가 중성 기체와 섞여 전체적으로는 전기적 중성인 상태를 말한다.

040. 먼 곳에 있는 성운의 스펙트럼선의 파장이 약간 긴 쪽으로 치우쳐 나타나는 현상으로 적방편이라고도 한다.

041. 우주선이 우주 공간에서 다른 비행체에 접근하여 결합하는 일 또는 우주결합(宇宙結合)을 의미한다.

042. 방사능에서, 방사성 물질의 원자핵 절반이 붕괴(입자와 에너지를 방출해서 자발적으로 다른 종류의 원자핵으로 변하는 것)되어 감소하는 데 필요한 시간을 뜻한다.

043. 낱낱의 생물체가 가진 한 쌍의 염색체를 말한다. 생물체를 구성하고 기능을 발휘하게 하는 모든 유전 정보가 들어 있는 유전자의 집합체로, 유전자(Gene)와 염색체(Chromosome)의 합성으로 만들어진 단어이다.

044. 물질의 특이성에 의존하지 않는 절대적인 온도(−273.16℃)이다.

045. 두 물체가 충돌한 후에 한 덩어리가 되어 움직이는 충돌이다. 반발계수가 0이며, 충돌 전후에 운동량은 보존되지만 운동에너지는 감소한다.

046. 유체 속에서 회전하는 물체의 회전축이 유체의 흐름에 대하여 수직일 때, 유속 및 물체의 회전축에 대해 수직 방향의 힘이 생기는 현상을 말한다.

047. 빙하가 이동할 때 생기는 응력에 의해 빙하에 형성되는 균열을 말한다.

Chapter
10

자연과학

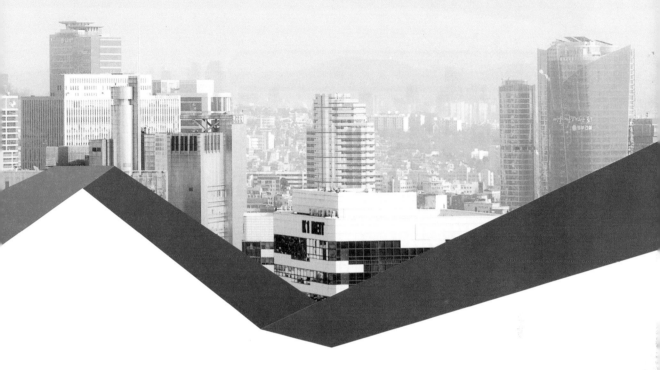

사회

CHAPTER **11**

사회

① 사회집단

001 한국전력공사

다음 사회집단의 분류에 대한 기술 중 잘못된 것은?

① 학자에 따라 차이는 있으나 대부분 자연적 · 기초적 집단과 인위적 · 파생적 집단으로 나누고 있다.

② 독일의 퇴니스는 결합의지의 유무를 기준으로 공동사회와 이익사회로 분류했다.

③ '신분에서 계약으로'는 시대 변천에 따른 사회집단 기능의 중점에 대한 변화를 표현한 것이다.

④ '요람에서 무덤까지'는 내집단과 외집단의 구분에 대한 불필요성을 지적한 것이다.

해 요람에서 무덤까지는 제2차 세계대전 후 영국 노동당이 사회보장제도의 완벽한 실시를 주장하여 내세운 슬로건이다.

독일의 사회학자 퇴니스의 이념유형	
게마인 샤프트 (공동사회)	감정상태에 의하여 직접적인 관계를 맺는데, 이 관계는 자생적 의지(Wesensille), 즉 자연스럽고 자발적으로 일어나는 감정들과 정서의 표현들에 의해서 결정된다.
게젤 샤프트 (이익사회)	이성적 · 자각적으로 상대를 선택하여 고의적 · 합리적인 결합을 하는 상태를 말하며, 절대로 자연발생의 의지로 결합되는 것은 아니다.

002 한국식품연구원

다음 중 2차 집단의 특성에 해당되지 않는 사항은?

① 집단성원 간의 간접적 접촉

② 교환(보상)에 의한 결합

③ 구성원 간의 정의(情誼)적 관계

④ 구성원 간의 이해관계에 의한 의식적 결합

해 2차 집단은 이해적 관계로 형성되는 집단이다.

미국의 사회학자 쿨리의 집단 분류	
1차 집단	직접적이며 비교적 영구적이고 친밀한 인간관계. 친밀감, 전인격적 교류가 이어져 개인의 인격형성에 중요하다. (예 가족, 또래집단)
2차 집단	간접적 접촉, 형식적 · 수단적 · 공식적 교류를 가리키며, 대개 법적인 관계나 계약관계를 통해 개인들이 공식적인 관계를 맺게 되는 작업집단 같은 집단 및 단체를 말한다.

003

사회문제의 발생 원인을 기존 사회조직의 해체에서 찾는 이론은?

① 갈등론
② 사회병리론
③ 사회해체론
④ 기능론

🎯 사회해체론은 원래 사회체계는 여러 부분들이 통합되어 하나의 체계를 이루는데 이때 어떤 커다란 사건으로 인해 이러한 통합적 체계가 해체되면서 여러 가지 사회문제가 발생한다는 이론이다.

004 MBC

다음의 설명들과 관계가 깊은 사회학적 개념은 무엇인가?

> **보기**
>
> • 사람들의 기대수준을 좌우한다.
> • 사회화 과정에서 '중요한 타인'으로 작용한다.
> • 사회행동에서 긍정적인 혹은 부정적인 행위의 기준이 된다.

① 준거집단
② 1차 집단
③ 2차 집단
④ 비공식 집단

🎯 **준거집단** : Reference group. 개인이 자기의 행위나 규범의 표준으로 삼는 집단으로, 청소년들이 인기 연예인의 옷차림이나 행동을 모방하는 경우가 대표적이다.

005

현대의 고도산업화 사회에서 또래집단이나 친구집단의 눈치를 살피며 격리되지 않으려고 노력하는 타자지향형의 현대인을 일컫는 말은?

① 고독한 군중
② 공원의 군중
③ 똑똑한 군중
④ 불안한 군중

🎯 **고독한 군중** : The Lonely Crowd. 데이비드 리스먼이 동명의 그의 저서에서 처음 사용한 용어로 이전까지 사회적 전통, 가정이 맡아오던 가치관과 정체성의 확립을 현대에 들어서는 주변의 또래집단이 대신하게 된다고 판단했다.

사회문제의 발생 원인에 대한 이론

갈등론적 관점, 기능론적 관점	둘 다 거시적 관점에 속한다. 갈등론적 관점은 사회는 다른 이해관계를 갖는 집단들로 분리되어 있으며, 이들 구성원들 간의 대립과 갈등, 변화를 중요시하고 이것이 사회 발전의 원동력이라고 보는 진보적 관점이다. 반면, 기능론적 관점은 우리 사회의 모든 부분이 사회 전체를 유지하는데 필요한 기능을 분담하여 담당하고 있다는 입장으로 보수적 관점이다.
사회 해체론	사회문제의 발생 원인을 기존 사회조직의 해체에서 찾는 이론이며, 이 입장에 따르면 변동에 따른 사회문제는 어느 정도 필연적이지만, 사회가 다시 균형을 찾으면 사회문제는 해결될 수 있다고 본다.
사회 병리론	사회문제의 발생 원인을 기존 사회조직의 해체에서 찾는 이론으로, 원래 사회체계는 여러 부분들이 통합되어 하나의 체계를 이루는데 이때 어떤 커다란 사건으로 인해 이러한 통합적 체계가 해체되면서 여러 가지 사회문제가 발생한다는 것이다.
가치 갈등론	사회문제가 사회 구성원 사이의 가치 혹은 이해관계의 갈등에서 발생한다고 보며, 사람들이 자신의 가치만을 내세울 때 사회문제가 발생한다고 본다.
일탈 행위론	사회적으로 정해진 규범에서 벗어난 행위 또는 상황을 일탈행위로 규정하고, 이러한 일탈행위가 사회문제가 된다고 한다. 일탈행위를 설명하는 이론에는 아노미 이론, 차별적 교제 이론, 낙인 이론이 있다.

폴리아모리

Polyamory. 파트너들 간의 동의하에 동시에 여러 명과 친밀한 관계를 유지하는 생활 형태를 말한다.

이반(異般)

일반의 반대말로 동성애자, 양성애자, 성전환자 등을 일컫는 말이다.

coming out

동성애자들이 자신의 성 정체성을 공개적으로 드러내는 것을 의미한다.

Group think

응집력이 높은 집단의 구성원들이 어떤 현실적인 판단을 내릴 때 만장일치를 이루려고 하는 사고 경향을 일컫는다.

---

② 사회현상 · 특성

006 한국전력공사, SBS

사회학적 개념으로 문화지체란 무엇을 의미하는가?

① 물질문화와 비물질문화의 변화 속도가 서로 다를 때 나타나는 현상

② 한 문화의 사회적 가치를 힘의 바탕으로 다른 사회에 강제로 부과하고자 하는 현상

③ 사회구성원의 행위를 규제하는 공통된 가치나 도덕적 규범이 상실된 혼돈상태

④ 한 사회집단이 어떤 이질적인 사회와 거의 전면적인 접촉 단계에 들어갈 때 생기는 상호 간의 광범위한 문화변동

해 **문화지체** : 물질문화와 비물질문화의 부조화 현상을 일컫는다.

문화의 속성	문화는 학습성, 변동성, 전체성, 공유성, 축적성 등의 속성을 갖고 있다.
문화 변동	시간이 지나면서 문화의 특성이 변하는 현상이다.
문화 지체	급속히 발전하는 물질문화와 비교적 완만하게 변하는 비물질문화 간에 변동 속도의 차이에서 생겨나는 사회적 부조화 현상이다.
문화 접변	Acculturation, 서로 다른 두 문화체계의 접촉으로 문화요소가 전파되어 새로운 양식의 문화로 변화하는 과정이나 그 결과를 말한다.
일탈 행위	일탈은 어떤 사상이나 조직, 규범 등에서 벗어나는 일 또는 행위를 말한다.
아노미 현상	아노미는 사회적 혼란으로 인해 규범이 사라지고 가치관이 붕괴되면서 나타나는 사회적 · 개인적 불안정 상태를 뜻한다.

007 경남신용보증재단

중장년층을 중심으로 노화를 최대한 늦추고 나이에 비해 젊게 살아가려는 욕구가 확산되는 사회적 현상을 무엇이라 하는가?

① 무드셀라 증후군
② 샹그릴라 증후군
③ 드메 증후군
④ 코르사코프 증후군

해 1933년 제임스 힐턴의 소설 '잃어버린 지평선'에 등장하는 샹그릴라가 영원한 젊음을 누리는 가상의 지상낙원으로 등장한 데서 비롯한 현상으로, 중장년층을 중심으로 늙지 않고 젊게 살고 싶은 욕구가 확산되는 현상을 일컫는 말이다.

사회이동

개인 또는 집단이 어떤 사회적 위치에서 다른 사회적 위치로 이동 또는 변화하는 현상이다. 사회학의 기본 개념의 하나로, P. A. 소로킨에 의해 체계화되었다.

소황제

중국에서 강력한 산아제한 정책을 실시한 결과, 황제처럼 떠받들어 키워진 한 가정한 자녀 세대를 일컫는다.

008

일상에서 느낄 수 있는 작지만 확실하게 실현 가능한 행복, 또는 그러한 행복을 추구하는 삶의 경향을 나타내는 신조어는?

① 미닝아웃
② 케렌시아
③ 탕진잼
④ 소확행

해 **소확행** : 일본의 소설가 무라카미 하루키(村上春樹)의 에세이에서 처음 쓰인 말로 주택 구입, 취업, 결혼 등 크지만 성취가 불확실한 행복을 좇기보다는, 일상의 작지만 성취하기 쉬운 소소한 행복을 추구하는 삶의 경향, 또는 그러한 행복을 말한다.

③ 교육 · 심리

009

교육환경에서 학생의 학업적 성취 향상을 위한 칭찬의 긍정적 효과를 설명하는 용어는?

① 노시보 효과
② 바넘 효과
③ 호손 효과
④ 로젠탈 효과

해 로젠탈 효과 : 하버드대 심리학과 교수였던 로버트 로젠탈 교수가 발표한 이론으로 그는 샌프란시스코의 한 초등학교에서 20%의 학생들을 무작위로 뽑아 그 명단을 교사에게 주면서 지능지수가 높은 학생들이라고 말했다. 8개월 후 명단에 오른 학생들이 다른 학생들보다 평균 점수가 높았다. 교사의 격려가 큰 힘이 되었기 때문이다. '피그말리온 효과'와 일맥상통하는 용어.

피그말리온 효과

타인의 기대나 관심으로 인하여 능률이 오르거나 결과가 좋아지는 현상. 심리학에서는 타인이 나를 존중하고 나에게 기대하는 것이 있으면 기대에 부응하는 쪽으로 변하려고 노력하여 그렇게 된다는 것을 의미한다. 특히 교육심리학에서는 교사의 관심이 학생에게 긍정적인 영향을 미치는 심리적 요인이 된다는 것을 말한다.

010 MBC

이솝우화에 나오는 여우가 나무에 포도가 매우 높이 달려 있어 따먹을 수 없게 되자, "저 포도는 너무 시다. 그래서 나는 먹고 싶지도 않다."라고 말하는 것은 심리학적으로 어떤 행동기제에 속하는가?

① 합리화(Rationalization)
② 전위(Displacement)
③ 투사(Projection)
④ 동일시(Identification)

해 합리화 : Rationalization. 상황을 그럴듯하게 꾸밈으로써 자아를 보호하려는 방어기제이다.

011 MBC

학습이론과 관련된 다음 서술 중 빈칸에 공통적으로 들어갈 용어는?

> **보기**
>
> (   )란 행동반응의 경향성을 증가시키는 자극이다. 파블로프식 고전적 조건형성에서는 (   )가 반응을 유발하며, 스키너식 조작적 조건형성에서는 반응 다음에 (   )가 주어진다.

① 강화(Reinforcement)
② 조건화(Conditioning)
③ 인지(Cognition)
④ 동기화(Motivation)

해 파블로프 : 조건반사 개념을 정립한 심리학자이다.
　스키너 : 미국의 심리학자로, 선행 조건과 귀결과의 관계만을 기술하는 입장을 견지했다.

억압	불쾌한 경험이나 받아들여지기 어려운 욕구, 반사회적인 충동 등을 무의식 속으로 몰아넣거나 생각하지 않도록 억누르는 방법이다.
합리화	상황을 그럴듯하게 꾸미고 사실과 다르게 인식하여 자아가 상처받지 않도록 정당화하는 방법이다.
투사	자신의 감정이나 동기를 다른 사람에게 돌림으로써 어려움에 대처하는 방법이다.
투입	투사와 반대되는 개념으로 대상은 외부에 있는데, 그 문제를 내부에서 찾는 것이다.
승화	반사회적 충동을 사회가 허용하는 방향으로 나타내는 방법이다.
부정	외적인 상황이 감당하기 어려울 때 일단 그 상황을 거부함으로써 심리적인 상처를 줄이고 보다 효율적으로 대처하도록 돕는 방법이다.
강화	조건형성(條件形成)의 학습에서 자극과 반응의 결부를 촉진하는 수단 또는 그 수단으로써 결부가 촉진되는 작용이다. 조건자극에 이어 무조건자극을 주는 것을 말한다.
인지	자극을 받아들이고, 저장하고, 인출하는 일련의 정신 과정이다. 지각, 기억, 상상, 개념, 판단, 추리를 포함하여 무엇을 안다는 것을 나타내는 포괄적인 용어로 사용한다.

Chapter
11

심해

---

006 ① 　007 ② 　008 ④ 　009 ④ 　010 ① 　011 ① 　 답

012 SBS

아동이 동생의 출생과 더불어 부모의 관심이나 사랑을 얻지 못하면 동생처럼 대소변을 가리지 못하고 우유병을 빨거나 기어 다니는 행동을 하여 관심을 유발하고 만족감을 얻는 것처럼 현실적으로 해소할 수 없는 위협, 불안, 불만 등을 유아기의 원시적이고 유치한 행동수준으로 되돌아가 해결하려는 심리적 방어기제는 무엇인가?

① 퇴행   ② 역행

③ 간섭   ④ 지체

해 **퇴행** : 시간적으로 현재보다 앞선 시기의 과거로 가는 것이다.
  역행 : 보통의 방향과 반대 방향으로 거슬러 나아가는 것이다.

013 MBC

정신 분석학자 프로이트가 말한 인간의 세 가지 성격 요소 중에 현실원리를 따르게 하는 것은?

① 이드   ② 자아

③ 초자아   ④ 이드와 자아

해 **자아** : 사고, 감정, 의지 등의 여러 작용의 주관자로써 이러한 작용들에 수반하고 또한 이를 통일하는 주체이다.
  이드 : 자아·초자아(超自我)와 함께 정신을 구성하는 하나의 요소 또는 한 영역이다. 영아처럼 시간관념도 없고 무의식적인 상태를 말한다.
  초자아 : 인격의 사회가치·양심·이상(理想)의 영역이다.

014 동아일보, 한국전력공사

다음 중 영국 사회제도의 아버지라고 불리는 베버리지(W. H. Beve-ridge)가 한 말로 인간 생활의 안정을 위협하는 5대 사회악에 속하지 않는 것은?

① 궁핍   ② 무지

③ 불결   ④ 우상

해 베버리지의 5대 사회악 : 궁핍, 질병, 무지, 불결, 태만

방어기제

防禦機制, defense mechanism. 1894년 지크문트 프로이트의 논문 「방어의 신경정신학」에서 처음으로 사용되었다. 두렵거나 불쾌한 정황이나 욕구 불만에 직면하였을 때 스스로를 방어하기 위하여 자동적으로 취하는 적응 행위이다. 억압, 합리화, 반동형성, 투사, 퇴행, 억제, 보상, 치환, 감정전이, 히스테리, 승화, 동일시, 부정 등이 있다.

- **자아도취적 방어기제** : 부정, 투사, 투사적 동일시, 왜곡, 분리
- **미성숙한 방어기제** : 동일시, 수동공격, 신체화, 행동화, 퇴행
- **신경증적 방어기제** : 반동형성, 전치, 억압, 통제, 합리화, 해리, 허세, 지식화
- **성숙된 방어기제** : 억제, 예견, 승화, 이타주의, 유머

프로이트의 심리성욕 발달 단계

단계	나이	특징
구강기	0~2	깨물고, 빨고, 삼키는 행위를 통해 욕구가 충족된다.
항문기	2~3	배설물의 보유와 배설을 통해 욕구가 충족되며, 사회적 통제 개념을 습득하게 된다.
남근기	3~6	성기에 관심이 생기며 이성 부모를 사랑하고 동성 부모를 동일시하게 된다. 초자아가 발생하며 오이디푸스와 엘렉트라 콤플렉스가 나타난다.
잠복기	7~12	성욕이 잠재되는 시기로 지적 관심, 동성 친구와 우정을 중시한다.
생식기	13~	이성에 관심을 갖게 되며 2차 성징이 나타나고 성 행위를 추구하게 된다. 성에너지(Libido)가 무의식에서 의식의 세계로 나오는 시기이다.

④ 증후군 · 族 · Generation

015 삼성SSAT

다음에 제시된 용어에 대한 설명 중 틀린 것을 고른다면?

① 피터팬 증후군(Peter Pan Syndrome) – 성인이 되어도 어른 사회에 적응하지 못한다.

② 소크라테스 효과(Socratic Effect) – 자살을 할 때 독약을 먹는다.

③ 파랑새 증후군(Bluebird Syndrome) – 현재 다니고 있는 직장에 만족하지 못한다.

④ 신데렐라 증후군(Cinderella Syndrome) – 이루어지지 않은 꿈과 현실 사이에서 갈등한다.

헤 **소크라테스 효과**: 좋아하는 사람에게서 단점이 보이더라도 그 사람만은 그럴 리가 없다고 무시해 버리는 경향을 말한다.
피터팬 증후군: 동화의 주인공 피터팬처럼 나이를 먹어도 현재의 나는 내가 아니라고 생각하고 계속 꿈을 꾸며, 영원히 어른이 되지 못하는 사람을 이르는 말이다.
파랑새 증후군: 미래의 행복만을 꿈꾸면서 오늘에 만족하지 못하는 증세를 말한다.
신데렐라 콤플렉스: 자기에게도 언젠가 신데렐라 같은 일이 일어날 거라고 믿는 현상이다. 자신의 능력과 인격으로 자립할 자신이 없는 여성이 남성에게 의지하여 안정된 삶을 살아가려는, 심리적 의존상태를 말한다.

016 삼성SSAT

아래에 제시된 것들과 서로 연관이 있는 현상을 가리키는 용어는?

보기

- 동조 자살, 모방 자살
- 미국 사회학자 필립스가 명명한 데서 유래
- 헝가리 작곡가 레조 세레스의 「글루미 선데이」

① 피그말리온 효과   ② 가르시아 효과

③ 베르테르 효과   ④ 바넘 효과

헤 베르테르 효과는 유명인이나 자신이 모델로 삼고 있던 사람 등이 자살할 경우, 그 사람과 자신을 동일시해서 자살을 시도하는 현상을 말한다. 동조자살(copycat suicide) 또는 모방자살이라고도 한다.

바넘 효과	혈액형이나 궁합을 맹신한다.
피그말리온 효과	칭찬은 고래도 춤추게 한다.
가르시아 효과	어릴 때 돼지고기를 먹고 배탈이 났던 사람은 나이가 들어서도 돼지고기를 못 먹는다.
플라시보 효과	쥐약도 정력제라면 서슴없이 먹는다.
스티그마 효과	처음 받은 나쁜 인식은 계속 이어진다.

Chapter **11**

사회

017 삼성SSAT

다음의 인간군(群) 중 가리키는 대상이 가장 관련성 없는 것끼리 짝지어진 것은?

① 유미족 – 파파부메랑족
② 딩크족 – 딩펫족
③ 좀비족 – 퉁크족
④ 여피족 – 보보스

018 한국마사회, 한국일보, 일간스포츠

정상적인 부부생활을 하되 자녀를 두지 않고 맞벌이하는 세대를 지칭하는 말은?

① 스웰족
② 푸피족
③ 딩크족
④ 유피족

019 삼성SSAT

다음에 제시된 용어에 대한 설명 중 틀린 것을 고르시오.

① 여피족(yeppies) – 고등교육을 받고 도시 근교에 살고, 전문직에 종사하며 고수입을 올리는 도시의 젊은 인텔리
② 체리피커(cherry picker) – 기업의 상품 구매나 서비스 이용은 하지 않으면서 자신의 실속을 챙기는 데에만 관심이 있는 소비자
③ 더피족(duppies) – 소득 수준이나 생활환경이 중하류층인 서민이 스스로를 중류층이라고 생각하는 중류의식 확산 현상
④ 우모족(uomo) – '총각 같은 유부남'이란 별칭처럼 패션에 대한 관심이 많고, 여행과 운동 등 삶의 여유를 즐길 만한 높은 구매력을 가진 30대 고소득 기혼남

해 더피족(duppies) : 실제로는 중하류층인 서민이 스스로를 중류층이라 생각하는 중류의식 확산 현상은 '뉴 리치 현상(New rich phenomenon)'이다.

020 삼성SSAT

다른 사람이 인터넷에 올린 글 또는 그림 등을 퍼와 자신의 홈페이지에 올리는 사람들을 일컫는 용어는?

① 스킨족
② 펌킨족
③ 좀비족
④ 웨피족

해 펌킨족 : 인터넷 속어 '펌(퍼오기)'에서 따온 말이다.

DINK족	Double Income, No kids
Dinkpet족	아이 없이 애완동물을 기르며 사는 맞벌이 부부
YUMMY족	Young Upwardly Mobile Mammy, 활동적이며 상류지향적인 젊은 엄마
Papa boomerang 족	30대 중반에서 40대 중반의 남자들 중에서 중년이기를 거부하며 젊은 아빠로 살아가려는 경향을 가진 사람들
TONK족	Two Only No Kids
BoBo족	burnt out but opulent, 삶에 지쳐 있으나 돈이 많은 사람
YETTIE족	젊고(Young), 기업가적(En - Trepreneurial)이며, 기술에 바탕을 둔(Tech based) 인터넷 엘리트(Internet Elite)의 머리글자에서 따온 용어
Zombie족	대기업이나 방대한 조직체 속에서 일을 해도 그만 안 해도 그만인 식의 무사안일에 빠져 있는 사원들
WOOPIE족	Well - off older people, 경제적 여유를 즐기며 사는 풍요로운 노인
Yuppie족	Young Urban Professional
Duppie족	우울한(depressed), 도시(urban), 전문직(professional)의 머리글자 'dup'를 딴 것이다.

Tweener

사이(between)를 어원으로 하는 말로, 부유층과 빈곤층의 중간에 속하며, 금전 위주가 아니라 마음의 안정을 중시하며 인생을 즐길 줄 아는 사람들을 일컫는다.

021 범우화학공업

여피족이란?

① 방대한 조직에 묻혀 무사안일을 추구하는 젊은이들
② 돈과 건강을 인생의 목표로 삼는 젊은이들
③ 자녀의 출산, 육아교육에 정열을 쏟는 젊은 어머니상
④ 성 구별 없이 행동하고 사고하는 젊은이들

022 한국석유공사, 한국가스공사, KBS

다음 중 잘못 연결된 것은?

① 좀비족 – 향락주의적 도시의 젊은이들
② 여피족 – 도시의 젊은 전문인들
③ 미제너레이션 – 자기 중심적인 젊은이들
④ 피터팬 신드롬 – 현대 남성의 유아적이고 허약한 기질

해 미제너레이션 : Me generation. 자기중심적 성향의 신세대

023 삼성SSAT

1995년 이후 태어난 젊은 세대를 이르는 말로 어릴 때부터 IT기술에 자주 노출되어 인터넷을 능숙하게 사용하고 취향 중심의 관계를 선호하며 여러 가지 커뮤니티에 참여, 취미를 공유하는 세대는?

① N세대　　　　　　　② Z세대
③ WINE세대　　　　　④ P세대

해 Z세대는 X세대 유년기 내내 긴축재정과 함께 성장정체를 경험했기에 이전 세대가 추구했던 성공이나 희열에 집착하지 않고 안정성과 실용성을 추구하는 특징을 보인다.

024 삼성SSAT

자신보다 더 큰 힘을 가진 사람이 자신의 목숨을 위협하는 상황에서 가해자에게 심리적으로 공감하거나 연민과 같은 긍정적인 감정을 느끼는 현상은?

① 닌텐도 증후군　　　② VDT 증후군
③ 와부와부 증후군　　④ 스톡홀름 증후군

해 스톡홀름 증후군 : Stockholm syndrome

⑤ 가족형태

025 한국전력공사

혼인한 자녀가 양친과 동거하는 가족 유형을 무엇이라 하는가?

① 확대가족
② 복합가족
③ 직계가족
④ 핵가족

해 직계가족 : 직계에 속하는 가족으로 조부모와 부모, 부모와 자녀, 자녀와 손자 등의 관계를 이루는 가족을 말한다.
확대가족 : 부부 및 미혼 자녀 이외에 직계존속(尊屬)·비속(卑屬)과 방계의 친족 등을 포함한 가족을 말한다.
복합가족 : 기본 가족인 핵가족과 그 외의 구성원들로 이루어진 가족 또는 부모와 자식의 가족이 늘 접촉할 수 있는 상태에서 따로 살고 있는 가족 형태를 말한다.
핵가족 : 부부와 미혼의 자녀만으로 이루어진 소가족 형태를 말한다.

026 서울메트로

현대 산업사회의 핵가족화에 따른 문제점으로 볼 수 없는 것은?

① 친족 간의 정서적 유대관계 약화
② 이혼 증가에 따른 가정 파탄
③ 심각한 노인문제
④ 성취동기 약화와 자율성 퇴조

해 핵가족의 장점 : 부모와 자식의 친밀도가 높아지고 자녀의 의견을 존중하는 민주적인 관계 형성, 부부 간의 가사결정권이 공동 결정권으로 바뀌어서 이룬 부부평등 등이 있다.

027 동아일보, 롯데

맬서스의 '인구론'을 수정, 발전시켜 인구억제의 방법을 보다 구체화한 사람은?

① 고드윈
② 마르크스
③ 케인스
④ 플레이스

해 플레이스는 가족계획으로 인구문제 해결을 시도했다.

맬서스의 인구론
식량은 산술급수적으로 증가하는데 인구는 기하급수적으로 증가한다는 주장이다. 이에 그는'악덕(피임 포함) - 빈곤 - 극기'를 통해서만 지나친 인구증가를 억제할 수 있다고 역설했다.

플레이스의 산아제한
맬서스의 인구론을 수정·발전시켜, 인구억제의 방법을 가족계획 등으로 구체화시켰다.

노령화 지수
65세 이상 고령 인구를 15세 미만의 유소년 인구로 나눈 비율을 말한다.

⑥ 질병

028 경향신문

다음 법정 감염병 중 2군 감염병이 아닌 것은?

① 렙토스피라증
② 홍역
③ B형 간염
④ 풍진

酬 렙토스피라증 : 농림업, 어업, 축산업, 광업 종사자 및 수의사 등 관련 업종 종사자의 직업병이며, 업무상 밖에서 활동하는 사람들에게서 흔히 발생하는 것으로 3군 감염병이다.
풍진 : 바이러스에 의한 감염으로 발생하며 귀 뒤, 목 뒤의 림프절 비대와 통증으로 시작되고 이어 얼굴과 몸에 발진(연분홍색의 홍반성 구진)이 나타난다. 발진이 있는 동안 미열이 동반되며 전염력이 높은 감염성 질환이다. 2군 법정 감염병으로 지정되어 있으며 환자 및 의사는 해당 보건소에 즉시 신고해야 한다.

029 KBS

고층 건물들이 많이 건설됨에 따라 사무실 근무자들이 주로 에어컨이 설치된 밀폐된 공간에서 일하는데, 이때 에어컨으로부터 나오는 공기입자 속에 섞여 있는 레지오넬라 박테리아에 의해 감염되는 질환은?

① 폰티악열병
② 비브리오패혈증
③ 라임병
④ 렙토스피라증

酬 폰티악열병 : 더러워진 에어컨 필터에 기생하는 레지오넬라균이 냉방 시스템을 통해서 건물 전체에 퍼져 나가 발생하는 급성 호흡기 감염 질환이다. 이 병에 걸리게 되면, 정상인의 경우 2~5일 정도 열이 나고 머리가 아프며, 근육통과 피로감 등 감기 증세를 느끼다가 다시 정상으로 돌아오게 된다.

030

세계보건기구(WHO)에서 발표한 '2019년 세계 건강 10대 위험'이 아닌 것은?

① 뎅기열
② 방사선 피폭
③ 비전염성 질병
④ 대기오염과 기후변화

酬 세계보건기구는 건강 10대 위험으로 대기오염과 기후변화, 비전염성 질병, 유행성 독감, 취약한 환경, 슈퍼 박테리아, 고위험 병원균, 1차 보건의료 미비, 백신 접종 기피, 뎅기열, 인체면역결핍바이러스를 꼽았다.

법정 감염병

- **1군 감염병** : 세균성이질, 콜레라, 장티푸스, 파라티푸스, 장출혈성대장균 감염증, A형 간염
- **2군 감염병** : 디프테리아, 파상풍, 백일해, 홍역, 유행성이하선염, 풍진, 폴리오, B형 간염, 일본뇌염, 수두, b형헤모필루스인플루엔자, 폐렴구균
- **3군 감염병** : 말라리아, 결핵, 한센병, 성홍열, 수막구균성수막염, 레지오넬라증, 비브리오패혈증, 발진티푸스, 발진열, 쯔쯔가무시증, 렙토스피라증, 브루셀라증, 탄저, 공수병, 신증후군출혈열, 후천성면역결핍증(AIDS), 인플루엔자, 매독, 크로이츠펠트 – 야콥병(CJD) 및 변종 크로이츠펠트 – 야콥병(vCJD)
- **4군 감염병** : 페스트, 황열, 뎅기열, 바이러스성 출혈열, 두창, 보툴리눔독소증, 중증 급성호흡기 증후군(SARS), 동물인플루엔자 인체감염증, 신종인플루엔자, 야토병, 큐열, 웨스트나일열, 신종감염병증후군, 라임병, 진드기매개뇌염, 유비저, 치쿤구니야열, 중증열성혈소판감소증후군(SFTS)
- **5군 감염병** : 회충증, 편충증, 요충증, 간흡충증, 폐흡충증, 장흡충증

라임병

진드기에 물려 걸리게 되는 세균성 감염증으로 제2의 에이즈(AIDS)로 불린다. 초기에는 물린 부위가 빨갛게 변하고 두통과 오한, 발열, 피로, 근육과 관절의 통증 등의 증상이 동반되어 수개월이 지나면 근골격계 통증, 신경계 증상이 수년간 지속되어 사망에 이를 수도 있다.

비브리오패혈증

어패류를 익히지 않고 날것으로 먹었을 때 감염되는 병이다. 건강한 사람은 보통 장염에 걸릴 뿐이지만, 면역 상태가 떨어진 사람은 비브리오균이 곧 혈액을 타고 전신에 퍼져 패혈증으로 진행된다.

---

031 한겨레신문

병원성 대장균에 관한 설명으로 틀린 것은?

① 지난 1982년 미국에서 처음 발견됐으며, 일본과 우리나라에서도 이 균에 의한 환자가 발생했다.

② 사람이나 가축의 대장 안에 정상적으로 존재하는 일반 대장균과 달리 병원성 대장균은 심할 경우 환자를 장출혈 등으로 사망에 이르게 한다.

③ 병원성 대장균 O－157 : H7은 사람의 장에서 발견되지 않았고 돼지 등 가축에게만 있는 대장균이다.

④ 병원성 대장균은 고온에 약하기 때문에 음식은 익혀서 먹는 것이 최선의 예방책이다.

해 O－157 : H7 : 사람이나 가축의 장내에 생존하는 세균으로, 흔히 피가 섞인 설사를 일으키고 콩팥에 침범하여 신부전증을 일으켜 사망에 이르게 하는 대장균이다.
병원성 대장균 : 대장균의 일종으로 젖먹이 특히, 갓난아기에게 설사를 일으키는 대장균으로 특수한 항원을 가지고 있으며 콜로니의 형태나 생물학적으로 무해한 대장균과 구별이 안 되고 동물실험이 아닌 인체실험에서 비로소 병원성을 확인할 수 있다.
살모넬라균 : 티푸스성 질환을 일으키고 식중독의 원인이 되기도 한다.

식중독 예방법과 살모넬라균
음식물을 조리하거나 보관 · 저장해야 할 때는 반드시 손을 씻은 후 작업을 하여야 하며, 가열 조리식품은 중심부 온도를 74℃ 이상으로 1분 이상 가열하여 익혀 먹어야 한다. 4℃에서 60℃의 온도는 식중독을 일으키는 균의 성장 가능성이 높은 온도 구간이므로 뜨거운 음식은 60℃ 이상으로 보관하고 찬 음식은 4℃ 이하로 냉장 보관하여 관리한다. 살모넬라는 열에 약하여 저온 살균(62~65℃에서 30분 가열)으로도 충분히 사멸되기 때문에 조리 식품에 2차 오염이 없다면 살모넬라에 의한 식중독은 발생되지 않는다.

032

아프리카돼지열병에 대한 설명으로 틀린 것은?

① 돼지과에 속하는 동물에게 감염되는 바이러스성 전염병이다.

② 백신과 치료제로 사전에 예방할 수 있다.

③ 돼지의 분비물을 통해 전파된다.

④ 감염된 돼지는 고열, 출혈 증상을 보이다가 10일 이내 폐사한다.

해 **아프리카돼지열병** : African Swine Fever(ASF). 이병률(감염된 동물의 비율)이 높고 고병원성 바이러스에 전염될 경우 현재로서 백신이나 치료제가 없어 치사율이 거의 100%에 이르는 바이러스성 출혈 돼지전염병으로, '돼지 흑사병'으로도 불린다. 아프리카 지역에서 주로 발생하였기 때문에 아프리카돼지열병이라는 이름이 붙여졌다. 우리나라에서는 이 질병을 가축전염병예방법상 제1종 법정전염병으로 지정하여 관리하고 있고 이 질병이 발생하면 세계동물보건기구(OIE)에 발생 사실을 즉시 보고해야 하며 돼지와 관련된 국제교역도 즉시 중단된다.

033 현대사회는 대중을 무비판적으로 만들어 일차적 인간에 머무르게 한다고 말한 사람은?

033. 마르쿠제

034 심리학 사상가 중 인간의 무의식의 지평을 개인의 내면적 자아에 국한시키지 않고 더욱 확대하여 한 민족의 신화적 원형을 창출하는 '집단적 무의식'과 연결되어 있다고 주장한 사람은?

034. 칼 구스타프 융

035 프레스터스(Presthus)가 지적한 조직구성원의 성격 유형 세가지는?

035. 상승형, 무관심형, 애매형

036 급격한 사회변동의 과정에서 종래의 규범이 흔들리고 아직 새로운 규범의 체계가 확립되지 않아 규범이 혼란한 상태 또는 규범이 없는 상태를 무엇이라고 하는가?

036. 아노미

037 응집력이 높은 집단의 구성원들이 어떤 현실적인 판단을 내릴 때 만장일치를 이루려고 하는 사고의 경향을 무엇이라 하는가?

037. Group think

038 사이(between)를 어원으로 하는 말로, 부유층과 빈곤층의 중간에 속하며, 금전 위주가 아니라 마음의 안정을 중시하며 인생을 즐길 줄 아는 사람들을 말하는 용어는?

038. Tweener

039 중국에서 강력한 산아제한 정책을 실시한 결과 황제처럼 떠받들어 키워진 한 가정 한 자녀 세대를 일컫는 용어는?

039. 소황제

040 거칠고 위험스러운 외부 세상을 피해 스스로 집 내부로 들어오거나, 자식을 보호하기 위하여 폐쇄된 공간 환경으로 그들을 끌어들이는 현상은?

040. 코쿠닝 현상

Chapter
11

사회

Answer

041 세종대왕상

041. 유네스코가 수여하는 문맹 퇴치 공로상이다.

042 면역

042. 반복되는 자극 따위에 반응하지 않고 무감각해지는 상태를 말한다.

043 Tamiflu

043. 신종바이러스 항 바이러스제로 조류인플루엔자(AI)의 치료제이다.

044 H1N1

044. 신종인플루엔자 A의 공식 명칭이다. 사람 · 돼지 · 조류 인플루엔자 바이러스의 유전 물질이 혼합되어 있는 새로운 형태의 바이러스를 말한다.

045 AI

045. Avian Influenza. 닭 · 오리 및 야생 조류 등에 감염되는 급성 바이러스성 질병을 가리킨다.

046 Home schooling

046. 정규학교 대신 집에서 이루어지는 교육을 가리킨다.

047 헬리코박터 파이로리균

047. 위암의 주요 원인으로 보고된 균이다.

048 레지오넬라균

048. 에어컨의 냉각수에서 증식하다가 물 분무 입자와 함께 이동하여 사람의 호흡기를 통해 폐에 침투함으로써 감염되는 균이다.

049 노령화 지수

049. 65세 이상 고령인구를 15세 미만의 유소년 인구로 나눈 비율을 말한다.

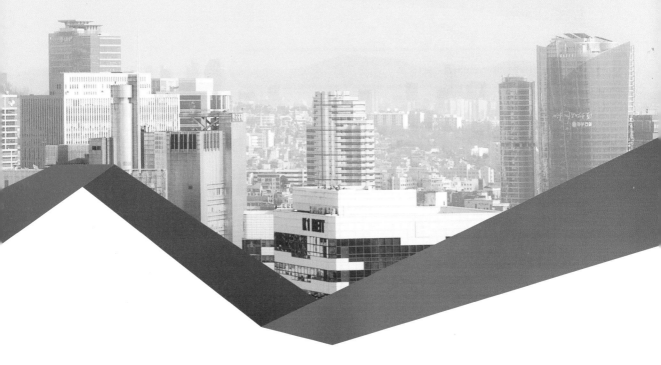

스포츠

CHAPTER 12

스포츠

1 올림픽 · 스포츠 일반

001 하나대투증권

국제올림픽위원회의 약칭은?

① WBA
② KOC
③ OOC
④ IOC

해 IOC : International Olympic Committee. 국제올림픽위원회(본부는 스위스 로잔에 있다.)
WBA : World Boxing Association. 세계권투협회
KOC : Korean Olympic Committee. 대한체육회
OOC : Olympic Organizing Committee. 올림픽조직위원회

오륜기의 색깔	
유럽	파란색
아시아	노란색
아프리카	검정색
오세아니아	초록색
아메리카	빨간색

002

다음 중 프레올림픽(Pre – Olympic)에 대한 설명으로 틀린 것은?

① 스페셜올림픽이라고도 한다.
② 올림픽이 개최되기 1년 전에 개최 예정지에서 거행한다.
③ 국제올림픽위원회(IOC)에서는 프레올림픽의 명칭 사용을 금지하고 있다.
④ 경기 시설이나 운영 등을 미리 점검하고자 열리는 비공식적 경기대회이다.

해 스페셜올림픽 : 지적 · 자폐성 장애인들이 참가하는 국제경기대회로 1968년에 시작되어 4년마다 하계대회와 동계대회로 나뉘어 개최된다. 스페셜올림픽은 올림픽, 패럴림픽과 함께 3대 올림픽으로 불리고 있다.

올림픽게임
• 1회 대회 : 아테네 대회
• 서울올림픽 : 24회 대회(1988년)

아시안게임
• 1회 대회 : 1951년 인도 뉴델리
• 서울 대회 : 제10회(1986년)
• 부산 대회 : 제14회(2002년)

Paralympics
신체장애인들의 국제경기대회로 국제장애인올림픽위원회(IPC)가 주최하여 4년마다 올림픽이 열리는 해에 올림픽 개최국에서 열린다. 한국은 1968년 제3회 대회부터 참가하였다.

003

2020 도쿄올림픽에 혼성 경기가 새로 추가된 종목이 아닌 것은?

① 유도
② 수영
③ 탁구
④ 복싱

해 국제올림픽위원회(IOC)는 2020도쿄올림픽까지 여성 선수의 비율을 50%까지 높인다는 목표로 혼성 부문 종목 추가를 추진했고 이에 따라 양궁, 수영, 육상, 유도, 탁구, 트라이애슬론 등 6종목에서 혼성 경기가 추가되었다.

004 대구도시철도공사, NH농협

유니버시아드 대회에 대한 설명으로 틀린 것은?

① 대학생만 참가한다.

② 2년마다 열린다.

③ 국제대학스포츠연맹이 주관한다.

④ 유니버시티와 올림피아드의 합성어이다.

해 유니버시아드 대회 : 국제대학스포츠연맹이 주최하며 17~28세의 대학생 및 졸업 후 2년 이내인 사람이 참가하는 체육대회이다. 2년마다 열리며 하계에는 육상·수영, 동계에는 스키·스케이트 따위의 종목을 겨룬다.

10종 경기

육상 경기 중의 남자 혼성 종목으로 데카슬론(Decathlon)이라고도 한다. 100m, 400m, 1,500m, 멀리뛰기, 포환던지기, 높이뛰기, 110m 장애물 경기, 원반던지기, 장대높이뛰기, 창던지기 등 10개 종목이 있다.

Doping

운동선수가 좋은 성적을 올리기 위하여 심장 흥분제나 근육 강화제 따위의 약물을 먹거나 주사하는 것을 말한다. 운동경기에서 운동선수들이나 경주마들에게 경기력 향상 등을 목적으로 부정하게 사용되는 약물을 가리키는 속어인 도프(Dope)에서 유래되었다.

005 경상대병원

세계 3대 스포츠 이벤트에 들어가지 않는 것은?

① 월드컵 대회

② 올림픽 대회

③ 세계육상선수권 대회

④ 테니스 대회

해 세계 3대 스포츠 이벤트는 올림픽 대회, 월드컵 대회, 세계육상선수권 대회이다.

006 서울메트로, 삼성SSAT

각 경기에서 Grand Slam이 의미하는 바가 잘못 설명된 것은?

① 테니스에서 프랑스오픈, 호주오픈, 윔블던, 전미오픈대회 등의 단식경기에서 한 선수가 1년 동안 모두 우승하는 것

② 야구에서 만루홈런을 칠 경우

③ 축구에서 한 선수가 한 게임에 3골 이상을 넣은 경우

④ 골프에서 영미의 양 오픈과 전 미국 프로 선수권 대회, 마스터스 대회에서 모두 우승한 선수에 사용

해 ③은 축구의 해트트릭(Hat Trick)에 대한 설명이다.

그랜드 슬램

카드놀이인 브리지게임에서 패 13장 전부를 따는 '압승'을 뜻하는 용어에서 유래하였다.

• 야구에서는 주자가 1, 2, 3루에 모두 진출해 있을 때 친 만루 홈런을 의미한다.

• 골프와 테니스에서는 한 해에 4대 메이저 대회를 모두 석권하는 것을 뜻한다.

Chapter **12**

스포츠

007 KBS

세계 탁구선수권대회에서 여자 단체 우승팀에게 수여되는 컵 이름은?

① 스웨들링컵
② 데이비스컵
③ 코르비용컵
④ 페더레이션컵

해 세계 탁구선수권대회에서 여자 단체전 우승팀에게는 코르비용컵, 남자 단체전 우승팀에게는 스웨들링컵이 수여된다.

008 한국소비자원

샤브르, 플로레, 레페 등의 불어용어를 사용하는 스포츠는?

① 펜싱
② 크리켓
③ 근대5종경기
④ 스키

해 펜싱 (Fencing)은 검을 가지고 상대하는 두 경기자가 '찌르기' 또는 '베기' 등의 동작으로 승패를 겨루는 스포츠이다. 사용하는 검에 따라 플뢰레 · 에페 · 샤브르의 3종류로 나뉜다.

009 한국가스공사

Zero – sum 게임에 해당되지 않는 경기는?

① 권투
② 농구
③ 배구
④ 육상

해 제로섬게임 : 게임 이론에서, 참가자가 각각 선택하는 행동이 무엇이든지 참가자의 이득과 손실의 총합이 제로가 되는 게임을 말한다. 권투나 축구 등 한팀은 이기고 다른 팀은 질 수 밖에 없는 구조가 제로섬게임의 대표적인 형태이다.

010 삼성SSAT

수비나 주루 등에서 매우 정열적이고 열심인 플레이를 일컫는 스포츠 용어는?

① 허슬 플레이
② 더블 플레이
③ 페어 플레이
④ 백도어 플레이

해 허슬 플레이 : Hustle Play. Hustle은 '척척 해치우다, 힘차게 해내다'의 의미이다. 운동선수에게는 '몸 사리지 않고 과감히 분투하다'라는 뜻으로 쓰인다.

② 축구·농구·골프

011 서울메트로

다음 중 월드컵에 관한 설명으로 옳지 않은 것은?

① FIFA가 주관한다.　　　　② 4년마다 열린다.
③ 아마추어 선수들만이 참가한다.　④ 지역 예선을 거친다.

해 아마추어와 프로에 관계없이 참가할 수 있다.

012

다음 중 2022년 FIFA 월드컵의 개최지로 바른 것은?

① 터키　　　　　　② 레바논
③ 바레인　　　　　④ 카타르

해 2022년 월드컵 개최지는 카타르로 아랍–이슬람권에서 열리는 최초의 월드컵이다.

013 한국환경공단

우리나라는 어느 대회부터 월드컵 축구 본선에 연속 출전하고 있는가?

① 이탈리아 월드컵　　　② 스페인 월드컵
③ 멕시코 월드컵　　　　④ 아르헨티나 월드컵

해 13회 대회인 멕시코 대회부터 연속 본선 경기에 출전하고 있다.

014 국가정보원

농구경기에서 파울이 아닌 것은?

① 트리핑　　　　　② 바이얼레이션
③ 차징　　　　　　④ 홀딩

해 바이얼레이션 : Violation. 주로 농구경기에서 파울 이외의 규칙 위반을 가리킨다.
트리핑 : Tripping. 농구에서 상대 선수의 발을 걸거나 신체 접촉을 하여 쓰러뜨리는 반칙 행위로 그 정도가 심한 경우는 테크니컬 파울(Technical Foul)이 선언된다.
차징 : Charging. 상대방에게 부딪쳐서 공격을 저지하는 신체 접촉 플레이를 말한다.
홀딩 : Holding. 농구에서 상대를 누르거나 안는 반칙 행위이다.

더비매치

같은 도시나 지역을 연고로 하는 팀끼리의 경기이다. 이는 19세기 중엽 영국의 소도시 더비(Derby)에서 기독교 사순절 기간에 성 베드로(St. Peters) 팀과 올 세인트(All Saints) 팀이 치열한 축구 경기를 벌인 데서 유래한 말이다.

Treble

• 유럽축구에서 자국 리그와 FA컵, 유럽 챔피언스리그 등에서 세 개의 우승 트로피를 동시에 차지하는 것을 말한다.
• 육상경기에서 100m, 200m, 400m 계주를 석권하는 것을 말한다. 육상경기에서는 2009년 독일 육상선수권 대회에서 자메이카의 우사인 볼트가 트레블을 달성했다. 이는 칼 루이스(1983, 1987년), 마이클 존슨(1995년), 모리스 그린(1999년), 타이슨 게이(2007년)에 이어 대회 역대 통산 다섯 번째로 3관왕에 오른 것이다.

트리플 더블

농구 한 경기에서 한 선수가 득점, 리바운드, 어시스트, 가로채기, 블록슛 가운데 세 가지 부문에서 두 자릿수를 기록하는 것을 말한다.

프리스로

농구 경기에서 상대팀 선수의 반칙으로 인해 얻는 자유투이다. 필드골은 2점이지만, 자유투는 1점이다. 슛동작 중 반칙이 생길 경우 자유투가 2번 주어지고, 3득점라인 밖의 경우는 자유투가 3번 주어진다.

스포츠

---

015 중앙일보

다음 4대 메이저 골프대회 중 가장 오래된 대회는?

① 마스터스 대회
② 미국 오픈 대회
③ 영국 오픈 대회
④ PGA 챔피언십

해 영국(브리티시) 오픈 대회(1830년) – 마스터스 대회(1930년) – 미국(US) 오픈 대회(1895년) – PGA 챔피언십(1916년)

016 한국항공공사, 스포츠서울, 한국일보, 근로복지공단, 중앙일보

다음 중 연결이 잘못된 것은?

① 파(Par) – 티를 출발하여 홀을 마칠 때까지 정해진 기준타수
② 보기(Boggy) – 한 홀에서 기준타수보다 1타 많은 타수로 홀인하는 것
③ 버디(Birdie) – 한 홀에서 기준타수보다 3타 적은 타수로 홀인하는 것
④ 홀인원(Hole in One) – 티샷이 그대로 홀에 들어가는 것

해 한 홀에서 기준 타수보다 3타 적은 타수로 홀인하는 것은 알바트로스(Albatross)다.

017 삼성SSAT

다음 중 골프 게임과 관련이 없는 것은?

① Stroke Play
② Match Play
③ Skins Game
④ Suspended Game

해 Suspended Game : 일시정지 게임. 야구에서 야간 경기 시 9회를 끝내기 전에 시간이 다 되거나 우천 등의 이유로 시합 속행이 불가능한 경우, 후일 속행할 것을 조건으로 중단된 시합을 말한다.
Stroke Play : 기록된 스트로크 수로 승부를 가리는 방식을 가리킨다.
Match Play : 골프에서 1홀(Hole)마다 승자와 패자를 정하고, 이긴 홀의 수와 진 홀의 많고 적음으로 승패를 겨루는 경기 방법을 말한다.
Skins Game : 골프의 변형 경기방식 중 하나로, 총 타수로 순위를 가리는 스트로크 방식과 달리 각 홀에서 1위를 한 선수가 각 홀에 걸린 상금을 획득하는 프로골프 경기이다.

골프타수

- **Par** : 홀(Hole)마다 정해 놓은 기준 타수로, 18홀의 표준적인 코스는 파 72이다(선수가 정해진 타수 이하로 치면 언더파, 정해진 타수 이상을 치면 오버파, 딱 정해진 타수를 치면 이븐파이다).
- **Bogey** : 1홀에서 기준 타수보다 1타 많은 타수로 홀인(Hole in)하는 것을 말한다(더블보기는 기준타수보다 2타 많은 타수, 트리플보기는 기준타수보다 3타 많은 타수이다).
- **Birdie** : 1홀에서 기준 타수보다 1타 적은 타수로 홀인하는 것을 말한다.
- **Eagle** : 1홀의 기준 타수보다 2타수 적은 스코어로 홀인하는 것을 말한다.
- **Albatross** : 한 홀의 기준 타수보다 3개가 적은 타수로 홀인하는 것을 말한다(Double Eagle).
- **Hole in One** : 티 샷을 한 공이 단번에 그대로 홀에 들어가는 것을 말한다.

골프 관련 용어

Stroke Play	라운드의 총 타수로 승패를 겨루는 시합방식
Dimple	골프공의 표면에 오목오목 팬 홈
Gallery	경기를 구경하는 사람
Fairway	티(tee)와 그린(green) 사이에 있는 잘 깎인 잔디 지역
Green	퍼팅(putting)을 하는 지역
Approach Shot	그린에 가까운 지역에서 숏볼을 그린 쪽으로 몰아넣기 위해 치는 타구
Hazard	코스 내에 설치된 내[川]·못·벙커 등의 장애(障碍)
Rough	그린 및 해저드를 제외한 코스 내의 페어웨이 이외 양쪽의 잡초나 숲 지역

③ 야구 · 기타

018 삼성SSAT

야구에서 그랜드슬램(Grand - Slam)이란?

① 관중석을 넘어 경기장 밖으로 나가는 장외홈런
② 한 선수가 한 경기에서 단타, 2루타, 3루타를 친 뒤 홈런까지 가는 것
③ 만루홈런
④ 한 선수가 한 경기에서 한 번도 빠지지 않고 매번 진루하는 것

해 ②는 Cycling Hit에 대한 설명이다.

WBC

World Baseball Classic. 2006년부터 4년마다 열리는 국제야구대회. 줄여서 WBC라고도 한다. 미국의 메이저리그 선수들과 각국 프로 선수들이 참가하여 월드컵 축구대회처럼 국가 대항전을 펼친다.

019 부산도시공사

다음 용어 중 야구와 관계없는 것은?

① 헤트트릭
② 사이클링 히트
③ 퍼펙트 게임
④ 닥터 K

해 헤트트릭(Hat Trick)이란 축구 경기에서 1명의 선수가 1경기에서 3득점을 하는 것을 말한다.

020 NH농협

'더블헤더'와 관계있는 운동 종목은?

① 축구
② 야구
③ 배구
④ 테니스

해 더블헤더 : Double Header. 하루에 동일한 팀들이 계속 두 경기를 치르는 것이다.

미국의 야구 경기

메이저리그(내셔널리그, 아메리칸리그)와 마이너리그(Minor League)로 구성된다.

021 한국전력공사

미국의 프로야구 리그가 아닌 것은?

① 센트럴리그
② 아메리칸리그
③ 내셔널리그
④ 마이너리그

해 센트럴리그는 일본의 리그 명칭이다.

일본의 야구 경기

센트럴리그와 퍼시픽리그로 구분되는데, 이들의 차이점은 센트럴리그에서는 지명타자 제도를 인정하지 않아서 투수도 타석에 서야 한다는 점이다.

Chapter **12**

스포츠

022

육상 경기 중 트랙(Track) 경기가 아닌 것은?

① 릴레이
② 상애물경기
③ 포환던지기
④ 100m 달리기

해 앵커 : 어원은 닻이며, '확보'의 의미이다. 육상에서는 전 주자(前走者)의 기록을 확보한다는 것으로, 릴레이경기의 최종주자를 의미한다.

023 중앙일보

다음 중 'Ace'와 관계없는 스포츠는?

① 농구
② 야구
③ 테니스
④ 배구

해 스포츠 종류에 따른 'Ace'의 의미
- 야구에서, 팀의 주전 투수를 이르는 말. '기둥 투수'로 순화
- 골프에서 홀인원과 같은 말
- 배구 · 테니스 · 탁구에서 서브한 공을 상대편이 받지 못해 득점하는 일

024 KT&G

펜싱경기에서 플뢰레(Fleuret)는?

① 상체 전부를 찌르기와 베기로 공격하는 경기
② 몸통 이외의 부분을 찌르기로만 공격하는 경기
③ 몸통 부분을 찌르기로만 공격하는 경기
④ 전신을 찌르기로만 공격하는 경기

해 펜싱경기 종목과 규칙 : 에페는 모든 면이 공격 가능하며 가장 큰 칼을 사용하는 것으로, 근대 5종 경기 펜싱 종목이다. 플뢰레는 검 끝으로 찌르기만 허용되고 얼굴과 사지는 공격에서 제외되며 몸통만 공격할 수 있다. 사브르는 찌르기와 베기도 가능하고 손을 방어하는 칼이 있으며 허리뼈와 상반신을 비롯한 머리, 팔도 공격할 수 있다.

025

다음 중 국제빙상경기연맹에서 주관하는 종목이 아닌 것은?

① 쇼트트랙
② 피겨 스케이팅
③ 아이스하키
④ 스피드 스케이팅

해 국제빙상경기연맹 : International Skating Union(ISU). 스케이팅 종목을 주관하는 국제단체로, 스케이트 종목을 스피드스케이팅, 아이스 댄싱, 쇼트트랙 스피드 스케이팅, 피겨 스케이팅, 싱크로나이즈드 스케이팅으로 나누어 관장한다.

윔블던 현상

• 윔블던 테니스 대회를 주최하는 것은 영국이지만, 잔치는 외국 선수들이 벌인다는 데서 따온 말로, 개빙된 시장을 외국계가 석권하는 현상을 뜻한다.

• 윔블던 테니스 대회에서 주최국인 영국 선수보다 외국 선수가 더 많이 우승하는 것처럼, 영국의 금융기관을 영국인보다 외국인이 더 많이 소유하게 되는 것을 말한다.

• 영국 프로축구 EPL의 구단은 영국 소속이지만 구단주는 외국 자본이라는 현상을 빗댄 표현이다.

피겨 스케이팅

피겨 스케이팅의 주요 기술로는 점프(Jump)와 스핀(Spin), 스파이럴(Spiral) 등을 들 수 있다. 점프는 크게 토(toe) 점프와 에지 점프로 구분하는데, 토 점프는 스케이트 앞쪽의 토니로 빙판을 찍으면서 위로 솟구치는 기술로서 토 루프 점프(Toe loop Jump), 플립 점프(Flip Jump), 러츠 점프(Lutz Jump) 등으로 세분된다.

• **트리플 플립** : 왼발 안쪽 에지로 점프해서 3회전

• **트리플 러츠** : 왼발 바깥 에지로 점프해서 3회전

• **트리플 악셀** : 3회전 반 점프

266

026 부산교통공사

다음 중 양궁에서 사용하는 용어는?

① 매치
② 러브
③ 폴트
④ 에이밍

해 에이밍 : Aim, (과녁을) 조준하다, 겨냥하다.

테니스 4대 메이저 대회

호주오픈, 프랑스오픈, 전영(윔블던), 미국 오픈테니스 선수권 대회

027 충청일보

테니스 경기 용어 중 틀린 것은?

① 갤러리 – 테니스 경기 관중
② 위닝샷 – 승리를 결정짓는 결정구
③ 백핸드 – 라켓을 쥔 손쪽 방향으로 스윙을 하여 공을 치는 것
④ 로브 – 상대방이 네트 가까이 왔을 때 상대방 머리 위로 높이 올려서 멀리 떨어지게 하는 수비 방법
⑤ 포핸드스트로크 – 라켓을 쥔 팔 방향으로 오는 공을 받아 치는 것으로, 포핸드(Forehand) 또는 포(Fore)라고도 한다.

해 갤러리는 골프 경기를 보러 온 관중을 말한다.

테니스 경기 용어

• **Back Hand** : 테니스에서 라켓을 쥔 손쪽 방향으로 스윙을 하여 공을 치는 것을 말한다.
• **Forehand** : 라켓을 쥔 손의 반대쪽 방향으로 스윙하여 공을 치는 것을 말한다.
• **Fault** : 서비스 샷이 서비스 박스 안에 들어가지 못할 경우 더블 폴트가 되면 서버가 상대방에게 한 포인트를 내주게 된다.
• **Volley** : 공이 땅에 바운드 되기 전에 쳐서 넘기는 기술이다.
• **Half Volley** : 공이 땅에 바운드된 직후에 튀어 오르는 것을 바로 쳐서 넘기는 기술을 말한다.
• **Lob 또는 Lobbing** : 공을 상대편 코트로 높고 깊게 쳐서 보내는 기술을 말한다.
• **Winning Shot** : 득점이나 승리로 직결되는 결정적인 타구로, 테니스에서는 결정타 또는 승리를 결정짓는 볼을 말한다.
• **Fore Hand Stroke** : 라켓을 쥔 팔 방향으로 오는 공을 받아 치는 것으로, 포핸드(Forehand) 또는 포(Fore)라고도 한다.

028 경상대병원

수영연맹이 인정하지 않는 미인정 수영방법은 무엇인가?

① 자유형
② 배영
③ 횡영
④ 접영

해 횡영은 주로 인명구조나 장거리 수영에 사용되는 영법으로 수영연맹에서 인정하지 않는 수영방법이다.

Chapter 12

스포츠

029 미국, 영국, 캐나다 등 미국 남녀프로골프 투어에 편성된 3개국 내셔널타이틀 대회를 모두 석권하는 것을 무엇이라고 하는가?

029. 트리플 크라운

030 골프경기에서 한 홀 표준 타수를 무엇이라 하는가?

030. Par

031 러브 게임(Love Game)이라는 용어를 사용하는 경기는?

031. 테니스

032 원래 물리학 용어이나 패넌트 레이스로 치러지는 운동경기에서 많이 전용되고 있는데, 프로야구의 경우 시즌 종반에 제2위 팀이 나머지 경기를 전승한다고 가정해도 제1위 팀이 우승할 수 있는 승수의 숫자를 뜻하는 것은?

032. Magic Number

033 야구에서 제일 재미있는 경기 내용을 보여준다는 8대 7 스코어를 가리키는 표현은?

033. Kennedy Score

034 프로 축구에서 일정액 이상의 이적료를 제시하는 구단이 있으면 무조건 풀어줘야 하는 계약조건을 뜻하는 용어는?

034. Buy Out 조항

035 영국의 L. 구트만이 창설한 신체장애인들의 국제경기대회는?

035. 패럴림픽(Paralympic)

036 프로축구에서 '승부조작'을 뜻하는 용어는?

036. 갈치오폴리

Answer

037 Wild Card

037. 일부 스포츠 종목에서 출전 자격을 따지 못했지만 특별히 출전이 허용되는 선수나 팀을 뜻한다.

038 FIFA 센추리 클럽

038. A매치(국가 대항전)에 100경기 이상 출전한 선수들의 그룹을 가리킨다.

039 지하철 시리즈

039. 미국 프로야구에서 뉴욕을 연고지로 하는 양키스와 메츠가 월드시리즈에서 경기하는 것을 말한다.

040 Grand Slam

040. ① 테니스에서 한 해에 한 선수가 세계적으로 유명한 4대 토너먼트 경기에서 우승하는 것을 말한다.
② 골프에서는 전미 오픈대회, 전미 프로 마스터스, 영국 오픈대회를 모두 석권하는 것을 뜻한다.
③ 야구에서는 만루 홈런을 가리키는 말로 쓰인다.

041 Triple Double

041. 농구 한 경기에서 한 선수가 득점, 리바운드, 어시스트, 가로채기, 블록슛 가운데 세 가지 부문에서 두 자릿수를 기록하는 것을 말한다.

042 Albatross

042. 한 홀의 기준 타수보다 3개가 적은 타수로 홀인하는 것(Double Eagle)을 말한다.

043 Cincinnati Hit

043. 충분히 잡을 수 있는 쉬운 플라이 공을 야수끼리 서로 미루다 놓쳐 만들어진 안타를 뜻한다.

044 Gala Show

044. 축하하여 벌이는 큰 규모의 오락행사를 가리키는 말이다.

045 Salchow Jump

045. 후진하며 왼발의 인사이드 에지로 점프하여 회전하고 오른발의 아웃사이드 에지로 착지하는 기술이다.

Chapter 12 스포츠

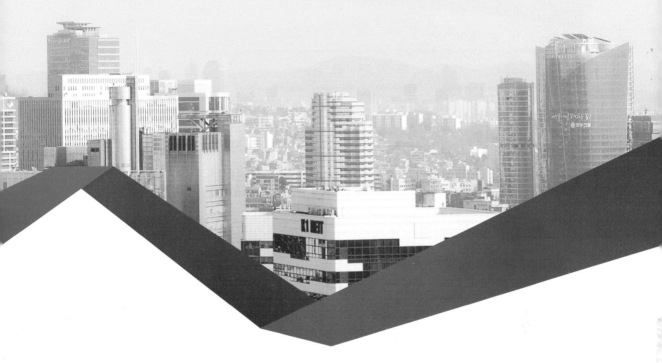

CHAPTER **13**

인문과학

① 한국사

001 교보

우리나라에서 농사를 짓기 시작한 시기는?

① 구석기시대
② 신석기시대
③ 청동기시대
④ 철기시대

해 한반도에서 농경사회는 신석기시대부터 시작되었다.

002 한국전력공사

유적과 유물로 추측건대 고조선은 어떤 문화를 기반으로 성립되었다고 보는가?

① 구석기시대
② 신석기시대
③ 청동기시대
④ 철기시대

해 고조선은 청동기시대에 건국되었다는 주장이 통설이다.

003 동아일보, 한국전력공사

다음 중 단군신화가 소개되어 있지 않는 책은?

① 세종실록지리지
② 제왕운기
③ 동국여지승람
④ 삼국사기

해 단군신화 기록 문헌 : 삼국유사, 제왕운기, 세종실록지리지, 응제시주, 동국여지승람 등이 있다.

004 KB국민은행

민며느리제는 어느 국가의 혼인제도인가?

① 옥저
② 동예
③ 부여
④ 고구려

해 옥저 – 민며느리제, 동예 – 무천(10월 제천행사), 부여 – 영고, 고구려 – 동맹, 삼한 – 수릿날

선사시대

- **구석기시대** : 한반도에 인간 거주 시작
- **신석기시대** : 농경사회 시작, 처음으로 토기 제작
- **청동기시대** : 고조선 건국, 벼농사 시작

8조금법

범금팔조(犯禁八條)라고도 하며, 『삼국지 위지동이전』 기록에 따라 기자팔조금법이라고도 한다.

- 살인자는 즉시 사형에 처한다(相殺, 以 當時償殺).
- 남의 신체를 상해한 자는 곡물로써 보상한다(相傷, 以穀償).
- 남의 물건을 도둑질한 자는 소유주의 집에 잡혀들어가 노예가 됨이 원칙이나, 자속(自贖 : 배상)하려는 자는 50만 전을 내놓아야 한다.

한사군

B.C 108~B.C 107년 전한(前漢)의 무제(武帝)가 위만조선(衛滿朝鮮)을 멸망시키고 그 고지(故地)에 설치한 4개의 행정구역이다. 한(漢)은 위만조선을 멸망시킨 B.C 108년에 위만조선의 영역과 복속되었던 지역에 낙랑군(樂浪郡)·임둔군(臨屯郡)·진번군(眞番郡)을 설치하고 그 이듬해에 현도군(玄菟郡)을 설치하였다.

005 동아일보

삼한시대에 죄를 범하더라도 도망해 들어가면 체포할 수 없었던 곳은?

① 소도   ② 성황당

③ 신시   ④ 사영지

해 소도 : 삼한시대에 천신(天神)을 제사 지낸 지역의 명칭이다.

006 교보

고구려의 진대법에 대한 설명으로 맞지 않은 것은?

① 고국천왕 때 실시하였다.

② 춘대추납의 빈민구제책이다.

③ 양민들의 노비화를 막으려는 목적으로 실시하였다.

④ 지방자치 분권제도의 일면이라 할 수 있다.

해 진대법 : 고구려시대 흉년·춘궁기에 국가가 농민에게 양곡을 대여해 주고 수확기에 갚게 한 전근대시대의 빈민구제책이다. '진'은 흉년에 기아민(飢餓民)에게 곡식을 나누어 주는 것을 뜻하고, '대'는 봄에 양곡을 대여하고 가을에 추수 후 거두어 들이는 것을 뜻한다. 조선시대에는 고려의 제도를 계승하여 상평(常平)·환곡(還穀)의 제도로 그 범위가 확대, 정비되어 활발하게 운영되었다.

007

다음 중 부여군에 위치한 유적지가 아닌 것은?

① 정림사지   ② 무령왕릉

③ 능산리 고분군   ④ 부소산성

해 무령왕릉은 충청남도 공주시에 위치해있다.

008 KB국민은행

신라의 독서삼품과와 관련이 있는 것은?

① 과거제도   ② 과거예비시험

③ 관리등용제도   ④ 입학검정고시

해 독서삼품과 : 신라의 관리선발제도로 국학의 학생들을 독서능력에 따라 상·중·하로 구분하였다.

고려·조선시대 사회정책기관

- **대비원** : 고려시대와 조선시대의 구료기관
- **제위** : 고려 광종 14년(963) 설치된 빈민의 구호 및 질병 치료를 맡은 기관
- **혜민국** : 고려시대 서민의 질병 치료를 위하여 설치한 의료기관
- **장생고** : 고려시대 사원에 설치되었던 서민금융기관
- **구제도감** : 고려 예종 때 설치한 빈민구제기관
- **의창** : 고려시대와 조선시대에 농민 구제를 위하여 각 지방에 설치한 창고
- **상평창** : 고려시대와 조선시대에, 물가가 내릴 때 생활 필수품을 사들였다가 값이 오를 때 내어 물가를 조절하던 기관. 조선 선조 41년(1608)에 선혜창으로 고쳤다.

선혜청

조선시대 대동미(大同米)·대동포(大同布)·대동전(大同錢)의 출납을 관장한 관청이다.

남당

삼국시대 부족집회소(部族集會所)가 발전하여 전형된 정치기구로 도당(都堂)이라고도 한다.

009 KBS

삼국문화의 일본전파와 관계없는 것은?

① 혜관 · 혜자의 불교

② 아식기와 왕인의 한학

③ 관륵의 역법, 둔갑방술

④ 겸익과 혜량의 율종

해 혜량 : 본래 고구려의 승려였는데 신라에 귀화하였다.

삼국시대 문화의 일본 전파

- **혜관** : 고구려 승려로 수나라에 건너가 가상사(嘉祥寺)의 길장(吉藏)에게 삼론종의 종지(宗旨)를 배우고 귀국 후 625년(영류왕 8년)에 왕명으로 일본에 건너가 나라(奈良)의 겐코사(元興寺)에 머물며 불법을 설하였다.
- **혜자** : 고구려의 승려로 일본의 쇼토쿠 태자의 스승이 되었다.
- **아직기** : 백제의 학자로 경서에 능하였으며, 근초고왕 때 왕명으로 일본에 건너가 오우진 천황(應神天皇)의 태자의 스승이 되었다.
- **왕인** : 고대 일본에서 활동한 백제의 학자이다.
- **겸익** : 백제의 승려로 인도에 다녀왔으며 경전을 번역하여 백제 불교가 발전하는 데 이바지하였다.

010 MBC

통일신라시대의 9서당은 무엇을 담당하던 기관이었나?

① 재정

② 군사

③ 교육

④ 정전

해 9서당 : 통일신라시대의 핵심적인 중앙 군사조직이다.

011 중앙일보

신라의 골품제도에 대해 바르게 설명한 것은?

① 중앙집권국가로 발전하는 과정에서 각 지방의 족장세력을 통합 편제한 신분제도이다.

② 6두품의 경우 최고관등인 이벌찬까지 오를 수 있으나 왕위에 오를 수 없어 득난이라고 불렸다.

③ 신분에 따라 복색과 가옥구조가 달랐으나 관계진출에는 제약이 없었다.

④ 진골귀족은 주로 학문과 종교분야에서 두드러진 활약을 했다.

해 ② 6두품의 경우 17관등 중에 제6관등인 아찬까지 오를 수 있다.
　 ④ 관직 진출의 한계 때문에 6두품이 주로 학문과 종교분야에서 활약하였다.

골품제도

신라시대에 혈통의 높고 낮음에 따라 신분을 구분한 제도이며 왕족을 대상으로 한 골제(骨制)와 귀족과 일반 백성을 두품제(頭品制)로 구분하였다. 관직 진출, 혼인, 의복 · 가옥 · 수레 등의 규모와 장식 등 사회생활 전반에 걸쳐 엄격하게 규제하였다. 골품제는 모두 8개의 신분층으로 구성되었다. 먼저 골족은 성골(聖骨)과 진골(眞骨)로 구분되었으며, 성골은 골족 가운데서도 왕이 될 수 있는 최고의 신분이었다. 진골 역시 왕족으로서 신라 지배계층의 핵심을 이루면서 모든 정치적 실권을 장악하고 있었다. 17개 관등 가운데 제1관등인 이벌찬(伊伐湌)에서 제5관등인 대아찬(大阿湌)까지는 진골만이 할 수 있었고, 다른 신분층은 대아찬 이상의 관등에 올라갈 수 없었다.

012

삼국 초기의 통치 구조에 대한 설명으로 옳지 않은 것은?

① 고구려의 5부나 신라의 6부가 중앙의 지배 집단이 되었다.

② 각 부의 귀족들은 각자의 관리를 거느렸다.

③ 각 부는 독자적인 대외 교섭권을 가지고 있었다.

④ 국가의 중요한 일은 각 부의 귀족들로 구성된 회의체에서 결정하였다.

해 삼국 초기 외교 교섭권은 각 부에 있는 것이 아니라, 국왕에게 있었다.

013 한국석유공사

불국사 석굴암에서 발견되어 현존하는 세계 최고(最古)의 목판인쇄물로 인정받는 것은?

① 직지심경   ② 상정고금예문
③ 삼장문선   ④ 다라니경

해 **삼장문선** : 고려 서적원에서 만든 원나라 과거시험 수험서로 1341~1370년에 제작된 것으로 추정된다.

014 LG, 서울메트로

1972년에 발견된 세계 최고(最古)의 금속활자 인쇄본은?

① 직지심경   ② 상정고금예문
③ 다라니경   ④ 십찰사찬고금통요

해 **직지심경** : 세계 최초의 금속 활자본으로 공인된 불경으로, 1972년 프랑스 국립 도서관에서 유네스코 주최로 열렸던 '책의 역사' 종합전에서 발견되었다.
상정고금예문 : 고려시대에 고금의 예문을 모아 편찬한 책이다. 지금은 전하지 않으나, 이규보의 『동국이상국집』에 이 책을 고종 21년(1234년)에 활자로 찍어 냈다는 기록이 있어 우리나라 최초의 활자본으로 추측된다.
무구정광다라니경 : 세계에서 가장 오래된 목판인쇄물로, 유네스코 세계문화유산에 등록된 우리나라 국보 제126호이다.

015 MBC

발해에 대한 설명으로 옳은 것은?

① 676년에 건국했다.
② 신라와 밀접한 관계를 유지했고 특히 문화 교류가 활발했다.
③ 926년 지도층의 내분을 틈 탄 당나라의 침략으로 멸망했다.
④ 발해에 대한 본격적인 연구는 조선 후기 실학자들이 시작했다.

해 ① 발해 건국년도 : 698년
② 신라와의 관계 : 신라와는 처음에는 적대시하였다가 차후 친교를 맺었다.
③ 멸망 : 926년 거란족의 야율아보기(耶律阿保機)가 발해를 정복했다.

신라방

중국 당(唐)나라(618~907) 때 중국의 동해안 일대에 설치되었던 신라인의 집단거주 지역을 가리킨다.

신라소

통일신라시대에 당(唐)나라에서 거주하는 신라 거류민의 자치적 행정 기구이다.

신라원

재당(在唐) 신라인들의 집단 거류지인 신라방에 신라인들이 세운 절이다.

청해진

통일신라 흥덕왕 때의 장군 장보고(張保皐)가 해상권을 장악하고 중국·일본과 무역하던 곳으로 지금의 완도를 말한다.

김대문

통일신라시대의 저술가이다. 저서로 『계림잡전』, 『고승전』, 『화랑세기』, 『한산기』 등이 있으나 전해지지는 않는다.

김암

통일신라시대의 점복가(占卜家)병술가(兵術家)로 당나라에 유학하여 음양학(陰陽學)을 연구하였다.

최치원

신라시대의 학자이다. 879년 황소(黃巢)의 난 때 고변(高騈)의 종사관(從事官)으로서 「토황소격문(討黃巢檄文)」을 초하여 문장가로서 이름을 떨쳤다.

016 KT

후손들에게 훈요십조라는 교훈을 내린 왕은?

① 고려 광종   ② 고려 태조 왕건
③ 신라 문무왕   ④ 조선 태조 이성계

訓 훈요십조 : 943년 고려 태조가 그의 자손들에게 귀감으로 남긴 10가지의 유훈(遺訓)이다.

017 롯데

고려 관리등용법의 설명으로 맞는 것은?

① 문관 등용시험으로 잡과가 있다.
② 무관 등용시험에는 명경과가 있었다.
③ 기술관 등용시험으로 제술과가 있었다.
④ 관리등용에는 과거 이외에 음서제가 있었다.

訓 음서제도 : 음서(蔭敍)는 고려와 조선시대에 중신 및 양반의 신분을 우대하여 친족 및 처족을 과거와 같은 선발 기준이 아닌 출신을 고려하여 관리로 서용하는 제도이다.
잡과 : 고려와 조선시대에 기술관의 등용을 위해 실시하였던 과거이다.
제술과 : 진사과. 문신을 등용하기 위한 시험으로, 합격자를 진사라고 불렀다.
명경과 : 고려시대 유교경전에 대한 시험. 「시경」, 「서경」, 「주역」, 「춘추」, 「예기」 등의 과목을 시험 보던 분과이다.

018 롯데

고려 무인정권시기에 최씨 정권의 최고 막부와 같은 구실을 한 가장 중심적인 권력기구는?

① 정방   ② 도방
③ 삼별초   ④ 교정도감

訓 교정도감 : 고려시대 최충헌(崔忠獻) 이래 무신정권의 최고 정치기관
정방 : 고려 무신정권기에 최우가 자기 집에 설치하여 인사행정을 취급한 기관
도방 : 고려 무인집권기 무인집정의 사병집단
삼별초 : 고려 무신정권(武臣政權) 때의 특수군대

팔관회

삼국시대에 시작되어 고려시대 국가행사로 치러진 종교행사이다.

연등회

신라에서 시작되어 고려시대에 국가적 행사로 자리잡은 불교행사이다.

노비안검법

고려 광종 7년(956)에 본디 양민이었던 노비를 해방시켜 주기 위하여 만든 법이다. 통일 신라 말기·고려 초기에 억울하게 노비가 된 사람을 해방시킨 것이다.

이자겸의 난

고려 인종(仁宗, 1122~1146) 때 최고 권력자였던 척신(戚臣) 이자겸(李資謙) 등이 '십팔자(十八子)'가 왕이 될 것이라는 도참설(圖讖說)을 내세워 인종을 폐위시키고 스스로 왕위를 찬탈하고자 일으켰던 반란이다.

묘청의 난

1135~36년 고려 서경(西京 : 평양) 출신 술승(術僧) 묘청이 서경에서 일으킨 반란이다.

만적의 난

1198년(고려 신종 1) 만적이 중심이 되어 일으키려다 미수에 그친 노비해방운동이다.

분사제도

고려가 서경(西京 : 평양)에 중앙부서(中央部署)의 분소(分所)를 설치한 제도이다.

벽란도

황해도 예성강 하류에 있는 고려시대의 중요한 나루이다. 고려의 서울인 개경 가까이에 있던 국제 무역항으로, 외국 상인이 많이 왕래하였다.

삼별초의 난

고려 무신정권기에 특수부대였던 삼별초가 몽고의 간섭에 대항하여 일으킨 반란이다.

019 한겨레신문

고려청자의 기원과 관련해 옳지 않은 설명은?

① 고려의 지배층은 중국 청자를 좋아했으나 수입이 한정되어 청자 제작을 요구하게 되었다.
② 초기의 청자 제작 시도는 실패를 거듭했으며, 이로 인한 거대한 퇴적층의 흔적이 남아 있다.
③ 초기에 청자의 제작이 수월하지 않아 분청사기가 발달했다.
④ 고려청자의 제작은 대략 10세기 말엽의 광종, 성종 연간으로 거슬러 올라간다.

해 **분청사기** : 퇴락한 고려의 상감청자(象嵌靑瓷)에 그 연원을 두는 이 사기는 14세기 후반부터 제작되기 시작하여 조선왕조의 기반이 닦이는 세종연간(1419~1450)을 전후하여 그릇의 질(質)이나 형태 및 무늬의 종류, 무늬를 넣는 기법[施文技法] 등이 크게 발전·세련되어 그 절정을 이루게 되었으며, 조선 도자공예의 독특한 아름다움을 보이게 된다.
상감청자 : 12세기 중엽에 만들어진 고려인의 독특한 청자이다. 반건조된 그릇 표면에 무늬를 음각하고 초벌구이한 다음 그 안을 백토(白土)나 흑토(黑土)로 메우고 청자유(靑瓷釉)를 바른 후 다시 구워내 무늬가 유약을 거쳐 투시되도록 한 세계적인 명품이다.

속장경
대각 국사 의천이 대장경을 결집할 때에 빠진 것을 모아 엮은 불전(佛典)이다.

고려시대 주요 사서
삼국사기(김부식), 삼국유사(일연), 제왕운기(이승휴), 해동고승전(각훈)

020 중앙일보

고려와 조선의 정치에서 나타난 공통점으로 볼 수 없는 것은?

① 과거를 통해 문무관리를 선발했다.
② 국가의 중대사는 합의를 거쳐 결정했다.
③ 고급관료의 자제는 과거를 통하지 않고 관직에 나갈 수 있었다.
④ 서경제도를 통해 고관과 국왕의 횡포를 견제했다.

해 고려시대에는 무관 등용시험이 없었다.
② 고려시대에는 합의제 기구로 중방, 조선시대에는 합의제 기구로 의정부가 있었다.
③은 음서제도에 대한 설명이다. 음서제도는 고려와 조선시대에 중신 및 양반의 신분을 우대하여 친족 및 처족을 과거와 같은 선발 기준이 아닌 출신을 고려하여 관리로 서용한 제도이다.
④ 서경제도는 고려·조선시대에 인사 이동이나 법률 제정 등에서 대간(臺諫)의 서명을 받는 제도를 말한다.

고려 – 조선시대 과거제도 비교
고려와 조선의 관리 등용 방식은 가장 대표적이고 보편적인 것으로 과거제와 음서제가 있다. 조선시대에는 과거제도가 문과, 무과, 잡과로 나누어 실시되었다. 이중 무과는 고려 말기에 시작되었는데 조선 초에 정식으로 설치되었다. 결국 이로부터 문무 양반제도가 확립되었다.

상피제
조선시대 관리임용제도로써 가까운 친인척과 같은 관서에 근무하지 않도록 하거나 출신 지역의 지방관으로 임명하지 않도록 하였던 제도로서 권력의 집중과 부정을 방지하기 위해 시행되었다.

Chapter
13

인문과학

021 한국전력공사

지방세력 견제책의 변천과정을 바르게 연결한 것은?

① 사심관제도 – 유향소 – 상수리제도
② 상수리제도 – 기인제도 – 경저리제도
③ 사심관제도 – 기인제도 – 향청
④ 상수리제도 – 유향소 – 향청

뤱 상수리제도 : 신라시대 중앙정부가 일종의 볼모를 이용해 지방세력을 통제하던 방식이다. 고려시대 기인제도의 토대를 제공했다.
　기인제도 : 고려 때 지방의 호족 자제를 인질로 상경 숙위(宿衛)케 하는 제도이다.
　경저리제도 : 고려 · 조선시대 중앙과 지방의 연락사무를 담당하기 위하여 지방에서 서울에 향리를 파견하는 제도이다.

022 SBS

조선시대 세종을 이은 문종이 일찍 죽고, 단종이 즉위하자 수양대군이 단종 및 그를 보좌하던 김종서 · 황보인 등을 살해하고 왕위를 빼앗은 사건은?

① 계사의 난　　　　　　② 만적의 난
③ 무신의 난　　　　　　④ 계유정란

뤱 계유정란 : 1453년 6월에 수양대군이 반대파인 김종서(金宗瑞) 등을 격살하고, 안평대군을 사사한 쿠데타이다.

023

향약에 대한 설명으로 틀린 것은?

① 향약은 조선 중기에 권선징악, 상호부조의 정신을 주로 한 향촌의 자치규약이다.
② 혼자서 할 수 없는 일인 경우 여럿이 힘을 합쳐서 일을 하는 것을 울력이라 한다.
③ 두레란 이웃 간에 서로 도와주고 다시 갚는 것을 말한다.
④ 환난상휼은 어려움을 당해서 서로 돕는 것을 말한다.

뤱 두레는 계의 일종으로 농번기, 특히 모내기 때부터 김매기가 끝날 때까지 공동작업을 하기 위하여 형성된 협동 노동 조직체이다.

사심관제도
고려 때 지방에 대한 통제력이 약해지자 그 지역에 있는 권력가에게 통치를 대신 맡긴 제도이다. 그 권력가의 권력을 인정해 주면서 치안문제도 책임을 지게 했다.

유향소
고려 말~조선시대 지방 군(郡) · 현(縣)의 수령(守令)을 보좌한 자문기관(諮問機關)이다.

향청
조선시대에 지방행정관서 단위로 둔 지방 자치기관이다.

3사
조선시대에 언론을 담당한 사헌부 · 사간원 · 홍문관을 가리키는 말이다.

호패법
조선시대에 신분을 나타내기 위하여 16세 이상의 남자에게 호패를 가지고 다니게 하던 제도이다.

4군6진
조선 세종 때 설치한 4군과 6진을 아울러 이르는 이름이다. 북방을 개척하여 4군(여연 · 자성 · 무창 · 우예) 6진(종성 · 온성 · 회령 · 경원 · 경흥 · 부령)을 설치한 것을 세종의 북방 개척이라고 하기도 한다.

024 연합뉴스

조선시대 4대 사화(士禍)의 순서가 맞게 연결된 것은?

① 무오 - 갑자 - 기묘 - 을사   ② 갑자 - 무오 - 기묘 - 을사

③ 기묘 - 을사 - 무오 - 갑자   ④ 을사 - 기묘 - 갑자 - 무오

해 무오(1498년) - 갑자(1504년) - 기묘(1519년) - 을사(1545년)

조선조 4대 사화

- **무오사화** : 연산군 4년(1498)에 김일손(金馹孫) 등 신진사류가 류자광(柳子光)을 중심으로 한 훈구파에 의하여 화를 입은 사건이다.
- **갑자사화** : 연산군 10년(1504)에 연산군의 어머니인 폐비 윤씨(성종의 비) 복위 문제로 연산군이 일으킨 사건이다.
- **기묘사화** : 중종 14년(1519)에 남곤(南袞), 심정(沈貞) 등 훈구파의 재상들이 당시 새로운 혁신을 감행한 젊은 선비들에게 화를 입힌 사건이다.
- **을사사화** : 명종 원년(1545)에 왕실의 외척인 대윤과 소윤의 반목으로 일어난 사건이다.

025 경상대병원, 경남신용보증재단

이순신 장군이 전사한 해전은?

① 한산도 해전   ② 노량해전

③ 옥포해전   ④ 명량해전

해 노량해전은 1598년 노량 앞 바다에서 이순신 장군이 전사한 최후의 전투이다.

026 경상대병원

한국이 최초로 수교한 국가는 어느 국가인가?

① 일본   ② 중국

③ 러시아   ④ 미국

해 강화도조약은 1876년(고종 13년) 2월 강화도에서 조선과 일본이 체결한 조약이다. 일본의 군사력을 동원한 강압에 의해 체결된 불평등 조약으로 공식 명칭은 조일수호조규이며, 병자수호조약이라고도 한다. 근대 국제법의 토대 위에서 맺은 조선 최초의 조약이다.

3포 개항

세종 초년 제3차 대마도 정벌 이후 대마도주 소 사다모리(宗貞盛)는 단절된 조선과의 정상적 교역을 누차 청하여 왔기 때문에 조정에서도 그들에 대한 유화책의 하나로 3포를 개항했다. 그래서 웅천(현재의 진해)의 내이포, 동래(현재의 부산)의 부산포, 울산의 염포 등 3포를 열어 무역할 것을 허락하였다(계해조약).

027 KBS

대동법과 관련이 없는 것은?

① 선혜청에서 관할하였다.

② 상업과 수공업을 발전시켰다.

③ 대동법 실시 이후에도 별공, 진상이 존속되었다.

④ 전국적으로 동시에 실시되었다.

해 대동법 : 조선시대에 공물(貢物 : 특산물)을 쌀로 통일하여 바치게 한 납세제도이다. 처음 경기도에 한해 실시되다가 폐지되는 등 곡절 끝에 숙종 이후 경상도까지 실시되었다. 대동법 실시 이후에 등장한 공인(貢人)은 공납 청부업자인 어용상인으로서 산업자본가로 성장하여 수공업과 상업의 발달을 촉진시켰다. 또한 화폐의 유통을 촉진시키고, 운송활동의 증대를 가져와 교환경제체제로 전환되도록 하였다.

Chapter
13
인문과학

028 KT

다음 중 다산 정약용과 거리가 먼 것은?

① 한전제 주장
②『여유당전서』 저술
③『경세유표』 저술
④ 정조 때 수원성 설계

해 **정약용** : 조선 후기 학자 겸 문신이다. 사실적이며 애국적인 많은 작품을 남겼고, 우리나라의 역사·지리 등에도 특별한 관심을 보여 주체적 사관을 제시했으며, 합리주의적 과학 정신은 서학을 통해 서양의 과학 지식을 도입하기에 이르렀다. 주요 저서로 『목민심서』,『경세유표』 등이 있다.

조선시대 토지개혁에 관한 주장

• **유형원의 균전제** : 백성은 20세부터 토지를 분배받고, 사대부는 15세부터 분배받고, 여자는 대상에서 제외한다. 신분제도를 인정하여 토지를 균등하게 배분하는 토지제도를 주장하였다.
• **이익의 한전제(限田制)** : 생활유지를 위해 필요한 토지를 영업전으로 하여 매매를 금지하고 그 밖의 토지는 매매를 허용하여 점진적인 토지 소유의 평등을 주장하였다.
• **정약용의 여전제(閭田制)** : 한 마을을 단위(閭)로 하여 토지를 공동으로 소유·경작하게 하고, 그 수확량을 노동량에 따라 분배하는 일종의 공동 농장 제도로 공동생산과 공동분배를 주장하였다.

029 SBS 드라마 PD 변형

황동혁 감독의 영화 '남한산성(2017)'의 배경을 이루는 역사적 사건은?

① 정유재란
② 삼포왜란
③ 임오군란
④ 병자호란

해 병자호란은 조선 인조 14년(1636)에 청나라가 침입한 사건이다.

030 한국전력공사

실학자가 저술한 다음 4권의 책 가운데 백과사전의 성격이 아닌 것은?

① 지봉유설
② 연려실기술
③ 오주연문장전산고
④ 성호사설

해 **연려실기술** : 조선 후기의 학자 이긍익(李肯翊, 1736~1806)이 지은 조선시대 야사총서(野史叢書)이다.

백과사전적 서책

• **지봉유설** : 1614년(광해군 6)에 이수광(李睟光, 1563~1628)이 편찬한 우리나라 최초의 백과사전적인 저술이다.
• **오주연문장전산고** : 조선 후기의 학자 이규경(李圭景, 1788~1856)이 쓴 백과사전류의 책이다.
• **성호사설** : 조선 후기의 학자 성호 이익(李瀷, 1681~1763)의 대표적 저술로서 주제에 따라 다섯 부분으로 나누어져 있다.
• **동국문헌비고** : 영조 때 홍봉한(洪鳳漢, 1713~1778)이 한국의 문물제도를 분류·정리한 백과전서적인 책이다.

031 NH농협, 일양약품, KBS, 롯데

조선시대 국가재정의 기본 원천이 된 삼정이 아닌 것은?

① 전정
② 군정
③ 세정
④ 환곡

해 **삼정** : 조선 후기 국가재정의 근간을 이루었던 전정(田政)·군정(軍政)·환정(還政)을 일컫는 말이다.

032 KBS

대원군이 경복궁 중건 비용을 마련하기 위해 발행한 화폐는?

① 당오전　　　　　　② 당백전

③ 원납전　　　　　　④ 상평통보

圖 **당백전** : 흥선대원군 정권이 1866년(고종 3)에 발행한 화폐이다.
　당오전 : 1883년(고종 20)～1895년(고종 32)까지 통용된 화폐로, 조선 말 화폐경제의 폐단과 혼란을 불러일으킨 저질 화폐로 통한다.
　원납전 : 조선 후기 흥선대원군이 경복궁 중수를 위하여 강제로 거둔 기부금이다.

033 목포 MBC

다음의 역사적 사건을 시간 순서대로 올바르게 나열한 것은?

① 임오군란－제물포조약－신미양요－강화도조약

② 신미양요－강화도조약－임오군란－제물포조약

③ 임오군란－신미양요－강화도조약－제물포조약

④ 신미양요－임오군란－제물포조약－강화도조약

圖 신미양요(1872) － 강화도조약(1876) － 임오군란(1882) － 제물포조약(1882)

034 동아일보, 한국스탠다드차타드은행

대한이라는 국호는 어느 때부터 사용되기 시작했는가?

① 갑오개혁 이후　　　　② 갑신정변 이후

③ 융희황제 이후　　　　④ 고종의 아관환궁 이후

圖 **대한제국** : 1897년 10월 12일부터 1910년 8월 29일까지의 조선의 국명이다. 1897년 2월 고종이 아관환궁한 후 독립협회와 일부 수구파가 연합하여 칭제건원(稱帝建元)을 추진, 8월에 연호를 광무(光武)로 고쳤으며, 9월에는 원구단(圜丘壇)을 세웠고, 1897년 10월 12일 황제즉위식을 올림으로써 대한제국이 성립되었다.

집현전

고려 이래 조선 초기에 걸쳐 궁중에 설치한 학문 연구기관이다.

경국대전

조선시대의 기본 법전이다.

사육신

조선 세조 2년(1456)에 단종의 복위를 꾀하다가 처형된 여섯 명의 충신으로 이개, 하위지, 유성원, 성삼문, 유응부, 박팽년을 이른다.

생육신

세조가 단종에게서 왕위를 빼앗자 벼슬을 버리고 절개를 지킨 여섯 신하를 뜻한다. 이맹전, 조여, 원호, 김시습, 성담수, 남효온 또는 권절을 이른다.

조선 전기의 사서

조선왕조실록, 고려사(김종서・정인지), 고려사절요(김종서・남수문), 동국통감(서거정), 동국사략(박상)이 있다.

시전

전근대 사회에서 시장거리에 있었던 큰 가게를 뜻한다.

육의전

조선시대에 독점적 상업권을 부여받고 국가 수요품을 조달한 여섯 종류의 큰 상점을 말한다.

난전

조선시대에 나라에서 허가한 시전(市廛) 상인 이외의 상인이 하던 불법적인 가게를 말한다.

028 ① 　029 ④ 　030 ② 　031 ③ 　032 ② 　033 ② 　034 ④ 　답

Chapter **13**

035 SBS 드라마 PD 변형

'약산, 2019년 6월 6일, 밀양' 등에서 공통으로 연상되는 인물은?

① 이동휘　　　　　　② 양기탁
③ 박은식　　　　　　④ 김원봉

해 김원봉의 호는 '약산(若山)'으로 경남 밀양이 고향이다. 문재인 대통령은 지난 6월 6일 현충일 추념사에서 김원봉의 공적을 거론하면서 서훈 논란이 불거졌다.

036 신한은행

기미독립선언문의 작성자는?

① 이광수　　　　　　② 손병희
③ 최남선　　　　　　④ 한용운

해 기미독립선언서 : 1919년 3 · 1 운동 때 한국의 독립을 세계만방에 선포한 선언서이다. 최남선이 기초하고 민족 대표 33인이 서명하여 그해 3월 1일 오후 2시에 서울 태화관(泰和館)에서 발표하였다.

037 충북 MBC

다음 중 홍범도 장군의 행정과 관련된 설명으로 옳지 않은 것은?

① 1919년 3.1 독립운동 이후 대한독립군을 창설했다.
② 1920년부터 최진동의 군무도독부와 연합해 대규모 국내 진공작전을 감행했다.
③ 1919년 북로군정서를 조직해 1920년 청산리 전투에서 승리했고 1925년 3월 신민부를 창설했다.
④ 1921년 6월 발생한 자유시참변 이후 같은 해 10월 시베리아로 옮겨 고려혁명군관학교를 설립했다.

해 ③은 김좌진 장군에 대한 설명이다.

② 동양사

038 NH농협, 롯데

실크로드(silk road)를 설명한 말 가운데 틀린 것은?

① 중국 특산물인 비단이 수출되던 길
② 불교와 간다라미술이 중국으로 들어온 길
③ 중국 한무제 때 개척된 동서교역로
④ 로마제국이 중국 한나라를 정복하고자 군대를 파견한 길

해 **실크로드** : 동방에서 서방으로 간 대표적 상품이 중국산의 비단이었던 데에서 유래하였다. 서방으로부터도 보석·옥·직물 등의 산물이나 불교·이슬람교 등도 이 길을 통하여 동아시아에 전해졌다.

039 연합뉴스

오리엔트를 최초로 통일한 국가는?

① 페르시아
② 히타히트
③ 페니키아
④ 아시리아

해 **아시리아** : 아시리아인은 기원전 3,000여 년경 티그리스강 북동부의 상류에서 일어났다. 그리고 B.C 1,300년경부터 철제법을 받아들여 서서히 힘을 키웠고 B.C 1,000여 년경, 메소포타미아로 쳐들어가서 카시트인을 몰아내고 메소포타미아를 차지했다.
페르시아 : 오늘날 이란의 영토에 근거한 여러 개의 고대 제국을 서양에서 일반적으로 일컫는 말이다.
히타히트 : 소아시아 시리아 북부를 무대로 하여 B.C 2,000년경에 활약했던 인도 유럽계의 민족. 그 언어 및 국가의 명칭이다.
페니키아 : 지중해 동안을 일컫는 고대 지명이다.

040 목포MBC

일본의 메이지유신에 대한 설명으로 바르지 않은 것은?

① 왕정복고와 함께 시작된 근대화운동이다.
② 중국의 변법자강 운동을 모델로 했다.
③ 중앙집권화를 추구하는 개혁이 단행되었다.
④ 토지 제도의 개혁을 추진했다.

해 중국의 변법자강운동은 1898년 강유위 등이 일본의 메이지유신을 모델로 한 개혁운동이다.

갑골문자

고대 중국에서 거북의 등딱지나 짐승의 뼈에 새긴 상형 문자이다. 한자의 가장 오래된 형태를 보여 주는 것으로, 주로 점복(占卜)의 기록에 사용하였다.

사마천

중국 전한(前漢)의 역사가(B.C145~B.C86)로 자는 자장(子長)이다. 기원전 104년에 공손경(公孫卿)과 함께 태초력(太初曆)을 제정하여 후세 역법의 기초를 세웠으며, 역사책 『사기』를 완성하였다.

균전제

중국 수나라·당나라 때에 시행한 토지 분배 및 조세 징수 제도이다.

Chapter **13**

문화연예

041 KT

다음은 중국의 근대화 과정의 사건들이다. 시대순으로 나열한 것은?

① 무술정변, 의화단운동, 양무운동, 신해혁명
② 신해혁명, 의화단운동, 양무운동, 무술정변
③ 무술정변, 양무운동, 의화단운동, 신해혁명
④ 양무운동, 무술정변, 의화단운동, 신해혁명

해 양무운동(1862~1895년) – 무술정변(1898년) – 의화단운동(1899~1901년) – 신해혁명(1911~1912년)

042 동아일보

다음 중 5 · 4운동의 진원지는?

① 베이징(北京)　　　② 난징(南京)
③ 상하이(上海)　　　④ 광둥(廣東)

해 5 · 4운동 : 1919년 5월 4일에 베이징 대학에서 일어난 학생 애국운동을 가리킨다.

043 MBC

20세기 초 아시아 각국의 독립운동에 대한 설명으로 맞지 않는 것은?

① 1935년 인도에서 독립한 이후 미얀마는 외세의 개입 없이 유일하게 자주 국가를 유지해 왔다.
② 1906년 인도 국민회의는 스와라지(자치), 스와데시(국산품 애용), 민족 교육, 영국 상품 배척의 4개 항목을 결의, 전면적인 반영 운동을 전개했다.
③ 베트남은 통킹학교 설립, 일본 유학 운동 전개 등으로 독립 운동을 전개했으나, 프랑스의 방해로 타격을 받았다.
④ 케말파샤는 국민당을 조직, 오스만투르크를 해체하고 공화정을 선포, 터키공화국을 세웠다.

해 미얀마 : 동남아시아 인도차이나 반도와 인도 대륙 사이에 있는 나라로, 7개의 구획과 소수민족이 거주하는 7개의 주로 나뉜다. 1885년 영국의 식민지가 되어 아시아 식민지의 거점이 되었고 1948년 1월 4일 영국에서 독립하여 국호를 버마연방(Union of Burma)으로 변경하였다가 1989년 국명을 미얀마(Union of Myanmar)로 개칭하였다.

태평천국운동

1851년에 청나라에서 홍수전이 일으킨 농민 운동이다. 남녀평등, 토지 균분, 청나라 타도를 주장하며 그 세력을 키워 나갔으나 1864년에 평정되었다.

변법자강운동

청나라 말기 캉유웨이(康有爲), 량치차오(梁啓超) 등이 중심이 되어 진행한 개혁운동이다.

의화단운동

청나라 말기에 일어난 외세 배척 운동이다. 1900년 6월, 베이징에서 교회를 습격하고 외국인을 박해하는 따위의 일을 한 의화단을 청나라 정부가 지지하고 대외 선전 포고를 하였기 때문에, 미국을 비롯한 8개국의 연합군이 베이징을 점령 · 진압한 사건이다.

신해혁명

1911년(辛亥年)에 일어난 중국의 민주주의 혁명으로, 쑨원을 대총통으로 하는 중화민국이 탄생하였다.

백화제방 · 백화쟁명

누구든지 자기의 의견을 피력할 수 있다는 의미의 중국의 정치구호이다. '온갖 꽃이 같이 피고 많은 사람들이 각기 주장을 편다'는 뜻이다.

대약진운동

중국이 경제 고도 성장 정책으로 전개한 전국적인 대중 운동이다. 1958년에 마오쩌둥(毛澤東), 1977년에 화궈펑(華國鋒)이 추진한 것으로, 대규모 수리 시설을 건설하고 공업의 기초를 다지려는 운동이었다.

스와라지운동

1906년대에 간디가 주도한 인도의 독립 · 자치 운동이다.

메이지유신

일본 메이지 왕(明治王) 때 막번체제(幕藩體制)를 무너뜨리고 왕정복고를 이룩한 변혁을 말한다.

③ 서양사

044 한국토지주택공사, KB국민은행

고대문명 중 4대 문명 발상지가 아닌 것은?

① 황하문명
② 이집트문명
③ 에게문명
④ 인더스문명

해 **황하문명** : 중국 황하강 중류, 하류 지역에서 발생한 문명이다.
이집트문명 : 나일 강 하류의 비옥한 토지에서 이집트문명은 이루어졌다.
인더스문명 : BC 3,000년기(年紀) 중엽부터 약 1,000년 동안 인더스강 유역을 중심으로 번영한 고대문명(인더스강 : 인도 북서부 갠지스 · 브라마푸트라와 함께 인도 지방의 3대강을 이루고 있는 강. 길이 2,900km)이다.
메소포타미아문명 : 비옥한 반월지대(半月地帶)의 대부분을 차지하는 티그리스 강 · 유프라테스 강 유역을 중심으로 번영한 고대문명(유프라테스 강과 티그리스 강이 있는 현 이라크)

045 대신증권, 한국스탠다드차타드은행

헬레니즘문화에 대한 설명으로 옳지 않은 것은?

① 문화 중심지는 알렉산드리아였다.
② 국제어가 유행하고, 자연과학이 눈부시게 발달하였다.
③ 개인의 행복과 정신적인 안정을 찾으려는 경향이 강했다.
④ 그리스문화와 인도문화의 융합으로 이루어진 세계문화였다.

해 **헬레니즘문화** : 알렉산드로스 대왕의 제국건설 이후 고대 그리스의 뒤를 이어 나타난 문명이다. 헬레니즘이라는 말은 1863년 독일의 드로이젠이 그의 저서 『헬레니즘사(史)』에서 쓰기 시작하면서부터 사용되었다.

046 경남신용보증재단

로마제국의 초대황제로 로마의 행정과 시설을 개혁하고 제국의 기틀을 닦은 인물은 누구인가?

① 카이사르
② 안토니우스
③ 아우구스투스
④ 키케로

해 아우구스투스는 고대 로마의 초대 황제이다. 내정의 충실을 기함으로써 41년간의 통치기간 중에 로마의 행정과 시설을 개혁하고 평화시대가 시작되었으며, 베르길리우스, 호라티우스, 리비우스 등이 활약하는 라틴문학의 황금시대를 탄생시켰다.

에게문명

기원전 30세기경부터 기원전 12세기까지 에게 해의 여러 섬과 연안에 발달한 고대 청동기문명으로 미노아문명, 미케네문명, 트로이문명 등이 있다.

그리스문화

자유로운 시민문화(인간 중심적, 독창적, 합리적)

헬레니즘문화

그리스문화와 동방(오리엔트)의 문화가 결합된 것으로, 철학과 자연과학이 발달했으며 세계시민주의와 개인주의 경향이 있다.

12표법

로마 최고(最古)의 성문법으로 12동판법(銅板法)이라고도 한다.

라티푼디움

'광대한 토지'를 의미하는 라틴어이다. 실제로는 고대 로마시대의 대토지소유제도를 말한다.

로마문화의 특징

그리스문화를 모방하고 개선한 문화이다. 건축, 법률 등 실용적인 분야가 크게 발달하였다.

비잔틴문화

중세기 동로마 제국의 문화이다. 고대 그리스 · 로마문화의 전통을 이어받고 동방문화를 흡수하여, 5세기 말에서 10세기에 걸쳐 황금시대를 이루었으며, 건축 미술이 특히 뛰어났다.

---

047 한국석유공사

중세 십자군 원정이 유럽에 끼친 영향과 거리가 먼 것은?

① 교역이 추진되어 상업이 발달하였다.
② 봉건영주·기사 세력이 약화되어 봉건제도가 붕괴되기 시작하였다.
③ 로마 교황의 주창으로 추진된 원정이었으므로 교황권이 강화되었다.
④ 유럽 사람들의 견문이 넓어지고, 문화 발전에 새로운 변화가 나타났다.
⑤ 십자군 원정 초기에는 교황의 권위가 높아졌으나 후기부터는 권위가 떨어지게 되었다.

🅷 십자군 전쟁 : 11세기 말에서 13세기 말 사이에 서유럽의 그리스도교도들이 성지 팔레스티나와 성도 예루살렘을 이슬람교도들로부터 탈환하기 위해 전후 8회에 걸쳐 감행한 대원정으로, 이 전쟁으로 교황의 권위는 크게 악화되었다.

포에니 전쟁

기원전 264에서 기원전 146년에 걸쳐 로마와 카르타고가 지중해의 지배권을 둘러싸고 벌인 싸움으로 가르디고가 패망하는 것으로 끝났다.

카노사의 굴욕

1077에 신성 로마제국 황제 하인리히 4세가 카노사에 있던 교황 그레고리우스 7세를 방문하여 파문을 취소하여 줄 것을 간청한 사건이다. 성(城) 앞에서 사흘 동안 빌어서 파문이 취소되었는데, 이 사건은 가톨릭교회와 교황의 권력이 절정에 이르는 계기가 되었다.

048 KT

크리스트교를 공인한 로마의 황제는?

① 레오 3세
② 하인리히 4세
③ 콘스탄티누스 1세
④ 이노센스 3세

🅷 밀라노 칙령을 통해 크리스트교가 공인되었는데 이 칙령을 발표한 것이 서방 정제 콘스탄티누스와 동방 정제 리키니우스였다.

금인칙서

신성 로마제국의 황제 카를 4세가 1356년에 반포한 제국법이다. 교황이 독일 정치 문제에 간섭하는 것을 막기 위하여 황제 선거 권리를 7명의 선제후(選帝侯)에게로 한정하고 선제후령의 지위와 권력을 공인하였다.

049 KT

종교개혁에 대한 설명으로 잘못된 것은?

① 칼뱅은 『기독교강요』를 저술하여 신교의 체계를 세웠다.
② 마틴 루터는 1517년 면죄부 판매를 비난하는 95개조 반박문을 발표하였다.
③ 1555년 보름스(Worms) 종교 회의에서 루터파를 선택할 자유가 인정되었다.
④ 루터의 종교개혁과 거의 같은 시기에 스위스의 취리히에서도 츠빙글리가 면죄부 판매에 반대하여 종교개혁을 일으켰다.

🅷 아우크스부르크 종교 회의(1555) : 최초로 교황의 지배를 받지 않는 교회로 루터파가 인정되었다.

종교개혁

16~17세기 유럽에서 일어난 그리스도 교회의 혁신운동이다. 이 운동을 통해 오늘날 프로테스탄트라 부르는 교파가 생겼다. 이 운동은 광범위하게 벌어졌는데, 특히 17, 18세기 영국에서 일어난 퓨리터니즘도 넓은 의미로는 이 운동에 포함시켜야 한다는 의견이 대두되었다.

위그노 전쟁

16세기 프랑스에서 구교와 신교 간의 갈등으로 전개된 전쟁(1562~1598)이다.

050 KB국민은행, 대웅제약

르네상스 운동이란?

① 르네상스 정신은 종교개혁 운동에는 영향을 주지 못하였다.
② 고전 위주의 학문 연구로, 국민 문화의 발달이 저해되었다.
③ 인간과 자연의 재발견이며, 근대 유럽 정신의 모체가 되었다.
④ 르네상스는 이탈리아의 도시 번영과 정치적 통일의 배경이 되었다.

해 르네상스 : 중세와 근대 사이(14~16세기)에 서유럽 문명사에 나타난 역사 시기와 그 시대에 일어난 문화운동으로 근대 유럽문화 태동의 기반이 되었다.

051 서울메트로

르네상스 시대에 지어진 대표적인 건축물은?

① 피사 사원
② 쾰른 대성당
③ 노트르담 사원
④ 성 베드로 성당

해 성 베드로 성당 : 영국 북아일랜드 지방 벨파스트(Belfast)에 있는 성당이다. 1860년에 착공하여 1866년 완공하였다.
르네상스 양식 : 봉건제도와 기독교 정신 위주의 중세가 붕괴되고 상공업 위주의 시민사회가 성립된 15세기 초 이탈리아에서 발생되어 15, 16세기에 걸쳐 이탈리아를 중심으로 유럽에서 전개된 고전주의적 경향의 건축 양식이다.

중세의 건축물

• **바실리카 양식** : 고대 로마의 법정 건물에서 유래한 특수한 건축 양식
• **로마네스크 양식** : 피사의 성당
• **고딕 양식** : 독일 쾰른 성당, 프랑스 노트르담 성당

052 알리안츠생명, 동방

다음 중 설명이 잘못된 것은?

① 백년 전쟁 : 1339년~1453년에 프랑스 왕위 계승 문제와 영토 문제를 둘러싸고 영국과 프랑스 사이에서 일어난 전쟁
② 장미 전쟁 : 1445년~1485년에 벌어진 프랑스의 왕위 쟁탈 전쟁
③ 30년 전쟁 : 1618년~1648년에 독일을 중심으로 유럽 여러 나라 사이에 벌어진 최대의 종교 전쟁
④ 아편 전쟁 : 1840년~1842년에 걸쳐 아편무역을 둘러싸고 청국과 영국 사이에 발발한 전쟁

해 장미 전쟁 : 1455년~1485년에 있었던 왕권을 둘러싸고 벌어진 영국의 내란을 말한다.

장미 전쟁

1455~1485년에 있었던 왕권을 둘러싸고 벌어진 영국의 내란을 말한다. 잉글랜드 왕권을 놓고 랭커스터가(家)와 요크가(家)가 싸운 전쟁으로 이름은 랭커스터가가 붉은 장미, 요크가가 흰 장미를 각각 문장(紋章)으로 삼은 것에서 유래하였다. 요크공(公)의 리처드는 랭커스터가의 헨리 4세가 플랜태저넷 왕가의 리처드 2세로부터 왕위를 찬탈한 것이므로 요크공 리처드가 랭커스터 왕조 이상으로 왕위 계승권이 있다면서 헨리 6세 때 궐기하였다. 여기에 귀족 간의 싸움이 결부되어 내란이 일어났다. 이 내란의 본질은 귀족전쟁이라는 점에 있다.

053 한국마사회

30년 전쟁으로 체결된 조약은?

① 난징 조약   ② 네르친스크 조약

③ 베르사유 조약   ④ 베스트팔렌 조약

해 **30년 전쟁** : 1618~1648년 독일을 무대로 신교(프로테스탄트)와 구교(가톨릭) 간에 벌어진 종교 전쟁이다. 1648년 베스트팔렌 조약이 성립됨으로써 30년간의 종교 전쟁은 종지부를 찍었다.

054 MBC

영국과 아일랜드의 뿌리 깊은 분쟁은 1649년 영국의 아일랜드 정복에서 비롯됐다. 당시 아일랜드를 침략한 뒤 식민법을 만들어 수탈 통치를 한 사람은?

① 찰스 1세   ② 크롬웰

③ 윈스탠리 디거즈   ④ 제임스 1세

해 **크롬웰** : 영국의 정치가(1485~1540)로 추밀 고문관을 비롯하여 여러 요직을 지냈으며, 종교 개혁에 힘썼으나 뒤에 왕의 미움을 사서 처형당하였다.

북아일랜드 분쟁

영국과 북아일랜드의 독립을 주장하는 북아일랜드 구교도 사이에서 발생한 분쟁이다. 북아일랜드 분쟁은 유럽 지역에서 발생한 분쟁 중 아직 해결의 실마리를 찾지 못하고 진행되고 있는 가장 오래된 분쟁이라 할 수 있다.

아일랜드 식민법

크롬웰이 혁명 직후 카톨릭을 신봉하던 아일랜드를 침략하고 토지 수탈을 감행하기 위해 제정한 법이다.

055 목포MBC

다음 중 영국에서 발생한 사건을 순서대로 나열한 것은?

① 권리청원-대헌장-권리장전-명예혁명-청교도혁명

② 대헌장-권리청원-청교도혁명-명예혁명-권리장전

③ 권리청원-권리장전-명예혁명-청교도혁명-대헌장

④ 대헌장-청교도혁명-명예혁명-권리장전-권리청원

해 대헌장(1215) – 권리청원(1628) – 청교도혁명(1642) – 명예혁명(1688) – 권리장전(1689)

대헌장

1215년에 영국의 귀족들이 영국 국왕 존(John)에게 강요하여 왕권의 제한과 제후의 권리를 확인한 문서이다. 영국 헌법의 근거가 된 최초의 문서로, 17세기의 국왕의 전제로부터 국민의 권리와 자유를 지키기 위한 전거(典據)로 받아들여 권리 청원, 권리 장전과 더불어 영국 입헌제의 기초가 되었다.

056 삼익악기, 부광약품

프랑스 혁명의 3대 정신은?

① 자유, 평등, 사랑   ② 자유, 평등, 박애

③ 자유, 사랑, 신뢰   ④ 자유, 평등, 존중

해 **프랑스 혁명** : 1789년 7월 14일부터 1794년 7월 28일에 걸쳐 일어난 프랑스의 시민 혁명이다.

057 한국토지주택공사

러다이즘(ruddism)이란?

① 프랑스와 이탈리아에서 19세기 말에 일어났던 노동조합주의의 하나이다.
② 불완전 노동으로 사용자를 괴롭히는 노동쟁의 방식이다.
③ 전통적인 기존의 예술·철학·문학·세계관을 부정·공격하는 예술파 운동
④ 19세기 초 영국의 산업 혁명으로 기계공업이 발달하여 대량 생산이 이루어져 이로 인해 수공업 노동자들이 공장의 기계를 파괴한 소동에서 비롯된 말이다.

해 러다이즘 : 신기술 반대주의, 기계 파괴주의를 말한다.

인클로저 운동

미개간지·공유지 등 공동 이용이 가능한 토지에 담이나 울타리 등의 경계선을 쳐서 타인의 이용을 막고 사유지로 하는 일을 말한다. 특히 18세기 중엽 이후에는 산업 혁명으로 농산물 수요가 급증하여 이런 방법의 둘러싸기가 더욱 촉진되자, 제1차 때와 달리 영국 정부는 그 촉진을 위해 힘썼고, 의회를 통해 합법적으로 시행되기도 했다.

청교도 혁명

1640~1660년 영국에서 청교도가 중심이 되어 일으킨 최초의 시민혁명이다.

058 중앙일보

'대표 없는 곳에 과세할 수 없다'는 슬로건은 어느 혁명과 관계가 있는가?

① 프랑스 대혁명　　　　　② 영국의 명예 혁명
③ 미국 독립 혁명　　　　　④ 독일의 3월 혁명

해 미국 독립 혁명 : 7년 전쟁이 영국의 승리로 끝나고 파리조약에 의하여 미국 대륙에서 프랑스 식민지가 소멸한 것을 계기로, 영국은 캐나다를 포함한 미국 식민지 전체를 본국의 통제하에 두고자 하였으며 지금까지 묵과해 온 밀무역의 단속을 강화하고 관세징수를 엄중히 시행하고자 1764년 설탕조례(條例)를 시행하였다. 다시 1765년에는 인지조례(印紙條例)를 제정하였는데, 미국의 상인·저널리스트·변호사·목사 등 모든 계층이 '대표 없는 곳에 과세(課稅)할 수 없다'는 슬로건을 내걸고 그것을 강력히 반대하면서 대립이 격화되어 독립 전쟁을 벌이게 되었다.

명예혁명

1688년에 영국에서 피를 흘리지 않고 평화롭게 전제 왕정을 입헌 군주제로 바꾸는 데 성공한 혁명이다.

미국 혁명

초대 대통령이 된 조지 워싱턴을 중심으로 프랑스의 원조를 받아 대영 제국으로부터 독립하여 미국을 수립한 것을 말한다. 프랑스 혁명과 함께 양대 민주주의 혁명으로 유명하다.

059 서울메트로

독일이 유럽에서 처음으로 통일된 민족국가로 등장한 시기로 옳은 것은?

① 로마시대 이후 첫 등장　　② 제1차 세계대전 이후
③ 1871년 비스마르크에 의해　④ 제2차 세계대전 이후

해 비스마르크 : 근세 독일의 정치가(1815~1898)로 1862년에 프로이센의 수상으로 임명된 후, 강력한 부국강병책을 써서 프로이센·오스트리아, 프로이센·프랑스 전쟁에서 승리하고 1871년에 독일 통일을 완성한 후, 신제국의 재상이 되었다. 밖으로는 유럽 외교의 주도권을 장악하고, 안으로는 가톨릭교도, 사회주의 운동을 탄압하여 '철혈 재상'이라고 불린다.

앙시앵레짐

1789년의 프랑스 혁명 때에 타도의 대상이 된 정치·경제·사회의 구체제로, 16세기 초부터 시작된 절대 왕정 시대의 체제를 가리키나 넓은 의미로는 근대 사회 성립 이전의 사회나 제도를 가리키기도 한다.

Chapter
13
인문과학

060 KBS

다음 중 지금의 독일, 프랑스, 이탈리아 3국의 형성과 관계가 있는 것은?

① 베르사이유 조약
② 메르센 조약
③ 베를린 조약
④ 밀라노 조약

해 메르센 조약 : 870년에 동프랑크 왕국과 서프랑크 왕국이 맺은 로트링겐 분할조약이다.

061 씨티은행

제1차 세계대전과 관계없는 것은?

① 신성동맹
② 연합군과 동맹군의 싸움
③ 오스트리아 황태자 부처 암살
④ 범슬라브주의와 범게르만주의의 대립

해 신성동맹 : 1815년 9월 26일 러시아 황제 알렉산드르 1세, 오스트리아 황제 프란츠 요제프 1세, 프로이센왕 프리드리히 빌헬름 3세가 파리에서 체결한 동맹이다.
1차 세계대전 : 1914년 7월 28일 오스트리아의 세르비아에 대한 선전포고로 시작되어, 1918년 11월 11일 독일의 항복으로 끝난 세계적 규모의 전쟁이다.

062 중앙일보

나치 독일의 침략을 인정해준 연합군의 유화정책을 상징하는 회담은?

① 테헤란 회담
② 카이로 회담
③ 뮌헨 회담
④ 얄타 회담

해 뮌헨 회담 : 1938년 9월 29~30일 독일의 뮌헨에서 나치스 독일의 수데텐란트 병합문제를 수습하기 위하여, 영국 · 프랑스 · 독일 · 이탈리아 4국이 개최한 정상회담이다.

063 중앙일보

독일 통일에 가장 직접적인 영향을 준 것은?

① 미국의 닉슨독트린
② 폴란드의 자유노조운동
③ 소련의 페레스트로이카
④ 중국의 개혁 · 개방정책

해 페레스트로이카 : 구소련의 고르바초프 대통령에 의한 개혁정책이다.

아편 전쟁

1840년 아편 문제를 둘러싸고 청나라와 영국 사이에 일어난 전쟁이다. 1842년에 청나라가 패하여 난징 조약을 맺음으로써 끝이 났다.

크림 전쟁

1853~1856년 러시아와 오스만투르크 · 영국 · 프랑스 · 프로이센 · 사르데냐 연합군 사이에 일어난 전쟁이다.

세포이 항쟁

1857~1859년 인도의 세포이 용병들이 중심이 되어 인도 전역으로 확산된 무력에 의한 반영 투쟁이다.

남북 전쟁

미국에서 노예 제도의 폐지를 주장하는 북부와 존속을 주장하는 남부 사이에 일어난 내전이다. 1860년에 링컨이 대통령에 당선되자 남부의 여러 주가 연방을 탈퇴하고 이것을 계기로 전쟁이 벌어졌는데 남부가 1865년에 항복함으로서 합중국의 통일이 유지되고 노예 제도는 폐지되었다.

파쇼다 사건

1898년에 영국과 프랑스의 군대가 수단 남부의 파쇼다에서 아프리카 분할 문제로 충돌한 사건이다. 외교 교섭에 의하여 수단은 영국의 지배하에 들어가게 되었다.

베르사이유 조약

1919년 6월 28일 파리 평화회의의 결과로 31개 연합국과 독일이 맺은 강화조약이다.

④ 뮤지컬 · 오페라 · 연극 · 영화

064 대우건설

종합예술로서 음악적 요소, 대사라는 문화적 요소, 연극적 요소, 무대 · 의상 등의 미술적 요소 등이 일체가 되어 펼쳐지는 가극은?

① 다큐멘터리　　　　　　② 오페라
③ 팬터마임　　　　　　　④ 옴니버스 영화

해 **오페라** : 음악을 중심으로 한 종합무대예술로 가극(歌劇)으로 번역된다.
　팬터마임 : 대사 없이 몸짓 표현만으로 사상 · 감정을 표현하는 모든 연극적 형식 또는 그 연기자를 말하며, 무언극 · 묵극(默劇)이라고도 한다.

065 포스코

오페라에서 주인공이 부르는 서정적인 가요는?

① 오라토리오　　　　　　② 칸타타
③ 아리아　　　　　　　　④ 세레나데

해 **아리아** : 오페라 · 칸타타 · 오라토리오 등에서 나오는 선율적인 독창 부분을 말한다.
　오라토리오 : 일반적으로 성서와 관련된 종교적인 내용의 음악이다. 오페라처럼 독창 · 합창 · 관현악이 등장하지만 오페라에 비해 합창이 중시된다. 이야기의 줄거리를 낭송하는 '낭송자'가 있으며, 무대장치나 연기는 없다.
　칸타타 : 17세기 초엽에서 18세기 중엽까지의 바로크시대에 가장 성행했던 성악곡 형식이다.
　세레나데 : 저녁 음악이라는 뜻으로, 밤에 연인의 집 창가에서 부르거나 연주하던 사랑의 노래이다.

066 에너지 관리공단

오페라의 여자 주인공을 부르는 말은?

① 세콘다 돈나　　　　　　② 프리마 돈나
③ 프리모 오우모　　　　　④ 카스트라토

해 **프리마 돈나**는 '제1의 여인'이라는 이탈리아어로 오페라의 여주인공을 말한다.

하위문화
어떤 사회의 전체적인 문화(total culture) 또는 주요한 문화(main culture)에 대비되는 개념이다.

대항문화
사회의 지배적인 문화에 정면으로 반대하고 적극적으로 도전하는 하위문화(sub – culture)를 말한다.

키노드라마
영화를 섞어 상연하는 특수한 연극이다.

드레스 리허설
연극 따위에서, 의상과 분장을 갖추고 마지막으로 하는 무대 연습을 말한다.

미뉴에트
17~18세기경 유럽을 무대로 보급되었던 3/4박자의 무용과 그 무곡으로, 프랑스에서 시작되었다.

---

067 KBS

연극을 구성하는 3대 요소로 짝지어진 것은?

① 무대, 조명, 미술
② 희곡, 배우, 관객
③ 주제, 미술, 배우
④ 미술, 조명, 관객

해 연극의 3대 요소는 희곡, 배우, 관객이다.

068 MBC

인생과 노력은 본질적으로 비논리적인 것이며, 언어는 전달의 수단으로서는 부적합한 것이므로, 인간의 유일한 피난처는 웃음 속에 있다는 가정에 근거한 연극사조는?

① 부조리극
② 반(反)연극
③ 초현실주의
④ 다다이즘

해 **부조리극** : 1950년대 프랑스를 중심으로 일어난 전위극(前衛劇) 및 그 영향을 강하게 받은 연극을 말한다. 언어를 음절(音節)로 해체하기도 하고 등장인물의 동일성을 상실시키기도 했다.
반연극 : 연극적 환상의 원리를 부정하는 전위적인 연극 운동이다. 1950년 이후 프랑스에서 나타난 전위적인 연극 운동으로, 연극적 환상의 모든 원리를 부정하는 극작술과 연기스타일을 가리키는 일반적인 개념이다.
초현실주의 : 프로이트의 정신분석의 영향을 받아 무의식의 세계 내지는 꿈의 세계의 표현을 지향하는 20세기의 문학·예술사조이다.
다다이즘 : 제1차 세계대전(1914~1918) 말엽부터 유럽과 미국을 중심으로 일어난 예술운동으로, 본질에 뿌리를 둔 '무의미함의 의미'를 암시한다.

069 MBC

잔혹극에 대한 다음 설명 중 옳지 않은 것은?

① 잔혹극은 아르토가 처음 사용한 용어로 폭력과 잔인성을 인간의 본질로 파악한다.
② 잔혹극은 관객을 극 속에 완전히 몰입시켜 등장인물의 고통을 체험하게 함으로써, 관객의 내적 반향을 일으킨다.
③ 반(反)아리스토텔레스적 연극이라는 것이 잔혹극과 브레히트의 서사극의 공통점이다.
④ 잔혹극 이론은 1928년에 발표된 『연극과 그 분신』에서 기술되었다.

해 **잔혹극** : 마술과 제의에 기초를 둔 연극의 한 개념이다. 앙토넹 아르토가 심오하고 과격하며 에로틱한 충동을 해방시켜 줄 수 있을 것으로 제시한 마술과 제의 및 제사에 기초를 둔 연극 개념이다. 모든 인간의 저변에 존재한다는 잔혹성과 사악하고 과격한 선악성을 과장시켜 보여 주고자 한다.

• **연극의 3요소** : 희곡, 배우, 관객
• **연극의 4요소** : 배우, 희곡, 관객, 무대(혹은 극장)
• **희곡의 3요소** : 해설, 지문, 대사
• **대사의 3요소** : 대화, 독백, 방백

모놀로그
등장인물이 특정한 상대에게 들려주기 위해서 하는 대사가 아닌 혼자만의 극(劇)의 대사를 말한다. 연극에서 다이얼로그에 대응되는 용어로써, 독백(獨白) 또는 솔리로퀴(soliloquy)라고도 한다.

레퍼토리 시스템
한 시즌에 몇 개의 작품을 준비하여 그것을 순서대로 상연하는 연극 흥행 경영방법이다.

샤티로스극
고대 그리스 연극의 한 장르로, 비극이나 희극과 마찬가지로 고대 그리스의 디오니소스 축제에서 발전된 것이며, 비극적인 3부작 다음에 공연되던 짧고 희극적인 연극이다.

서사극
독일의 극작가이자 연출가인 베르톨트 브레히트가 주장한 연극이다. 1920년대에 종래의 감정이입(感情移入)에 바탕을 둔 '극적(劇的)' 연극으로서는 다룰 수 없는 정치적인 주제를 다루기 위하여, E. 피스카토르의 서사적 요소에 대한 주목에 자극을 받은 B. 브레히트가 자기 연극을 특징짓기 위하여 사용한 말이다. '비(非)아리스토텔레스적 연극'이라는 말도 쓰이지만, 이것은 구체적으로 아리스토텔레스의 연극론에 반대한다는 것이 아니라, 아리스토텔레스를 연원으로 하는 총체로서의 전통적·종래적 유럽 연극을 부정한다는 의미이다.

070 중앙일보

1960년대 프랑스 누벨 바그 감독에 속하지 않는 사람은?

① 장 자크 아농
② 프랑소와 트뤼포
③ 장 뤽 고다르
④ 에릭 로메르

해 누벨 바그 : 1957년경부터 프랑스 영화계에 일어난 새로운 물결이다. 20~30대의 젊은 영화인들이 전통적인 영화에 대항하여 새로운 영화 제작을 시작한 것으로, 직업의식을 갖지 않은 작은 그룹에 의한 제작이 많다.

누벨 바그 주요 감독

• 전통적인 방식으로 조감독 코스를 밟아 데뷔한 경우 : 루이 말, 클로드 소테 등
• 단편 영화 제작 과정을 거쳐 장편 영화에 데뷔한 경우 : 알랭 레네, 피에르 카스트르, 아네스 바르다, 장 루슈 등
• 「카이에 뒤 시네마」를 중심으로 한 필진들, 영화 평론가 출신 : 프랑소와 트뤼포, 클로드 샤브롤, 장 뤽 고다르, 에릭 로메르, 자크 리베트

071 KBS, 국민연극공단

Omnibus Flim이란?

① 무성영화의 일종
② 두 개의 화상을 융합하여 입체감을 내는 영화
③ 몇 개의 독립된 이야기를 일관된 분위기로 만든 한 편의 영화
④ 빌딩 지하실 같은 곳에서 보는 소수 관객을 위한 영화

해 Omnibus Flim : 옴니버스 영화. 직접 관계가 없는 몇 가지 이야기를 한 편의 작품 속에 모아 놓은 형식의 영화이다. 옴니버스(Omnibus)란 합승마차나 합승자동차를 가리키는 말로, 여러 가지 항목을 포함하고 있다는 뜻이다.

시네라마

와이드 스크린 방식에 의한 영화의 하나이다. 같은 대상을 세 개의 필름에 촬영하고 세 대의 영사기로 동시에 세 방향에서 영사하여 화면의 입체감을 살리고, 여섯 개의 사운드 트랙으로 입체 음향을 재현하는 것이다. 1935년 미국의 월러(Waller, F.)가 개발한 상품명에서 온 말이다.

072 MBC

다음 보기가 가리키는 영화용어는?

> **보기**
>
> 연극에서 빌려온 용어로 화면의 배경, 인물, 인물의 분장, 의상, 배치 등을 연출하는 작업

① 세트 업(Set Up)
② 미장센(Mise − en − scéne)
③ 시주라(Caesura)
④ 콘티뉴이티(Continuity)

해 미장센 : 무대에서의 등장인물 배치나 동작 · 도구 · 조명 등에 관한 종합적인 설계를 뜻한다.
세트 업 : Set up. 촬영 전에 카메라, 조명, 기타 장비 등을 촬영이 가능하도록 준비하는 것을 말한다.
시주라 : 본래는 운문의 행 중간에 있는 리드미컬한 휴지부나 단절을 뜻하는 문학 용어이나, 에이젠슈테인이 몽타쥬 개념을 적용하면서 영화 속에 시주라를 삽입하였다.
콘티뉴이티 : 영화나 텔레비전 드라마의 촬영을 위하여 각본을 바탕으로 필요한 모든 사항을 기록한 것을 말한다.

시네마 노보

새로운 영화 또는 새로운 물결을 뜻한다. 1960년대의 멜로 드라마와 공상물을 결합한 브라질의 영화운동에서 출발한 남아메리카의 영화운동을 이른다.

카메오

영화나 텔레비전 드라마에서 관객의 시선을 단번에 끌 수 있는 단역 출연자를 말한다.

Chapter
13

073

1946년을 시작으로 매년 8월 초 스위스에서 개최되는 국제영화제의 이름은?

① 선댄스 영화제
② 로카르노 국제영화제
③ 산세바스티안 국제영화제
④ 취리히 영화제

우리나라의 영화제
• 부산 : 국제영화제
• 창원 : 환경영화제
• 서울 : 인권영화제
• 광주 : 국제영화제
• 부천 : 국제판타스틱영화제
• 전주 : 국제영화제
• 제천 : 국제음악영화제

해 로카르노 국제영화제 : 베를린, 칸, 베니스 영화제와 함께 유럽에서 가장 권위 있는 영화제로 꼽히며 우리나라 배우 송강호가 2019년 열린 제 72회 시상식에서 뛰어난 재능으로 영화계 발전에 기여한 배우에게 주는 〈엑설런트 어워드〉 수상자로 선정되었다.

074 SBS 드라마 PD 변형

미국 아카데미 시상식에서 감독상을 받은 최초의 여성 감독은?

① 린 램지
② 캐서린 비글로우
③ 아그네스 바르다
④ 이사벨라 로셀리니

해 린 램지 : 2013년 제66회 영국 아카데미 시상식 단편영화작품상 수상
아그네스 바르다 : 2015년 제 68회 칸영화제 명예 황금종려상 수상
이사벨라 로셀리니 : 2015 제68회 칸영화제 주목할 만한 시선 부문 심사위원장, 2010 제 61회 베를린국제영화제 심사위원장

075 KT

다음 중 브로드웨이에 올려진 연극을 대상으로 시상하는 '연극의 아카데미상'이라 불리는 상은?

① 에미상
② 골든글로브상
③ 토니상
④ 템플턴상

해 토니상 : 미국 브로드웨이의 연극상(賞)이다.
에미상 : 텔레비전 작품 관계자의 우수한 업적을 평가하여 미국 텔레비전 예술과학 아카데미가 주는 상이다.
골든글로브상 : 미국 할리우드 외신기자협회에서 수여하는 영화상이다.
템플턴상 : 1972년 미국의 사업가 템플턴이 창설하여 종교활동의 증진ㆍ향상에 기여한 사람에게 주는 상이다.

⑤ 서양음악 · 미술

076 한겨레신문

17세기 근대국가와 근대과학이 생성될 시기에 '인간은 스스로 사회를 형성하고, 자신의 운명을 개척할 수 있다'는 자각과 더불어 나타났던 예술양식으로서 건축물로는 베르사유 궁전, 음악가로는 바흐와 헨델을 가리키는 조류는 무엇인가?

① 바로크
② 로코코
③ 고딕
④ 질풍노도 운동

해 바로크 : 16세기 말부터 18세기 중엽에 걸쳐 유럽에서 유행한 예술 양식이다. 르네상스 양식에 비하여 파격적이며, 감각적 효과를 노린 동적인 표현이 특징이다. 본래는 극적인 공간 표현, 축선(軸線)의 강조, 풍부한 장식 따위를 특색으로 하는 건축을 이르던 말로, 격심한 정서 표현을 가진 동시대의 미술 · 문학 · 음악의 경향까지 이른다.

베르사유 궁전 : 파리 남서쪽 베르사유에 있는 바로크 양식의 궁전이다.
바흐 : 교회 음악가로 활동하면서 바로크 음악의 대표적인 곡들을 많이 남겼다.
헨델 : 독일 출생의 영국 작곡가로 런던을 중심으로 이탈리아 오페라의 작곡가로 활약했다.

077 CBS

아방가르드는 제1차 세계대전 때부터 유럽에서 일어난 예술운동이다. 아방가르드에 속하지 않는 것은?

① 입체파
② 다다이즘
③ 초현실주의
④ 센세이셔널리즘

해 센세이셔널리즘 : 본능과 호기심을 자극하여 대중의 인기를 끌어 이득을 얻으려는 보도 경향을 말한다.

다다이즘 : 제1차 세계대전(1914~1918) 말엽부터 유럽과 미국을 중심으로 일어난 예술운동이다.
아방가르드 : 전위예술로 20세기 초 프랑스와 독일을 중심으로 자연주의와 의고전주의(擬古典主義)에 대항하여 등장한 예술운동이다. 모더니즘에 대한 비판적 반작용으로 일어난 이 운동은 크게 세 단계로 파악된다. 첫 번째 단계는 이탈리아의 미래파와 프랑스의 입체파. 그리고 독일의 표현주의가 크게 유행한 시기이다. 이 세 운동은 문학의 경우 상징주의. 그리고 미술의 경우 인상주의에 대한 강한 반작용으로 생겨났다. 두 번째 단계는 1920년대로 다다이즘과 초현실주의, 그리고 구성주의 운동이 성행한 시기로, 아방가르드가 가장 찬란한 꽃을 피운 시기이다. 세 번째 단계는 1938년에서 1945년으로 이 시기에는 아방가르드가 점차 쇠퇴하였다.

고딕

12세기 중엽에 유럽에서 생긴 건축 양식이다. 성당 건축의 전형적인 양식으로, 교차 늑골로 받쳐진 아치와 하늘 높이 치솟은 뾰족한 탑 따위의 수직 효과를 강조한 것이 특색이다.

로코코

17세기에서 18세기까지 유럽에서 미술, 건축, 음악 따위에 유행하였던 양식이다. 바로크와 달리 경쾌하고 화려하다.

미래파

20세기 초 이탈리아의 시인 마리네티에 의해서 제창된 예술운동이다. 과거의 전통을 부정하고 근대 문명이 낳은 속도와 기계를 찬미하는 것을 시의 본령으로 삼았다. 파스테르나크나 마야코프스키 등이 이의 대표자이다.

입체파

20세기 초 야수파(포비슴) 운동과 전후해서 일어난 미술운동으로, 입체주의라고도 한다. 그 미학은 회화에서 비롯하여 건축 · 조각 · 공예 등으로 퍼지면서 국제적인 운동으로 확대되었다. 그 특질은 무엇보다도 포름(forme)의 존중에 있으며, 인상파에서 시작되어 야수파 · 표현파에서 하나의 극(極)에 달한, 색채주의에 대한 반동으로 보인다.

표현주의

20세기 초 주로 독일 · 오스트리아에서 전개된 예술운동이다. 작가 개인의 내부생명. 즉 자아(自我) · 혼(魂)의 주관적 표현을 추구하는 '감정 표출의 예술'이라는 것이 특징이다.

078 KBS

데포르마시옹(Deformation)이란?

① 채색을 쓰지 않고 주로 선으로 그리는 화법
② 표현 대상의 묘사에 있어 변형 왜곡하는 회화기법
③ 자연 대상의 현실 모습을 그대로 표현하는 회화기법
④ 어울리지 않는 장소를 장식하기 위한 색다른 의장

해 데포르마시옹 : Deformation. 자연을 대상으로 한 사실 묘사에서 이것의 특정 부분을 강조하거나 왜곡하여 변형시키는 미술기법을 말한다.

079 KBS

제1차 세계대전에 즈음하여 유럽에서 일어난 문학과 조형예술상의 반항운동으로 후일 초현실주의 운동의 전제가 되었던 미술사조는?

① 야수파
② 다다이즘
③ 신고전주의
④ 신인상파

해 다다이즘 : 제1차 세계대전(1914~1918년) 말엽부터 유럽과 미국을 중심으로 일어난 예술운동이다. 조형예술뿐만 아니라 넓게 문학 · 음악의 영역까지 포함한다.

080 MBC

현대 미술에서 레디메이드(ready – made) 개념과 관계없는 것은?

① 오브제(Object)
② 마르셀 뒤샹
③ 옵아트(Optical Art)
④ 팝아트(Pop Art)

해 옵아트 : 기하학적 형태나 색채의 장력(張力)을 이용하여 시각적 착각을 다룬 추상미술을 말한다.
오브제 : 초현실주의 미술에서, 작품에 쓴 일상생활 용품이나 자연물 또는 예술과 무관한 물건을 본래의 용도에서 분리하여 작품에 사용함으로서 새로운 느낌을 일으키는 상징적 기능의 물체를 이르는 말이다.
레디메이드 : '기성품의 미술작품'이라는 의미이며 마르셀 뒤샹이 처음으로 창조한 미술 개념이다. 일찍이 큐비즘(입체파) 시대에 뒤샹이 도기로 된 변기(便器)에 「레디메이드」라는 제목을 붙여 전람회에 출품함으로써 이 명칭이 일반화되었다.

르네상스 미술

15~16세기 유럽 전역에서 일어난 혁신적인 미술이다. 오늘날 통념적인 르네상스 미술의 시기는 피렌체 대성당의 돔(dome)을 착공한 1420년을 상한(上限)으로 하고, 하한(下限)은 마니에리스모(manierismo)로 옮겨가는 1525~1530년경으로 잡고 있다.

바로크 미술

17세기 초부터 18세기 전반에 걸쳐 이탈리아를 비롯한 유럽의 여러 가톨릭 국가에서 발전한 미술 양식이다. 바로크는 로마에서 발생하여 이탈리아 · 보헤미아 · 오스트리아 · 독일 · 에스파냐로 번져나갔고 라틴아메리카에까지 확대되었다.

로코코 미술

17세기의 바로크 미술과 18세기 후반의 신고전주의 미술 사이에 유행한 유럽의 미술 양식이다.

081 부산도시공사

다음 중 작곡가와 작품명이 바르게 연결되지 못한 것은?

① 차이코프스키 – 비창
② 멘델스존 – 미완성
③ 베를리오즈 – 환상 교향곡
④ 하이든 – 놀람 교향곡

剩 미완성(Unvollendete Symphonie) : 독일의 작곡가 슈베르트의 교향곡. '미완성'이란 이름이 말해 주듯이 이 곡은 4개의 악장을 갖추어야 할 교향곡인데도 1, 2악장밖에 완성되지 않았다. 1822년 슈베르트가 25세 때 작곡하기 시작한 것인데 왜 그것이 미완성인 채로 중단되었는지는 알 길이 없다.

고전파 음악

1750년경부터 1810년경까지 주로 빈을 중심으로 한 음악을 말한다. '고전'이라는 말 뜻에는 '모범적 예술, 균형적 형식, 누구에게나 쉽게 이해되는 성격, 시대 초월적 성격'이 포함되어 이미 질적인 가치를 함축하고 있다.

082 매일경제

'엘리제를 위하여'를 작곡한 음악가는 누구인가?

① 슈만
② 베토벤
③ 모차르트
④ 슈베르트

剩 '엘리제를 위하여'는 독일의 작곡가 베토벤이 1810년경에 작곡한 피아노 독주곡 가단조 작품이다.

교향곡

관현악으로 연주되는 다악장 형식의 악곡을 말한다.

협주곡

관현악단이 협주 악기 독주자와 함께 연주하는 서양 고전 음악으로, 악곡의 한 형식이다.

083 SBS 드라마 PD 변형

'마왕', '송어', '죽음과 소녀' 등을 작곡했고 '가곡의 왕'이라 불리는 음악가는?

① 생상스
② 하이든
③ 슈베르트
④ 슈트라우스

剩 프란츠 슈베르트는 초기 독일 낭만파의 대표적 작곡가이자 근대 독일 가곡의 창시자로 600여 곡의 독일 가곡과 실내악곡, 교향곡을 남겼다.

Jazz

미국 흑인의 민속음악과 백인의 유럽음악의 결합으로 미국에서 생겨난 음악이다. 약동적이고 독특한 리듬 감각이 있으며, 즉흥적 연주를 중시한다. 뉴올리언스 재즈에서 시작되어 스윙, 모던 재즈, 프리 재즈 따위로 발전하였다.

Chapter
13

음악과학

084 한겨레신문

2019년 탄생 200주년을 맞은 독일의 여성 음악가로 남편의 후광에 가려 주목받지 못했고 남편 사후 남편 음악의 해설자로 활약한 인물은?

① 클라라 슈만
② 폴랭 비아르도
③ 파니 멘델스존
④ 힐데가르트 폰 빙엔

剩 클라라 슈만은 피아니스트이자 작곡가이며 집안의 반대에도 불구하고 훗날 독일의 낭만파 거장 슈만과 결혼해 남편의 작곡 활동에 큰 도움을 주었다.

078 ② 079 ② 080 ③ 081 ② 082 ② 083 ③ 084 ① 답

085 한국일보, 한국전력공사

합창, 중창, 독창 등으로 구성된 대규모의 성악곡은?

① 세레니데 ② 칸타타
③ 랩소디 ④ 콘체르토

해 **칸타타** : 17세기 초엽에서 18세기 중엽까지의 바로크 시대에 가장 성행했던 성악곡의 형식으로, 보통 독창(아리아와 레치타티보)·중창·합창으로 이루어졌다.

086 한국전력공사

악보에 다음 용어가 표시되어 있을 때 가장 빠르게 불러야 할 경우는?

① Adagio ② Allegro
③ Moderato ④ Andante

해 Adagio(아주 느리고 침착하게) → Andante(느리게) → Moderato(보통 빠르게) → Allegro(빠르게)

087 한국마사회

다음 설명 중 틀린 것은?

① 샤콘느 – 4분의 3박자의 템포가 느린 스페인 민속 무곡
② 론도 – 프랑스에서 일어난 2박자 계통의 경쾌한 무곡
③ 미뉴에트 – 프랑스에서 시작된 4박자의 빠른 곡으로 고전파 시대에 귀족사회에서 즐긴 곡
④ 삼바 – 브라질의 대표적인 무용음악으로 4분의 2박자의 곡

해 **미뉴에트** : 17~18세기경 유럽을 무대로 보급되었던 3/4박자의 무용과 그 무곡을 말한다. 프랑스에서 시작되었으며 고도로 양식화된 우아한 표현이 특징이다.
샤콘느 : 곡의 처음부터 들려오는 비장한 주제 음악이 매우 슬프고 우울한 명곡이다. 17~18세기에 널리 쓰인 기악곡 형식으로 슬픈 분위기와는 달리 원래 프랑스 남부와 스페인에서 유행한 춤곡에서 유래했다.
론도 : 프랑스에서 생겨난 2박자의 경쾌한 춤곡으로 합창과 독창이 번갈아 되풀이된다.
삼바 : 브라질 흑인계 주민의 2/4박자 리듬을 지닌 춤이다.

088 KBS

연주회에서 오케스트라가 튜닝할 때 맞추는 기준 음은?

① A음 ② B음
③ C음 ④ D음

해 오보에의 '라(A)'음에 맞추어 튜닝한다.

음악의 빠르기 용어

- Largo(라르고) : 아주 느리고 폭넓게
- Lento(렌토) : 아주 느리고 무겁게
- Grave(그라베) : 아주 느리고 장중하게 (느리고 무겁게)
- Adagio(아다지오) : 아주 느리고 침착하게(Largo보다 조금 빠르게)
- Adagietto(아다지에토) : Adagio보다 조금 빠르게
- Andante(안단테) : 느리게
- Andantino(안단티노) : 조금 느리게
- (Andante보다 조금 빠르게)
- Moderato(모데라토) : 보통 빠르게
- Allegretto(알레그레토) : 조금 빠르게
- (Allegro보다 조금 느리게)
- Allegro(알레그로) : 빠르게
- Vivace(비바체) : 빠르고 활발하게
- Presto(프레스토) : 매우 빠르게
- Prestissimo(프레스티시모) : 아주 빠르고 급하게

089

다음 음악과 관련된 설명 중 잘못된 것은?

① 헨델의 〈구세주〉, 하이든의 〈천지창조〉는 오라토리오다.
② 세계 3대 바이올린 협주곡의 작곡가는 베토벤, 차이코프스키, 멘델스존이다.
③ 피아노 4중주는 피아노, 바이올린, 비올라, 첼로로 구성된다.
④ 악곡의 빠르기는 비바체, 아다지오, 렌토, 라르고 순이다.

해 세계 3대 바이올린 협주곡의 작곡가는 베토벤, 멘델스존, 브람스이다.

090 KT

다음은 무엇을 설명한 글인가?

> 보기

"새 예술이라는 뜻으로 신양식의 창조를 목표로 하여 유럽에서 번진 미술운동으로 건축·공예분야에서 활발히 추진되었다."

① 다다이즘
② 아르누보
③ 아방가르드
④ 정크 아트

해 아르누보 : 19세기 말기에서 20세기 초기에 걸쳐 프랑스에서 유행한 건축, 공예, 회화 등 예술의 새로운 양식이다. 식물적 모티브에 의한 곡선의 장식 가치를 강조한 독창적인 작품이 많으며, 20세기 건축이나 디자인에 많은 영향을 미쳤다.

091 한겨레신문

다음 중 레오나르도 다 빈치의 작품이 아닌 것은?

① 암굴의 성모
② 비트루비우스적 인간
③ 모나리자
④ 카시나 전투

해 카시나 전투 : 미켈란젤로의 작품이다. 레오나르도 다 빈치의 「앙기아리 전투」와 경쟁하는 형태로 위촉받아 「카시나의 전투」의 바탕그림 소묘를 그렸으나 완성하지 못했다.

녹턴

낭만파 시대에 주로 피아노를 위하여 작곡된 소곡으로 야상곡이라고도 한다. 이탈리아어의 노투르노(notturno)와 같은 뜻이기도 하나, 노투르노는 18세기의 세레나데(serenade)와 같은 뜻으로도 쓰인다.

론도

주제가 삽입부를 사이에 두고 반복하여 나타나는 형식으로 되어 있다. 론도 형식은 바로크 시대의 리토르넬로 형식에서 발전된 것이다.

무조음악

기능화성(機能和聲)에 따르지 않는 조성(調性)이 없는 음악을 말한다. 장조나 단조 등의 조에 의하지 않고 작곡되는 20세기 초두의 아르놀트 쇤베르크 일파의 음악에 대한 호칭으로, 독일어의 atonale Musik에서 유래한다.

구상음악

최초의 전자 음악으로, 1948년 프랑스의 방송국 기사인 피에르 셰페르(Pierre Schaeffer)에 의해 처음 시도된 음악이다.

092 한겨레신문

앙드레 브르통은 20세기 현대미술의 중요한 사조의 하나였던 초현실주의를 창시한 인물로 알려져 있다. 그는 아래 사항 중 3가지를 초현실주의 이념의 3대 요소로 설정했다. 이와 무관한 한 가지는?

① 정신분석학
② 구성주의
③ 변증법
④ 공산주의

해 **앙드레 브르통** : 프랑스의 시인으로 초현실주의의 주창자이다. 1924년 「초현실주의 선언」을 발표, 꿈·잠·무의식을 인간정신의 자유로운 발로로 보는 시의 혁신운동을 궤도에 올렸다. 『문학』 등의 기관지를 발간하였으며, 작품으로는 「나자」 등이 있다.

093 MBC

1960년에 뉴욕과 런던에서 본격화된 유파로 뉴리얼리즘이라고도 불리며 만화, 포스터, 마릴린 먼로처럼 대중화된 소재를 이용하는 예술사조는?

① 네오다다
② 초현실주의
③ 팝아트
④ 신표현주의

해 **팝아트** : 1950년대 초 영국에서 그 전조를 보였으나 1950년대 중후반 미국에서 추상표현주의의 주관적 엄숙성에 반대하고 매스미디어와 광고 등 대중문화적 시각 이미지를 미술의 영역 속에 적극적으로 수용하고자 했던 구상미술의 한 경향을 말한다. 사회비판적 의도를 내포하고 있으며 기존의 규범이나 관습에 대해 비판적이라는 점에서 다다이즘과의 근친성을 보여준다.
뉴리얼리즘 : 텔레비전이나 매스미디어, 상품광고, 쇼윈도, 고속도로변의 빌보드와 거리의 교통표지판 등 다중적이고 일상적인 것들 뿐만 아니라 코카콜라, 만화 속의 주인공 등 범상하고 흔한 소재들을 미술 속으로 끌어들였다.

094 MBC

다음 설명과 관계가 깊은 회화의 표현 재료는?

> **보기**
>
> • 14세기부터 16세기까지가 황금기였다.
> • 벽화의 대표적인 기법으로 회벽이 마르기 전에 안료를 물에 녹여 그린다.
> • 수정이 불가능하므로 그릴 때에는 특별한 숙련성과 면밀한 계획성이 필요하다.

① 프레스코
② 아크릴
③ 템페라
④ 구아슈

해 **아크릴** : 합성수지 물감을 말한다.
템페라 : 그림 물감의 일종이다.
구아슈 : 수용성의 아라비아고무를 섞은 불투명한 수채물감 또는 이 물감을 사용하여 그린 그림을 가리킨다.

095 한국일보, 경향신문, 한국전력공사

포스트모더니즘(Post - Modernism)을 설명한 것이 아닌 것은?

① 모더니즘 뒤에 나타난 예술, 문화 운동이다.

② 사물 자체의 중요하고도 의미심장한 변화를 반영한다.

③ 표현의 해체나 주체의 부재를 특징으로 나타낸다.

④ 정치적으로 보수적 경향을 띠고 있다.

해 포스트모더니즘은 정치 등의 절대이념을 거부한다.

포스트모더니즘

1960년에 일어난 문화운동이면서 정치 · 경제 · 사회의 모든 영역과 관련되는 한 시대의 이념이다. 미국과 프랑스를 중심으로 학생운동 · 여성운동 · 흑인민권운동 · 제3세계운동 등의 사회운동과 전위예술, 그리고 해체(Deconstruction) 혹은 후기 구조주의 사상으로 시작되었다. 19세기 사실주의(Realism)에 대한 반발이 20세기 전반 모더니즘(Modernism)이었고 다시 이에 대한 반발이 포스트모더니즘이다. 개성 · 자율성 · 다양성 · 대중성을 중시한 포스트모더니즘은 절대이념을 거부했다.

096 중앙일보, 한국스탠다드차타드은행

다음 작가 중 인상파 작가가 아닌 사람은?

① 마네

② 모네

③ 시슬리

④ 들라크루아

해 들라크루아 : 프랑스의 화가로 힘찬 율동과 격정적 표현, 빛깔의 명도와 심도의 강렬한 효과 등을 사용한 낭만주의 회화를 창시했다.

인상주의

19세기 후반에서 20세기 초기에 걸쳐 프랑스를 중심으로 유럽에서 유행한 예술 경향이다. 있는 그대로의 것을 재현하는 것보다는 사물에서 작가가 받은 순간적인 인상을 표현하는 것을 목적으로 하였다. 문학에서도 장면 · 성격 · 정서 등을 표현할 때 사실적인 수법을 버리고 주관적 인상을 대담하게 묘사하려고 하였다. 드가, 르누아르, 마네, 모네 등이 대표적 작가이다.

097 MBC

다음 설명 중 입체파(Cubism)와 관계없는 것은?

① '자연을 원축, 원통, 구(球)로 파악한다'는 세잔느의 말이 입체파의 계시가 되었다.

② 대표작가는 피카소, 브라크, 레제 등이다.

③ 다양한 시점에서 바라본 형태가 공존하기도 한다.

④ 입체파 화가들의 폭발적인 색채 감각이 현대 추상운동을 이끌었다.

해 입체파는 색채주의에 대한 반동으로 나타났다.

입체주의

20세기 초 야수파(포비즘)운동과 전후해서 일어난 미술운동이다. 인상파에서 시작되어 야수파 · 표현파에서 극(極)에 달하였으며, 색채주의에 대한 반동으로 나타났다.

Chapter **13**

인문과학

098 경향신문, 동아일보, 한국일보

1869년에 태어난 프랑스 화가로, 화면을 어디까지나 2차원적 면으로서 파악하고 그것을 흐르는 듯한 리듬으로 분할, 각 면을 선명한 색채로 메우는 장식적 경향을 보인 사람의 이름은?

① 피카소　　　　　　　② 마티스
③ 루오　　　　　　　　④ 칸딘스키

해 마티스 : 프랑스의 화가(1869~1954)이다. 원색으로 감정을 표현하는 것을 추구한 야수파의 대표적 작가로, 대상을 대담하게 단순화하고 장식화한 화풍을 확립하였다.

099 현대자동차, 경향신문

1844년부터 프랑스에서 아카데미즘에 반대하는 화가들에 의해 개최되는 자유 출품제는?

① 앙데팡당　　　　　　② 트리엔날레
③ 비엔날레　　　　　　④ 아르누보

해 앙데팡당 : 1884년 프랑스 관전인 살롱 데 자르티스트 프랑세의 아카데미즘에 반대하여 개최된 무심사 미술전람회를 말한다.

100 LG유플러스

피카소가 그의 조국 스페인의 자유와 저항정신을 표현한 대표작은?

① 평화　　　　　　　　② 게르니카
③ 모자　　　　　　　　④ 목욕하는 여인

해 게르니카 : 에스파냐 내란을 주제로 전쟁의 비극성을 표현한 피카소의 대표작이다.

101 KT

차가운 추상(기하학적 추상)과 가장 관계가 깊은 사람은?

① 몬드리안　　　　　　② 뭉크
③ 칸딘스키　　　　　　④ 체드빅

해 몬드리안에 대한 설명이다.

누보레알리즘

프랑스의 평론가 피에르 레스타니에 의해 파리의 화가 · 조각가를 중심으로 일어난 미술 운동이다.

슈퍼리얼리즘

팝아트 이후 1960년대 후반에 미국에서 일어난 미술 경향이다. 주로 일상적인 현실을 극히 생생하고 완벽하게 묘사하는 것을 특징으로 한다.

구성주의

사실주의를 배격하고 기계적 · 기하학적 형태의 합리적 · 합목적적 구성에 의하여 새 형식의 미를 창조하려는 창작 태도를 말한다. 제1차 세계대전 후, 러시아 혁명을 전후하여 모스크바를 중심으로 일어나 유럽에 퍼진 추상 예술의 한 경향으로, 미술 · 건축 분야에서 일어나 문학에도 영향을 끼쳤다.

옵아트

Optical art. 기하학적 형태나 색채의 장력(張力)을 이용하여 시각적 착각을 다룬 추상미술이다.

기하학적 추상

추상 예술의 한 계통으로, 기하학 형태만으로 구성된 작품을 이르며, 제2차 세계대전 이전 추상주의의 주류를 이루었다.

몬드리안

네덜란드의 화가(1872~1944)로 새로운 조형 예술의 주장자이자 추상 회화 창시자의 한 사람이다. 대상을 순화하여 기본적인 구성 요소를 찾아내어 가장 아름다운 비례(比例)를 탐구하였으며, 작품에 「브로드웨이 부기우기」가 있다.

⑥ 한국문학

102 동부하이텍

다음 중 A항의 항목과 B항의 항목이 바르게 연결된 것은?

> **보기**
>
> A : ㉠ 이규보　　㉡ 김진형　　㉢ 박제가　　㉣ 박준
> B : ⓐ 북학의　　ⓑ 백운소설　　ⓒ 악장가사　　ⓓ 북천가

① ㉠ - ⓑ, ㉡ - ⓓ, ㉢ - ⓒ, ㉣ - ⓐ
② ㉠ - ⓐ, ㉡ - ⓓ, ㉢ - ⓒ, ㉣ - ⓑ
③ ㉠ - ⓑ, ㉡ - ⓓ, ㉢ - ⓐ, ㉣ - ⓒ
④ ㉠ - ⓐ, ㉡ - ⓓ, ㉢ - ⓑ, ㉣ - ⓒ

해 **이규보** : 고려 중기의 문신·문인(1168~1241)으로, 자는 춘경(春卿). 호는 백운거사(白雲居士)·지헌(止軒)·삼혹호선생(三酷好先生)이다. 경전(經典)과 사기(史記)와 선교(禪敎)를 두루 섭렵하였고, 호탕 활달한 시풍은 당대를 풍미하였으며 명문장가였다. 저서에 『동국이상국집』, 『백운소설』 등이 있다.
김진형 : 조선 후기의 문신으로, 철종 때 이조판서가 배공당리를 꾀한다 하여 탄핵하였다가 함경도 명천으로 귀양을 가, 그곳에서의 생활과 귀양 간 내력을 기록한 『북천가』를 지었다.
박제가 : 조선 후기의 실학자로 박지원의 문하에서 실학을 연구했다. 1778년 사은사 채제공(蔡濟恭)의 수행원으로 청나라에 가서 이조원(李調元)·반정균(潘庭筠) 등에게 새 학문을 배웠으며 귀국하여 『북학의』를 저술했다.
악장가사 : 고려 이후 조선 전기에 걸친 악장(樂章)과 속요(俗謠)를 모은 시가집이다. 편찬자와 연대는 미상이나, 조선 중종(中宗)~명종(明宗) 연간에 밀양 사람 박준(朴浚)이 엮었다는 일설이 있다.

103 SBS

우리 고전의 작가와 작품이 잘못 연결된 것은?

① 최치원 - 계원필경
② 이인로 - 파한집
③ 이제현 - 역옹패설
④ 정약용 - 과농소초
⑤ 허균 - 학산초담

해 **과농소초** : 박지원이 농업 기술과 정책에 관하여 쓴 책이다. 중국의 기술을 도입하고, 재래의 경험과 기술을 개량할 것을 주장하였으며, 그 개혁책으로 한전법(限田法)을 제시하였다.
파한집 : 고려 명종(明宗) 때의 문신 이인로(李仁老, 1152~1220)가 지은 시화집(詩話集)이다.
역옹패설 : 1342년 역옹 이제현(李齊賢, 1287~1367)이 지은 시화문학서(詩話文學書)이다.
학산초담 : 조선 중기의 문인 허균(許筠)이 지은 시평서이다.

향가

향찰(鄕札)로 기록한 신라시대의 노래이다. 민요적·불교적인 내용으로, 작가층은 주로 승려와 화랑이며 4구체, 8구체, 10구체의 세 가지 형식이 있다. 현재 『삼국유사』에 14수, 『균여전』에 11수로 모두 25수가 전한다.

삼대목

신라 진성여왕 2년(888)에 왕명에 따라 위홍과 대구 화상이 향가를 수집하여 엮은 우리나라 최초의 향가집이다. 오늘날은 전하지 않고 『삼국사기』의 「신라 본기(新羅本紀)」에 책 이름만 전한다.

균여전

고려시대에 혁련정이 엮은 균여 대사의 전기이다. 균여가 지은 향가 「보현십원가」 11수가 실려 있어 『삼국유사』의 향가와 더불어 향가 연구에 매우 귀중한 자료이다.

보현십원가

고려 광종 때에 균여가 지은 향가이다. 보현보살의 십종원왕(十種願往)을 찬미하여 지은 것으로, 불교 포교와 대중 교화에 목적이 있었다.

허균

조선 중기의 문인 겸 소설가이다. 소설 「홍길동전(洪吉童傳)」은 사회 모순을 비판한 조선 시대 대표적 걸작이다. 작품으로 「한년참기(旱年讖記)」, 「한정록(閑情錄)」 등이 있다.

104 알리안츠생명

고려시대 작품 중 그 설명이 잘못된 것은?

① 국순전 – 이곡, 술을 의인화하여 술이 사람에게 미치는 영향을 그림
② 공방전 – 임춘, 돈을 의인화하여 탐재를 경계함
③ 국선생전 – 이규보, 술을 의인화하여 군자의 처신을 경계함
④ 저생전 – 이첨, 종이를 의인화한 전기

해 **국순전** : 고려시대에 임춘이 지은 가전체 작품이다. 술을 의인화하여 당시의 정치 현실을 풍자하고 술로 인한 패가망신을 경계하였다.

105 한국전력공사

『열하일기』의 저자가 쓴 책이 아닌 것은?

① 허생전   ② 양반전
③ 호질   ④ 서포만필

해 **박지원** : 『열하일기』, 『연암집』, 「허생전」 등을 쓴 조선 후기 실학자 겸 소설가이다.
열하일기 : 1780년(정조 4) 그의 종형인 금성위(錦城尉) 박명원(朴明源)을 따라 청나라 고종(高宗)의 칠순연(七旬宴)에 가는 도중 열하(熱河)의 문인들과 사귀고, 연경(燕京)의 명사들과 교류하며 그곳 문물제도를 목격하고 견문한 바를 각 분야로 나누어 기록하였다.

106 KBS

'미천한 아내가 장에 가서 돌아오지 않는 남편을 기다리는 순박한 정서의 표현'을 담고 있는 백제의 서정문학은?

① 구지   ② 공무도하가
③ 정읍사   ④ 황조가

해 **정읍사** : 백제 때의 가요이다. 행상을 나가 늦도록 돌아오지 않는 남편을 걱정하는 아내의 심정을 노래한 것으로, 현전하는 유일한 백제 가요이며, 한글로 기록되어 전하는 가요 가운데 가장 오래된 것이다. 『악학궤범』에 실려 있다.

107 일동제약, 영진약품

현재 한글로 전해지고 있는 것은?

① 공후인   ② 황조가
③ 도솔가   ④ 정읍사

해 **도솔가** : 신라 유리왕 5년(28)에 지어진 노래이다. 백성이 즐겁고 편안하여 이 노래를 지었다고 하며, 우리나라 가악(歌樂)의 시초로 『삼국사기』에 전한다.

공방전

고려시대 문인 임춘이 지은 가전체 소설이다. 엽전을 옥서로 의인화하여 옥은 빛나고 귀하지만 때때로 어지러운 일에 쓰이고 재물만 탐하는 그릇된 길로 이끌어 가니 경계해야 한다는 내용으로, 처신을 올바르게 할 것을 논하였다.

국선생전

고려 고종 때에 이규보가 지은 가전체 작품이다. 등장인물의 이름과 지명을 모두 술 또는 누룩에 관련된 한자를 써서 지었으며, 당시의 문란한 사회상을 풍자하였다.

저생전

고려 말기에 이첨이 지은 가전체 소설이다. 종이를 의인화하여 위정자들에게 올바른 정치를 권유하는 내용으로, 『동문선』에 실려 있다.

공무도하가

고조선 때의 노래이다. 백수(白首) 광부(狂夫)가 강을 건너다가 빠져 죽자 그의 아내가 이를 한탄하면서 불렀는데, 이를 곽리자고(藿里子高)가 듣고 그의 아내 여옥(麗玉)에게 들려주자, 여옥이 공후(箜篌)를 연주하면서 곡조를 만들어 불렀다는 기록이 중국 진(晉)나라 최표(崔豹)의 『고금주』에 전한다.

구지가

구지봉(龜旨峯) 주위에 살던 구간(九干)과 그 백성들이 수로왕(首露王)을 맞기 위해서 부른 고대가요로, 『삼국유사』에 실려 있다.

황조가

고구려 유리왕 3년(B.C 17)에 왕이 직접 지은 노래이다. 유리왕의 두 후실인 화희(禾姬)와 치희(稚姬)의 다툼으로 치희가 중국으로 달아나 버리자 왕이 치희를 찾으러 다녔으나 찾지 못하던 중에 꾀꼬리 한 쌍이 정답게 노니는 모습을 보고 지었다고 한다. 현재 전하는 것 가운데 가장 오래된 서정시이며 한역시가 『삼국사기』에 전한다.

108 SBS

다음 향가의 작품과 저자를 연결한 것 중 틀린 것은?

① 찬기파랑가 – 충담사
② 안민가 – 충담사
③ 제망매가 – 융천사
④ 모죽지랑가 – 득오

해 **제망매가** : 신라 경덕왕 때 월명사가 지은 10구체 향가이다.
찬기파랑가 : 신라 경덕왕 때 충담사가 지은 10구체 향가이다.
안민가 : 신라 경덕왕 때 충담사가 지은 10구체 향가이다.
모죽지랑가 : 신라 효소왕 때 득오가 지은 8구체 향가이다.

109 KT

다음 중 향가에 대한 설명으로 틀린 것은?

① 최초의 4구체 향가는 「도솔가」이다.
② 「처용가」는 춤을 추고 노래를 불러 아내를 범한 역신을 쫓아낸 내용의 노래이다.
③ 현존하는 신라 향가의 수는 모두 25수이다.
④ 향가의 마지막 유형이라 할 수 있는 작품은 「정과정」이다.

해 **서동요** : 최초의 4구체(四句體) 향가이다.
처용가 : 신라 헌강왕 때 처용이 지은 향가이다. 아내와 동침하던 역신을 물리친 노래로, 8구체로 되어 있으며 「삼국유사」에 실려 있다.

110 한국경제신문

우리나라 최초의 한문소설은?

① 청구영언
② 홍길동전
③ 금오신화
④ 혈의누

해 **금오신화** : 조선 세조 때에 김시습이 지은 우리나라 최초의 한문소설이다.

111 KBS, 경향신문

국문학상 효시의 작품을 연결한 것 중 틀린 것은?

① 최초의 한문소설 – 금오신화
② 최초의 한글소설 – 홍길동전
③ 최초의 신소설 – 혈의 누
④ 최초의 순문예 동인지 – 폐허

해 **창조** : 우리나라 최초의 순수 문예 동인지이다. 1919년 2월에 일본 도쿄에서 김동인, 주요한, 전영택 등이 창간하였으며, 1921년에 통권 9호로 종간되었다.

정과정
고려 의종 때 정서(鄭敍)가 지은 가요이다. 고려가요 작품 중 작가가 밝혀진 유일한 작품으로, 억울한 누명을 쓰고 유배지로 귀양을 간 자신의 처지를 노래한 유배 문학이다. 10구체 향가의 잔영을 보여 주는 작품이며, 「악학궤범」에 실려 있다.

청구영언
조선 영조 4년(1728)에 김천택(金天澤)이 역대 시조를 수집하여 펴낸 최초의 시조집이다.

홍길동전
조선 광해군 때에 허균이 지은 우리나라 최초의 한글 소설이다.

혈의 누
이인직이 지은 우리나라 최초의 신소설이다. 1894년에 청일 전쟁 속에서 가족과 이별한 옥련(玉蓮)이 일본 군인의 도움으로 일본에 가서 학교를 다니다가 구완서라는 청년을 만나 미국에 유학을 가고 그곳에서 부모도 만나고 약혼도 한다는 내용으로, 문명사회에 대한 동경과 신교육, 여권 신장과 같은 새 시대의 기준을 제시하고 있다.

폐허
1920년 7월에 창간된 문예 동인지이다. 김억, 남궁벽, 염상섭, 오상순, 황석우 등이 동인으로 활약하였으며 19세기 후반 서구 문학의 상징주의와 퇴폐적 경향을 소개하였으나, 2호를 끝으로 폐간되었다.

---

112 SBS

최초로 국한문 혼용으로 쓰여진 기행문은?

① 김만중의 『서포만필』　　② 이수광의 『지봉유설』
③ 유길준의 『서유견문』　　④ 박지원의 『열하일기』

해 서유견문 : 조선 후기의 정치가 유길준(俞吉濬)이 저술한 서양 기행문이다. 한글과 한문을 섞어 쓴 문체로 된 최초의 기행문으로, 언문일치의 선구적 역할을 하였으며, 개화사상에 눈을 뜨게 하여 갑오개혁의 사상적 배경이 되었다.
　서포만필 : 조선 숙종 때 대제학을 지낸 서포(西浦) 김만중(金萬重, 1637~92)의 수필집이다.
　지봉유설 : 1614년에 이수광이 편찬한 것으로 한국 최초의 백과사전적인 저술이다.
　열하일기 : 조선 정조 때의 실학자 연암(燕巖) 박지원(朴趾源)의 중국 기행문집(紀行文集)이다.

패관문학

민간에서 수집한 이야기에 창의성과 윤색을 더한 산문 문학이다. 뒤에 소설 발달의 모태가 되었다. 『수이전』, 『역옹패설』 등이 여기에 속한다.

동국정운

조선 세종 때 신숙주, 최항, 박팽년 등이 왕의 명으로 편찬하여 세종 30년(1448년)에 간행한 우리나라 최초의 표준음에 관한 책으로, 6권 6책이며 활자본이다.

113 KBS

다음 설명 중 알맞게 짝지어진 것은?

① 개벽 – 최초의 순수 문예지　　② 청춘 – 최초의 월간 잡지
③ 제국신문 – 최초의 일간 신문　　④ 장미촌 – 최초의 시 동인지

해 장미촌 : 1921년 5월에 창간된 우리나라 최초의 시 전문 동인지이다.
　청춘 : 1914년 10월에 최남선이 창간한 우리나라 최초의 월간 종합지이다.
　소년 : 1908년 11월 1일 창간된 우리나라 최초의 월간 잡지이다.
　제국신문 : 조선 광무 2년(1898)에 창간한 한글 일간 신문이다.
　매일신문 : 1898년 1월에 창간된 우리나라 최초의 일간 신문이다.

독립신문

건양(建陽) 1년(1896)에 독립 협회의 서재필, 윤치호가 창간한 우리나라 최초의 민간 신문이다. 순 한글 신문으로 영자판과 함께 발간하여 처음에는 격일간으로 펴내던 것을 1898년 7월부터 매일 발간하다가 광무 3년(1899)에 폐간되었다.

114 YTN

다음 중 옳게 연결된 것은?

① 현대문학상 – 문학동네　　② 동인문학상 – 조선일보사
③ 이상문학상 – 창작과 비평사　　④ 만해문학상 – ㈜창비

해 만해문학상 : 만해 한용운(韓龍雲, 1879~1944)의 업적을 기리고 문학 정신을 계승하여 민족문학 발전에 이바지하기 위해 ㈜창비가 1973년에 제정한 문학상이다.

현대문학상

작가들의 창작 의욕을 고취시키고 한국문학의 질적 발전을 도모하기 위해 현대문학사에서 1955년에 제정한 문학상이다.

동인문학상

김동인의 문학적 유지와 업적을 기리기 위하여 1955년 사상계사가 제정한 문학상이다.

이상문학상

이상(李箱)의 작가정신을 계승하고 한국 소설계의 발전을 위해 1977년 문학사상사가 제정한 문학상이다.

115 한겨레신문

우리나라 제1세대 페미니스트라고 볼 수 있는 '신여성'들 가운데 「신정조론(新貞操論)」 등 비교적 급진 페미니즘 성향을 보인 사람은 누구인가?

① 나혜석　　② 김일엽
③ 허영숙　　④ 황신덕

해 나혜석 : 자유연애론과 신정조론을 외치며 개화기 신여성운동을 주도한 문화예술인이다.

116 동아일보

신인추천제를 실시하였고, 많은 현대시조 작가를 배출한 순수 문예지는?

① 문장   ② 소년

③ 청춘   ④ 인문평론

해 문장 : 1939년 2월에 창간한 순수 문예지이다. 이태준의 주간으로 발행된 당시의 가장 대표적인 문예지로서, 작품 발표와 고전 발굴 및 신인의 배출과 양성에 주력하여 우리나라 신문학사(新文學史)에 큰 공적을 남겼으며 1941년 4월에 폐간되었다.

117

희곡과 시나리오에 대한 설명 중 틀린 것은?

① 시나리오의 단위는 막(幕)과 장(場)이다.

② 희곡은 문학 작품으로써의 독자성이 강하다.

③ 희곡의 대사는 집중적이고 응축되어야 한다.

④ 시나리오는 희곡보다 장면과 시간, 등장인물 수에 제한이 없다.

해 시나리오의 단위는 신(sence)과 시퀀스(sequence)이며 희곡의 단위는 막(幕)과 장(場)이다.

118 SBS

다음 중 작가에 대한 설명이 옳은 것은?

① 박목월 – 기독교적인 이상과 윤리의식을 바탕으로 자연을 노래했다.

② 박두진 – 자연친화를 주제로 토속적, 서정적 시풍을 노래했다.

③ 이효석 – '구인회'의 일원으로 인간의 순수한 본능세계를 서정적으로 표현했다.

④ 이은상 – 우리나라 근대 수필 「심춘순례」를 발표했다.

⑤ 선우휘 – 현대사회의 지식인이 지니는 고뇌와 방황을 간결하고 지적인 문장으로 묘사한 작품을 주로 썼으며, 작품으로 「꺼삐딴 리」가 있다.

해 청록파 시인의 특성 : 각각 조지훈은 선적 세계, 박목월은 향토적 세계, 박두진은 기독교적인 이상과 윤리의식을 바탕으로 자연을 노래했다.
심춘순례 : 최남선(崔南善)이 지리산 주변의 남도(南道)를 순례한 뒤 쓴 기행문집이다.
꺼삐딴 리 : 전광용의 단편 소설이다.

119 KBS

다음에서 말하고 있는 시인은?

> 보기

백기만과 함께 3·1 만세 독립운동 거사 계획을 세운 일에서 비롯된 그의 독립운동은 수차의 옥고를 치르게 하였다. 1922년 『백조』 동인으로 가담하여 유미적, 낭만주의적 시를 발표했으나 1924년 이후에 가서는 항일적, 민족주의적 성격이 강하였다.

① 윤동주   ② 이육사
③ 이상화   ④ 나도향

해 이상화 : 시인으로 호는 상화(尙火)이다. 『백조(白潮)』 동인으로, 낭만적 경향에서 출발하여 상징적인 서정시를 주로 썼다. 이상화의 작품으로는 「나의 침실로」, 「빼앗긴 들에도 봄은 오는가」, 「태양의 노래」 등이 있다.

120 MBC, 부광약품

6·25가 배경이 된 소설이 아닌 것은?

① 최인훈, 『광장』   ② 황석영, 『무기의 그늘』
③ 이균영, 『어두운 기억의 저편』   ④ 박완서, 『그해 겨울은 따뜻했네』

해 무기의 그늘 : 황석영이 1992년 발표한 작품으로 베트남 전쟁의 명분이 무엇인지, 그 전쟁이 어떻게 베트남에 상흔을 남기는지 날카롭게 파헤치며 그려내고 있다.

121 SBS

1980~1990년대 문학논쟁의 대상이 아닌 것은?

① 민족문학   ② 여성주의문학
③ 민중문학   ④ 포스트모더니즘

해 민족문학 : 일제강점기와 민족분단을 겪으며 국민문학이 용어의 왜곡을 가져와 국민문학보다는 우리 민족의 역사적 과제를 내포하는 개념으로 민족문학이 받아들여졌다. 1920년대 중엽에 처음 대두되어 시조의 부흥을 주장하며 복고적이고 반민중적인 의미를 심어주었다. 그 뒤 계급문학과 하나된 민족문학을 세우려고 노력하였고 이때 발표된 작품들이 홍명희의 『임꺽정』, 채만식의 『태평천하』, 염상섭의 『삼대』이다.
민중문학 : 주체나 내용에 따라 분류한 문학의 한 유형이다. 작가가 민중에 속하거나, 민중을 주인공으로 하여 민중의 의사를 대변하는 내용과 주제를 담은 문학을 통틀어 이르는 말이다.

구운몽

조선 숙종 때 김만중이 지은 장편 소설이다. 육관 대사(六觀大師)의 제자인 성진(性眞)이 양소유(楊少游)로 환생하여 여덟 선녀의 환신인 여덟 여인과 인연을 맺고 입신양명하여 부귀영화를 누리나 깨어 보니 꿈이었다는 내용이다. 인간의 부귀영화가 한낱 꿈에 지나지 않는다는 불교적 인생관을 주제로 하고 있다.

허생전

조선 정조 때 박지원이 지은 한문 단편 소설이다. 허생의 상행위를 통하여 당시 허약한 국가 경제를 비판하고, 양반의 무능과 허위의식을 풍자한 작품으로, 『열하일기』의 「옥갑야화(玉匣夜話)」에 실려 있다.

양반전

박지원이 지은 한문 소설이다. 가난한 양반이 관아에 진 빚을 갚기 위하여 고을 원의 배석하에 천한 신분의 부자에게 양반 신분을 팔려고 하였으나 양반의 조건이 너무 까다롭고, 마치 도적과도 같다며 부자가 양반 신분을 사양하였다는 내용이다. 양반 계급의 허위와 부패를 폭로하였으며 실학사상을 고취하였다.

금수회의록

융희 2년(1908)에 안국선이 지은 신소설이다. 동물을 의인화하여 인간의 추악한 면과 사회의 부패상을 풍자하였다. 우리나라 최초의 판매 금지 소설이다.

122 SBS

작품의 배경이 틀린 것은?

① 김주영의 『객주』 – 충남 강경, 논산
② 이청준의 『이어도』 – 제주 모슬포
③ 윤흥길의 『완장』 – 전북 김제, 백산
④ 이문열의 『젊은 날의 초상』 – 경북 영덕
⑤ 박경리의 『토지』 – 경남 합천

📖 토지 : 경남 하동을 배경으로 하고 있다.

123 SBS

1990년대 우리 소설의 주요 작가와 작품이 잘못 연결된 것은?

① 양귀자 – 숨은 꽃
② 성석제 – 자전거 도둑
③ 윤대녕 – 천지간
④ 이혜경 – 길 위의 집

📖 자전거 도둑 : 박완서의 작품이다.

124 한국소비자원

황순원의 작품이 아닌 것은?

① 학
② 별
③ 소나기
④ 광장

📖 광장은 1960년 11월 〈새벽〉에 발표된 최인훈의 대표작으로, 광복과 동시에 남북이 분단됨으로써 야기되는 이념의 분열을 주제로 하였다.

125 연합뉴스

청록파와 관계되지 않는 것은?

① 유치환
② 박두진
③ 조지훈
④ 문장

📖 청록파 : 박목월, 박두진, 조지훈을 함께 이르는 말이다. 1940년 전후에 『문장』을 통하여 문단에 등장한 세 사람이 1946년에 공동 시집인 『청록집』을 간행한 데서 붙여진 이름이다.
생명파 : 서정주, 오장환, 김동리, 유치환을 통틀어 이르는 말이다. 1936년에 『시인 부락』과 『생리(生理)』를 통하여 생명 현상에 관한 시적 관심의 공통점에서 붙여진 이름이다.

신소설

갑오개혁 이후부터 현대 소설이 창작되기 전까지 지어진 소설이다. 봉건 질서의 타파, 개화, 계몽, 자주 독립 사상 고취 등을 주제로 다루었으며, 이인직의 「혈의 누」 등이 여기에 속한다.

신체시

우리나라 신문학 운동 초창기에 나타난 새로운 시 형식이다. 현대시의 출발점이 되며, 최남선이 1908년에 발표한 「해에게서 소년에게」가 최초의 작품이다.

박두진

청록파 시인으로 활동한 이후, 자연과 신의 영원한 참신성을 노래한 30여 권의 시집과 평론 · 수필 · 시평 등을 통해 문학사에 큰 발자취를 남겼다. 주요 작품으로 「거미의 성좌」 등이 있다.

박목월

1939년에 『문장(文章)』을 통하여 문단에 데뷔하였으며, 1946년에 조지훈, 박두진과 함께 『청록집』을 발간하여 청록파로 불리었다. 초기에는 자연 친화적인 주제를 다루었으나 점차 사념적인 경향으로 바뀌었다. 시집에 『산도화(山桃花)』 『청담(晴曇)』 『경상도의 가랑잎』 『무순(無順)』 등이 있다.

조지훈

청록파 시인의 한 사람으로, 초기에는 민족적 전통이 깃든 시를 썼으며 6 · 25 전쟁 이후에는 조국의 역사적 현실을 담은 시 작품과 평론을 주로 발표하였다. 저서에 『조지훈 시선』 『시의 원리』 등이 있다.

126

다음 설명 중 틀린 것은?

① 아악 – 궁중음악

② 사물놀이 – 꽹과리, 징, 장구, 북 등을 치며 노는 농촌의 민속놀이

③ 시나위 – 우리나라 북쪽지방에서 발달한 합창곡

④ 산조 – 특히 전라도에서 발달한 기악 독주 음악의 한 갈래

🖐 시나위 : 남도지방의 무악(巫樂 : 무속음악)이다.

127 포항시설관리공단

국악기 중 가장 낮은 음역에 속하는 현악기로 7줄을 갖고 있는 악기는 무엇이라 하는가?

① 거문고

② 가야금

③ 소금

④ 아쟁

🖐 아쟁은 저음 악기이기 때문에 관현악이나 관악 합주에 주로 편성된다. 이 악기는 합주의 전체 음량을 크게 하고 웅장하게 하는 데 아주 중요한 역할을 한다. 아쟁의 현은 원래 7줄이지만 요즘은 음역대를 늘이기 위해 기존의 일곱 줄에 저음 줄 2~3개를 보강한 아홉 줄 또는 열 줄짜리가 사용되고 있다.

128 KT

판소리에서 '좋지', '으이', '좋다'와 같이 소리꾼의 흥을 돋우는 말을 무엇이라고 하나?

① 시나위

② 추임새

③ 취타

④ 얼씨구

🖐 추임새 : 판소리에서 장단을 짚는 고수(鼓手)가 창(唱) 사이사이에 흥을 돋우기 위하여 삽입하는 소리를 말한다.

129 MBC, KBS, SBS, 경향신문, 한국일보, 중앙일보, 국민일보

다음 중 판소리 6마당은?

① 장끼타령

② 변강쇠타령

③ 배비장타령

④ 숙영낭자타령

🖐 판소리 6마당은 춘향가, 심청가, 흥부가, 수궁가, 적벽가, 변강쇠타령으로 이 중 변강쇠타령은 전해지지 않고 있다.

잡색놀이

전라도 농악 판굿에서, 상쇠가 잡색들을 데리고 놀이판 가운데로 들어가 춤을 추는 놀이이다.

산대놀이

탈을 쓰고 큰 길가나 빈터에 만든 무대에서 하는 복합적인 구성의 탈놀음이다. 바가지, 종이, 나무 따위로 만든 탈을 쓰고 소매가 긴 옷을 입은 광대들이 음악에 맞추어 춤을 추며 몸짓, 노래, 이야기를 한다. 현대 산대놀이 계통의 것으로 양주 별산대놀이, 송파산대놀이, 봉산탈춤, 강령탈춤, 오광대놀이 따위가 전하고 있다.

들놀이

들에서 행하는 가면극의 하나이다. 부산 동래를 중심으로 정월 대보름날 줄다리기를 한 다음 얼굴에 가면을 쓰고 길놀이를 한다.

판소리

광대 한 사람이 고수(鼓手)의 북장단에 맞추어 서사적(敍事的)인 이야기를 소리와 아니리로 엮어 발림을 곁들이며 구연하는 우리 고유의 민속악이다. 조선 숙종 말기에서 영조 초기에 걸쳐 충청도, 전라도를 중심으로 발달하여 왔다. 판소리 열두 마당 가운데 춘향가, 심청가, 흥부가, 적벽가, 수궁가의 다섯 작품만이 전해진다.

너름새

주로 판소리에서 소리하는 사람이 소리의 가락이나 사설의 극적 내용에 따라 몸짓으로 하는 형용동작을 말한다.

바디

명창이 스승으로부터 전승하여 한 마당 전부를 음악적으로 절묘하게 다듬어 놓은 소리를 말한다.

130 KBS

서도소리와 관련이 없는 지역은?

① 황해도　　　　　　　　② 평안도

③ 함경도　　　　　　　　④ 경기도

해 서도소리 : 황해도, 평안도, 함경도 지방에서 불리던 민요, 잡가, 산타령 따위의 노래에 대한 총칭이다.

131 MBC

굿에 대한 다음 설명 가운데 틀린 것은?

① 지노귀굿 – 죽은 사람의 혼령을 달래기 위한 굿

② 허놋굿 – 무당이 될 조짐을 보이는 사람에게 씌인 잡신을 몰아내는 굿

③ 여탐굿 – 결혼을 못하고 죽은 남자를 위로하기 위한 굿

④ 도당굿 – 한 해에 한 번 마을의 수호신에게 지내는 굿

해 여탐굿 : 집안에 경사가 있을 때 먼저 조상에게 아뢰는 굿이다.

132 한겨레신문

조선시대 영조 연간에 확립된 진경산수(眞景山水) 양식을 세운 최초의 대가는?

① 겸재 정선　　　　　　　② 현동자 안견

③ 단원 김홍도　　　　　　④ 공재 윤두서

해 진경산수 : 우리나라에 실재하는 경관의 사생(寫生)에 주력하는 화풍이다. 조선 후기 정선에 의하여 형성된 것으로, 화원(畫員)들 사이에 한때 널리 추종되었다.

133 한겨레신문

산세나 수목, 산석(山石)을 그릴 때 그 주류를 이루는 골격과 결, 주름 등을 표현하는 데 중점을 둔 동양화 화법은?

① 발묵법　　　　　　　　② 준법

③ 농담법　　　　　　　　④ 백묘법

해 준법에 대한 설명이다.

고풀이

전라남도의 무속 의례 가운데 죽은 사람을 저승으로 보내는 씻김굿의 하나이다.

씻김굿

죽은 이의 부정을 깨끗이 씻어 주어 극락으로 보내는 전라남도 지방의 굿이다.

오구굿

죽은 사람의 넋을 위로하여 극락왕생을 하기를 비는 굿이다. 대개 죽은 지 한 해나 두 해 뒤에 한다.

발묵법

엷은 먹으로 대략 그린 다음 그 위에 짙은 먹으로 그림을 분해해 가면서 화면을 죄어가며 대담한 필치로 그리는 수법이다.

준법

동양화에서 산악·암석 따위의 입체감을 표현하기 위하여 쓰는 기법이다. 산이나 흙더미 등의 입체감·양감을 표현하기 위한 일종의 동양적 음영법이다.

농담법

색채나 톤의 밝은 부분에서 어두운 부분으로 가는 점차적 과정을 말한다.

백묘법

윤곽을 선으로 묶고 그 안을 색으로 칠하는 화법이다. 쌍구(雙鉤)라고도 한다.

몰골법

선, 즉 골(骨)을 나타내지 않고 그리는 방법이다.

Chapter **13**

음악·미술

Answer

134 농악의 우두머리이며 꽹과리를 치는 사람은?

134. 상쇠

135 우리나라 무형문화재 제1호는?

135. 종묘제례악

136 백제 지방 행정구역이면서 한반도뿐만 아니라 일본 · 중국에도 설치, 왕족을 파견해 통치했던 지방 조직은?

136. 담로

137 고려시대 신분해방운동은?

137. 만적의 난

138 조선시대 사림파의 대부 김종직이 세조의 왕위 찬탈을 중국의 고사에 빗대어 비판한 글은?

138. 조의제문

139 김구가 중국 상하이에서 조직한 항일독립운동단체는?

139. 한인애국단

140 조선 세종 때 창안된 우리 고유의 악보는?

140. 정간보

141 판소리 다섯마당은?

141. 춘향가, 심청가, 흥부가, 적벽가, 수궁가

142 조선시대 진경산수화를 창안하고 완성한 화가는?

142. 정선

143 조선시대 3대 시가집

143. 가곡원류, 해동가요, 청구영언

144 백화문학(白話文學)

144. 중국에서 구어체로 서술된 문학으로, 『삼국지』 · 『서유기』 · 『금병매』 · 『홍루몽』 따위의 소설과 원나라 때의 희곡이 중심이었으나 후스(胡適) 등이 일으킨 문학혁명으로 모든 장르에서 구어체를 쓰게 되었다.

145 사라예보 사건

145. 1914년 6월 28일 오스트리아 황태자 프란츠 페르디난트 부처가 사라예보에서 세르비아 청년에게 저격 암살된 사건이다.

146 Indi – Band

146. '인디'는 인디펜던트의 줄임말로 '독립적'이라는 뜻이다. 원래 거대 자본 · 매체로부터 독립된 제작시스템을 뜻하는데, 한마디로 돈이나 명성에 구애받지 않고 자기들이 스스로 하고 싶은 음악을 하는 것을 말한다.

147 셰익스피어의 4대 비극

147. 리어왕, 맥베스, 햄릿, 오셀로

148 팝페라

148. 오페라 형식의 음악을 팝 형식 분위기와 접목시킨 음악을 말한다.

149 세계 4대 뮤지컬

149. 캣츠, 미스 사이공, 오페라의 유령, 레 미제라블

150 세계 3대 교향곡

150. 베토벤의 『운명』, 슈베르트의 『미완성』, 차이코프스키의 『비창』

151 Terra – cotta

151. 원어는 구운 흙(점토)을 뜻하나 일반적으로는 미술적 조각 작품의 소재를 말한다. 우리말로 초벌굽기라고도 한다.

152 Sfumato

152. 안개와 같이 색을 미묘하게 변화시켜 색깔 사이의 윤곽을 명확히 구분 지을 수 없도록 자연스럽게 옮아가도록 하는 명암법으로, '색조를 누그러뜨리다.', '연기(煙氣)처럼 사라지다.'라는 이탈리아어 'stumare'에서 유래되었다.

Chapter
13

음악보학

최종확인문제

최종확인문제

001

다음 중 연결이 잘못된 것은?

① G2 – 미국, 러시아
② G5 – 미국, 일본, 독일, 영국, 프랑스
③ G7 – 미국, 일본, 독일, 영국, 프랑스, 이탈리아, 캐나다
④ G8 – 미국, 일본, 독일, 영국, 프랑스, 이탈리아, 캐나다, 러시아

> **문제해결**
> G2 : 미국, 중국

002

중국의 일국양제에 대한 설명 중 잘못된 것은?

① 한 국가 안에 두 체제가 공존한다는 것이다.
② 홍콩과 마카오를 반환받을 때 처음 제안했다.
③ 상대국의 자유주의 체제를 보장하고 있다.
④ 정치, 외교, 경제 등의 분야에서 독립성을 허용한다.
⑤ 중국이 꿈꾸는 대만 통일 방안이다.

> **문제해결**
> 중국은 1997년 영국에 식민지로 빼앗겼던 홍콩을 반환받으면서 홍콩을 특별행정구로 지정하였고 2047년까지 50년간 외교와 국방을 제외한 정치, 경제, 사법 등의 분야에서 고도의 독립성을 보장하는 일국양제 원칙에 합의했다.

003

다음은 현대사에서 변혁을 이끈 주요 정상들의 회담과 선언 및 협정에 따른 결과를 연결한 것이다. 이중 잘못된 것은?

① 몰타선언 : 미 · 소에 의한 동 · 서 냉전의 종식
② 마스트리히트 조약 : 유럽의 정치 · 경제 · 통화 통합을 이끈 협정
③ 알마아타 선언 : 러시아를 비롯한 독립국가 연합(CIS) 체계 형성
④ 덤버턴오크스 회담 : 국제연합의 창설을 위하여 1944년 개최된 국제 예비회의
⑤ 맥마흔선언 : 1차 세계대전 당시 팔레스타인 지역에 유태 국가 건설을 약속한 영국의 밀약

> **문제해결**
> ⑤는 밸푸어 선언에 대한 설명이다.

004

다음은 신(新)남방정책과 관련된 설명이다. 이중 잘못된 것은?

① 아세안 국가들과 주변 4강국과의 협력 수준을 높이는 게 목적이다.

② 사람(People), 평화(Peace), 상생번영(Prosperity)의 비전을 핵심으로 한다.

③ 상품 교역 중심에서 기술, 문화예술, 인적 교류로 영역을 확대한다.

④ 북한과 외교관계를 맺고 있는 아세안과의 북핵 대응 공조와 협력을 이 끈다.

문제해결

신남방정책은 아세안 국가들과의 협력 수준을 높여 주변 4강국 수준으로 끌어올린 다는 것을 핵심으로 한다.

005

GSOMIA에 대한 설명으로 옳지 않은 것은?

① 이명박 정부 때 일본과 체결했다.

② 한국 명칭은 '군사정보보호협정'이다.

③ 협정 국가 간 군사 기밀을 공유할 수 있도록 맺는다.

④ 상호주의에 따라 사안별로 선별적인 정보 교환이 이루어진다.

문제해결

일본과의 지소미아 체결은 일본의 요구로 2016년 11월 23일 박근혜 정부 때 체결되었 다. 이명박 정부는 2012년에 협정 체결을 몰래 추진하다가 뒤늦게 취소한 바 있다.

006

다음은 판문점과 관련된 설명이다. 이중 옳은 것은?

① 정전협상 당시 유엔군과 국군, 북한군이 원만한 회의를 위해 군사분계 선 상에 설정했다.

② 1960년대 이후 북측은 북한군이, 남측은 유엔군이 분할해 경비한다.

③ 무기 반입이 금지되어 어떠한 병력도 배치되어있지 않다.

④ 9.19 군사합의 이후 권총만 가지고 근무를 서고 있다.

⑤ 2019년 6월 30일 사상 처음으로 남북미 정상이 회동을 했다.

문제해결

① 1953년 정전협정 당시 우리 국군은 유 엔군에 군 통수권을 이양했기 때문에 단독 회의를 할 수 없었고 유엔군, 중 국군, 북한군이 회의를 하기 위해 설정 했다.

② 북한과 유엔의 분할 경비는 1976년 북 한군의 도끼 만행 사건 이후로 시작되 었다.

③ 이곳은 협정상 무기 반입이 금지된 곳 이지만 남북은 무장병력과 중화기를 집중 배치 하여 극한 대치를 벌여왔다.

④ 군사합의 이후 권총을 휴대했던 남북 경비대원들은 현재 비무장으로 근무하 고 있다.

정답은 325page에 있습니다.

007

다음은 북한에 대한 설명이다. 다음 중 잘못된 것은?

① 북한의 형식적 최고 권력기구는 최고인민회의이다.

② 북한의 외환은 조선중앙은행과 무역은행에서 집중 관리한다.

③ 북한이 개발한 미사일 가운데 무수단 미사일은 ICBM(대륙간 탄도탄)으로 분류된다.

④ 1990년대 시절 북한의 배급망이 붕괴된 이후에 태어나 국가의 혜택을 거의 받지 못하고 자란 '장마당세대'가 주역으로 등장했다.

⑤ 북한의 백두산 지역에서 벌목해 중국의 쌀 등과 교환하는 '통나무 무역'은 공무역의 형태를 띠고 있다.

문제해결
무수단 미사일은 중거리 탄도미사일로 분류된다.

008

일본이 우리나라에 대해 수출을 규제하는 반도체 소재품목이 아닌 것은?

① 자일렌(Xylene)

② 에칭 가스(Etching Gas)

③ 포토레지스트(Photoresist)

④ 플루오린 폴리이미드(Fluorine Polyamide)

문제해결
자일렌은 수소 원자 두 개가 매틸과 바뀌어 된 무색 액체이며 한국이 일본으로부터 수입하는 주요 품목 중 하나이다.

009

중국이 남사군도를 둘러싸고 대립하는 국가가 아닌 것은?

① 필리핀   ② 말레이시아

③ 인도네시아   ④ 베트남

문제해결
중국은 남사군도를 사이에 두고 말레이시아, 브루나이, 베트남, 필리핀, 대만 등 5개국과 영유권 분쟁을 벌이고 있다.

010

다음은 미국에 대한 설명이다. 다음 중 잘못된 것은?

① 무역법 301조 : 미국 종합무역법에 의하여 신설된 교역대상국에 대해 차별적인 보복을 가능하도록 한 법조항
② 무역확장법 232조 : 특정 수입품이 미국 안보에 이익이 되는지를 조사하고 수입량과 관세에 우대 조치를 취하는 법조항
③ Washington Consensus : 미국식 시장경제체제의 대외 확산전략
④ NEODEM : NEOCON 대신 떠오른 민주당 내 보수성향 당원에 대한 통칭
⑤ USTR : 미국무역대표부. 국제통상교섭을 담당하는 대통령 직속기관

011

다음은 UN에 대한 설명이다. 다음 중 잘못된 것은?

① 정기 총회는 매년 9월 셋째 화요일 개최된다.
② 안전보장이사회와 경제사회이사회 및 신탁통치이사회를 3대 이사회라고 한다.
③ IAEA(국제원자력기구)와 WTO(세계무역기구)는 독립기구이지만 전문기구로서 역할을 담당하고 있다.
④ 안전보장이사회의 이사국은 미국, 영국, 프랑스, 러시아, 중국 등 5개국으로 구성되어 있다.
⑤ 사무총장에게는 국가 원수로서의 지위를 제공하고 있다.

012

다음 국제기구 가운데 2019년 7월 한 달간 북한의 취약계층을 위해 약 2,000통의 영양식품을 지원한 기구는?

① FAO
② CARE
③ WFP
④ WFC

정답은 325page에 있습니다.

013

다음은 세계적 NGO(비정부기구)의 본부가 있는 도시를 연결한 것이다. 이 중 잘못 연결된 것은?

① Amnesty international - 영국 런던
② Greenpeace - 네덜란드 암스테르담
③ Club of Rome - 프랑스 파리
④ Medecins Sans Frontieres - 스위스 제네바

문제해결

Club of Rome : 이탈리아 로마에 본부가 있다.

014

다음 중 주재국에서 치외법권과 불가침권의 외교특권과 관계가 적은 하나는?

① 대사
② 공사
③ 영사
④ 특사

문제해결

영사는 맡은 임무수행 중 발생한 것에 대해서만 외교특권이 주어진다.

015

다음 중 설명이 잘못된 것은?

① Agrément : 특정 인물을 외교사절을 파견하기 전에 상대국의 동의를 구하는 절차를 말한다.
② Persona non Grata : 외교상 기피인물을 뜻한다.
③ 신임장 : 특정인을 외교사절로 파견하는 취지와 그 사람의 신분을 상대국에게 통고하는 문서를 말한다.
④ 외교사절 파견은 '아그레망 → 신임장 부여 → 임명 → 파견'의 순서로 진행된다.

문제해결

외교사절 파견은 '아그레망 → 임명 → 신임장 부여 → 파견'의 순서로 진행된다.

016

정치선거 때가 되면 학문 연구는 하지 않고 정치 조언을 해주는 사람을 빗댄 표현은?

① 폴리페서(Polifessor)
② 테크노크라트(Technocrat)
③ 스핀닥터(Spin Doctor)
④ 스케이프고트(Scapegoat)

문제해결

폴리페서 : Polifessor. 현실 정치에 적극적으로 참여하는 교수를 일컫는 용어로, 정치(politics)와 교수(professor)의 합성어이다.

017

1996년 유엔 총회에서 결의한 포괄적 핵실험 금지 조약은?

① INF
② NPT
③ CTBT
④ NCND

문제해결

CTBT : 1996년 국제연합 총회에서 어떠한 규모, 형태, 장소에서도 핵실험을 금지한다는 내용을 담은 전면적이고 포괄적인 핵실험 금지 조약으로 기존 핵무기의 안전 여부를 점거하는 안전실험은 물론 임계치 이하의 극소규모 실험까지 금지한다.

018

보수 세력이 정치적인 목적을 달성하기 위해 저지르는 암살이나 파괴 등을 행하는 테러는?

① 적색테러
② 백색테러
③ 흑색테러
④ 청색테러

문제해결

백색테러는 그 행위 주체가 우익으로, 좌익에 의한 테러인 적색테러와 구별되어 사용되며 사적인 이해관계 등에 의한 살인이나 폭력이 아니라 정치적 목적이 개입된 조직적인 행위를 뜻하는 개념이다.

019

극단주의 이슬람 무장단체 ISIL에 대한 설명이다. 이중 잘못된 것은?

① 알 카에다의 이라크 하부조직으로 출발하였다.
② 2013년 시리아 내전에 개입하여 정부 반군으로 활동하였다.
③ 중동은 물론 유럽에서도 테러를 자행하여 전 세계에 공포를 안겼다.
④ 시아파를 믿으면서 수니파 이슬람 국가들과 대립했다.
⑤ 2017년을 기준으로 주요 거점에서 패전을 거듭하며 와해되었다.

문제해결

ISIL은 수니파 이슬람을 신봉했고 이라크, 시리아 등의 시아파 국가들의 공격을 받았다.

정답은 325page에 있습니다.

020

우리나라 헌법개정절차에 관한 설명 중 틀린 것은?

① 헌법개정안의 발의는 대통령과 국회의원 재적과반수 찬성으로 한다.
② 발의된 헌법개정안은 공고 후 30일 이내 국회에서 재적 2/3 이상 찬성으로 의결한다.
③ 국회에서 의결된 개정안은 30일 이내에 국민투표로 확정한 후 즉시 공포한다.
④ 헌법개정안은 공고 후 60일 이내 국회에서 의결한다.

문제해결
발의된 헌법개정안은 공고 후 60일 이내 국회에서 재적 2/3 이상 찬성으로 의결한다.

021

의원내각제 국가에서 다수당이 과반수 의석을 확보하지 못했을 때 다른 정당과 협력하여 구성한 연합정부 형태는?

① 연립정부   ② 공동정부
③ 이원(집)정부   ④ 동거정부
⑤ 비상정부

문제해결
연립정부는 다당제가 될 가능성이 높기 때문에 비례대표제 선거제도를 채택하고 있는 국가들에서 발생할 가능성이 높다.

022

고위공직자 범죄수사처가 설치될 시 검찰로부터 이양받게 될 권리가 아닌 것은?

① 형벌권   ② 수사권
③ 기소권   ④ 공소유지권

문제해결
공수처 설립의 취지는 현재 검찰이 과도하게 독점하고 있는 고위공직자에 대한 수사권, 기소권, 공소유지권을 이양해 검찰의 정치 권력화를 막고 독립성을 제고하는 것에 있다.

023

우리나라 헌법기구 중 연임이 가능한 직책은?

① 대통령   ② 국무총리
③ 헌법재판소장   ④ 대법원장

문제해결
① 대통령은 단임제이다.
② 국무총리는 임기제가 아니라 임명제이다.
④ 대법관은 연임이 가능하지만 대법원장은 연임이 불가능하다.

024

다음은 임시국회에 대한 설명이다. 다음 중 잘못된 것은?

① 8, 10, 12월을 제외한 매 짝수 월 1일에 임시회를 집회한다.

② 대통령 또는 국회 재적 의원 1/4 이상의 요구에 의하여 집회한다.

③ 대통령이 요구하여 열리는 국회의 임시회는 기간과 집회요구의 이유를 명시하여야 한다.

④ 임시회의 회기는 30일을 초과할 수 없다. 단, 대통령이 요구한 임시회의 회의일수는 이에 산입하지 아니한다. ·

⑤ 임시회의 집회 요구가 있을 때에는 의장이 개회 7일 전에 공고해야 한다.

문제해결

⑤ 7일 → 3일

025

다음은 선거에 대한 설명이다. 다음 중 잘못된 것은?

① 연동형 비례대표제는 정당의 득표율에 따라 의석이 결정되며 소선거구에서의 당선 숫자를 바탕으로 의석을 배분한다.

② 선거구 법정주의는 선거를 진행할 때 선거구를 법률로 확정하여야 한다는 원칙으로, 게리맨더링을 방지하는 데 목적이 있다.

③ 석패율제는 가장 아깝게 떨어진 후보를 구제해주는 제도이다.

④ 우리나라 국회는 지역대표제−비례대표제−소선거구제를 채택하고 있다.

⑤ 당선인이 선거범죄로 100만 원 이상의 벌금형을 선고받거나, 선거사무장 · 회계책임자 · 배우자 등이 선거범죄로 300만 원 이상의 벌금형이 확정되면 당선무효가 된다.

문제해결

연동형 비례대표제는 지역구 후보에 1표, 정당에 1표를 던지는 1인 2표 투표방식이지만 소선거구에서의 당선 숫자와 무관하게 전체 의석을 정당득표율에 따라 배분한다.

026

일반적인 형사재판과 달리 검사가 제출한 자료만 조사하여 피고인에게 벌금, 과료, 몰수의 형을 부고하는 재판절차는?

① 즉결심판   ② 약식명령

③ 비상상고   ④ 재심

문제해결

약식명령은 공판절차가 간소하여 벌금이나 과료와 같은 비교적 가벼운 형이 선고될 경우 청구하게 된다. 약식명령과 비슷한 제도로 즉결심판이 있는데, 이는 청구권자가 검사가 아닌 '경찰서장'이며 20만 원 이하의 벌금과 구류, 과료에 처할 범죄에 대해 공판절차에 의하지 아니하고 판사가 즉결하여 심판하는 제도이다.

정답은 325page에 있습니다.

027

다음은 패스트트랙과 관련된 설명이다. 다음 중 틀린 것은?

① 국회에서 발의된 안건의 신속처리를 위한 제도라는 뜻을 갖고 있다.

② 2015년 5월 국회법이 개정되면서 국회선진화법의 주요 내용 중 하나로 포함됐다.

③ 안건의 신속처리대상 지정을 위한 표결은 국회의장만의 고유한 권한이다.

④ 신속처리대상 안건으로 상정되면 상임위원회 심의 – 법사위원회 검토 – 본회의 부의를 거쳐 본회의에 상정된다.

⑤ 2019년 공직선거법 개정안, 공수처 설치법안, 형사소송법과 검찰청법의 개정안 등이 패스트트랙으로 지정되었다.

상임위원회에 회부된 안건을 신속처리대상 안건으로 지정하고자 하는 경우 의원은 재적의원 과반수가 서명한 신속처리대상 안건 지정요구 동의를 의장에게, 안건의 소관 위원회 소속 위원은 소관 위원회 재적위원 과반수가 서명한 신속처리안건 지정동의를 소관 위원회의 위원장에게 제출하여야 한다. 이 경우 의장 또는 안건의 소관 위원회 위원장은 지체 없이 신속처리안건 지정동의를 무기명투표로 표결하되, 재적의원 5분의 3 이상 또는 안건의 소관 위원회 재적위원 5분의 3 이상의 찬성으로 의결한다.

028

다음 생활법률에 대한 설명 중 맞는 것은?

① 무단횡단을 하면 경범죄처벌법상의 제재를 받는다.

② 집행유예가 끝나면 집행이 종료된 것으로 간주한다.

③ 경찰은 상대방의 동의 없이도 임의동행과 소지품검사, 불심검문 등을 할 수 있다.

④ 법원의 구속적부심 결정에 대해서 검사가 항고를 할 수 있다.

⑤ 체포 뒤 48시간 안에 법원의 영장을 발부받지 못하면 석방해야 한다.

① 무단횡단 → 도로교통법 처벌
② 집행유예 종료 → 선고 효력 상실
③ 경찰은 상대방의 동의가 없으면 임의동행과 소지품검사, 불심검문 등을 할 수 없다.
④ 법원의 구속적부심 결정에 대해서 검사가 항고를 할 수 없다.

029

다음 계약과 채권 및 채무관계에 관한 설명 중 잘못된 것은?

① 공법상의 채권 소멸시효는 5년이다.

② 질권은 채권자가 채권의 담보로서 채무자로부터 받은 담보물건을 뜻한다.

③ 미확정채무란 소송이 진행 중이어서 정확한 액수가 정해지지 않은 빚으로, 판결 후 갚아야 할 돈을 말한다.

④ 사용대차는 편무계약에 속한다.

⑤ 채권의 소멸원인으로는 경개(更改), 변제(辨濟), 면제(免除), 대체(代替) 등이 있다.

대체는 채권의 소멸원인에 들지 않는다.

030

다음 경제와 관련된 설명 중 틀린 것은?

① 경제주체란 스스로의 판단에 따라 경제행위의 의사결정과 수행활동을 담당하는 행위자를 말한다.

② 각종 경제문제가 발생하는 근본 원인은 최소비용의 원칙에 기인한다.

③ 자본주의의 3대 기본 원칙은 사유재산제, 사적 영리 추구, 자유경쟁이다.

④ 두 재화를 따로 소비할 때의 효용보다 함께 소비할 때의 효용이 적어지는 경우의 재화를 대체재라고 한다.

⑤ 보완재는 두 재화를 함께 소비할 때 효용이 큰 재화를 말한다.

문제해결

각종 경제문제의 근본 원인은 희소성의 원칙에 기인한다.

031

인플레이션에 대한 설명 중 틀린 것은?

① 통화량의 지나친 팽창이 원인이다.

② 물가가 오르고 화폐가치는 떨어지는 현상이다.

③ 산업자본가에게는 유리하고 금융자본가에게는 불리하다.

④ 수입이 일정한 사람들의 실질소득을 감소시킨다.

⑤ 광범위한 초과공급을 불러온다.

문제해결

⑤는 디플레이션에 관한 특징이다.

032

다음 설명 중에서 잘못된 것은?

① 무차별곡선과 가격선이 접하는 점에서 효용의 극대화가 일어난다.

② 개당 만족도가 1, 2, 3, 4, 5에 달할 것으로 생각하는 사과 5개를 모두 10,000원에 구입하였는데, 이들 사과를 실제 먹어 본 결과 만족도는 개당 1,000원에 달한다고 했을 때의 소비자 잉여는 5,000원이다.

③ 커피 값이 급등하는 경우 커피 수요는 줄고 대신 홍차 수요가 늘어난다고 하면 교차 탄력성은 양수(+)로 나타난다.

④ 많은 재화 가운데 보석은 수요의 가격탄력성이 큰 편이다.

⑤ 어느 재화의 가격이 15% 인상되자 판매량이 30% 줄었을 경우 이 재화의 가격 탄력성은 1.5로 산출된다.

문제해결

⑤ 수요의 가격탄력성 = 수요량의 변화율 / 가격의 변화율 = 30% / 15% = 2

② 기대 효용의 합계(1+2+3+4+5)에다 실제 효용가치(만족도) 개당 1,000원을 곱한 금액 15,000원이 효용의 총액이었는데, 실제 구입한 비용은 10,000원이므로 소비자 잉여는 5,000원이다.

Chapter

14

최종확인문제

정답은 325page에 있습니다.

033

다음 정보의 비대칭과 관계가 없는 것은?

① 애컬로프(George A. Akerlof) ② 레몬시장(Market for Lemons)
③ 역선택   ④ Ratchet효과
⑤ Signaling이론

034

다음 중 Emerging Market과 관계가 먼 것은?

① BRICS   ② Chindia
③ BSEC   ④ CMI
⑤ PoST - VM

035

다음 신문 기사 내용의 (   )에 들어갈 적절한 마케팅 기법은?

> 보기

제품의 실용성과 가격에 무게를 뒀던 과거와는 달리 최근에는 심미성 등 디자인에 높은 비중을 두고 소비에 나서는 고객들이 늘고 있다. 이렇다 보니 휴대폰 등 IT제품과 가전, 자동차 분야의 기업들을 중심으로 글로벌 명품 업체들과의 협력을 통한 디자인 차별화를 추구하고 있다. 이처럼 유명한 예술가의 작품들을 제품 디자인에 접목해 해당 브랜드의 이미지를 개선시키는 전략을 (   )라 한다. 삼성전자와 LG전자가 명품 브랜드와 합작한 베르수스폰과 프라다폰, 유명 화가의 그림을 접목한 LG전자의 아트 디오스, 요하네스 베르메르의 명작을 활용한 동원데어리푸드의 덴마크 우유 시리즈 등이 대표적인 예로 꼽힌다.

① Ambush Marketing   ② Techart Marketing
③ BOGO Marketing   ④ Noise Marketing
⑤ Buzz Marketing

문제해결

④ Ratchet효과 : 톱니효과. 소비가 경기 후퇴를 억제시키는 일종의 톱니 작용을 하는 현상을 말한다.

③ 정보의 비대칭과 역선택 : 1970년 애컬로프(George A. Akerlof)의 '레몬시장 이론(Market for Lemons)'이라는 논문에 등장하는 용어이다. '레몬'이란 '빛 좋은 개살구'처럼 겉만 멀쩡한 물건을 가리킨다. '레몬시장'은 불완전한 정보에 의해서 발생하는 비정상적인 선택이 이루어지는 시장을 말한다. 대표적인 예로 중고차 시장을 들 수 있는데, 결과적으로 시장에는 질이 안 좋은 차가 상대적으로 더 많아지므로 구매자는 품질이 좋은 상품보다 역으로 품질이 낮은 상품을 선택할 가능성이 높아진다는 것이다. 이것이 역선택 이론이며 이러한 시장을 개살구시장(레몬시장)이라고 한다.

⑤ Signaling이론 : 정보비대칭하에서의 자본구조. 각 경제주체는 상호 간 정보의 격차가 있으며, 정보를 많이 보유한 측이 정보가 적은 측에게 자신의 능력이나 가치를 확신시킬 수 있는 수단, 즉 신호를 보냄으로써 정보의 격차로 발생할 수 있는 역선택을 피할 수 있다는 이론이다.

문제해결

CMI : Chiang Mai Initiative. 아세안(ASEAN, 동남아국가연합)과 한국·중국·일본 등 세 나라가 함께 역내 외환위기 발생을 방지하기 위해 체결한 통화교환협정을 일컫는다.

문제해결

Techart Marketing : 기술을 의미하는 '테크(Tech)'와 예술이라는 의미의 '아트(Art)'를 합성해 만들어진 용어로 하이테크 기술을 바탕으로 생산된 제품에 예술적 디자인을 적용하여 소비자의 감성에 호소하고 브랜드 이미지와 품격을 높이는 마케팅 전략이다. 데카르트 마케팅은 제품에 기존 예술 작품을 활용하는 방식, 유명 예술가나 명품 브랜드와의 협업을 통한 콜라보레이션, 제품 디자인 자체로 예술을 추구하는 방식 등으로 이뤄지며 소비자의 감성을 만족시키고 제품의 이미지 상승효과를 거두려는 목적을 지닌다.

036

다음은 지적재산권에 관한 설명이다. 잘못 설명된 것으로 묶인 것은?

> 보기

⊙ 파리조약은 산업재산권을 국제적으로 서로 보호할 것을 목적으로 체결된 조약이다.

ⓒ 회사의 영업권도 지적 재산권에 속한다.

ⓒ WIPO는 지적소유권에 관한 문제를 담당하는 국제연합의 전문기구이다.

ⓔ 모든 지적재산권의 보호기간은 저작권자의 사후 50년까지이다.

ⓜ 크레파스와 초코파이, 아스피린 등은 지적재산권의 보호를 받을 수 없는 제품명이다.

ⓑ 지폐, 미술품, 저작물, 디지털 콘텐츠 관련 컴퓨터 등의 불법복제를 방지하기 위해 개발된 기술을 Watermark라고 한다.

ⓢ 미국이 1974년 제정한 통상법의 대외 규정 가운데 지적재산권 문제를 별도로 다루고 있는 법 조항을 스페셜 301조라고 한다.

ⓞ 링크의 경우 프레임 링크(본인의 웹 페이지 액자 안에서 저작물이 있는 웹 사이트를 열게 하는)를 걸어 둘 경우에도 반드시 저작권자의 허락을 받아야 한다.

ⓩ 저작권 보호기간이 경과한 후 모든 사람이 자유롭게 이용할 수 있는 저작물을 뜻하는 'Public Domain'은 '공유재산'으로 번역하고 있다.

ⓒ 일반적 기술 수준보다 뛰어난 IT기술이 적용된 영업 방법이 새로이 구현된 경우가 아니더라도 영업 방법 자체를 특허 청구할 수 있다.

① ⓒ, ⓔ, ⓞ, ⓒ
② ⓒ, ⓒ, ⓔ, ⓜ
③ ⊙, ⓒ, ⓞ, ⓢ
④ ⓔ, ⓜ, ⓢ, ⓞ
⑤ ⓒ, ⓒ, ⓔ, ⓞ

정답은 325page에 있습니다.

> 문제해결

ⓒ 영업에 관한 특별한 방법론을 BM특허로 인정받으면 지적재산권이 되지만 영업권 자체는 재산권이나 무형자산에 속한다.

ⓔ 저작권은 저작자 생존기간과 저작자 사후 50년, 영상저작물과 업무상 저작물의 경우 공표된 후 50년간 보호하며, 공동 저작물의 경우 최후 저작자 사망 후 50년이다. 그러나 산업재산권은 종류에 따라 다르나 대개 10~20년 동안 보호된다.

ⓞ 본인의 웹 페이지 액자 안에서 저작물이 있는 웹사이트를 열게 하는 링크는 무방하다.

ⓒ 일반적 기술 수준보다 뛰어난 IT기술이 적용된 영업 방법이어야만 특허를 청구할 수 있다.

037

기업의 적대적 M&A(인수합병)를 방어하는 수단인 신주인수선택권이란 뜻으로, 적대적 M&A 등 회사 이사회의 의사에 어긋나는 경영권 침해 시도가 있을 때 '공격자'를 제외한 나머지 주주들에게만 권한을 행사할 수 있도록 함으로써 경영권을 보호하는 제도는?

① 그린 메일(green mail)
② 시장 매집(Markeet Sweep)
③ 공개 매수(Take Over Bid)
④ 위임장 대결(Proxy Fight)
⑤ 독배(Poison pill)

038

철수는 세미나 시간에 주어진 주제를 설명하기 위해 다음 보기와 같은 용어를 제시했다. 무엇을 설명하기 위함인가?

> **보기**
>
> CSR, ISO 26000, Peter Ferdinand Drucker, Habitat, Matching grant

① 제품의 품질관리
② 기업의 사회적 책임
③ 투자 재원 마련
④ 회사 직원 대상 인사고과
⑤ 소비자 보호 활동

039

다음 중 경제적 지대추구행위(Rent - Seeking Activiry)와 관련이 적은 것은?

① 건축업체의 택지개발 계획을 지방 정부가 허가하지 않는 경우
② 변호사협회가 정부의 로스쿨 증원 방침에 반대하는 행위
③ 국제 원유가가 내렸음에도 정유업체들이 담합해서 휘발유 판매가를 내리지 않는 행위
④ 기존 정부의 조달 물자를 공급하던 업체들이 신규 업체의 진입을 막기 위해 참여자격 기준 강화를 정부에 요청하는 경우
⑤ 약사협회가 대학의 약사학과 신규증설을 반대하는 경우

040

다음 중 국제금융시장과 관계가 먼 것은?

① 캐리 트레이드
② 핫 머니
③ 와타나베 부인
④ Wrap Account
⑤ TED Spread

문제해결

Wrap Account : 고객이 맡긴 돈을 금융기관이 알아서 운용해 주는 제도이다.

041

'지능형 전력망'이라는 뜻으로, 전력계통망을 디지털화하여 에너지 효율을 최적화하는 전력 생산유통 시스템은?

① DID
② Smart Grid
③ RFID
④ MID

문제해결

② Smart Grid : 전력회사의 통합제어 센터와 발전소, 송전탑, 전주, 가전제품 등에 설치된 센서가 쌍방향으로 실시간 정보를 교환하며, 최적의 시간에 전력을 주고받음으로써 가장 효율적인 전력의 생산과 소비가 가능한 시스템을 말한다.
③ RFID : Radio – Frequency Identifi – cation, 전파를 이용해 먼 거리에서 정보를 인식하는 기술이다.

042

친구 찾기, 물류, 차량 확인 등 위치정보를 이용한 각종 정보 서비스를 뜻하는 것은?

① LBS
② BIS
③ DDI
④ ITS

문제해결

LBS : Location – Based Service, 위치기반 서비스를 말한다.

043

다음 중 설명이 잘못된 것은?

① 메기, 미꾸라지, 거머리가 살고 황색으로 혼탁한 물은 3급수이다.
② BOD는 물의 오염 정도를 나타내는 기준으로 미생물이 일정 기간 수중의 유기물을 산화 · 분해시켜 정화하는 데 필요한 산소량을 나타낸다.
③ 산성비의 기준이 되는 pH는 5.6이다.
④ 데시벨(Decibel)은 소리의 크기를 측정하는 단위이다.
⑤ 비행기가 초음속을 돌파하는 순간 내뿜는 굉음을 노이즈(Noise)라고 한다.

문제해결

⑤는 sonic boom에 대한 설명이다.

Chapter

14

최종확인문제

정답은 325page에 있습니다.

044

다음 중 설명이 올바르지 않은 것은?

① 주변 수온보다 5도 이상 낮은 수온의 해역을 냉수대라고 한다.
② 하늬바람은 중국 쪽에서 불어오는 바람으로 가을바람(갈바람)이라고도 한다.
③ 적조현상은 토양이나 하천·바다의 부영양화(富營養化)로 해수 플랑크톤의 수가 급격하게 증가하여 적색계통의 색을 띠는 현상이다.
④ 수변구역은 환경부가 상수원 수질보전을 위해 지정·고시한 지역을 말한다.
⑤ 공해로 인한 피해보상에 있어서 공해를 유발시킨 오염자가 보상을 부담하는 원칙을 POPs라고 한다.

045

다음 설명 중 바르지 않은 것은?

① 고교학점제는 2020년부터 모든 학교에 전면 시행된다.
② 자율형 사립고는 자율성의 남용으로 고교 서열 체제를 강화했다는 비판을 받는다.
③ 마이스터고는 일과 학습을 병행하여 해당 분야의 기술 장인을 육성한다.
④ 특성화고는 기존 실업계 고등학교의 대안적인 학교모형으로 다양한 분야에서 재능과 소질이 있는 학생들에게 맞는 교육을 실시한다.
⑤ 블록타임제는 여러 형태의 수업시간을 탄력적으로 운영한다.

046

다음은 각 세대별 특성에 관한 설명이다. 잘못된 것은?

① C세대는 '콘텐츠를 창조적으로 직접 생산하고 자유롭게 소비하면서 만족을 느끼는 세대'를 칭한다.

② G세대는 푸른색을 뜻하는 Green과 세계화를 뜻하는 Global의 영어 첫 문자에서 따온 것으로, 건강하고 적극적이며 세계화한 미래지향적인 젊은 세대를 말한다. 환경운동, 반핵평화포럼 등과 같은 곳을 활동 무대로 자신의 주장을 당당하고 적극적으로 펼치는 경향이 있다.

③ Z세대는 어릴 때부터 IT기술에 자주 노출되어 인터넷을 능숙하게 사용할 수 있는 세대로 자신을 드러내고 자신의 생각과 의견을 피력하는데 두려움이 없다.

④ 핑프족은 주입식 교육과 인터넷의 빠른 발달로 인해 생겨났으며 간단한 정보조차 찾아보려 노력하지 않고 무작정 물어보거나 인터넷 검색으로 쉽게 해결하려는 사람들이다.

⑤ 니트족은 일하고자 하는 의지는 있지만 일자리를 구하지 않는 청년 무직자들이다.

문제해결

니트족 : 보통 15~34세 사이의 취업인구 가운데 미혼으로 직장에 다니지 않으면서 가사일도 하지 않는 사람을 가리키며 무업자(無業者)라고도 한다. 취업에 대한 의욕이 전혀 없기 때문에 일할 의지는 있지만 일자리를 구하지 못하는 실업자와는 구별된다.

047

다음 중 수영 경기 종목과 그 설명이 바르게 연결되지 않은 것을 고르면?

① 다이빙 : 다이빙대에 도약해 물속으로 뛰어들며 기술을 선보이는 종목으로, 스프링보드와 플랫폼 경기로 나뉜다.

② 수구 : 수영장에서 실시하는 구기운동으로 각각 7명씩으로 짜인 두 팀이 상대방 골대에 공을 넣어 승패를 가른다.

③ 아티스틱 스위밍 : 수영에 음악과 댄스 테크닉을 접목시켜 기교와 아름다움을 겨루는 종목으로 싱크로나이즈드 스위밍이라고도 불린다.

④ 오픈 워터 : 야외에서 실시하는 장거리 수영 경기로 5, 10, 25km를 질주해야 하며 마라톤처럼 경기 중에 음식물을 섭취할 수 있다.

⑤ 하이다이빙 : 높은 플랫폼에서 물속으로 뛰어들며 기술을 선보이는 종목으로 남자는 30m, 여자는 25m 높이의 타워에서 다이빙한다.

문제해결

하이다이빙은 남자 27m, 여자 20m 높이의 타워에서 다이빙한다.

Chapter
14
최종확인문제

정답은 325page에 있습니다.

048

케네디 스코어란?

① 축구 경기의 3 대 2 스코어

② 테니스 경기의 4 대 3 스코어

③ 야구 경기의 8 대 7 스코어

④ 배구 경기의 13 대 12 스코어

049

다음 여자 피겨 스케이팅과 관련한 설명 중 잘못된 것은?

① 국제빙상경기연맹에서 정한 쇼트 프로그램의 제한 시간은 2분 50초 이내이며, 이를 초과하면 5초마다 1.0점이 감점된다.

② 피겨 스케이팅의 주요 기술로는 점프(jump)와 스핀(spin), 스파이럴 (spiral) 등을 들 수 있다.

③ 점프는 크게 토(toe) 점프와 에지 점프로 구분하는데, 토 점프는 스케이트 앞쪽의 톱니로 빙판을 찍으면서 위로 솟구치는 기술로서 토 루프 점프(Toe loop jump), 플립 점프(Flip jump), 러츠 점프(Lutz jump) 등으로 세분된다.

④ 러츠는 악셀과 동일한 점프이지만 뒤로 뛰어 뒤로 떨어진다는 점에서 악셀과 다르다.

⑤ 트리플 러츠는 왼발 점프해서 세 바퀴 반을 도는 것이고, 트리플 악셀은 세 바퀴를 도는 것이다.

050

다음 중 보기의 ㉠, ㉡과 관계가 적은 것은?

보기

㉠ '그는' 당대 최고의 음악가 가운데 하나였으나 ㉡ '그의' 천재성에 가로막혀 영원한 2인자에 머물게 된 인물로 일반에 인식되고 있다. ㉠ '그가' 아무리 99%를 노력해도 노력과 천재성을 겸비한 ㉡ '그를' 당할 수 없었다.

① 살리에리 – 모차르트
② 에쿠스
③ 아사다마오 – 김연아
④ 2인자 증후군

문제해결

보기는 천재 음악가 모차르트와, 살리에리에 대한 설명이다. 살리에리는 당대 최고의 음악가 가운데 하나였으나 모차르트의 천재성에 가로막혀 영원한 2인자에 머물게 된 인물로 알려져 있다. 이들 음악가를 주인공으로 삼은 영화 「아마데우스」에서는 살리에리가 '2인자 증후군'에 시달리다가 질투심을 이기지 못하고 모차르트를 죽음으로 몰아넣는 인물로 묘사되었다.

Chapter

14

최종확인문제

001 ①	002 ④	003 ⑤	004 ①	005 ①	006 ⑤	007 ③	008 ①	009 ③	010 ②
011 ④	012 ③	013 ③	014 ③	015 ④	016 ①	017 ③	018 ②	019 ④	020 ②
021 ①	022 ①	023 ③	024 ⑤	025 ①	026 ②	027 ③	028 ⑤	029 ⑤	030 ②
031 ⑤	032 ⑤	033 ④	034 ④	035 ②	036 ①	037 ⑤	038 ②	039 ①	040 ④
041 ②	042 ①	043 ⑤	044 ⑤	045 ①	046 ⑤	047 ⑤	048 ③	049 ⑤	050 ②

답